国家出版基金项目
“十三五”国家重点出版物出版规划项目
安徽省文化强省建设专项资金项目

儿时伙伴

Драчуны

[苏联] 阿列克谢耶夫◎著
力　冈◎译

安徽师范大学出版社
·芜湖·

图书在版编目(CIP)数据

儿时伙伴 / (苏)阿列克谢耶夫著; 力冈译. — 芜湖: 安徽师范大学出版社, 2018.1
(力冈译文全集;5)
ISBN 978-7-5676-3273-8

Ⅰ. ①儿… Ⅱ. ①阿… ②力… Ⅲ. ①长篇小说 - 苏联 - 现代 Ⅳ. ①I512.45

中国版本图书馆CIP数据核字(2017)第259630号

儿时伙伴
ERSHI HUOBAN
[苏联]阿列克谢耶夫◎著　力　冈◎译

责任编辑: 孔令清
装帧设计: 刘　畅　桑国磊
出版发行: 安徽师范大学出版社
芜湖市九华南路189号安徽师范大学花津校区
网　　址: http://www.ahnupress.com/
发 行 部: 0553-3883578　5910327　5910310(传真)
印　　刷: 浙江新华数码印务有限公司
版　　次: 2018年1月第1版
印　　次: 2018年1月第1次印刷
规　　格: 880 mm×1230 mm　1/32
印　　张: 12.75
字　　数: 301千字
书　　号: ISBN 978-7-5676-3273-8
定　　价: 78.00元

力冈先生文学翻译的历史意义

——序《力冈译文全集》

刘文飞
中国俄罗斯文学研究会会长

在力冈先生诞辰91周年的今天，在力冈先生去世20年后的当下，在洋洋19卷23册的《力冈译文全集》面世的此刻，我们终于可以试着归纳一下他的文学翻译所具有的历史意义了。

一

力冈先生的文学翻译苦行僧形象是具有典型意义和感召力量的，这是中国老一辈俄苏文学翻译家留下的一个苍凉背影，也是他们为自己建起的一座“非人工的纪念碑”。翻译是一项苦差事，是需要坐冷板凳的，是一项付出和回报往往不成正比的工作，是一种注定要与孤独和寂寞为伴的工作。文学翻译至少需要出色地掌握两种语言，而好的外语或许能让人找到另外一种更为轻松、更有利可图的工作，好的翻译家若用其母语来进行创作，大约自己也能写出像样的文学作品来。可是，文学翻译似乎像电子游戏、像吸食鸦片一样是一种能让人上瘾的事情，一旦上手，一旦品味到其中的甘苦，往往便欲罢不能。始自玄奘的翻译姿态和翻译精神，似乎成了中国一代又一代译者的宿命，即专注和吃苦，苦修和执着。

力冈先生1926年生于山东乡间，自幼失去母亲，生活贫苦，到他上中学时，家乡被日寇占领，他流亡河南、甘肃、陕西等地。1950年，他考入哈尔滨外国语专门学校俄语专业，毕业后志愿来到安徽师范大学任教，不久就开始了文学翻译工作，陆续在报刊上发表一些短篇译作，至1956年，他的单行本译作《里雅希柯小说集》已由上海新文艺出版社推出。然而次年，他便在反右运动中蒙冤，被开除公职，押往新生耐火材料厂劳教。1960年7月，他因“劳动表现突出”被摘掉右派帽子，重返学校，他在教学之余立即重拾译笔，在短短数月间便译出苏联作家艾特马托夫的中篇小说《查密莉雅》，这篇译作在《世界文学》杂志1961年第10期刊出，引起轰动，“力冈”这一译家大名从此进入人们的视野。就在力冈先生准备大展宏图、施展拳脚的时候，“文化大革命”却突如其来，1968年，他再度被逐出校园，下放至宣城地区新田公社劳动改造，直到“文革”结束后的1978年方得以重返讲台，此时他已过天命之年，用他自己的话说就是：“噩梦醒来，已是人生的黄昏。”文学翻译需要天赋，但也是一种力气活，在对于一位翻译家而言的黄金时期，即30—50岁，力冈先生却两度蒙冤，两度再拾译笔，重新开始，这需要何等的勇气和坚韧！他两落三起的翻译经历，几乎就是20世纪五六十年代中国的俄苏文学翻译家们跌宕起伏的人生经历的缩影，就是那一时代中国知识分子命运的象征。令人惊讶的是，重返译坛的力冈先生以超乎常人的工作激情和翻译速度，在1978年后的20年间陆续出版20余部译著，平均每年一部，总字数达700余万。在20世纪80年代，最初几部译著的出版使力冈先生挣到了以当时标准看相当不菲的稿酬，甚至成为所谓“万元户”，但他似乎无暇也无意去享受自己的劳动成果，依然粗茶淡饭，素衣裹身，与此同时却以更大的热情继续译事，终日伏案，不懈地爬格子。1997年2月，力冈先生因肝癌病在芜湖弋矶山医院逝世，据家人说，他在生命的最后时刻仍在念叨着未译完的最后一部译作《罪与罚》。我们或许可以说，他是被文学翻译累死的；我们肯定可以说，文学翻译是他最为看重的毕生事业。

力冈先生少年时四处漂泊，中年时命运多舛，老年时病魔缠身，他的一生似乎都不是给最需要安宁和平静的翻译家所准备的；力冈先生的职业是教师，他偏居小城，又不善交际，这些似乎都不构成他迅速成长为一位全国著名翻译家的前提条件。但是，正如吴笛教授在他纪念力冈先生的文章中所言：“他的一生就是用出人意料的成就表现了悲怆的境界。面对种种意想不到的遭遇和不公，他并没有沉沦，也没有片面地记恨，而是在艰难的岁月中怀着对人性的憧憬，将厄运升华为创作的动力，在逆境中不忘呼唤人性和仁爱，将种种遭遇视为生命中的财富，在悲怆的境界中抒写诗意人生，毫不气馁地追求生命的意义，在自己所献身的俄罗斯文学翻译事业中，做出了杰出的贡献。”

普希金说过：“译者是文明的驿马。”笔者曾对此说法加以引申：“如果说广义的译者是文明的驿马，那么专事文学翻译的人士便是‘文学的驿马’了。凑巧的是，在汉语中，译者的‘译’和驿马的‘驿’不仅同音，而且在词源、词形和词义上也很相近，区别似乎仅在于后者为‘马儿’而前者是‘文人’（言者）。……用在驿站间往复奔波的马儿来形容译者，每个有过译事经验的人大约都能在这个比喻中品味出某种艰苦和辛酸，甚至是束缚和无奈。……既要有出众的能力还要有忍辱负重的秉性，日复一日的奔波只能换得微薄的粮草，还得时刻提防路途中遍布的坑洼和沼泽，能善此业者非驿马莫属也。”力冈先生就是这样一匹忍辱负重、砥砺前行的“文学的驿马”。力冈先生以他的作为告诉我们，文学翻译是一项可以托付终生的事业，是一种富有意义的存在方式；力冈先生及其文学翻译活动是一种燃烧生命的举动，一个与命运抗争的典范，同时是他的翻译意志奏出的一曲凯歌。

二

力冈先生是在中国改革开放的热潮中展开他最积极的翻译活动的，他的大部分译作出版于20世纪80年代。浏览一下力冈先生的译作书目，可以发现出版于80年代的译著有十余部之多，计有格鲁兹杰夫的《高尔基传》（与济凯合译，江西人民出版社1980年版）、冈察尔的《爱的归宿》（安徽人民出版社1983年版）、巴巴耶夫斯基的《野茫茫》（浙江文艺出版社1983年版）、艾特马托夫的《白轮船》（外国文学出版社1984年版）、阿列克谢耶夫的《儿时伙伴》（山东文艺出版社1984年版）、波利亚科夫的《别林斯基传》（黑龙江人民出版社1985年版）、普希金的《暴风雪》（春风文艺出版社1985年版）、肖洛霍夫的《静静的顿河》（漓江出版社1986年版）、帕斯捷尔纳克的《日瓦戈医生》（与冀刚合译，漓江出版社1986年版）、帕斯捷尔纳克的《含泪的圆舞曲——帕斯捷尔纳克诗选》(与吴笛合译,浙江文艺出版社1988年版)、卡里姆的《悠悠儿时情》(安徽文艺出版社1989年版)和格罗斯曼的《风雨人生》(漓江出版社1991年版)等。从这个目录还可以看出,力冈这一时期的译作总体上以苏联当代文学作品为主要翻译对象。

20世纪80年代是中国当代史上的一个特殊时期,那是一个文化转型期,甚至可以说是中国现当代的一场文艺复兴,是一个文化觉醒的黄金时期。在那场汹涌壮阔的思想解放运动中,在整个改革开放后中国当代文化的建构过程中,对外国文学和外国文化的翻译和介绍起到了无可替代的重要作用,中国当今的现代化,从某种意义上说就是一种"被翻译过来的现代化"。那是一个文学的时代,也是一个翻译文学的时代;那是一个开放的时代,更是一个对外国优秀文学和文化开放的时代,在精神上饥寒交迫的国人首度面对外国文学的盛宴,饕餮之余,最应该感谢的就是那一时代的翻译家。在中国改革开放后出现的外国文学翻译热潮中,俄苏文学也是重要的译介对象之一,力冈先生的译著也和其他众多翻译作品一样,是对改革事业的添砖加瓦,是为思想解放运动注入的燃料,对当时中国社会的文化重建、国民文化性格的重塑起到了重要作用。

中国的俄国文学翻译始自19世纪末,在五四时期出现第一个高潮,如今人们在探讨五四运动的起因时,常将俄国的文学与德国的马克思主义和法国的启蒙思想并列为三大思想资源,由此不难看出俄国文学在当时中国社会所发挥的强大思想作用。后来,在抗日战争时期,在新中国成立之后的50—60年代,俄苏文学再度发挥“军火”和“样板”功能，而在改革开放时期，包括俄苏文学在内的外国文学，又一次成为国人解放思想、放眼世界的意识形态工具和思想武器。如果说，鲁迅那一代翻译家是“给起义的奴隶偷运军火”的人，那么，改革开放时期的这一代中国翻译家同样是为国人“盗火”的普罗米修斯，功莫大焉，没有包括力冈先生在内的这一代翻译家的辛勤工作，国人的思想解放就是难以想象的。如果我们把出生在19、20世纪之交的翻译家如鲁迅、瞿秋白、蒋光慈、茅盾、巴金、耿济之等视为中国第一代俄国文学翻译家，那么20世纪第一个十年前后出生的姜椿芳、曹靖华、戈宝权、查良铮、汝龙、满涛、叶水夫等就是第二代，而力冈以及去年去世的草婴和刚刚去世的高莽等人则构成中国的俄国文学翻译家的第三代方阵，这一代翻译家同样以自己的辛勤努力为中国的思想启蒙和文化构建做出了历史性的贡献。

中国第三代俄国文学翻译家的工作也对当代中国文学的发展进程产生了深远影响。在20世纪80年代初起，俄苏文学在中国的译介出现一个“井喷”现象，十余年间，全国近百家出版社先后出版的俄苏文学作品多达近万种，在译作的种类和印数上，可能要高出此前所有同类出版物的总和。在这样一种铺天盖地的外国文学译介热潮中，受益的不仅仅是中国的读者，自然也包括中国的作家。王蒙在他的《青春祭》（作家出版社2006年版）一书中写道：“我们这一代中国作家中的许多人，特别是我自己，从不讳言苏联文学的影响。是爱伦堡的《谈谈作家的工作》在50年代初期诱引我走上写作之途。是安东诺夫的《第一个职务》与纳吉宾的《冬天的橡树》照耀着我的短篇小说创作。是法捷耶夫的《青年近卫军》帮助我去挖掘新生活带来的新的精神世界之美。在张洁、蒋子龙、李国文、从维熙、茹志鹃、张贤亮、杜鹏程、王汶石直到铁凝和张承志的作品中,都不难看到苏联文学的影响。张贤亮的《肖尔布拉克》、张承志的《黑骏马》以及蒋子龙的某些小说都曾被人具体地指认出苏联的某部对应的文学作品;这里,与其说是作者一定受到了某部作品的直接启发,不如说是整个苏联文学的思路与情调、氛围的强大影响力在我们的身上屡屡开花结果。”这里提到的张承志,就对力冈先生的译作赞不绝口,曾感慨:“我恨不得倒背如流!”由此不难窥见力冈先生的译作对改革开放时期中国作家产生的影响。

三

1984年,漓江出版社推出力冈先生重译的《静静的顿河》,这是新时期名著重译的第一部,而自90年代起,力冈先生更将名著重译当成首要任务,相继重译了多部俄国文学经典,如托尔斯泰的《复活》(译林出版社1992年版)和《安娜·卡列尼娜》(浙江文艺出版社1992年版)、屠格涅夫的《猎人笔记》(河北教育出版社1994年版)、莱蒙托夫的《当代英雄》(河北教育出版社1994年版)等,他作为翻译家的最后一项工作,就是重译陀思妥耶夫斯基的《罪与罚》。力冈先生是俄国文学经典著作重译的倡导者和先行者之一,他几乎将他翻译艺术炉火纯青的最后十年都用在了名著重译上。

文学名著重译始终是译界的一个有趣话题。中外文学史上的名作原著，无论出现在什么时代，一代又一代读者捧读的均为同一个文本，而文学名著的译本，即便是著名的译本，却常常会随着时间的推移而“衰老”，会被所谓“新译”所取代。日本著名斯拉夫学者、契诃夫的日译者沼野充义有一次曾对笔者说，被译成日语的契诃夫作品每20—25年便要新译一次，以适应新一代的读者。他的话让笔者大吃一惊，可转而一想，外国文学作品的汉译其实也有着大致相同的命运，尽管其存活期未必一定就是20—25年。汉语文学中的原创名著，如唐诗宋词元曲，如《三国演义》《水浒》《西游记》《红楼梦》，自然在任何时代都不需要也不允许做任何文字加工，可汉语文学中的翻译名著，即便是近现代翻译大家们的著名译作，如严复译的《天演论》、林纾和魏易译的《黑奴吁天录》、鲁迅译的《死魂灵》等，如今也会让人觉得不无“过时”之感，至少会让当下的读者阅读不畅。也就是说，文学名著是永恒的，不朽的，它们的译作却是相对短命的。笔者曾在一篇文章中对名著重译现象作过一番思考：首先，从读者方面看，读者为什么会在面对原作和译著时持有不同的阅读态度呢？他们对于原作和译作这种不同的阅读取舍究竟源自何种阅读心理呢？这种厚此薄彼的取向究竟是先天的还是后天的，是产生在翻译活动出现之后还是之前，这种倾向与文学名著重译这两者之间究竟存在着什么样的互动关系呢？其次，从译者的角度看，在进行重译和新译时究竟该如何面对已有的译作，尤其是已有的优秀译作，是刻意回避，还是尽量汲取原有译作的经验和精髓呢？如果对原有译作尤其是名译作的经验和精髓有所汲取，又该如何避免抄袭的嫌疑和版权的纠纷呢？如果对前辈翻译家宝贵的翻译经验视而不见，每位新译者均另起炉灶，真的能做到青出于蓝吗？如果新译在翻译质量上无法与旧译比肩，甚至不如旧译，那么重译的意义和价值又何在呢？最后，从翻译实践活动自身来看，用16、17世纪的汉语去翻译莎士比亚当然是可笑的，但是，用21世纪的汉语网络语言去翻译莎士比亚就一定具有历史的必然性和合理性吗？不断地重译、新译，会在多大程度上减少或抹去原作的时代感和历史感，把每一部新译作都作为当下的作品来读，是不是一种最大程度的误读呢？

力冈先生在进行文学名著的重译时，不知是否也曾遭遇此类问题，但他在晚年义无反顾地执着于重译，一定是一种有意识的抉择。我们猜度，他在他翻译事业的黄金时段做出这一重大转向，可能有如下几种原因：首先，他觉得在他之前的译本还有继续加工的余地，还有再度提升的空间。力冈先生重译的这几部俄国文学名著在他之前早已有过出自名家的名译，它们是不止一代中国读者捧读的对象，但力冈先生却不畏权威，另辟蹊径，公开与多位前辈翻译大家打擂台，这或许是力冈先生个人性格的一种显现，但他敢于“叫板”，无疑因为他自信他可以比之前的译著译得更好，或至少能译出他自己与众不同的特色。其次，在译出十多本书后，作为一名富有经验的翻译家，力冈先生大约也会产生出如何超越自己的问题，重译名著，既可以与前辈译家一较高低，同时也能时刻与俄国文学史上的名著及其作者进行跨越时空的深度交流，这无疑是一种更富有挑战也更富有趣味的工作。最后，名著之所以成为名著，就因为它们往往具有更为完满的艺术价值和更为恒久的艺术生命，翻译这样的作品，无疑更能呼应社会的阅读需求，赢得更大的社会意义。

力冈先生晚年重译的多部名著如今仍在一次又一次地再版，这说明力冈重译的俄国文学经典具有长久的生命力，也说明他当年重译名著的抉择是正确的。一位翻译家，只要他的译作还能出版，还能被人阅读，这位翻译家就还活着，好的译作就是译者的生命之延续。从更为广泛的意义上说，力冈先生是我国改革开放之后名著重译之风的倡导者之一，而名著重译，对于深化我们对外国文学经典的理解和认识、对于发展我们的翻译实践和理论而言，都是极具历史意义的。

四

力冈先生是一位翻译家，也是一位大学老师，教书育人是他的本业。作为恢复高考后步入安徽师大外语系俄语专业的20名学生之一，笔者有幸受教于王老师（力冈本名王桂荣，我们当时都称他“王老师”）。记得先生1978年从插队的宣城乡村回到安徽师大后，不久就开始给我们授课，他教的是“文学选读课”。先生是一个颇为“另类”的老师：他上课不用现成的教材，没有固定的教案，就以他当时正在进行的翻译工作为授课内容；他在教室里不来回走动，几乎不做板书，仅端坐讲台，摊开那本他正在翻译的原著，一旁摆着一摞他最新出炉的译稿，按部就班、一句一句对照着讲下去。对文学没有兴趣、对文学翻译没有兴趣的学生，听这样的课或许会感到无味，当时王老师课的课堂气氛也的确有些沉闷单调，但王老师并不在意，只管自顾自地讲下去，他会讲他为什么要这样译，讲到兴奋处，他会突然提高嗓门，用带有山东腔的口音高声朗读他最得意的译文段落，读完后，他会抬起眼睛，久久地盯着天花板，似在掩饰眼里涌出的泪水。记得是在讲解《当代英雄》时，他时时指出其他译者，甚至是非常著名的翻译家的错误，并向我们分析这些错误之所以出现的可能的原因，他也时常让我们在他的译文中“挑错”或为他的译文“润色”，如果我们偶有所得，他往往显得比我们还要高兴。与王老师的文学选读课构成呼应的，是我们在大三时学的翻译课，翻译课教师张本桂先生常常给我们一些原文片段，让我们动手翻译，并在下一次翻译课上让译文出色的同学朗诵其译文，并对他认为好的译文再逐字推敲。正是在力冈先生以及张本桂先生和其他老师的精心培养下，安徽师大俄语专业涌现出一大批俄罗斯语言文学专业的人才，其中多位如今已成为国内知名的翻译家，有译著面世的人更多达十余位，如吴笛、张杰、周启超、吴嘉佑、冯华英、朱少华、陈建硕和刘文飞等。名不见经传的安徽师大俄语专业，在短短二三十年间居然成为中国的俄语文学翻译家的摇篮，王老师在天之灵也会因此而深感欣慰！

我们这个俄国文学译者群体的崛起，在很大程度上要归功于力冈先生及其同事们的言传身教。首先，他在课堂上逐字逐句的中俄文对照讲解，他关于译者甘苦的诉说，对于有志于文学翻译的学生而言弥足珍贵，这其实就是一个文学翻译的工作坊和实验室，让我们当年在初步掌握俄语后不久便接触到了俄语翻译的真谛，亲眼目睹了一位翻译家的工作过程和工作方式。其次，他既与我们分享他的翻译过程，也与我们分享他的翻译收获，记得我们在校时，他和济凯先生合译的《高尔基传》已经出版（江西人民出版社1980年版），他送给全班同学每人一本译著，并用规整的笔迹在扉页上题字签名，不难想象，我们接到这样的馈赠时会多么激动，同时也会觉得译书和出书不再是一件遥不可及的事情。最后，他以他的翻译行为和翻译意志告诉我们大家，庙小并不妨碍念经，更不妨碍修身。他在翻译课上不畏权威，真诚地点出翻译名家们的长处和短处，让我们较早地感受到某种翻译民主精神，并从而确立自己的翻译人格。在他之前的大翻译家往往都生活和工作在大城市，而他在成名后却安居小城，潜心译事，他的存在方式构成一种垂范和激励，使我们很早就意识到，一位翻译家原本可以在任何环境里成长和工作。力冈先生作为一位翻译家的作为和风骨，为他的学生们树立起一个光辉的榜样。

五

力冈的文学翻译有着其鲜明独特的文字风格。译者作为一部作品中的“被动创作者”，究竟应不应该体现其风格，这也是翻译学中一个争论已久的问题，一个见仁见智的问题，有人认为，译者的责任就在于原封不动地传导原作的风格，而不能擅自发挥，喧宾夺主。但是，译作毕竟是由译者用另一种语言进行的文学再创作，译者个人的修辞习惯和语言风格不可避免地会在其译作中得到体现，也就是说，所谓“译者风格”实际上是难以避免的。在这种情况下，如何让译者的风格与作者的风格相互接近、相互吻合，往往就成了决定译作成败的关键因素之一。译者无法在作品的风格范畴里肆意妄为，但译者毕竟有权利选择与自己相近的原著，或者说，选择自己较容易处理的翻译对象，或者说，在一部作品的翻译过程中更注重在自己的风格较易发挥的地方施展拳脚。原作风格和译者风格的吻合虽是一个可遇不可求的事情，但一旦相遇，便是译者的幸事，也是原作者的幸事，更是读者的幸事。

在力冈先生的译著中，较之于人物对话和心理描写，大段落的抒情和大场面的写景似乎得到了译者更为精心的处置，他往往能借助这些段落营造出一种悲凉壮阔、哀婉抒情的氛围，更确切地说，他往往能细腻精准地传导出原作中的此种氛围。力冈先生钟情于这样的段落，钟情于这种文学氛围的营造和传导，无疑与他饱经沧桑的生活经历相关，也是他既刚正不阿又侠骨柔情的性格使然，更是他的审美趣味和文字风格的要求。他的几部译著在书名翻译上的处理，就在一定程度上体现了他的这一追求。巴巴耶夫斯基的小说原名 ***Приволье***，这是一个很“地道”的俄语单词，意为“广阔的地方”“无拘无束”等，力冈成功地将其译成《野茫茫》，这个译名既契合小说描写苏联斯塔夫罗波尔草原地区生活的主题，也暗含着我国著名的北朝民歌《敕勒歌》所具有的苍茫壮阔的抒情力量。卡里姆的小说原题 ***Долгое-долгое детство***，力冈先生最初发表在《世界文学》上的译文题为《漫长漫长的童年》，后来出版单行本时，他将书名改为《悠悠儿时情》，

“漫长漫长的”和“悠悠”这两种均使用了叠词的译法都是对原文题目中的修辞手法和诗意情绪的准确再现，但“悠悠”较之“漫长漫长的”似乎更符合中文习惯，再加上之后的“儿时情”，无疑更有抒情味。冈察尔的小说 *Берег любви* 通常被译为《爱的彼岸》或《爱之岸》，力冈先生却译为《爱的归宿》，译者似乎也是在有意地“拓展”作为小说描写对象的爱情的辐射范围。力冈最重要的译作之一《生活与命运》最初的译名是《风雨人生》，力冈是在20世纪80年代末结束此书的翻译的，想必他在译完这部作品时，回顾自己和社会遭遇的种种磨难，不禁百感交集，故将格罗斯曼的原书名 *Жизни и судьба* 译成《风雨人生》。需要说明的是，在广西师范大学出版社不久前再版力冈先生的这部译著时，笔者建议将译著的书名改为《生活与命运》，因为这部小说如今已与托尔斯泰的《战争与和平》并列，而作者格罗斯曼在为这部小说取名时也的确是对托尔斯泰那部史诗的有意模仿，“生活与命运”和“战争与和平”，都是对人类生活最高程度的归纳和概括。

我们或许可以将力冈先生的文学翻译风格概括为“大气的诗意”或“壮阔的悲凉”，即一种融悲剧与抒情于一炉、广阔的画面感与内在的节奏感相互呼应、一气呵成的连贯调性和力透纸背的史诗感相映成趣的译文风格。在他精心翻译的《静静的顿河》和《日瓦戈医生》等巨著中，他的译笔很好地传达出了原著中原本就饱含的由抒情性、悲剧性和史诗性抱合而成的小说整体氛围，而在《生活与命运》的翻译中，他的这一风格又得到了更为充分的彰显。请读一读这部史诗长篇的结尾：“在这种宁静中，会想起去年的树叶，想起过去的一场又一场风雨，筑起又抛弃的窠巢，想起童年，想起蚂蚁辛辛苦苦的劳动，想起狐狸的狡诈和鹰的强横，想起世间万物的互相残杀，想起产生于同一心中又跟着这颗心死去的善与恶，想起曾经使兔子的心和树干都发抖的暴风雨和雷电。在幽暗的凉荫里，在雪下，沉睡着逝去的生命——因为爱情而聚会时的欢乐，四月里鸟儿的悄声低语，初见觉得奇怪、后来逐渐习惯了的邻居，都已成为过去。强者和弱者、勇敢的和怯弱的、幸福的和不幸的都已沉睡。就好比在一座不再有人住的空了的房子里，在和死去的、永远离开这座房子的人诀别。但是在寒冷的树林中比阳光明丽的平原上春意更浓。在这宁静的树林里的悲伤，也比宁静的秋日里的悲伤更沉重。在这无言的静默中，可以听到哀悼死者的号哭和迎接新生的狂欢……”这一史诗性的小说结尾写得好，译得也好，善于再现悲剧抒情风格的翻译家力冈先生的功力和风格在这里体现得淋漓尽致，炉火纯青！

俄国诗人叶夫图申科在1986年访问中国之后，深为中国俄苏文学翻译家们忍辱负重、坚持不懈的精神所感动，写下一首题为《中国翻译家》的诗作，在由笔者译成中文的这首诗的最后，诗人写道：“知识分子的良心，/就是一家出版社，/它仍能工作，/即便没有印刷机，/无论监狱、瘢迹还是侮辱，/它仍能用诗句的春燕/把各个民族连系。/翻译家们在做什么？/他们让各国人民相互走近，/越过国境，/越过谎言的沼泽地。/总有一天，要用他们的姓氏/为巨轮命名，/稻穗和麦穗，/会向他们鞠躬致敬。/伟大的译文，/就像神的预言。/翻译过来的细语，/会成为震耳的呼喊。/但愿能有一座纪念碑，/献给无名的翻译家，/那最为可敬的基座，/就由无数的译著垒成！”我们相信，力冈先生的译著，应该也被垒入这座纪念碑的基座;力冈先生的名字,应该也被刻上这座纪念碑的碑身!

二〇一七年初秋于京西

目　录

第一部 / 001

一 / 001
二 / 013
三 / 023
四 / 035
五 / 044
六 / 058
七 / 068
八 / 073
九 / 081
十 / 093
十一 / 106
十二 / 114
十三 / 125
十四 / 136
十五 / 146
十六 / 153
十七 / 160
十八 / 171

第二部 / 185

一 / 185
二 / 195

三 / 212
四 / 220
五 / 228
六 / 241
七 / 248
八 / 258
九 / 264
十 / 277
十一 / 293
十二 / 305
十三 / 318
十四 / 321
十五 / 332
十六 / 340
十七 / 349
十八 / 363
十九 / 373
二十 / 379

尾　声 / 383

第一部

一

伊凡·巴甫洛维奇·纳乌莫夫在多年的教学工作中一成不变地推行着一个办法：为了检验学生的思考能力，通常在最后一堂课一开始，他便走到黑板跟前，在黑板上写出一道算术题，然后转过身来，对全班学生说：

“好吧，诸位同学……（有一次他几乎说成‘诸位先生’，幸亏我们这位老师及时发觉，半路上咽了回去。）好吧，诸位同学……谁先算出这道题，谁就先回家。”在说这话的时候，他那又长又直、又稀又硬的白胡子颇有点儿滑稽地抖动着。大概，伊凡·巴甫洛维奇就因为他这胡子，还因为他那凸出的前额和绿莹莹的圆眼睛，早在教我们以前就有了一个外号叫“猫”。

“猫”也就像猫一样，走到远远的角落里，隐藏起来，全神贯注地观察着全班的学生，窥伺着可逮的老鼠，就是说，窥伺着那些自己很快算好了、便憋不住要给同桌提示的学生。

革命前，伊凡·巴甫洛维奇在三年制的教会小学教我们的父母一辈的时候，在这类情况下，他采取的办法非常简单：他也是像猫一样悄悄地走到提示者跟前，一句话不说，抡起戒尺朝背上就打，要不然就是拿这件家什敲舍己救人的英雄那热情的脑袋。

现在不兴体罚了，聪明的“猫”便发明了精神处罚的办法，也许，这一手更来得厉害些。靠同桌帮忙“做好了”算术题的学生，似乎完全违反常理地被放回家；可是，救了他的那位同学，却马上就得演算新的算术题，新出的算术题比先前的复杂得多，算好了，又是一道，更要难些，然后，一道又一道……要算很多道，直到全班学生都走光，教室里只剩下老师和犯规的学生两个人。

这一次成了被逮的老鼠的，竟是我的好朋友万卡·茹科夫——不是契诃夫有名的小说中虚构的那个万卡。一般而论，这一次的题目即使对于我们这些入学不久的淘气孩子来说，也算不了什么：十五除以三，等于几？我的算术虽然不是最棒的，但在一般情况下，在心情平静的时候，这样的题目是不用花很大力气就能做得出来的。但是这会儿是有可能露一手的时候，特别是有可能提前回家，当然啦，不是回家，而是到别的地方去，别的地方有许多事情可干，干那些事情比坐在学校里上课有意思多了。

可是，真糟：当你盼望的目标来到眼前，当你急不可待地一心一意朝它奔去的时候，头脑却迟钝起来，怎么也不听使唤，就像千斤巨石压在头上，顿时大汗淋漓，战战兢兢，就像掉进了万丈深谷。

就在这危急时刻，我听到万卡一连声地小声喊：

“虎……虎！……”

我的好朋友已经快到八岁了，可是还是有些咬舌儿，所以把“五”喊成了“虎”。

给我扔出救生圈的手一下子就被抓住了，就是说，被当场抓获。最先做好算术题的万卡在出门的时候，半路上被老师扣了下来。我以义气为重，本想留下来陪他。但是老师不准我讲义气，说：

“你走好啦。茹科夫留下。”

“但这是我……”

“不错的。你做好了嘛，你就走吧。走，快走！”那长长的猫胡子诡秘地抖了几下。“茹科夫再待一会儿。他又不急着到哪里去！”

他这一下子就像事先瞅准了似的。“猫”先生打在了我们最要害的地方：我和万卡本来想好了玩的地方，正是“急着”要去的。

最后一堂课省下来的时间以及整个下午，我们本来可以玩得非常快活。我们坐上独木舟，从窄的地方一下子就可以渡过白嘴鸦河，转眼工夫就能跑到刺花李树丛里，这里的野李子还只是摘掉了一半，剩下的野李子已经熟透了，又甜、汁水又多，那是留给椋鸟享受的。秋天要是暖和，椋鸟是不慌着飞到外国去的。椋鸟啄过的李子流着浓浓的、红红的汁水，这些被啄破的李子比什么都好吃。我们的第一项计划，就是要去尝尝这种美味。第二项——是到没有人管的苹果园里转转，因为苹果已经摘过，没有人看守了；拿眼睛朝树顶上搜索一番，树顶上兴许会有一两只，有时会有上十只苹果，或者是茴香苹果，或者是安东诺夫苹果。留到这时候的苹果格外香、格外好吃。这些苹果大人是摘不到的，而对我们这些乡下孩子来说，摘这些苹果不费吹灰之力。我们爬起树来又快又灵活，只有猫能比得上，而且只有狗在后面撵着的时候。苹果园旁边往往是菜园，还可以到菜园里顺手牵羊拔两根胡萝卜吃。胡萝卜不怕秋天的轻霜，所以收得比其他蔬菜要晚些。比胡萝卜更耐寒的，恐怕只有大白菜了，不太厉害的霜冻对白菜生长还有好处呢。果园和菜园里的这套学问，我和万卡掌握得能考“五分”。

按照我们的计划，这一天余下的时间还有别的事情要干。我们打算在回来的路上，趁晚祷的时候到教堂里去一下，但我们不是去祷告。只是因为这是一个极好的机会，这时候可以溜到钟楼上去，穿过钟楼，就可以跑到彼此相通的几处黑屋子里去，那就是五个圆顶的顶楼。那里有无数的鸽子，要是运气好的话，就能逮上两只，带回家去，放到自家的鸽子窝里。不错，关于这种事情，万卡也许还保留着不很愉快的记忆。去年秋天，我和他去逮鸽子，逮得上了劲，忘记了时间，就是说，忘记了晚祷已经散了，当时在教堂看大门的我的舅舅伊凡·莫罗佐夫用一把老大的铁锁将教堂的大门一锁，断了我们下楼梯出去的出路。我们发觉这一点以后，开头十分害怕，着起急来，但是一会儿就不着急了，因为我们想起来，在一处铁屋顶上有一个小小的天窗，从这个天窗一下子就可以爬到屋顶上，然后就可以顺着排水管下去；至于翻院墙，那是不在我们话下的。就是说，我们心定了，并且决定再逮一会儿小鸽子，小鸽子傻乎乎的，没有受过惊吓，所以最容易逮。我已经逮到两只小鸽子，它们那热乎乎的身子在我怀里蠕动着。我的皮肤甚至都感觉出它们那吓慌了的小小心脏在剧烈地跳动，我巴不得快点儿把逮到的小鸽子带回去，放到棚子里，交给又机灵、又善良、又十分热情好客的老鸽子去照应。可是万卡还少逮一只。他是不能落在我后面的。而且我也不希望这样，所以我就帮他逮，将长了毛的小鸽子从最隐蔽、最黑暗的角落里往外轰。万卡脱下一只靴子，抡起靴子在护板上“扫射”。结果，靴子脱了手，远远地朝下落去，落到了衬板和房基木料之间的夹缝里，就是说，落到了最要命的地方，要想取出靴子，除非把整个教堂拆掉。这一点我们马上就明白了，但是我们并不死心，还在想方设法要把靴子摸出来，免得万卡回去挨一顿好打。靴子是新的，是万卡的爸爸格利戈里·雅科夫列维奇·茹科夫刚刚买来的，而且不是给万卡买的，是给万卡的哥哥费佳买的，万卡好不容易求得他答应借穿一次，仅仅一次，让他穿了新靴子在镇上走走，叫一般大的孩子们眼馋眼馋，当然啦，其中也包括我，也叫我眼馋眼馋，我就是做梦，也梦不到这样的宝贝。

万卡·茹科夫不是一个爱哭的孩子，他并且因此十分骄傲，但是这一次我借着教堂顶楼上幽暗的光线，看到他先是红了眼圈，随后眼里的泪水就哗哗地流了出来，那沾满了灰土的腮上出现了两道弯弯曲曲、亮闪闪的小河。过了一阵子，他对我说，他并不怕爸爸打（他挨打早就挨惯了），他最怕的是去见费佳，费佳听到这样倒霉的消息，一定要难过得不得了的。

我们又顺着护板摸索了一阵子，被露在外面的许多生锈的铁钉划了不少口子，然后就爬上屋顶，按照上面说的办法，顺着排水管下来，一声不吭，谁也不望谁，翻过院墙，就各走各的路，连招呼也忘了打，而且一反常规，连明天的计划都没有商量好。说来奇怪,我们每个人都觉得自己对不起自己的伙伴。万卡也许是因为,是他把开头玩得非常快活的这场游戏弄得不欢而散,我是因为一点没有给好朋友帮上忙。

我十分懊丧地回到家里,可是,第二天早晨,使我惊讶的是,我又看到万卡跟一个叫萨蒙卡的大个子在学校旁边摔起跤来了。这个大个子单是上三年级已经是第三年了,因为年年各门课都不及格,所以升不上四年级。我看出,万卡显然干不过他,为了制服萨蒙卡,我毫不怠慢地上前助战;两个对付一个,虽然也不是多么容易,但我们终于把萨蒙卡摔了个仰面朝天。"好啊,等着瞧吧,以后咱们有账算。"大个子嘟哝说。他打了打身上的灰土,抓起放在一边的书包,很不开心地朝学校大门走去。萨蒙卡说的话,我们一点都没有留意。对于我们来说,最要紧的是我们把萨蒙卡干倒了,而对于我自己来说,最最要紧的是我看到万卡还是原来的样子,他还是那样快活、那样爱玩儿。看样子,爸爸打得比原来预料的要轻,费佳也没有难过到不得了的程度。

不管怎么样,要不是老师把万卡扣在教室里,今天傍晚我跟他一定要到教堂里去玩玩。我舅舅的耳朵有点儿背,我们可以悄悄地溜过去,爬上转圈儿通到钟楼的楼梯,就可以痛痛快快地逮鸽子。

现在,我们的计划全完了。

我垂着头,像被打蒙了似的慢慢走出教室,来到门廊里,然后更慢地走下台阶,来到院子里,靠在墙上等万卡。我知道,他将是最后一个被放出教室,所以我准备了足够的耐心。万卡不出来,我当然不能自己走掉。首先是因为,这有点像是出卖朋友。再就是,不跟万卡一块儿,到我们要去的地方去玩,就玩得没有味道,因而也就没有意思了。不跟万卡在一块儿,河就不是河,森林就不是森林,果园也不是果园了;如果不是万卡跟我在一块儿,这一切又有什么意思?那我就听不到他那亲热的、发音不清的声音,听不到他将四个指头巧妙地放在舌头上吹出的那样漂亮的口哨声,——他这套本事使我非常羡慕,我不论怎样学,就是学不会。万卡的口哨声非常嘹亮,能叫满林子老鸦纷纷飞起,吓得哇哇地叫个不停。我也就看不到他把妈妈给他缝在裤子右边的唯一的口袋翻了开来,在袋角里搜刮土烟末子了。土烟末子他是偷爸爸的,他因为偷烟末子挨打挨得最多。可是,在小伙伴赞赏的目光注视下,完全像大人那样将烟末子往手心里一撒,然后又像爸爸那样细心而又沉着地将烟末卷进纸卷儿的时候,那股神气劲儿,是什么都换不来的。再把烟卷儿捏捏紧,划着火柴,微微燎去一点儿睫毛(万卡的睫毛是浅色的,长长的,很像小牛的睫毛),就抽起烟来,为了表示自己是抽烟的老手,还要让烟气从鼻孔里冒出来。万卡往往也让我"抽一口",只抽一口,不能多抽,可是,他看到我呛得难受,咳嗽起来,就要老气横秋地说:"这么看,你干这种事,早着哩。"说实话,我觉得他干这种事也还不到时候,因为我看到,他是在硬憋,硬把从胸中冲出的咳嗽憋回去,连眼白都憋成了红的,他在我面前拼命要掩饰这一点。他忍着呛人的烟气,克制着朝外直涌的眼泪,还要安慰我:"别泄气,米沙,你也会学得会的。"

我要超到前面说说:我没有学会。在当时的二十年代末没有学会,在三十年代当孤儿的时候没有学会,到四十年代战争时期还是没有学会,虽然这方面的教师要多少有多少。单是在前线,就有可能成为瘾头很大的烟鬼。有人就毫不犹豫地拿出自己的二大两[1],去换取一撮烟末或者抽剩的小半根香烟;为了一口烟,可以饿肚子。但是,连战壕都没有使我成为烟鬼。发给我的一份黄烟,或者到后来发给我的纸烟,连司务长都给了别的战士和指挥员。

很多事情我都想学,我也跟万卡学了不少。为了使牙齿保持干净,我甚至学会了像他那样嚼松脂。这种黏性的黑乎乎的胶质在萨拉托夫州我们的寺院镇上叫作树蜡。嚼了这种东西,牙齿变得雪白,就像狼崽子的牙齿,牙床也变得非常结实,不论我们啃铁硬的黑麦面包干,不让嚼扎人的生豆饼,就像用石磨在磨一样,牙床都不会出血。

我已经说过,我最想学的是万卡那一口漂亮的口哨。每次我跟他出去玩,不论到森林里、果园里、田野里,不论到大草甸子、小草甸子上,不论到大打谷场、小打谷场上,我都尽量利用机会,一路上都在听他的口哨课。但是,也许是他的教学本领不高,也许我是个不开窍的学生,不知为什么,我的学习成绩总是不能令人满意。我也将指头放到嘴里,压在舌头上,但是发出来的不是嘹亮的哨声,而是一种非常细微、很不好听的嗖嗖声。我恼得简直要大声哭起来,于是万卡马上一如往常地过来宽慰我:“别泄气,米沙,你也会学得会的。这是我哥哥费佳教我的。嘿,他吹得才漂亮呢!”

万卡身上有许多东西使我暗暗羡慕。比如说,万卡那种勇气

①战时的口粮。

我就没有,可是在农村生活环境中必须有足够的勇气才行。胆小的孩子在农村里是吃不开的,论待遇的话,胆小的孩子只有经常挨打的份儿。万卡就不是好惹的:谁要是打他一个耳光,他马上就要回敬三个,更要响亮些、更要清脆些。即使对方岁数比他大些,因而力气也大些,万卡也决不含糊。在这类情况下,万卡完全可以用他的勇气和灵活性弥补自己力气的不足。不能说,每次打仗他都能打赢。他这个勇士有时也吃大亏。万卡的脸上难得有什么时候不带有最近鏖战的崭新纪录。瞧吧,有时万卡的眼底下青了,有时嘴唇上有一个大口子,有时是眉毛上,有时是耳朵上,说不定在哪里,反正差不多总是有凝结的血块,就像好斗的公鸡冠上的凝血。要想追问万卡,是谁打他的,那是没有用的:他永远都不会说。要么,他就瞪着眼睛瞎说:夜里撞到门把手上了,或者撞到别的什么上了。

这会儿我在盼望着我的勇敢的伙伴走出教室。依时间来估计,他应当出来啦:大约一个半钟头已经过去了。在我之后,别的孩子也早都离开了教室。女孩子们马上各自跑回家去。男孩子们完全不同。他们像子弹一样飞出学校,好像真的是从里面射出来的。他们快活得像发了疯似的,就像拴着的小羊一下子被放了出来,吱吱哇哇地、咩咩地直叫,连蹦带跳地从我身边跑了过去,一下子就跑到学校外面,显然都不愿就这样快地分手,又玩起了各种游戏。有的在掰手腕,或者紧紧地抱在一起,在较量力气;有些孩子就弯腰站成一行,让另外一些伙伴从他们身上跳过,——他们玩的是跳马;一会儿这里,一会儿那里,嘻嘻哈哈、吱吱哇哇地玩起人摞人游戏;不多的几个孩子用棍子很快地在一旁画好了线，玩起了羊跖骨。我对这几个孩子特别眼红，要不是现在这种情况，我一定不会袖手旁观，因为他们玩的是我最喜欢的游戏。我十分丧气地朝他们望了望，心中就想，在家里，在几个炉灶通风孔里，我还背着二哥连卡收藏了不少跖骨呢——有大些的牛跖骨，有小些的猪跖骨，有非常细小的，那是羊跖骨，我们干脆叫作“面条”。只要我愿意卖，还可以拿来卖钱，因为跖骨是有一定价钱的。一个戈比可以买五根牛跖骨；如果买猪跖骨，一个戈比可以买二十根；如果买羊跖骨，一个戈比可以买三十根。我的二哥连卡（我在家里是最小的）在玩跖骨方面是没有对手的，他常常把所有敢于同他较量的人打得大败亏输。连卡在瞄准的时候，眯起左眼，而且一定要把舌头尖伸到左边嘴角上。可以说，他这一瞄，准能百发百中。所以，难怪连卡的书包里总是装着大半书包跖骨，而且，遇到机会还要拿来卖钱。我暗暗积存下来的跖骨都是我二哥赢来的，不是我自己的，因为我玩这种游戏的瘾头虽然很大，但是本事却有限。然而，遇到有谁玩这种游戏，我是一定要参加的。但是，没有万卡，怎么行呢？……

“心狠的‘猫’是不是就要放他出来？”我心里这样想着，眼睛又朝门口望去。大门一次一次地敞开，高年级的同学一个一个地走了出来。终于，万卡也跟着一大帮孩子出现在大门口。我一下子没有看到他，因为万卡被几个大个子遮住了。一会儿，他那张通红的脸就出现在最前面。我马上离开自己的瞭望点，喊着“乌拉”冲上前去迎接。谁知万卡猛地将头撞在我的下巴上，撞得我非常疼，疼得我眼里直冒金星，我简直惊呆了。

“你……你干什么要撞我，万卡？！”我疼得厉害，心里又觉得无比冤屈，难受得气都喘不上来，哭叫道。“为什……么?！哎哟，你……呀……”

“你……为什么?!”万卡也叫道。他一把抓住我的领子。眼泪从他那长长的睫毛上扑簌簌落了下来（他流眼泪常常是由于恼恨，而不是由于疼或者委屈）。万卡突然扬起手，一巴掌打在我脸上。

我别无他法，只有还手。

我们都昏了头，气糊涂了，各人都使出力气当真打了起来，我们的样子大概很像相互啄斗的小公鸡，让围成一圈观看的高年级同学们开心死了。脸上一出血，双方火气更大，更加不可收拾。我们本来已经准备用我们的一嘴好牙咬对方的手了，可是，这时更有一个大孩子，当然啦，也是一个浑小子，一面围着我们打圈子，一面给我们打气，煽风点火：

“万卡，好好地教训教训他！……米沙，你也别认输！干什么要做孬种？……狠狠地揍，用劲！……就这样！干得好！有种！……再来一下子！……好……好……好极了！”

这是萨蒙卡。他一直弯着身子躲在别的孩子背后，现在钻了出来。我们哪里知道，是他出了校门之后，看到万卡走在他前面，便趁我跑上去迎接好伙伴的时候，非常巧妙地悄悄推了万卡一把，让万卡的头猛地撞在我的下巴上，推过了，就马上躲了起来，好像他把事情全算好了：这一下子我和万卡都认定是对方先动手的，只是不明白为什么罢了。真的，当我们已经打了起来，打得心里起了火，如果说我们还想着什么的话，那就是我们每个人想的都是无论如何不能打输，这时候，谁还能去调查研究，弄清真相呢？……

果然不出所料，高年级的孩子们并没有一直做旁观者。由于种种原因，有的孩子向着万卡，有的就向着我。于是，有一条像俄罗斯本身一样古老的不成文法则起作用了，这条法则被概括得非常精练，可以说言简意赅，很能鼓舞士气：咱们一伙儿的挨打了！听到这一声呼喊，就好像听到了呼救的信号，涅波切托夫街、扎维多夫街和附近其他大街小巷的孩子们都加入了我这一边，村子那一片及其周围住的孩子们都加入了万卡的一边。我们同班的孩子们也都丢开了愉快的游戏。他们全都忘记了胡乱丢在地上的装满书本和练习本的书包，一声呐喊便进入了战场，还没有分清谁是敌人，谁是朋友，就抡起了拳头。这会儿鼻眼儿里出血的不光是我和万卡了，很多孩子的鼻眼儿里都出血了。

先是伊凡·巴甫洛维奇从学校里跑了出来，接着附近几家和镇苏维埃又有一些人赶来相助，都未能一下子平息这场战乱。只是在瓦西里神父和伊凡·莫罗佐夫也赶来支援以后——这时他们在打扫神殿，准备晚祷，——这场战火才熄灭了。但被这场战火烧焦的木料连同它那刺鼻熏眼的烟气和辛辣、呛人的气味却以某种方式进入我的心里，因此，昨天还充满了诱人的色彩和迷人的内容的生活，我觉得一下子就暗淡无光了，一下子就失去了光彩，变成了暗灰色，一切都好像忽然蒙上了一层灰白色的阴暗的厚膜，一丝阳光都透不过来，照不到也晒不暖变孤单了的、受了惊吓的孩子的心。

萨蒙卡又怎样了呢？

他只觉这场架打得热闹，已经忘记了他是这场架的挑起者，更没想到这场架会扩展开去，到后来越演越烈。等大人们用言语和别的对乡下孩子更为有效的方式平息了这场群架后，他马上觉得非常扫兴，这才带着十分遗憾的心情朝家里走去。他也许还希望明天有谁再来干一场。这并不是说，他是一个心眼儿很坏、不可救药的孩子。论本性，萨蒙卡倒也是个忠厚、甚至善良的孩子。不过，就因为他学习不好，学校对于他来说就没有意思，他只能在学校里找点事情解解闷儿。

二

后来大人们说，最难拉开的是我和万卡。使我清醒过来、一下子恢复了理智的，是伊凡舅舅狠狠打来的一记又结实又响亮的耳光（大概因为我是他的外甥），然后他又用铁钳一样的大手扯住我的耳朵将我拉开。万卡则被又高大又健壮的瓦西里神父紧紧抱住，直接带进了教堂，不知是要他去干什么（该不是要他去忏悔吧？）。这时候，最虔诚的教民已经开始进教堂了。

其余的战士由伊凡·巴甫洛维奇处置。他让他们在面前站成一排，就像连司务长在营房前集合新兵一样。

玛丽亚·伊凡诺芙娜老师也从学校里出来，跟丈夫站在一起。他们夫妻两人一起教四个班，一直教到镇上建起新校舍，办起七年制学校。所以这里的一切他们都得负责，既不能辜负区教育局的重托，又不能辜负镇苏维埃的厚望。玛丽亚·伊凡诺芙娜不仅担负着教学任务，而且还负责招收新生。去年秋天，我就是到她面前报到的。“你在哪里出生的？”她看着新生名单，首先发问道。因为家里人对我说过我是在哪里出生的，所以我马上就回答说：“在奶奶的炕头上。”坐在一旁的伊凡·巴甫洛维奇鼻子里哼了一下。我以为，他是不相信我，于是我详细地说给他听，但是玛丽亚·伊凡诺芙娜不让我说下去，她说：“好啦，行了。九月一号到学校里来吧。”她的嘴微微撇了撇，像往常一样忧郁地、淡淡地笑了一下。

伊凡·巴甫洛维奇用逼人的眼睛扫视着每一个学生，并且在说一些十分气愤的话，但是，还没有完全定下心来、没有平静下来的孩子们却没有听清他说的是什么，也许他们根本就没有听，至于说，那些话是十分愤怒的，那他们可以从老师那绿眼睛的逼人光芒和不住地抖动的猫胡子猜得出来。玛丽亚·伊凡诺芙娜两手交叉着放在胸前，一声不响，拿又惊愕、又忧伤、充满责难神情的眼睛望着打架的学生，——突然安静下来、又担心、又害怕而且可以说是非常倒霉的打架的孩子们最怕的就是看到这双眼睛。他们完全是为别人的事倒霉。全是这样的。这里面有涅波切托夫街上的科利卡·波利亚科夫。他原是仅次于万卡·茹科夫的我的二号朋友，现在可以说是我的头号朋友了。他的下嘴唇破了一个大口子，正站在右侧。他伤心的倒不是在战斗中负了伤，而是弟兄两个共有的唯一的一件斜纹布褂子被撕破了，怎样向严厉的妈妈和爸爸交代呢？他爸爸虽然是和善的，但又是全镇最穷的，涅波切托夫街上资格最老、最破旧的茅草屋就是他家的。这里面有同一条街上的明卡·阿尔希波夫，他是一个独子，他那年轻的父母最怕的就是他们这个娇弱的孩子跟别的孩子打架。还有淹死过的佩季卡·杰尼索夫（去年夏天把他从塘里捞出来，好不容易救活过来），他是以他们的姓为名的杰尼索夫街上的，因为这条街上有五六家姓杰尼索夫的。还有格林卡·穆兹金，是个没有父亲的孩子，像一匹无人管束的野马，经常光顾别人家的菜园和果园，到冬天还要光顾别人家的地窖，又是一个能说会道的孩子（"嘴巴机灵，手脚就不干净"这句俗话，说的就是格林卡这样的好汉），又是一个爱闯祸的孩子，他这一点，连万卡·茹科夫都无法相比。即使在这会儿，他那大胆而不礼貌、像虾眼睛一样凸出的眼睛并不避开，也不垂下来，而是毫不畏惧、甚至带点儿挑战意味地望着常常不让他回家吃饭的伊凡·巴甫洛维奇的眼睛。还有跟我同名的米沙·特维尔斯科夫。第二天，我就跟他做同桌了。后来我跟他一起坐了很长时间，一直坐到上五年级，一直到难忘的一九三三年，那一年，不仅使我失去了米沙·特维尔斯科夫，而且失去了其他许许多多亲爱的人。带着平素那种诡秘的笑容站在老师面前的，是仅仅比我小一岁的我的表侄科利卡·马斯洛夫。经过刚才一场恶战，他差不多是唯一脸上没有留下标志的。能有这种几乎不可设想的现象，只是因为这个黑眼睛的淘气鬼格外机灵。

大概，感到最难受的是涅波切托夫街上我那最胆小的朋友扬卡·鲁勃佐夫了。他卷入这场战斗绝不是自觉自愿的：是一个高年级的孩子朝他的屁股上狠狠蹬了一脚，将他蹬进了激战漩涡里，从他鼻子上挂的彩来看，他挨打挨得最多。这会儿他正站在玛丽亚·伊凡诺芙娜对面，正眼巴巴地盼着她给他讲情。

"噢，鲁勃佐夫怎么到这里来啦？"玛丽亚·伊凡诺芙娜终于发现了他，马上就断定他是无罪的罪人，惊愕地叫道。她要求丈夫开恩："伊凡·巴甫洛维奇，快把他放了。也把明卡·阿尔希波夫放了吧。”年老的女教师完全相信,这个碰不得的娇宝宝是被别人裹胁进去的。

“鲁勃佐夫,回家!阿尔希波夫,你也回去!”伊凡·巴甫洛维奇下命令说,“今后要注意!……”

我跟扬卡是要好的,并不计较他的一些缺点(谁没有缺点呢!)。其中有一个缺点是我特别反感和最不能原谅的,那就是他那出了格的小气。有一次,他的小气也许到了登峰造极的程度。

春汛过后,我们的巴兰达河就要回到它十分熟悉的原来的河道里,将跑到四面八方、跑到森林里和大大小小的草地上的春水收回自己的怀抱,那些畅快地玩够了也产过了卵的狗鱼、红眼鱼、鲦鱼、圆腹鲦以及其他各种各样的小鱼,如棘鲈、鲌鱼等,也都跟随着春水顺着无数的支流,顺着往年春天春水冲出的水沟、坑洼、顽皮的流水冲深了的车辙,顺着老河道匆匆往回游,这时候,寺院镇上所有的男子,从大人到小孩,都要出来捕鱼。使用的渔具是各种各样的,都是在漫长的冬夜里事先准备好的。其中有捕鱼笆篓、袋网、抄网,有式样不同、大小不同的拍网,还有其他一些灵巧的小家什,是捕捉游散的小鱼的。健壮的汉子和小伙子使用沉重的抄网就可以站在岸上捕捞:从土沟里出来的春水将河水染成了土黄色,鱼在浑水里是什么都看不见的,抄网一撒,将鱼兜住,就可以拖上岸来。捕鱼笆篓、袋网、拍网是在草甸子上和森林里捕鱼用的,草甸子上和森林里那一道道的流水哗哗地朝巴兰达河的主河道流去,可以在那里拦路捕鱼。这时候,各方面都在争分夺秒。流水慌着朝河里流,怕的是被目前还看不到的土包或者土堰截住。鱼最倒霉的就是落到任何一个季节性的林中水沼里,太阳两个星期就能把水沼晒干，晒得滴水不剩，——落到浅水里，不论是真正的浅水里，还是转义上的浅水里，都是活不久的。人也不能行动迟缓：春汛时间不长，鱼出来游玩散心或打食儿的时间很短，至多一个星期罢了。所以，要捕鱼，就得抓紧时间，要是稍有怠慢，等到支流或者水沟里的水全都淌干，你还是什么也逮不到，就要两手空空地回家。

不知为什么，不知是来晚了呢，还是来得过早了，我和扬卡守了一整天，我们的捕鱼笆篓里一条鱼也没有。我们没有力气，不能把这一套家什拖到别的地方去。我们的捕鱼笆篓是我们的哥哥给我们安放在这里的。我们只是守着，过一阵子扯起来，透过湿漉漉、明晃晃的笆条子，看看有没有银光闪闪的大鱼在里面蹦跳。一条鱼也没有看到。傍晚，这时候不仅孩子们失去耐性，就连大人也会失去耐性的，我也就觉得烦躁起来，我一面打呵欠，一面心中嘿嘿一笑。

“扬卡！”我喊了一声因为逮不到鱼变得非常没有劲儿的同伴。

“什么事？”他用没精打采、懒洋洋的腔调慢腾腾地答应道。

“这会儿要是有一百条狗鱼撞到你的笆篓里，你会分给我一半吗？”

扬卡一下子精神起来，他那圆得像满月一样的脸上那种懒洋洋的神气一下子就不见了。他惊讶地朝我望了一眼，十分着急、十分不高兴地说：

“你可真机灵！拿我当傻瓜！我凭什么分给你？……”

我料到他就会这样回答，因此我哈哈大笑起来。笑够了，还大声数落了他几句：

“扬卡，你真是个糊涂蛋，小气鬼，大财迷！你连鬼都逮不到！算了吧！还是叫你那狗鱼躲远点吧，免得叫格林卡·穆兹金给你偷走。想得倒是美！”我说完就站了起来，将本来准备装鱼的手提包塞进口袋，吹了一声蹩脚的口哨，就钻进还没有长叶子的槭树棵子里，让我的同伴一个人在那里发愣，看样子，他还不明白我为什么要笑呢。

但是这会儿我没有心思笑。我被伊凡舅舅一个耳光打得老实下来以后，就跟别的学生一起站着，心不在焉地听着伊凡·巴甫洛维奇训话，我所注意到的只是训话的结尾。老师在训话结尾时要我们通知家长明天傍晚到学校里来。这就是说，我们还要挨一顿好打，这顿打会比我们刚才互相打得还要狠些。我们打出了血的鼻子不禁一齐倒吸了一口凉气。不知是谁不由自主地慌乱地叹了一口气，还带着抽搭声。总而言之，老师讲话的结尾部分很不合大家的口味。“猫”老师看到这一点，抖了几下胡子，隐隐地露出得意的狞笑。我们又是一齐地、也是听训话以来第一次抬眼望着玛丽亚·伊凡诺芙娜，就像扬卡·鲁勃佐夫那样，本能地祈求她庇护，或者求她至少表示一点同情。一种慈祥、怜惜以及正是同情的神情在她那和善和忧郁的眼睛里闪现了一下，但是这位年老的女教师所能给予我们的就是这些了，因为她怕她那有点儿严厉的丈夫。我看到，仿佛在她那稀稀的、遮不住红红的眼睑的睫毛上晃动着一颗小小的泪珠儿。

这时候，伊凡·巴甫洛维奇训话已经完毕，用命令的姿势将手一挥，就是说，我们可以走了。不过，谁也不想回家。同学们担心的是,父母已经晓得了这场规模不小的群架(坏事传千里嘛),并且也晓得有自己的孩子在内,这会儿父亲手底下已经准备好皮带或者皮搭腰了,这两样东西是经常用来收拾闯祸的孩子的。我们都知道,这一顿皮带是脱不掉的,但还想拖一拖时间。能够拖到晚上睡觉以前挨打,也是好的:看到的人会少一些。

我考虑到这一点,便毫不迟疑地朝湖边走去,在湖边好好地洗了一下脸,这样一洗,脸上的青紫伤、抓伤、血块和大疱倒是变得更明显了,可是我觉得,这样总算可以过得去了。

我洗脸的湖叫作"疙瘩滩"。大概这是因为,从春天到秋天,湖边被马蹄和牛蹄践踏得乱糟糟的,等踩得乱糟糟的泥巴一干,就变成一个个铁硬的、有尖有棱的土疙瘩,我们在麦茬地和野蒺藜滩上锻炼出来的一双铁脚板踩在上面都觉得很疼。夏天我们在"疙瘩滩"里洗马,自己也在里面洗澡。在这里又热闹又快活,虽然这又温和又浑浊的死水里不光到处是鲫鱼和蝌蚪,而且到处是蚂蟥,蚂蟥随时可以叮到光屁股上,大喝你的血。又肥又大的蚂蟥(不知为什么我们这里将这种蚂蟥叫作马蛭)我们倒是不怕,因为这种大蚂蟥吸饱了血就自动离开。最害人、最讨厌的倒是一种细细的、红红的、像细带子一样的条形蚂蟥,这种蚂蟥往往会钻到肉里去,外面只露一点尾巴尖儿,我们拿手指头扯都扯不出来。

这会儿湖上空荡荡的。湖里的水凉了,呈现出一派沉闷、忧郁的色调。水面上还游着不多的几群家鹅或家鸭,会过日子、会算账的主人还不慌着把这些咯咯直叫的家禽赶回家,要节省饲料,饲料总是不很富裕的。野鸭和水鸭也飞到这里做窝、养雏儿,但是它们只是在夜间才出来到水平如镜的开阔的湖面上游一游,白天则躲在高高的芦苇丛里。芦苇生长在湖的一边，迅速地向水里扩展开去，快要到湖中心了。“疙瘩滩”实际上一直就是很大的一片沼泽，从前这里是郁郁苍苍的密林，是人迹不到的地方，到这里来的是成千上万的水鸟，其中也有天鹅，如今只能在春天极短的时间里，在大熊河以及注入大熊河的我们的巴兰达河发水期间，才能看到天鹅。今天的野鸭，是过去在这里度过了鸟类幸福时代的那些鸭子的直系后裔。从那些鸟类土著继承下来的古老本性，使它们仍然不怎样怕人，而且准时地驱使这些远游他乡的鸟儿千里迢迢飞回如今几乎是人类聚居中心地带的沼泽故乡。野鸭飞来跟我们待在一起，一直要待到深秋，要待到阵阵冷风吹拂下泛着涟漪的水漩儿越来越小，最后落入夜间悄悄袭来的严寒那又紧又不怀好意的怀抱，吓得呆住，一动也不动，并且吓得变成了白色。

我洗好了脸，在湖边坐下来，又一次毫无用心地朝四面望了望。过了一会儿，我又是没有任何用意地朝水里扔起土块。可是，我马上就想起，要是万卡跟我在一起，我们会进行比赛的：看谁用小石头片儿在水面上打出的“飘儿”多。玩这种游戏有时我能胜过万卡。我将身子朝右边弯得低低的，胳膊抡圆了，用力将石头片儿巧妙地扔出去，石片儿就像水龟子一样在水面上拼命朝前蹦，后面留下无数的“飘儿”，也就是石片儿轻轻地碰到水面上碰出的水圈儿，水圈儿越远越小，间隔也越来越短。要是扔得特别好，这种水圈儿能打到三十个，甚至三十个以上。这就是说，如果对方输了，哪怕少打一个水圈儿，你就可以用指头在对方额头上弹三十下或三十下以上。万卡十分要强，每次输了，不要求我手下留情,而是要我用劲弹,不要装样子。他要是感觉到我弹得不狠,就非常生气。万卡要是赢了,对我也不留情,但是他要根据自己多次挨弹的经验,奉劝我:"要把额头皱紧。这样就不怎么疼。"他看到我采纳了他的建议,便带着真诚而彻底尽到了朋友责任的神情对我进行体罚。

没说的,打"飘儿"太有意思了。就这会儿我也想打上几十次。我在附近捡了不少适合打"飘儿"的小石头,先在手里掂了掂,挑了一块,扔了出去。没有扔好:石头没有在湖面上跳跃前进,而是扑通一声落到水里,沉了下去。但是我并不泄气:万事起头难嘛。我又扔出第二块石头。可是这一次还是没有发出那种熟悉的、清脆悦耳的啁啁……声,我们经过多次苦练而十分有把握地扔出去的石头一般都是要发出这种声音的。"我这是怎么搞的呀?"我一面望着扔得不好的右手,一面惊奇地想道,"好吧,就再试一次。"又试了一次,还是不行。石头蹦了两下,扑通一声,又不见了。我懊丧地唾了一口,又一次想起了(不知是多少次了!)万卡,一种窒人的、痛苦的委屈感涌了上来。胸中烧起一阵无名的怒火。剩下的石头我用脚踢了开去,可惜的是,我不能把石头踢到万卡头上,——这会儿没有比万卡更可恨的敌人了。

"这会儿他在哪里呢?"我脑子里想道,心中觉得无限痛楚。"哼,好小子,等着瞧吧!你只要到涅波切托夫街上来,看我们收拾你!"

万卡有一个叔叔住在涅波切托夫街上,他爸爸常常有事派他来找叔叔。万卡很高兴干这种差事,因为回家的路上可以跑来找我,在我家里躲上一两个钟头,免得再叫他干别的没有多大意思的事情。我心想，这么着，我们就可以悄悄地候他来。这会儿，为了报仇，我心中已经在想着联合一些伙伴了，就如科利卡·波利亚科夫啦，米沙·特维尔斯科夫、淹死过的佩季卡·杰尼索夫啦，甚至扬卡·鲁勃佐夫和明卡·阿尔希波夫啦。不过，主要依仗的还应该是格林卡·穆兹金，不用说，在我脑子里已经组成的一支队伍中，他是最勇猛、最可靠的一员战将。

一想到我已经有了这样一支队伍，多少提起了一些精神，我于是准备回家。这才发现，装着书本、练习本和特别值得夸耀的新铅笔盒的书包我没有带。是不是回去拿书包？“随它去吧！丢不掉的。玛丽亚·伊凡诺芙娜会捡起来带回去的。”我用强作不在乎的口气说出声来。随即来到湖后草场上。每天早晨牧人都是在这里集合羊群和牛群，带出去放牧。草场过去就是长长的一排房子，这排房子的后院就靠着涅波切托夫街。这一排房子的最右边就是我们家的房子，我们是不久前跟米哈伊尔爷爷分开才住在这里的。我回到家里会怎样呢？爸爸在家吗？最好不在家，比如说，到磨坊里找他的朋友去，跟那个远近闻名的酒鬼混上三四天，最好待上一个星期。我爸爸喜欢去，而且常常去。爸爸去找这个一年到头浑身是面粉的朋友一般都是在星期六，我一下子想起来，今天正好是星期六。

我产生了一线希望：也许可以不挨打了。我更有了精神，壮起胆子朝家里走去，竟没有觉察，我的脚一脚又一脚地踩到新鲜牛粪上。

三

我本来指望回家可以不挨打的，谁知偏偏该我挨打。真的，我哪怕晚半个钟头回家，一切就平安无事了。鬼叫我早回来（不知我得罪什么鬼了！），回到家时，爸爸正将我家的大棕马往车上套，套好了，就要驾车去找他那磨坊里的朋友去。他显然把动身的时间推迟了。看样子，他是等我的。关于学校门口打架的事，我爸爸尼古拉·米哈伊洛维奇是听瓦西里神父讲的。瓦西里神父是我们的邻居。他已经主持过晚祷，在他那一大堆孩子的包围下（瘦小得像孩子一样的牧师娘子每年都要给丈夫生一个孩子）吃罢了晚饭，也已经来过我家，向爸爸报告过新闻了。不管怎样，我爸爸在镇苏维埃当秘书，四面八方的消息是不难得到的。

爸爸一看到我的脸被打得到处是伤，便将自己的火气朝下压了压，就像为了省油，拼命压灯捻子那样。他甚至连皮搭腰都没有用，皮搭腰就在他手底下，而只是一句话没说，朝我的后脑勺轻轻地打了一下，不过，这一下相当疼，因为我头上的这一部位已经叫我伊凡舅舅打过一巴掌了，那一下是重得多、狠得多的。也许，爸爸是急着要走，等下一次再跟我算总账，他将马轭从仰得高高的马头上朝脖子上一套，嘴里一面骂，一面朝我吼道：

“等着吧，该死的东西！我还要和你算账的！”

可是，他这话已经吓不倒我了。爸爸都是在火头上狠狠地打我一顿。如果他现在不狠狠地打，以后就更谈不到了……可是，万卡……万卡一直在我脑子里。我巴不得碰上他，再跟他干一场。“我要给他一点厉害瞧瞧！”我心里发狠说。那一天我并不知道，后来，除了对过去的好朋友恼恨之外，更渐渐意识到，这场意外的群架带来的损失是巨大的，是无法弥补的，因而心里会难受和痛苦起来。

第二天我就认识到，现在我要去找我的几个堂兄弟，不冒被万卡和他的同伙截住的危险是不行了。因为我的大伯佩特鲁哈，也就是这几个堂兄弟的爸爸，比我们早一些分了出去，他带着一大家人住在村子里，在很远的那一头，因此，我去找他们就要通过万卡他们那条街。

我一心盘算着等万卡来他叔叔家时在路上伏击他，却完全忽视了在我去伯伯家时他也会干同样的事。万卡就是这样干的。我去找不久以前还跟我们住在一起的几个堂兄弟，想跟他们痛痛快快地玩一玩，即使不能医治脸上的伤痕，也能稍解心头的苦闷，谁知就在去伯伯家的路上遭到了万卡和菲季卡·普切林采夫的拦击。他先下手了。一个星期之后，我才在涅波切托夫街上拦到了万卡，并且在格林卡·穆兹金帮助下好好地揍了他一顿，才算报了仇。

就这样，我和万卡之间展开了一场相互截击战。这会儿不论是他，不论是我，都要等天黑下来，以便在夜幕掩护下悄悄地从对方阵地溜过去，或者进行迂回运动，绕一个大圈子，远远地避开，不走危险的路线。但是这一着后来也行不通了，因为敌对的双方都很快地识破了这一妙计，并在适当的地点埋伏下自己的一伙中最勇敢、眼睛最尖的孩子。在我这一伙中，担任这项任务的是格林卡·穆兹金和淹死过的佩季卡·杰尼索夫；万卡一伙中，担任这项任务的是他的两个好朋友:菲季卡·普切林采夫和他家邻居的孩子瓦西卡·米亚赫科夫。他们全是自告奋勇担当这种危险任务的,因此在双方的队伍中都是特别可靠的。

我二哥连卡跟萨蒙卡很要好,他和我们一样,根本没有想到,这一切都是萨蒙卡挑起的。到后来连卡不得不亲自送我,差不多一直要把我送到佩特鲁哈大伯家门口。但这并没有防止打架,倒是火上浇油,使我们的架打得更厉害了,而且范围也扩大了,因为在这种情况下,对方除了万卡和跟他一般大的孩子外,他的哥哥费佳也要参战。费佳论力气即使不比连卡大,打起架来却要比连卡蛮得多——茹科夫家里的人都是这样的。结果,我和我二哥,以及涅波切托夫街上和村子里因为街坊关系而参加了打架的别的很多孩子,都吃了不少亏。

最伤心的是,过去充满欢乐情趣的快快活活的游玩串门儿,忽然变成了"苦难的历程"。以前我们两个,或是到伯伯、叔叔家去,或是到镇上别人家去干什么事情,回来的路上总是喜欢跑到好朋友家里去。一见了面,每个人都是慌不及待地拿出自己的全部家当给好朋友看。比如说,我把大大小小的跖骨从秘藏的地方拿出来,专门给万卡看。我们一起数,一起分类,挑出大一些的做"甩子";又从另外一个炉洞里掏出一块锡片,这是风车上的商标,是我在小打谷场上爷爷的禾棚里剥来的;我们将锡片放在洋铁罐里,在炭火上熔化了,将锡灌进钻了眼儿的跖骨里,这样跖骨就要重一些,甩出去就更为得心应手。然后我们到院子里放鸽子。我们玩鸽子很带劲儿,尽管我们的鸽子都是常年栖息在教堂顶楼和别的"公房"顶楼上的一些普普通通的灰鸽子,尽管完全不像养鸽人培育出来的那些白鸽子和橙红色鸽子。瓦西里神父家的棚子顶上有个专门的鸽子笼,里面养的鸽子就是那样的。神父的大孩子季玛将鸽子一轰,鸽子就飞到空中翻跟头,在高处玩出许许多多花样儿。我们的鸽子差远了。但是我们却把我们的鸽子想象成最好、最了不起的一种。我爬到棚子顶上,用棍子一搅,万卡将手指插到嘴里,差不多要插到第二个关节处,吹起他那又尖又响的口哨,吓得要死的鸽子并不了解我们的真正意图,一齐噗噗地拍打着翅膀,在我们头顶上转圈圈儿,不次于神父那些大嗉子的、好玩儿的筋斗鸽。

我们一放起鸽子,我家的蓬毛小黑狗“小滑头”一定要来凑热闹。小黑狗有一张像狐狸那样的嘴脸。原来它的名字叫“小黑头”,因为它不仅仅是外貌像狐狸,所以给它改名为“小滑头”。小狗看样子一点也没有因此不高兴,很快就习惯了新的称号,不过也没有忘记原来的名字,要是喊它原来的名字,而且如果是好意相唤,不是因为它又偷嘴要打它一顿的话,它会应声前来的。“小滑头”一听到万卡的口哨,就像发了疯一样满院子乱跑,拼命地尖叫,这样一来,除了吃以外对什么都不关心的我们的大棕马都要停住大嚼,仰起它那沉甸甸的头,很不高兴地打几声响鼻,甩几下耳朵。我们的老母猪一定也要不知从哪里窜了出来,万卡好像就盼着它出来,马上就会跳到它背上,就像个勇敢的骑手似的,骑着猪奔跑起来,直到发了疯的畜生打起转转儿,将他摔到地上。猪还是赶紧跑回猪栏里,猪栏里传出很不满意的老大的猪叫声。母鸡听到口哨,要是夏天的话,就赶紧钻到篱笆跟前苦牛蒡和高高的荨麻丛里,荨麻丛对于我们的光脚来说是危险之地,但对于母鸡来说就一点没有威胁,甚至可以说是安全之地了。只有高冠像血红的落日似的大公鸡认为自己不应当躲藏,而是站得高高的,用高亢的叫声保护它那惊慌失措的母鸡群。

苦牛蒡对于我和万卡也是有吸引力的,因为很容易把苦牛蒡想象成白柳,把它们那刚刚开放的紫丁香色的、大大的、毛茸茸的花儿想象成白嘴鸦的巢。我们从绿色的豆荚里剥出豌豆粒儿,将豆粒儿装进这些假想的鸟巢,挓挲开两只胳膊像翅膀一样扑打着,又尖起嗓子嘁嘁喳喳地学鸟叫。我们当作白嘴鸦蛋玩儿的豌豆粒儿,玩过了,我们就吃掉。

我们摘豌豆要跑很远。因为豌豆要种在离镇五俄里甚至七俄里的地方,以为这样就能叫孩子们摘不到好吃的豌豆粒儿。万卡有本事探听出哪些地方有豌豆地,探听好了,就记在心里,到了适当时期,等到豌豆灌饱了浆,变得分外的甜,也就是最怕摘的时候,他朝我眏眏眼睛,说:“明天咱们去椴树坡!”有时他一下子能说出萨方坡、柞树坡、桦树坡或者本镇其他一些边远地段,据他侦察,这些地段都种了豌豆,而且这会儿豆荚已经饱了。

出去摘豌豆的前夜是不平静的,又紧张又高兴——大概,成年人准备第一次出猎的前夜就是这样的。为了不叫别人猜疑我们有不轨的意图,我们东扯扯,西拉拉,就是只字不提我们明天的远征。我想喊科利卡·波利亚科夫、明卡·阿尔希波夫和淹死过的佩季卡一块儿去,万卡却坚决反对,他认为还是两个人好些,结成一大帮容易被发现。最后我只好同意,虽然心里有些害怕。难怪俗话说,人多胆壮,纵死也不怕。死是不会死的。这我们是知道的,但因为偷嘴挨打完全是可能的。如果结成一大帮,每个人只能挨上一鞭或者一树条子，至多两下罢咧；要是只有两个人，万一落到豌豆主人手里，每个人都要挨上十下。

出发要在天亮以前，鸡叫两遍，妈妈还没有出来挤牛奶，我们就要动身。每逢这种情况，万卡都要到我家来过夜，我们就睡在干草棚里。我们都因为即将到来的远征兴奋得睡不着，便轻声细语地说话，或者也是轻声地学唱新歌儿。有一支歌我特别喜欢唱。是我们听来的，完全无意中听伊凡·巴甫洛维奇老师唱的。是在接收我们入少先队的那一天，那时候，除了听到胸前的红领巾在阵阵清风吹动下发出轻轻的唰唰声和扑扑声外，我似乎什么都听不见，也无心去听。但是我却听清了这支歌：

> 我们有个好爷爷列宁，
> 他的孙子数也数不清！
> ……
> 我要参加世界街垒战，
> 战死在血染的土垒边。

“街垒是怎么一回事儿？”万卡问我。

“我不知道。”我老老实实地回答说。

“我知道！”万卡神气地说。

我有意激他，就顶他说：“你就不知道！”

“我就知道！”

抬了几句杠，万卡这才郑重其事地说：

“街垒嘛……知道吗，就是老高老高的墙，上面有大炮，还有机关枪。嗵嗵嗵……嘟嘟嘟……就是这样的！”

我再也没有什么好说的了。万卡说得那样肯定,而且还活灵活现地模仿了枪炮声,于是我信服了。

“咱们不会睡过头吧?”我想起了明天我们要干的事,为了提防万一,便问道。

“咱们干脆不睡!”万卡胸有成竹地说。

“一点不睡吗?”我惊愕地问。

“一点不睡!”万卡果断地说。

但我还是有些疑惑:“咱们一丁点儿都不睡吗?”

“一丁点儿都不睡!”万卡更决绝地说。“我哥哥费佳说,他们夜里常常不睡。他们拼命玩‘黄鼠狼’,互相往脸上抹焦油。”

我们的哥哥们夜间放马时正是用这种办法消磨时间,这一点,不用万卡说,我也十分清楚,因为连卡每次从野外草甸子上回来,脸上比满脸都是黑乎乎的铁屑的镇上的铁匠伊凡·克利莫夫都肮脏。要洗干净抹了焦油的脸,不是那么容易的事,而且连卡好像也不是非洗干净不可:要是到下星期六夜里孩子们反正还要再给他抹的话,值得花力气去洗吗?

“这么说,咱们不睡啦?”我又问一遍,怕的是他改变主意。但是他斩钉截铁地说:

“说不睡,就是不睡!”

这时候,我特别喜欢他,真想抱住他亲亲。

我们通常都是在偷豌豆胜利归来后,才到苦牛蒡丛里玩的。在这样的日子,我们分外高兴,嚷嚷得也就特别厉害。等我们嚷得出了格,我妈妈就出现在门口,她把两手一挓挲,皱着眉头吆喝道:

“魔鬼快来收拾你们！你们吵得我受不了啦！……你们在那里胡搞些什么?！安生些吧，看在耶稣面上！……”

我们于是安生下来，但不是看在耶稣面上，耶稣不在这里，是听不到我们嚷嚷的，我们是看在妈妈面上。我妈妈又温柔，又无比善良。这“魔鬼”是她唯一的法宝，她只会拿这来吓唬我们小孩子，还要吓一吓发酒疯的丈夫。丈夫在磨坊里或者别的酒鬼家喝醉了酒回到家来，摆一阵威风，就要动手打老婆，跟她算一算我们弄不清的陈年老账。

我们停止满院子乱窜，还因为万卡该回家了。我们高高兴兴地分手，彼此都心满意足，因为不论哪一天都可以再见面。再就是该到万卡家里玩儿了，他们家里也许更有意思些。到时候万卡会走出门来，拉起我的手，将我领进屋里，首先要让我看着他家那迅速扩大的兔子群。

在我们这地方，不给“胆小鬼”(就因为兔子胆小，许多地方对兔子这样称呼)专门做窝儿，比如兔子笼啦或者别的什么的，大部分就养在房里地板下面或者地窖里。万卡家的房子里是黄土地，所以兔子就干脆在地上打了许多很深的洞做窝儿。母兔每生下小兔子(一年要生好几次)，都要细心地掩盖起来，封住洞口(那时我真不懂，小兔子为什么没有在洞里憋死)，但是万卡还是能丝毫不差地找到这些洞，并且知道，到什么时候，从哪个洞里，会钻出毛茸茸的小兔子，或者是白的，或者是灰的，也许是黑的。小兔子快要钻出来的时候，万卡总要事先通知我，我也会准时赶到。我们坐在洞口，母兔刚刚从里面钻出来，洞口还是开着的，我们等待着，紧张得都有点儿发抖。不管我们怎样凝神注视，还是看不清小兔子是怎样出现的，只见一团毛茸茸的小东西在洞口颤巍巍地蠕动，带豁子的上嘴唇十分好笑地翕动着，抖动着胡子，拿鼻子到处闻，红红的小眼睛东张张西望望，长长的小耳朵像剪刀一样忽闪着。我们屏住气，争先恐后地拉着小小的兔子腿，让它在地上跑一跑，让它上一上来到世上的第一课。小兔子胆子壮起来，一定要离开洞口，跑到我们跟前，我们就可以把它托起来，捧在手里，捧到眼前，好好地看看。没关系，小东西有点儿怕也不要紧，让它习惯习惯好啦，因为今后它反正是要跟这些叫作“人”的、乍一看似乎十分可怕的大东西在一起的。第一只小兔子之后，很快地就要出现第二只，第二只之后又是第三只，一直到第七只，有时还要多些。万卡得意得不得了。他将小兔子捧一会儿，又小心翼翼地交给我，要是小兔子不吱吱叫的话，我就让小东西在手心里暖和暖和，捧上一两分钟，然后更加小心地放到地上。吓慌了的小兔子并不马上去找洞口，首先要躲到屋角里，缩成小小的一团，蹲在那里，老半天才能回过神来。万卡根据我的眼神和欢叫声，能猜出我最喜欢哪一只小兔子，分手时他会十分大方地对我说：“这一只我一定送给你。这是顶大的母兔生的。不过，要等长大些再给你。”他也不会忘记履行自己的诺言。这会儿我家地板下面也已经有一群兔子了。当然，没有万卡家那样多，不过也不算少。灰色的母兔肚子又大了，很快就要生小兔子了，马上就要增加七只兔子，说不定还是八只呢。

可是，单是添几只兔子，万卡又不知道这回事儿，我又不能在他面前夸夸小兔子，不能听他讲讲怎样侍弄兔子和给兔子弄什么样的草吃，又有什么味道呢？

当然,这个问题还没有多么直接、多么明显地出现在我的面前。但是这个问题已来到我心里,并且将跟许多别的、同样使人不安、使人心烦的东西一起长久地待下去,——就是我上面说过的、好像是蒙了一层又黏又结实、又晦暗又阴沉的灰膜的那些东西。这层膜越来越厚,想扯都扯不掉。我跟万卡打架所造成的后果越变得明显,越是能感觉得出,这层膜就显得越厚实。

我心里憋得慌。不错,我跟别的一些同学拉得更紧了,我试图用这来弥补我的损失。第二天我一到校就求得玛丽亚·伊凡诺芙娜同意,让我跟米沙·特维尔斯科夫做同桌。米沙·特维尔斯科夫是个老成、和气而且学习很好的孩子,从来没有打过架,我跟万卡打架,他也没有参加。他的爸爸叫斯捷潘,妈妈叫阿克西尼娅,他是他们的许多孩子中唯一的男孩子。论个头儿他像爸爸,爸爸个头儿本来很小,要是跟又高又大、像一座山一样的阿克西尼娅站在一起,就显得更小了。这一对夫妻是镇上一些爱说俏皮话的人,首先是我的父亲,经常戏弄和取笑的对象。"斯捷潘,"他嘲弄斯捷潘·特维尔斯科夫说,"你跟你那阿克西尼娅为什么要一股劲儿地生姑娘?哪里去给她们找女婿?瞧,她们多么肯长!很快就要赶上妈妈,超过妈妈了。像你那阿克西尼娅,谁敢要啊?……她吃的草料你就供应不上!一顿就得吃几大捆!……别的事情你就更招架不住了!哈哈哈……"我爸爸大笑起来。

在生米沙以前,斯捷潘已经生了五个女儿。终于生了个儿子之后,斯捷潘不知为什么还是不肯罢休,不肯收场,于是在米沙之后又生了三个女儿。女儿太多了,就难得找到各不相同的名字,所以斯捷潘家里有两个玛莎和两个杜尼娅,区别只在于:大玛莎或小玛莎，大杜尼娅和小杜尼娅；有时难免喊错：将大的喊成小的，或者将小的喊成大的。这丝毫也不奇怪，因为同名的女儿只有一岁之差，所以有的小些的一旦学起妈妈的样儿，就能长得比大些的高出一个头。斯捷潘虽然穷，但是，他显然不甘心落在瓦西里神父后面：瓦西里神父在季玛之前生了五个女儿，季玛之后又是三个，斯捷潘也照此办理。不过，这两家的相似之处也就仅限于此了，因为，这样一大家人吃饭，对于瓦西里神父来说，就不成其为负担（神父有神父的收入作后盾），而对于斯捷潘这样一个只有一匹马而无别的生计的庄稼汉来说，显然就是力不胜任的负担了。要不是赈济，要不是靠着为他这样的穷人和遭火灾的人储备的一定数量的黑麦，斯捷潘就够呛的，而且阿克西尼娅也会瘦下来的，因为他们自己收的粮食仅够吃到圣诞节。

米沙是女儿群中唯一的儿子，当然父母对他不可能不娇惯，但是他却没有娇气。也许因为，论性格他从小就是个过分严谨的孩子，也许因为他的父母太穷苦，除了格外喜欢他、格外心疼他之外，没有任何别的东西使儿子享受到与其他孩子不同的待遇。

我这样详细地介绍米沙·特维尔斯科夫，是因为他不仅马上要我跟他坐同桌，而且还极力维护我，不过，这种维护不包括参加任何一方打架。说实在的，谁也不要求他这样。比如说，我觉得非常满意的是，米沙在学校里肯跟一个"打架的孩子"（这个雅号黏附在我和万卡身上待了很久）坐同桌，放学后又肯到我家里来，跟我一块儿复习功课，复习好了功课，还要一直待到天黑，跟我一块儿用小刀削小棍儿，又用破碗片刮得光滑滑的，小棍儿是做旗杆用的，到十一月七日那一天，学生们都要打着小红旗在大街上游行。我本来准备跟万卡一起干这些事的,而且已经接受了年纪极不相称的少先队辅导员玛丽亚·伊凡诺芙娜交下的这项任务。我很喜欢每天晚上和星期日白天我们一起坐上几个钟头。除做小棍儿以外,我们还要用大字写上一些庆祝十月革命节的口号,万卡在我们班上也算得上书画能手。这会儿他不跟我在一块儿,要不是米沙·特维尔斯科夫来帮我的忙,玛丽亚·伊凡诺芙娜交下的重大任务就完不成。米沙·特维尔斯科夫的大字也写得不错,写好了,还要用细细的毛笔描上各种各样的颜色,主要的是朱红色。参加我们的工作的,还有淹死过的佩季卡·杰尼索夫、科利卡·波利亚科夫和明卡·阿尔希波夫,他们干的是粗活儿:到森林里去,到远处的渡口去,给我们弄"材料",就是说,弄小栓槭树和椴树的树条子。底下加工的事则由我和米沙·特维尔斯科夫来干。这是一种很细致、很费时间的活儿。去年秋天这活儿干得非常顺手,因为万卡往往不是一个人到我这里来,而是带了村子里的菲季卡·普切林采夫和瓦西卡·米亚赫科夫。瓦西卡·米亚赫科夫是很有两下子的"树木行家",因为每当五月末或六月初,即"三一节"之前,也就是用木棒轻轻敲一敲,就很容易脱掉树皮,脱得树条子光秃秃、赤条条的时候,他用白柳、椴树、榆树的枝条儿做起口笛,谁也没有他做得好。但是如今他也和村子里别的孩子们一样,跟随着万卡一起由好朋友转入了冤家对头阵营,他是不会来的了,——这真是不小的损失!只有重用现有的人,而且一般来说,现有的伙伴还是不少的。但是,糟就糟在我非常强烈、非常难受地感觉到,这些伙伴,包括米沙·特维尔斯科夫在内,谁也代替不了我那原来的万卡。可是,虽然如此,说也奇怪,我不但不设法去跟他和好,反而对他更加痛恨起来。

我们的架还一直在打,而且越打越厉害,越打越凶。有时接二连三地打,这场架打的伤还没有长好,没有结疤,甚至一点还没有收口,接着又是一场。而且,假如仅仅是两个小把戏打架,倒也算不得什么(有什么了不起的!),可是,越来越多的各种年龄的人不可避免地卷入了我们搅起的旋涡,镇上的人都是沾亲带故的,有的是同族,有的是亲戚,有的是干亲,或者有别的瓜葛关系,多年来亲密无间,如今有一股暗流,即使不是公开打架的暗流,那也是互相作对与彼此不和的暗流,眼看着要冲出堤岸并且要吞没全镇。

四

头一次打架的第二天傍晚,我们的父亲们(母亲们如果不是寡妇,校长是从来不叫她们去的)集合在学校里,跟伊凡·巴甫洛维奇一起做过一番热烈,然而不是十分有效的尝试,想找出先动手打架的两个孩子。因为总不能对全班学生实行最高处分,将他们全都开除。有一个很有头脑的人马上出来纠正,说:应该找一个先动手的,而不是找两个,因为先动手的只可能是一个,而不可能是两个或三个同时动手。大家都同意了这个意见。剩下的事就是找出这一个先动手的了。经过很长时间、很别扭、大家觉得都很难受的沉默,格利戈里·茹科夫预感到,有人会抢到头里,会先说出万卡(万卡一向是个惹祸精!),便小心翼翼、吞吞吐吐、边说边试探,临了还打了一下呛,哑着嗓子小声说出了我的名字,并且还说，他的儿子，也就是万卡，“可以证实这一点”。

“真找了个好证人！”伊凡·巴甫洛维奇右边的胡子（右边的比左边的稍微长一点儿）哆嗦了两下，冷冷一笑，那笑容令人很难觉察。“是不是你那万卡先动手的呢？”

“是他，是他！”伊凡·莫罗佐夫非常高兴地接腔说，“我亲眼看到，这个鬼东西打了这个，又打那个！”这位教堂看守其实什么都没有看到，因为他和瓦西里神父一起从教堂里跑来的时候，架已经打得难分难解了。他所以扯谎，是为了袒护外甥，因为有人要把罪过一股脑儿推到外甥头上。

我爸爸心想：米沙开除也真够格了！昨天我打得他太轻了！可是，他却很不满意地望了望自己多年的伙伴和酒友，嘴里说：

“格利戈里·雅科夫列维奇，你诬害别人，不害臊吗？亏你想得出！可是我家米沙从来不跟人家打架。要是说连卡吗……他也许可能……米沙根本就不会。格利戈里，你别来这一套！……你还是好好问问你那狗崽子去！你自己清楚，镇上没有哪一次打架，没有你那万卡在内的！你那万卡简直是个惹祸精！”

“我知道他不是个多么老实的孩子。但事情还是得问清楚。可不能一下子推给他。全怪他！……难道能这样？……”

伊凡·莫罗佐夫被巨雷般的钟声震得耳朵很有些背了，一直竖着耳朵在听别人还讲些什么，看样子，他觉得良心上有些过不去，于是又开言道：

“还是应该揪住头发把不成器的东西们给弄来，好好审问审问他们！”

在“受审者”到庭接受大人们严厉的审讯之前，大人们得出一致的结论:这场架是我和万卡打起来的。为了弄清我们两个之中究竟又是谁先动手的,于是把我们弄到了学校,不过,不是揪住头发,而是抓住胳膊拖去的。执行这一任务的是我们的邻居瓦西里神父,他对我心中有气,因为每到八月末,我的馋劲儿上来,就要爬到神父家的果园里去,摘上满满一怀香喷喷、甜丝丝的茴香苹果。但是,除少数几次外,偷苹果都有万卡跟我在一起,所以神父对他也有气,因此可以想见,瓦西里神父是带着十分得意的心情来拖我们的。

不过,并没有从受审者嘴里问出什么东西。不论怎样问,我们都死不开口,不抬眼望大人,也不彼此对望。我们不开口是由于自尊心,不愿做孬种,就是说,不愿成为孩子群中最受鄙视的人。

"就这样吧,诸位先……"伊凡·巴甫洛维奇又几乎喊成"先生",又是他及时察觉,咽了回去,"没办法,只好把两个都开除了。"

"开除又算怎么一回事儿?"我爸爸的眼睛瞪得圆圆的,眼里也没有神了,"干什么要开除? 为什么?"

"为什么要开除?"脸色变得通红的格利戈里·茹科夫马上接腔说。他一下子又变成了我爸爸的盟友。

"是的,尊敬的家长,要开除!"伊凡·巴甫洛维奇声色俱厉地说。他那右边的胡子微微抖了几下,隐隐露出一丝冷笑。他停顿了一会儿,这时候教室里的空气紧张到了极点。停顿一会儿之后,他说:"暂且开除出少先队,以观后效……"

事情这样一转弯,我们两个的父亲不着急了,倒是放下心来,但是我和万卡吓坏了,就像有人给我们发口令一样,一齐大声哭了起来:我们今后怎样见人啊?! 站在后面、没有参加审讯的玛丽亚·伊凡诺芙娜将两只手搭在我们两个的肩上,极力不让大家看到她那突然红了、涌出泪水的眼睛,很快地将我们拉到她的房里,极力安慰我们:

"他这样说说……是吓唬吓唬你们。谁也不会把你们从少先队里开除出去。你们以后不再打架了吧? 不打了吧,啊?"

这一点我们却没有把握,所以我们都没有作声。

"小冤家!"——玛丽亚·伊凡诺芙娜像个妈妈一样发愁地、心疼地想。她塞给我们每人一块糖,将我们轻轻朝门口一推:

"回家做功课去吧。唉,你们这两个淘气孩子!"

我们跑到街上,彼此打了几巴掌,又挥了挥拳头,表示以后再算账,便慌忙撒开两腿,朝相反的方向飞奔:我朝涅波切托夫街上跑,万卡跑回他们的村子。我跑了一截路,忽然想起一个使我十分吃惊的现象:万卡在背后威吓我,说了不少发狠的话,竟一点也不咬舌儿了。他是什么时候又是怎样改掉了这种说话的毛病的呢? 我们大打一场之后,他不是大有长进了吗? 听人说,受到强烈震动,正常人会变结巴,结巴会恢复正常。咬舌子是不是也是这样呢? 总而言之,昨天他还发不清的一些音,现在骂起人来倒发得清清楚楚的了。这样一来,他的外号"咬舌子"不就叫不成了吗? 我不希望这样,心里打定主意今后照旧喊他这个外号,——让他气气吧,活该! 于是我扯开嗓门儿喊起来:

"咬舌子!"

看样子,我的声音传到了万卡耳朵里,因为我听到了远处传来的回答声：

“切利亚宾佬！”

这是我的外号。我有这个外号，要怪我妈妈。是她去探望当时在切利亚宾城工作的丈夫，从这个南乌拉尔城市“带”回了我。这样一来，婆婆对她更加不满意，因为婆婆曾经劝她不去的。我奶奶奥莉姆皮阿达，或者像我们家里人喊的，皮阿达奶奶，坚决反对她去：“别去吧，弗罗西尼娅！你已经有三个孩子了，你这一去，会带回第四个的。就这样，已经够累赘的了。别去吧，看在耶稣面上！”儿媳妇却执意要去，她这一去，我就出世了，所以我就成了切利亚宾佬，也就是南方佬。寺院镇上的人都把我们家的人叫成南方佬，因为我的曾祖母阿娜斯塔西娅是南方人，是我的曾祖父尼古拉·阿列克谢耶夫参加克里米亚战争时从乌克兰某地（好像是从波尔塔瓦一带）带回来的。我清楚地记得这位又粗大又和善的老人家，我们这一大群重孙子和重孙女（三个孙媳妇没有浪费时间，很快就生满一院子孩子）成天围着她团团转，就像一群小鸡簇拥着一只老母鸡一样。“吵啥子，滚远些！”——她嘴里在吆喝，那张和悦的、宽宽的脸上却一脸都是笑，眼里放着光彩，——那蓝蓝的眼睛还是那样好看，大概这双眼睛在少女时期是十分迷人的。曾祖母阿娜斯塔西娅熬过了祖母皮阿达，而且，要不是小牛用角抵了她的话，她也许会熬过她的唯一的儿子，也就是我们的爷爷米哈伊尔的。小牛抵掉了使她的脸显得格外亲切、格外和蔼的那个很大的胎记。“南方佬阿娜斯塔西娅生瘤了。”——有一天我听邻居这样说。我虽然一点不懂这话的含义，但还是感到非常害怕。不久，在原来有胎记的地方出现了一个像大铜钱一样的很大的斑点，斑点又变成一个小窟窿。曾祖母每用铜杯子喝牛奶，牛奶就从这个小窟窿里往外流。镇上人都很喜欢“南方佬阿娜斯塔西娅”，她去世的时候，许许多多的人都来送葬，丧后宴只好在院子里开，我记得，满院子都是莳萝和桂树叶的辛香气味。我们这些孩子们是第三批，也就是最后一批上桌子的，这时我觉得格外神气，因为这是在我家里，在这里我可以当家，我可以让万卡跟我坐在一块儿，让扬卡·鲁勃佐夫坐远点儿。我总是把丧后宴当作过节(在我们的大家庭里，丧后宴不是稀罕事)，其中最热闹的，也许就是曾祖母去世时举行的那一次了。

“切利亚宾佬”这个外号好像并没有什么可气的，但是，每次我听到这个外号，总是十分气恼。万卡是知道这一点的，所以他喊出这一外号作为对我的回击。我又一次喊“咬舌子”向他反击，但是这一炮看样子没有命中目标。大概，我这个过去的朋友这时已经在射程以外了。

这时，在学校里，在伊凡·巴甫洛维奇主持召开的会议上通过了决议，决议指出，我们两个都是肇事犯，处分的办法则由家长决定。但是，由于他们在这项决议通过之前已经对我们进行了“处分”，而犯一次罪又不兴两次处分，所以我爸爸和万卡的爸爸交换了一下意见之后，便得出了结论，认为：对于两个最小的儿子来说，已经打了那样几巴掌，实在已经够了。

我爸爸和万卡的爸爸一块儿离开学校，一块儿走着，走到果园街和扎维多夫街的交叉路口才分手。在分手之前，他们边走边聊，十分融洽。提到我们，也说得入情入理：“小孩子嘛，哪有不打架的？马上打，马上就好。有什么了不起的！”

“尼古拉,到我家聊聊!”万卡的爸爸分手时说。

“一定去。你有空也到我家坐坐。可不能过门不入。前几天磨坊里的朋友到我家来的。他请你去聊聊哩。下星期六咱们一块儿去,怎么样?”

“这有啥说的……好极了!”

好像一切都没事儿了,但是,不论是我爸爸,不论是万卡的爸爸,不知为什么都没有到对方家里“聊聊”,我爸爸还是一个人去找磨坊里的朋友,根本就不肯带“格利戈里·茹科夫那小子”(我爸爸在背后都是这样喊他)。我二哥连卡也不到万卡他们家去了,虽然他一直跟费佳很要好,费佳不论打跖骨,不论打牌,差不多都能跟他打平手,是很有两下子的,连我二哥都不能不对他另眼相看。现在他们的交情也告吹了。至于我们两个的妈妈,她们在我们打架的第二天就吵起来了。我妈妈也是从瓦西里神父嘴里听到校门口打架的事情之后,扔下一切家务事(她的家务事是永远做不完的),马上来到万卡家院子外面,同万卡的妈妈开始了对骂。交锋是隔着篱笆进行的,镇上的妇女们进行舌战 般都是用这种方式,这时篱笆就变成了街垒。我妈妈不用任何引子,单刀直入地开了腔:

“哼,维鲁哈,你家孩子干的好事!我老早就对我家孩子说:别跟茹科夫家那个混账小厮玩!他们家里出不了好东西!维鲁哈,你家孩子的手没有老实的,不是打架,就是偷人家东西。大家都知道,你家孩子都是一些什么货色……今后别到我们家里去!……”

万卡的妈妈维鲁哈也嚷开了:

“哎哟,弗罗西尼娅,你倒骂起我家来了！我家孩子做了什么见不得人的事？……偷了谁家的东西？……你倒说说看！弗罗西尼娅,你怎么不害臊呀？你还是看看你那宝贝儿子吧！看样子怪老实的,其实是一个害人精。你去听听你家邻居瓦西里神父怎样说的。他叫你家连卡和米沙糟践得过不成日子！……树上结的,地里长的,有什么偷什么……你告诉你那小崽子米沙,今后别进我家的门！……”

“你这一套吓不住人！他一辈子也不会找你家那个害人的东西。你们这一家人,叫人躲都躲不及呢！”

“躲都躲不及,干什么找上门来了？哪一个请你来的？趁早滚回去,要不然……说不定……”万卡的妈妈没有把话说下去,只是大声地朝我妈妈啐了一口唾沫,转身冲进了过道,猛力将门一关,震得玻璃窗上的旧油灰哗哗地往下落,篱笆旁边的一群母鸡也惊得咕哒咕哒直叫,满院子乱飞。我妈妈又嚷了两句,但是她的声音完全被乱哄哄的母鸡叫声淹没了。

我妈妈怒气冲冲,在回家的一路上还在大骂茹科夫一家,骂的声音非常大,好让别的一些妇女都能听到。别的一些妇女听到吵骂,也都放下家务事,心里很高兴有这样一个提提神的好机会。她们大概就在这时候考虑参加哪一边:是参加维鲁哈一边呢,还是弗罗西尼娅一边？农村妇女遇到吵嘴打架,是不兴冷眼旁观的。有一个妇女已经定好了方位,大声说道:

“说真话,这都是万卡惹事,全怪他！”

另一个妇女反驳说:

“阿库林娜,你别慌着下断语。米沙这个小南方佬,也不是好惹的。他是弗罗西尼娅顶小的一个,所以处处惯着他。他这种孩子,得天天打才行!……”

“玛特列娜,你要打,打自家的孩子,你不要管别人家的孩子!”

“我不是要管,随便说说罢了,想到哪里就说到哪里。”玛特列娜不想顶下去,便回答说。然后她将手一甩,朝院心里走去,到了院心里,这才又说:“鬼才晓得他们谁有理,谁没有理……”

不论是我的朋友,不论是万卡的朋友,都平添了许多对头。他们因为各种各样的事情到涅波切托夫街上或者村子里去,或者到这些地方的附近一些地方去,也会像我们这两个真正祸首一样,遭到孩子们的毒打,打他们的孩子们不久以前不仅是我的或万卡的好朋友,也是他们的好朋友。这会儿,我们不在场,他们也会打起来,就是说,他们常常独立作战。他们打架是我们打架引起的,但是他们彼此也是越打越有仇,越打越厉害,到后来就完全比得上我们了。不应忘记,这些男孩子(不知为什么,我们燃起的战火还没有波及女孩子)都有父母和兄弟,他们即使想中立,也未必能长期保持中立。比如说,完全不用我和万卡插手,我二哥连卡已经和费佳打过几次了。有一天夜里,连卡紧紧搂住我,让我贴着他那燥热的、打架之后还没有凉下来的身子,带点儿夸口意味地对着我的耳朵小声说:“呐,我狠狠收拾了他一顿,够他受的!”从他这话可以断言,这一仗他一点没有受挫伤,但是一到早晨,天还不亮,他就像叫蜂子蜇了了似的从被窝里跳了起来,跑了出去。很明显,连卡不希望家里人看到昨晚打架他脸上负的伤。

没有干预我们的事的,只有我的大姐娜斯佳和将保护我的大权交给了连卡的我的大哥萨沙。他们以前也不到茹科夫家去,因为他们家里没有跟我大姐和大哥年纪相仿的人。而且我的大姐已经到了待嫁的年龄,她有她的心事,她的事情比我们的事要紧得多。

但是,我们的事当真就无关紧要吗?

我只是随便提到的一些损失和影响,越往后就越明显了。而且受损失和影响的绝不只是我和万卡。只不过谁也不愿意承认这一点,也许是谁也没有看出来,互相作对的范围渐渐向全镇扩展开去,波及越来越多的人。就好比有人为了好玩儿,向水里扔了一块石头,却未想过,石头打出的水圈会扩展开去。扔石头的人早就忘记了他扔过一块石头,就好像有人扔下一截没有熄灭的烟头,这烟头引起了一场大火,可是扔烟头的人早就忘记这回事儿了。

五

上面提到的损失,每到季节变化的时候我特别能感觉得出来(我想,万卡也会是这样的),而且春夏秋冬各个季节来到时,这种缺憾感同样地强烈。比如说,我们盼望冬天的热乎劲儿和急切程度并不亚于盼望春天或夏天。这不仅是因为,孩子们从来不喜欢永远不变的东西:他们随着年龄的很快变化,也要求他们周围的一切和他们刚刚发现的一切经常有所变化。所以,房子里几条板凳的简单挪动,院子里换一样或添一样平平常常的新东西(篱笆整修了一下啦,大门上换了一根新门框啦,甚至院子里堆起一堆尖尖的、像维苏威活火山那样冒热气的牛粪堆啦），入冬时生了小牛或者小羊，都能给孩子们带来说不出的高兴，这种高兴往往是大人们难以理解的，不过他们不能不受这种天真烂漫的孩子喜悦心情的感染。季节的功劳就在于带来新的变化，开朗的孩子的心总是喜欢新的变化的。

我们盼冬天，冬天自有不少叫孩子们盼的东西。可以滑冰、滑雪，可以掷雪球，或者干脆在雪堆里翻跟头，还可以乘雪橇跟爸爸到森林里去搞木柴，雪橇行驶在新降的雪上，两根滑木在柔软、白得耀眼、宛如撒了无数白糖的雪地上几乎无声地滑行着，片片的雪花轻盈地落在鼻子上，弄得鼻子痒痒的，不由得大声打起喷嚏，大棕马新钉的马掌印制出一个个老大的雪质徽章并且将这些雪质徽章甩到两位乘客身上，算是对我爸爸的回敬，因为我爸爸用鞭子抽得它不高兴了。还有，那小杨树修成的纺锤形长木棒从大风雪堆成的雪丘上滴溜溜滚将下来，也是很有意思的。将雪堆堆得越来越高，高得接近房顶，再从房顶上跳到雪堆上，不也很有意思？在用雪垒成的墙上打出一个一个的窟窿，不也很好玩吗？……冬天好玩的事情实在不少！冬天是要孩子们坐在屋子里学习的季节，就连它这一点，我们都可以不计较了。

大都在十二月初，巴兰达河河面完全封住。封河都是在夜里。河上的冰暂时还非常薄，但是能够将我和万卡这样的孩子驮上几秒钟，在上面滑冰是不行的，但是踩“摇床”却呱呱叫。我们手挽着手，飞快地在冰上跑着，那冰摇摇晃晃，咯吱咯吱直响，一拱一拱的，在前面拱出一个一个的大包，这种包经过我们多次践踏会破裂的，我们必须赶在破裂之前跑过去。这种玩耍是非常危险的(有一次我就落进水里,在冰冷的水里洗了个澡;要不是伊凡舅舅从河边路过,那就更糟),危险是危险,但越是危险越能吸引人,因为我们本能地体会到,“战斗在危难中,其乐无穷”。谁要在小时候在摇摇晃晃的薄冰上踩过一次这样的“摇床”,那他至死都不会忘记其中的乐趣。当你在冰上飞跑的时候,同时觉得又害怕又高兴,一颗心要从胸膛里跳出来,脚下好像有一个人在哼哧哼哧地叫,在喘气,在颤动,时时刻刻想抓住你那捣蛋的脚,将你拖进又黑又冷的冰窟窿。鼓一鼓劲儿,再跑一阵子,心想,这是最后一次了,可是,兴高采烈、玩得正带劲儿的万卡却说:“再来一次!”于是我们又拉起手,在冰上跑了起来,这时候,淡蓝色的冰因为出现了无数的裂纹,变成了灰白色,已经摇摇欲碎了。

我们的“疙瘩滩”和林中沼泽,比巴兰达河封冻要早些。林中沼泽是河流在春汛期间撇下的无依无靠的孩子,河流将它撇下,就不管了,直到第二年春汛时再来探望。我们到沼泽地上去得最及时,但不是去滑冰。我们到那里去,也会玩得很快活,而且还有实际收获。这时候,在一个一个的浅水洼里,在洁净的窗玻璃一般透明的薄冰底下,那各种各样的小鱼,好像对环境的骤然变化感到惊愕,就像在鱼缸里那样,急急慌慌地在碧绿的水藻中间来回穿行着,这里面有鲫鱼、狗鱼、冬穴鱼,甚至还有十分机灵、但依然没有来得及回到巴兰达河或大熊河里去的鲈鱼。看到这些鱼活泼、矫捷的样子,看到它们拼命躲避我们的影子的那种神态,——这本身就是一种极大的乐事。除此之外,这些鱼还可以逮:不必用抄网、拉网,也不用钓竿或其他渔具。为了逮鱼,万卡不知从哪里弄来一把小斧子(我怀疑他是从伊凡·克利莫夫的铁匠铺里顺手牵羊弄来的,我妈妈说万卡手脚不老实,不是毫无根据的)。要是发现有小鱼一动不动地躲在冰下水草或者水薹丛里,万卡就抡起斧头朝鱼砸去,砸出的窟窿里马上就会漂出小鱼来,有时是狗鱼,有时是鲫鱼,有时是冬穴鱼。当然,这是说,如果打得准的话,而万卡大约只有十分之一是打得准的。但是,即使打了"空枪",我和万卡也都不扫兴,因为斧头砸过之后,水在冰下拼命晃动,闪烁出各种各样、霓虹般的色彩,发出清脆悦耳的声音,这声音像杜鹃叫声似的,一声声向四面传去。"咕咕咕"的声音在林间小路上、在光秃秃的树顶上、在林中空地和草地上回荡着。太有意思了!

为了让我们滑冰和滑雪,哥哥们给我们做滑冰鞋(锯两段木头,将两段粗铁丝朝木头上一穿,再钻四个眼儿,拴上四根捆毡靴的细绳,冰鞋就成功了!),做小雪橇,做"木羊"。"木羊"就像一条长凳,但是下面是一块宽宽的木板,上面两边装了斜斜的、窄窄的护板;我们常常在下面的木板底下抹一层鲜牛屎,到夜间往牛屎上浇水,让水冻成冰,这样滑起来就更快。我们骑在长凳上,从恰达耶夫山上往下滑,尽可能滑远些,滑得远还要不翻倒,这并不是每个人每一次都能做到的。因为山坡又长又陡,而且有不少崖头,所以滑到一些地方,"木羊"会带着人真的像山羊一样猛跳起来,你倒是坐在上面试试看!但正是山上这些捣蛋的地方最使我和万卡着迷。别的孩子都不敢从恰达耶夫山上往下滑,即使去滑,也不是从山顶,而是从半山腰。说实话,要不是胆子特别大的万卡跟我在一起,我也未必敢这样滑。有他在一起,什么危险的事我都敢去干。

同时用两只脚滑冰本来连万卡也不会，而且我们原来一直认为，同时用两只脚滑是根本不可能的，直到我们在河上看到萨拉托夫来的大学生维克托尔·纳乌莫夫，我们才开了眼界。维克托尔·纳乌莫夫是伊凡·巴甫洛维奇和玛丽亚·伊凡诺芙娜的儿子，是来镇上度寒假的。他踩在两截长长的、明晃晃的铁东西上，从我们身旁飞驰而过，我们非常吃惊，一下子愣住了。他飞跑过去，又转了回来，来来回回地跑了许多趟，让我们吃惊、发呆够了，又打起圈子，圈子越来越小，好像是要把我们裹住似的。然后他突然停住，溅起一团冰屑子，冰屑子一齐飞到我们吃惊的脸上。他让我们定了定神，便一面揩棕黄色眉毛上的汗珠儿，一面问道：

"有意思吗？"

我们没有吭声，不知该怎样回答。

"你们想滑一会吗？"

"算了吧！"我们很害怕，便赶紧回答说。

"那就随便吧！"他拐了几个急弯，转眼工夫就像玩魔术一样消失在河的拐弯处。维克托尔·纳乌莫夫一两年后做了教师，并且给我们上过课。

冬天我们常常一起打兔子，但不是用猎枪，猎枪我们自然是不敢动的，怕挨爸爸打，我们用的是不大的兔夹子，将夹子安放在兔子常去菜园或果园的小路上，再在上面薄薄地盖上一层雪。没有万卡帮助，我不敢打开夹子，因为弄不好会把自己的手夹住。我们安放夹子也都是在一起，都是在傍晚，这时候雪地已罩上灰色的阴影，冷气往怀里直钻，因为我们的脖子上是不围什么东西的，除非到冷得不得了的时候，我们的妈妈才用她们的披肩将我们的脖子连头一起裹起。我们不怕着凉,鼻子底下流鼻涕我们也不在乎,不论是我们,还是爸爸妈妈,都不觉得难为情,因为大家都认为这是孩子们的自然现象,是免不了的。不错,流鼻涕有时是有一点碍事,特别是当我们在兔子常走的路上弯着身子往雪里安放夹子的时候。安放这种一个弓子的夹子得处处细心,不能让它自己弹起来,万一自己弹起来,我们在雪地里是拉不起来的,必须回到家里,才能重新拉起来。兔子大部分也都不是傻瓜。一觉察到情况不对头,就撇开老路,另走新路,有时在离夹子只有一寸之距的地方躲了开去。但是这长耳朵精灵鬼有时候(虽然这种机会不多)还是会落进夹子,并且会发出像婴儿啼哭那样的尖细叫声,向我们报告它的被擒。因为过分兴奋,因为要趟着又深又松软的积雪跑一截路,我们会呼哧呼哧地喘一阵子粗气,犹豫不决地围着兔子转悠一阵子。要把办法想好,要一下子抓住两条后腿,不然的话,两条后腿会像强有力的弹簧一样,一下子弹到人的肚子上或者脸上,会划出血来,这一手我们过去是领教过的。在这种难得的、令我们陶醉的时刻,整个战役的指挥自然是由万卡担任,我只要听从指挥、执行命令就行了。“我抓腿,你抓耳朵,一下装到袋里!”他下命令说。他将右手一挥,我们便一齐向兔子扑去,将吱吱大叫的兔子连同夹子装进小麻布袋里。我们回家不是走最近的路,而是差不多要把全镇走遍:要夸一夸我们的战绩。各家的孩子,跟我们一般大的,比我们略大一点的,都跑出来,要我们解开麻袋,让他们看看兔子。我们欣然答应这样的要求,因为孩子们惊奇的叫声对于我们是最高的奖赏,证明我们在小伙伴们眼里成了真正的英雄。第二天到学校里,一到课间休息时候,孩子们就要将我和万卡包围起来，要我们重新讲讲我们是怎样逮住这样的大家伙的。我们两个争先恐后地讲起米，跟大家一样，连丁零丁零直响、催我们快回教室的铃声都听不见了。

我们对于大人们打猎的事也非常感兴趣。大人们不仅逮兔子，还逮狐狸、逮黄鼬，甚至还逮狼。

不过，在我们这样一个大镇上，到冬天专门逮狼的只有一个人，这个人就是谢尔盖·安得列耶维奇·兹沃纳廖夫，是我妈妈的远亲。正因为他跟我家有这样的亲戚关系，所以他经常在安放好逮狼的大夹子之后，回家的路上顺便到我家来坐坐，他一进门，用大嗓门儿咳嗽几声，用手捋一捋不知是雪染白了还是真的白了的大胡子，捋掉胡子上的雪，便一句话不说，像回到自己家里似的坐到桌子旁，桌子上已经有大杯烧酒和一摞用又香又浓的墨绿色大麻油烙的饼子等着他了。这时候，我也在炕上占好了最好的座位，因为等谢尔盖表舅吃饱喝足了，他首先就要讲一讲，今年冬天他是怎样安放夹子的，安放在哪些地方，往年他又是安放在哪些地方，逮过什么样的一些狼，他逮狼遇到过一些什么样的情形，顺手的时候怎么样，不顺手的时候又是怎么样，不顺手的事是要多得多的。即使添枝加叶地讲，那也不算过分，因为每个猎人都是这样的，更何况连讲故事的人都十分相信自己的编造，那就更是可以原谅的了。听他讲这些真中带假的故事，我真想（如果万卡在这里，他也是这样）听上一天，听上两天，甚至一个星期，那就太有意思了。如果说有人嫌谢尔盖表舅坐的时间太长的话，那就是我妈妈了。院子里她还有牲口没饮也没喂（我爸爸在镇苏维埃当秘书，家务事他一概不管，而且他也没有时间来管，因为他从早到晚坐在办公室里造户口册，又是富农册，又是中农册，又是贫农册，区里要这些表册不知是干什么用的)，而将亲戚丢在屋子里让孩子们来陪，她认为那是失礼的，再说，讲故事的人还需要有东西助兴。讲故事的人时不时地停下来，将下巴轻轻地一摆，向女主人示意：又该上酒了。我们坐在炕上，是看不出他的下巴摆动的。我妈妈却不知怎的觉察到了，便叹一口气，又拿起酒壶斟上半杯。等到她终于看到客人那红得发紫的鼻子哼哧起来，他的舌头也不听使唤了，这才对他说："谢尔盖大哥，你是不是该回家了？家里人也许等着你哩。要不然就到炕上去，暖和暖和，睡上一会儿！"最后一点正中他的心意。他那沉重的身子好不容易从凳子上站了起来，叉开两条粗壮的腿将身子稳住，一面哼哧，一面慢慢地朝炕边走来。万卡或者听故事劲头儿不比我们小的我二哥连卡跳下炕，托住他的屁股往上推，我就扯住他的胳膊往上拉，这样才能把这位老猎手弄上炕。我们全不理会，他用他那不听使唤的舌头胡说一些什么样的醉话；我们高兴的是，这位打狼出了名的老猎手跟我们在一块儿，并且就在自己含混不清的嘟哝声伴奏下很快地呼呼睡去。我们知道，他睡醒之后，还会向我妈妈要酒来解酒的，等他喝过解酒的酒，还要讲一个不管什么样的富有惊险色彩的猎狼故事。

打狼的时节一旦到来，不论风暴，严寒，还是暴风雪，都不能使他待在家里。什么时候是打狼时节，谢尔盖表舅自能根据只有他能理解的某些征候和迹象判断得出来。大概，圣诞节一过，狼的交配期渐渐过去，饿得瘦下来的狼经常跑到村镇附近到处打食儿的时候，他就开始安放夹子。选定安放夹子的地点并且将夹子安放在积雪覆盖的原野上——这可不是一件容易的事！每只夹子的重量不下三十公斤，而且要将十来只夹子联成一大串。老猎手的用心是不难理解的：狼落入了一个夹子，就要拼命挣扎，就会拖动别的一些夹子，因为夹子上有些地方是装了沉重的铁钩的，所以狼不可能跑得离被夹的地方很远。先得把死牲口——谁家死去的马啦，牛啦——弄来做诱饵。夹子要用雪盖住，雪要用细筛子筛过，要盖得让狼看不出来，觉察不出这是有人动过的。谢尔盖表舅总是一面向后倒退，一面筛面前的雪，筛得像新落的雪粉，这样就可以盖住自己的脚印。这些事情全是他一个人干。他那瘸腿的儿子科斯佳只是帮他逮被夹住的狼，而且只是在狼的个头儿特别大、特别强壮、特别狡猾和凶猛的时候。猎人是不能偷懒的，虽然一个冬天只能逮上一只狼，充其量能逮到两只，那就不得了啦。

前年冬天，有一只老大的狼在德罗费夫沟边被夹子夹住，不知为什么没有拖着夹子往野地里跑，却朝镇上跑来，在很深的雪地上拖出一条路，穿过整个的大麻地，还有力气爬过我家菜园的篱笆，只是因为夹子上的铁钩挂在篱笆上，狼才拖不动了。

我马上跑到万卡家里，向他报告这个惊人的消息，我们两个一块儿来到我家的后院，要看看兹沃纳廖夫父子怎样逮住这只大家伙。还没有回到家，我们就紧张得浑身发抖，特别使我们紧张的是，我们怕家里人已经将狼从菜园里轰了出去，那我们就看不到难得的场面了。

谢尔盖表舅和科斯佳乘着他们家的黑马拉的雪橇从我家对面赶来。同他们一起来的还有一个人，那人握着马缰。黑马闻到狼的气味，已经打起响鼻，竖起耳朵，拿肥大的屁股倒撞雪橇的前部，几次站立起来。我爸爸、我大哥萨沙、二哥连卡在前，我和万卡在后，一齐朝拦在我家菜园和大麻地之间的远处的篱笆走去，这时，谢尔盖表舅和他的儿子已经站在篱笆跟前商量对策了。谢尔盖表舅手里拿着绳子，科斯佳则两手撑着一方粗布，不知是粗麻布，还是粗棉布。谢尔盖表舅摆了摆手，要我们不要靠近。其实，不用他示意，我们这一伙已经在相当远的地方停了下来，在这里看狼也能看得十分清楚。最叫人难忘、最叫人吃惊的是一眨不眨地盯住小心翼翼地向前走去的我的表舅的那双狼眼睛。那一双黄黄的、阴冷的狼眼里露出一股十分凶狠残暴的杀气，令人不寒而栗。我心中一阵紧缩，当我看到瘸腿的科斯佳悄悄走到狼的背后，将一方粗布蒙到狼身上，又飞身跨上狼背，死死地抓住狼的耳朵时，我不禁吓得叫了出来。说时迟，那时快，谢尔盖表舅一个箭步跨到龇牙咧嘴的狼头跟前，眨眼工夫就用绳子将狼嘴缠住，然后，同儿子一齐动手，用绳子的另一头将狼腿捆住，然后抬上雪橇。什么时候和怎样把狼腿从夹子里抽出来的，我没有注意到。我只记得，当我看到黑马乱蹦乱叫，不要命地挣扎，发了疯似的带着它极不欢迎的“乘客”从我家菜园里跑出去的时候，我都吓呆了。

在将狼宰掉、剥下狼皮并送到区里领取相应的报酬之前，谢尔盖表舅还要让乡亲们饱饱眼福，那盛况比得上江湖艺人牵着驯熟的狗熊沿街表演的情形。不过，谢尔盖表舅牵的不是狗熊，而是牵着狼在寺院镇上到处转。狼只受过大自然的训练，大自然教它的是吃人家的羊和吓唬人家的小孩子。因为狼不是文明之辈，所以狼的上颌和下颌连同那可怕的狼牙都用粗带子牢牢地捆在木棍上。

兴高采烈的猎手不单单是牵着他的俘虏在镇上到处转，而且还拼命地吆喝，对着拥在各家门口的男子汉和妇女说俏皮话：

“哎嗨，斯捷潘！……认认你的老相识吧！……这就是它……就是它去年秋天在小打谷场上吃了你家的牛！……”

或者：

“阿库林娜，老嫂子！……你得请我喝几杯，过几天我一定去叨扰。你要是舍不得，我就把狼放了，你试试它能不能把你家的羊吃光！”

或者：

“喂，‘没主儿’老爹！老家伙，你也爬出来啦？……你在炕头上待不住啦？……你是不是已经忘了，前年冬天你在萨尔德柯夫森林里碰上这鬼东西，吓得拉了一裤子屎？哈哈哈！……”

或者：

“玛特列娜·季维耶芙娜，你还是趁早滚回家！瞧，狼瞅着你，打你的主意哩。保不住它会从我手里挣出去。你是一头不产羔的大肥羊，前面的肉和后面的肉都不少！”

或者：

“瓦西里·米特里奇，我们的好主席！你在你那办公室里坐不住啦，也许你觉得这还挺有意思哩……是谁说我欠税，说要把我关进监牢的？不是你吗？好啦，说了也不要紧！你就瞧个够吧！我谢尔盖·安得列耶维奇·兹沃纳廖夫不小家子气，不像别人那样，大家看我的把戏，我一个钱不要……”

或者：

“卡尔普·伊凡内奇！”谢尔盖表舅看到全区有名的吹牛大王卡尔普·科图诺夫站在他那破败不堪、屋架露出一半、岌岌可危的小屋跟前，使用又伤风又喝了酒的嘶哑嗓子特别用劲、特别兴奋地大声叫道。“瞧吧，瞧吧，好小子！等会儿你可以编一个挺有意思的故事啦！……不过，你要把裤子扎紧些，免得冻坏什么……哈哈哈！”

谢尔盖表舅将拴狼的绳子搭在肩上，拽着几乎毫无反抗的大灰狼在街心里走，街道两边爆发出一阵阵大笑声、起哄声、笑骂声、胆小女人的尖叫声和胆怯的狗带哭腔的吠叫声。不错，是有一条狗鼓了鼓勇气，一直跑到狼跟前，打算去咬狼的大腿或者此时已夹在两条后腿中间的狼尾巴，但是，一看到那威严、镇定、发射着冷光、充满鄙夷神气的狼眼睛，就嗷嗷直叫着窜了开去。

我的两个朋友万卡·茹科夫和格林卡·穆兹金也曾经学过那条勇敢的狗的样儿，但是他们比狗更快地败下阵来。然后，哼哼着鼻子躲到大人背后去，好掩盖自己的难为情。不过，这已经是很了不起的了：我们孩子们谁也不敢从人堆里跑出来，跑到街心里去，可是万卡和格林卡就敢。

万卡呀，万卡……一年四季跟他在一块儿都很有意思，冬天跟他在一块儿玩，也许特别有意思。好啦，这会儿该怎么办呢？跟谁一块儿到薄冰上去踩“摇床”呢？总不能跟明卡·阿尔希波夫吧？再说，他的妈妈，也就是达莉娅婶婶，和他的爸爸佩特尔·阿法纳西耶维奇一样，特别心疼孩子，她要是知道我带她的宝贝儿子去干这种万分危险的事儿，会骂我一个狗血喷头，说不定还要抽我一顿。当然啦,还可以喊格林卡·穆兹金一块儿去河上玩儿,他不会不去的,但是,跟他一块儿,能够玩得像跟万卡一块儿那样有意思、那样快活吗?再说,他们兄弟两个加上姊妹两个只有一双毡靴和一件破烂的小皮袄,他妈妈能放他出来吗?至于扬卡·鲁勃佐夫、淹死过的佩季卡·杰尼索夫、科利卡·波利亚科夫,那就更不用提了:一到冬天,他们穿衣服、穿靴子都十分勉强,衣服和靴子父母只让他们上学穿,其余的时间都收起来,直到第二天早晨才拿出来。所以,我这些伙伴只能坐在家里,用舌头舐,用热气呵,在上了冻的、模模糊糊的窗玻璃上开辟和保持一个小小的透明点儿,来观赏外面的情景。由于同样的原因,还由于生性不好动,我的新同桌、我的同名者米沙·特维尔斯科夫也不可能到透亮的薄冰上去玩。没有万卡在一起,没有他那斧头,到林中沼地去也毫无意思。恰达耶夫山也去不成了,因为恰达耶夫山脚下就是他们的村子和大打谷场,那都是万卡他们一伙的地盘,再说,我也不敢一个人从山上往下滑。连兔子也不好打了,没有万卡在一起,有什么劲头儿呢?少先队的鼓,万卡今后也不让我打了,万卡是玛丽亚·伊凡诺芙娜任命的大家都很眼红的主要鼓手;那“醒来把身翻,吓得资本家四散逃窜”的红色鼓手之歌和“我要参加世界街垒战”的歌子也没有人跟我一起唱了,因为只有跟万卡一起唱才够味儿。我们还一起唱斯捷潘·拉辛之歌,唱“趟起一路灰尘”的流放者脚镣之歌。我们唱过了重唱词,就放声高唱,唱得非常带劲儿:

……叮叮当!叮叮当!——

这是脚镣在响。
叮叮当！叮叮当！——
去西伯利亚的路漫长。
叮叮当！叮叮当！——
这声音到处在响：
这是我们的伙伴
被送去流放。

我们这样唱着，有时眼里还含着泪水，因为我们非常同情那些被送去服苦役的流放者。

我们并不怎样相信上帝，但是我们却非常喜欢过宗教节，特别是复活节和圣诞节。一到圣诞节，我就和万卡一起挨家挨户去唱赞美歌；为了不漏掉哪一家，为了多“唱”一些甜面包、糖果和铜板，我们事先要计划好我们要走的路线。为了早些动身，赶在别人前头，万卡要到我家过夜。天麻麻亮，我们就起身出发，从村子里开始，到天光已经大亮时，在涅波切托夫街结束，或者我们根据情况而定。赞美歌“我们的上帝耶稣啊，今天是你的诞辰”实际上由我一个人唱，万卡因为一向不容易记住歌词，所以只张张嘴巴，装装样子。有一次，我们来到果园街上，有一个很有劲的家伙(不知是不是萨蒙卡)用皮袄将我们一蒙，用小刀将串面包圈儿的小绳一割，面包全落在雪地上，被这个拦路抢劫的不知名的强盗抢走了。我们哭了一会儿，又往前走，回到家一看，我们带回的东西还是不少：我们每人还有一个小包，在口袋里还有我们特别喜欢吃的夹心糖和水果糖，在最牢靠的地方还藏着不少铜板，有两戈比的，还有五戈比的，我还有一枚小小的银币，是十戈比的，好像这不是伊凡·莫罗佐夫舅舅，就是谢尔盖·兹沃纳廖夫表舅塞给我的，想必是背着老婆的。

过圣诞节挨家挨户去唱赞美歌，当然，我不跟万卡在一块儿也行，我可以缠着我二哥连卡，给他当配手，但是村子里我们不能去了，只能由别的孩子去，可是恰恰村子里的人给的面包圈儿大部分都不是自家用黑麦马马虎虎做的，而是点心铺里做的，雪白雪白的，还有一层黄油油的壳子，因为村子里的人比别的一些街道上的人多多少少宽裕些，涅波切托夫街的人是无法跟他们相比的……

有什么办法呢?

有许多东西都得抛弃了。那许多东西是你无限喜欢的，那许多东西铭刻在你心上，一生都不会磨灭，就像暖人的、快乐的种子，种在心上，发芽，生长，时常在脸上开放出同样暖人的、快乐的微笑的花朵，即使在十分忧郁的时候，也是这样。

六

我们的乖觉的“猫”老师发觉两个班里的情况都有点不对头，——两个班就在两间大屋里。两位老师便特意一口气不歇地上课，同时给两个班上课，只是根据课程安排变换班次：伊凡·巴甫洛维奇教算术，玛丽亚·伊凡诺芙娜教语文。不对头的是，很多桌子上坐的虽然还是原来那些学生，但是一点都不像昨天那些学生了，昨天为了给同桌提示，为了解救同桌，可以不顾一切，为了讲义气，宁肯不吃饭，今天却怒目相视，谁也不理谁，一个个像狼一样。

伊凡·巴甫洛维奇自然明白这是怎样一回事儿，也明白这种情况是很不好的，如不采取紧急而有效的措施，势必对学生学习成绩有极大的影响。他看到，除了我和米沙·特维尔斯科夫(我已经事先说好，老早就提前进了教室，坐到我的新位子上)坐的桌子以外，就只有男孩子跟女孩子同坐的那些桌子上的气氛依然是和平的了。

然而，坏事往往会变成好事。伊凡·巴甫洛维奇老早就计划普遍推行男女混坐的办法，指望女孩子对男孩子能有所影响，使男孩子规矩些。生活本身促成了这一计划的实现。头四十五分钟进行了这场虽然不是流血的、但也绝不是容易的改革：村子里的女孩子不愿意跟涅波切托夫街上的男孩子坐在一起，涅波切托夫街上的女孩子也不愿意跟村子里的男孩子坐在一起。伊凡·巴甫洛维奇一再吓唬她们，甚至说要施行最严厉的处分，要开除出学校，她们才顺从了。

女孩子们哭了一阵子，但是很快就安下心来，因为她们看到我这一边和万卡一边的朋友们很有好汉气概，不揪她们的小辫子，不嘲弄她们，不往她们的练习本上洒墨水，相反，要是有人胆敢欺负自己的同桌，他们还会挺身出来保护。谁知道会这样呢？想必连伊凡·巴甫洛维奇都没有想到，这场自上而下的革命会带来如此惊人的立竿见影的结果。是不是我们心里都有和好的愿望，这愿望无形中暗暗督促着我们，鼓动着我们，使我们不由自主地要通过这些不是姐妹、便是近亲的女孩子寻找和好的途径呢？

可能是这样的。不论怎么说,反正学校里的秩序比那场轰动校内外的群架之前倒是好多了,这一点,使我们的两位老师,特别是玛丽亚·伊凡诺芙娜,感到非常高兴。

不过,我有不少天还是提心吊胆地去上学,我怕伊凡·巴甫洛维奇设法整治我,让我去跟卡佳·列斯诺娃坐同桌。卡佳·列斯诺娃是村子里一个很顽皮的女孩子,论打架的劲头儿,比起男孩子,有过之而无不及。目下卡佳正在出麻疹,躺在家里,卡佳的邻居和好朋友玛尔法·叶弗列莫娃一个人坐在她们那张桌子上。伊凡·巴甫洛维奇暂时还没有安排谁去跟她坐。看样子,是等卡佳病好回校后再作安排。她们两个当中究竟谁跟我坐一起,谁跟米沙·特维尔斯科夫坐一起呢——我一直在惴惴不安地想着这个问题。米沙看出我心里不安,放学回家的路上宽慰我说:

“你别怕。我反正跟你在一块儿。要不要我夏天睡到你家棚子里?”

“啦!”——我高兴起来。我这“啦”的意思就是“是的”,表示要他来。在我们镇上,和在别的许多村镇里一样,常常用“啦”表示这种意思。

米沙见我一心要他来,更来劲儿了:

“要不要我冬天有时候也到你家里去,陪你过夜,整夜陪着你?要不要?”

“那敢情好啦!我当然要。不过,米沙,我可没有床……”

“那有什么?咱们就在地上睡。有草垫子就行!”

“那太好了!你什么时候到我家来睡?”

“你要是要我去,我今天就去!”

那一天他果然到我家过夜来了，而且打这以后，他来得越来越勤。我妈妈的皮袄本来是给我们三个人当被子盖的，现在要四个人盖了：我和米沙·特维尔斯科夫睡在中间，我大哥萨沙和二哥连卡睡两边。天快亮时，屋子里非常冷，两个哥哥都拼命将皮袄朝自己一边拉，因为不是脊背，就是屁股露在外面，冻得实在够呛。我和米沙睡得很暖和：我们自己的身上盖得十分严实，两边还有两个哥哥护着我们。两个哥哥却为争夺妈妈的皮袄边儿一声不响、静静地进行着一场持久战。我们年年在长，他们可争夺的范围越来越小。他们本来可以对我讲讲，要我不要招新朋友来挤他们，但是他们没有讲，因为他们心里明白，我十分苦闷，需要找一个多多少少能抵得上万卡的伙伴。后来我爸爸不知是大方起来，还是实在出于无奈，给我们一件皮大衣盖，情况才大大改善了。皮大衣是镇苏维埃公用的，我爸爸常常到区里去，从寺院镇到区里有十七俄里，所以他常常穿这件大衣。

我们四个人盖着皮大衣，觉得简直是一种了不起的享受：又暖和，又舒服，又自在，甚至觉得睡着了都有点可惜，于是我们就很久不睡，轮流讲惊险的故事，我和米沙还轮流背诵新诗，互相出题测验。声音先是小小的，后来就失去控制，越来越大："林边有一座小屋，很久以前里面住着一个白胡子老头儿"，或者"红红的朝霞出现在东方，对岸的篝火已经烧光"，或者"在寒冷的冬天，有一天我从森林里走了出来……"，背诵到尼基京的诗"'上网了！上网了！'——孩子们忽然叫了起来"，我们已经是扯开嗓子喊了，因为打鱼不仅是我们最喜欢干的事情，而且也是非常好看的事情（特别是观看哥哥们用网在"疙瘩滩"上捕鱼）：急不可待地等待着鱼儿上网,紧张得膝盖发抖,快活得心头直跳,——有什么事比这更带劲儿呢?!有时候是萨沙喊住我们,但多数是我的妈妈。妈妈推门进来,喊:“孩子们,你们小声点儿。别把爸爸吵醒,别吵得娜斯佳睡不着!”

有时我爸爸套上车到萨拉托夫去待上一个星期,或者到磨坊里的朋友那里去待两三夜,带走了皮大衣,我们就要挨冻了。但是我们并不特别发愁;失去了温暖,我们有办法补救:我们几乎通夜在聊天、唱歌和朗诵诗。我们还可以读书,也可以读上一夜(是米沙·特维尔斯科夫让我读书读上了瘾的),但是妈妈不允许。“我到哪里去弄这么多的油给你们来作践?”她一面说,一面将灯捻子拼命往下压,直压得灯火像豆粒那样大。“油壶都空了。供销社好几个星期没卖油了。”

我们一起度过了许多黄昏和不眠之夜,米沙·特维尔斯科夫帮助我在算术方面大大提高了一步。伊凡·巴甫洛维奇出的“谁算出,谁就回家”的那种算术题,已经吓不倒我了。我独立地演算这种算术题,即使不是最快,但也不是最慢的。等卡佳·列斯诺娃出过麻疹回到学校,“猫”老师二话不说,就叫我跟她坐在一起,叫米沙·特维尔斯科夫跟玛尔法·叶弗列莫娃坐在一起,我自然不很开心,但觉得没有什么了不起的了。因为,第一,我已经用不着别人提示了,第二,换过位子之后,米沙·特维尔斯科夫跟我不仅没有疏远,而且更亲近了,放学以后的时间,他差不多全是跟我在一起度过的。我觉得,我简直舍不得离开他了。他要是多少活泼些,爱玩些,而且玩的门道儿多一些,那就十全十美了!

卡佳·列斯诺娃对我采取了令人不太愉快的傲慢和嘲笑态

度。她知道我怕到村子里去,便常常故意挑逗我,刺激我的自尊心:

"你就不敢送我到列斯诺夫街上去!(她家所在的街就叫列斯诺夫街,因为是卡佳的爸爸伊凡·列斯诺夫在这里盖起第一座房子,她们家几乎也是村子里最早定居的一家)怎么,怕啦? ……胆小鬼,胆小鬼!"——她一面蹦,一面拍手,一面在喊,她那细细的绿眼睛还顽皮地闪动着。

有一天,我答应送她,并且将她送到了家,但是我在回自己家的路上却被万卡和瓦西卡·米亚赫科夫截住了,他们动手就打。要不是卡佳的话,他们真的会毫不客气地将我痛打一顿。卡佳手执木棍从家里奔了出来,举起木棍就朝他们打去,势头非常凶猛,吓得他们抱头就跑,我也赶在他们前面朝涅波切托夫街,朝自己的家跑去。我心想,他们要是还来追我,我就喊连卡,他们就不敢再追了。可是他们并没有追我。

第二天在学校里,午后休息的时候,卡佳·列斯诺娃几乎是赌咒发誓地声明说,她要保护我,不许万卡他们一伙侵犯我(后来我了解到,他们确实怕她)。卡佳如此仗义,我十分感动,但我后来还是一直处处留意,尽量少利用她这张护身符,因为一个男孩子要女孩子来保护,是很不体面的。

万卡跟科利卡·波利亚科夫的姐姐留级生杜尼娅坐同桌,就坐在我的左首,我们中间只隔着一条很窄的通道,上课时间老师常常在这条通道上走来走去。我们离得非常近,彼此都可以碰到。但是我们谁也不碰谁,只是常常偷偷地、不由自主地瞅上一眼,有时他瞅我,有时我瞅他。有时两个人的眼光碰在一起,两个人都气愤地将眉头一皱，马上将脸扭开。我们还时常悄悄地朝对方晃晃拳头，不肯表露各人真正的心情。我们各人心中都殷切地、急不可待地盼望着对方跟自己和好，只是不愿意公开承认罢了。

为了不叫心中的这种感情发展下去和流露出来，我特意要自己时时记住万卡毫无来由地拿头撞我那件事。用我爸爸的话来说，“整个问题”就在于这个“毫无来由”了。假如我们当中有哪一个认为自己多多少少有些责任的话，我们的纠纷早就顺顺当当地和平解决了，——那就会克服自己的爱面子心理，承认自己有错儿，请对方原谅，于是孩子们的生活又回到原来的友好轨道，这种情形正是最常见的。可是，我们这一次，不论是我，不论是万卡，都认为自己在这场闹大了的事件中没有丝毫责任，相反，倒是觉得自己是无缘无故受了欺负的，正因为如此，心里的委屈就特别叫人难受，特别难以忘怀，深深地扎在心里，很不容易消除。如果我们心中暗暗生长着和好的渴望，那也因为我们不好意思打开大门，让它流露出来，这种渴望也就和受了欺负的极大委屈感同时并存，搅得心中非常难受。我们在大街上不断发生冲突，丝毫不能促进和好，倒是火上浇油，怨上添怨。

学校里虽然秩序更好了，但这对于我们这些学生来说，未必是一件高兴的事，就像有一片阴云压在我们头上。课间休息，甚至午后休息时间，不那样热闹了，不像过去那样到处嘻嘻哈哈地玩人摞人游戏了，女孩子们也不玩老鹰捉小鸡了，即使玩了起来，不知为什么很快就散，闷闷地待一会儿，就提前走进教室，这种情况可是过去从来没有过的。男孩子们也不像过去那样扯女孩子们的衣服和头发表示亲热了。涅波切托夫街及其附近的孩子单独在一块儿,村子及其附近的孩子单独在一块儿,一举一动都要尽量表示出十分瞧不起对方的态度,没有大打起来,只是因为怕老师严厉处分和家长毒打,不久前挨的打还是记忆犹新的。

只有当喝醉了的伊凡·加夫里洛维奇·瓦尔拉莫夫伯伯连招呼也不打,闯进教室的时候,大家才一起欢笑,一起快活起来,一时之间好像大家都和好了。这位伊凡伯伯是过去俄国商船队的水手。在我们地球上,恐怕没有哪一个国家他没有到过,没有哪一个海洋他没有行过船。多年的航海生活,使他的脑子里装满了各种各样的见闻,这些见闻撑得他的脑袋和他那开阔的、很有些容量的心胸非常难受。所以,难怪伊凡伯伯过一些时候就觉得有必要从他脑袋里装的东西当中拿出一部分,装到我们的非常空的脑袋里。

伊凡伯伯虽然都是在喝了酒的时候到教室里来,但都是瞅准玛丽亚·伊凡诺芙娜在上课,而不是伊凡·巴甫洛维奇在上课的时候。这位老水手怕伊凡·巴甫洛维奇的程度不亚于我们。我们的女教师看到这位不速之客进门,先是脸色煞白,然后满脸通红,啊哟一声,就奔出教室,搬救兵去了。伊凡伯伯巴不得这样。他将他那杂有不少银丝的稀稀拉拉的卷发一捋,闪动着像茨冈人一样的潮湿的眼睛,给我们"上起课"来:

"孩子们,我的好孩子们!"他说过这话,就朝老师应该站的位置走去,他停一会儿,让大家定一定神,再用意味深长的目光扫视一遍一张张盼望有开心事的兴奋的脸,就胡乱讲了起来,逗得全班学生哄堂大笑,而万卡·茹科夫和格林卡·穆兹金竟忘记了彼此还是对头，一齐朝这位“老师”跑去，扳住他的肩膀，要他带着转圈儿。

伊凡伯伯便停下讲课，将两个调皮鬼吊在腋下，旋转起来，自己也绕着他那不怎样稳实的轴心旋转着。转到第三圈或者第四圈，老水手摔倒在地上，万卡和格林卡也倒在他身上，我们几乎全班（女孩子除外）又压到他们两个身上，于是摞成很大的一个人堆，单是我们从来没有摞过这样大的。这已经不像摞着玩儿的人堆，简直就像普拉维克圹后面田野上老远就能看得到的那座大土包。跟田野上那座大土包不同的是，我们这一大堆不是无声无息的，而是在闹，在叫，在哄，在喊，不用说，一下子也不会听到气势汹汹地闯进教室的“猫”老师愤怒的呵斥声。最先听到的是堆顶上的，也就是堆得最高的学生。他们就像雪崩一样，吓得一下子溜到人山的山脚下。其他学生也紧跟着他们一层一层地溜了下来，箭一般地从“猫”老师身边飞向自己的桌子。老大的一个人堆顷刻之间就溶化了。在刚才人堆高耸、发出火山爆发般闹声的地方，只剩下倒霉的伊凡伯伯身子平平地躺在那里。他被我们压得够呛，一下子站不起来，先是用手加脚在地上将身子撑一会儿，就是说，他又做了一个姿势，逗得我们哄堂大笑，然后才在使他出洋相的两个主犯万卡和格林卡的帮助下，恢复了人应有的直立姿势。

伊凡伯伯碰到“猫”老师那锐利得像刮脸刀刃一样的目光，就垂下头表示认错儿，他的头垂得非常低，他那长着一撮稀稀拉拉白胡子的尖下巴直抵到胸膛上。他穿着又破又烂的水手服，他那又平又干瘪的胸膛大部分都露在外面。

“伊凡·加夫里洛维奇，您就不觉得害臊？”伊凡·巴甫洛维奇问道。他心里明白，狠狠瞪上两眼，已经够老水手受得了。“您是上了年纪的人嘛，该做个样子，哪怕给自己的孩子看看！你两个儿子就在班上，这会儿正望着您哩。您瞧瞧，他们因为有这样的爸爸，觉得多么丑！”

伊凡伯伯的两个儿子是在我们班上，但是我们没有看出他们因为有这样的爸爸觉得怎样丑。不管怎么说，在往伊凡伯伯身上摞人的时候，他们是最起劲不过的。

“伊凡·巴甫洛维奇，原谅我这个老糊涂吧。我也许是中邪了。”伊凡伯伯一下子清醒起来，回答说。

“不是中邪，是叫鬼缠住了，而且是酒鬼。”我们的“猫”老师狡黠地睒睒眼睛，给他纠正说。

“也许是这样。”伊凡伯伯服帖地说。伊凡伯伯论年纪并不老，但是样子显得相当老了，这是因为，他多年来身体总是不好。跟酒魔打得火热的人，没有一个显得年轻，这是不用说的。异国港口的小酒店是最适于结交酒魔的场所，因为自古以来这就是不同民族、不同语言的水手们排遣忧愁之地。

“下一次再来，老兄，您就试试看！”伊凡·巴甫洛维奇警告他说。“您就行行好吧，别到学校里来上课了。您不来，我们马马虎虎也能凑合。所以，请您别费神了。您要是再来，休怪我不客气。我把扎夫戈罗得涅夫同志喊来，他会有办法对付您。”

“这一辈子我再不来了。我对天起誓！”伊凡伯伯还毕恭毕敬地面起十字：他一点都不愿见扎夫戈罗得涅夫同志，扎夫戈罗得涅夫国内战争以后就是本段的常驻民警，执行法纪一向是相当严的。“今后谁要拉我来，我都不来了！”——伊凡伯伯更坚决地说。

“好啦，好啦，走吧！”

“我走，我走！”伊凡伯伯一面朝门口走，一面说，“这一辈子再不来啦……”

“请走吧，对不起！”伊凡·巴甫洛维奇一面轻轻地推着客人朝外走，一面和缓地说。

“一辈子不来了！”伊凡伯伯已经到了大街上，又高声地声明说。可是，过上一个星期，他又若无其事地来了，于是，非常热闹的那一幕戏又演一遍，我们都十分高兴，我们的两位老师却感到十分伤脑筋。

伊凡·巴甫洛维奇当真考虑起来：是不是真的要喊扎夫戈罗得涅夫来呢？

七

伊凡·巴甫洛维奇通常送走这位义务“宣传讲解员”之后，很久都不能镇定下来，气得老半天都不能讲课。因为面前没有别的什么人，他就将自己的火气或者发泄到学生头上，或者发泄到一个人无法对付醉汉、才把他伊凡·巴甫洛维奇从课堂上拉了来的玛丽亚·伊凡诺芙娜头上。他因为我们顽皮，不准我们全班学生回家吃饭；如果我们受处罚是该当的，是罪有应得，那么，责怪玛丽亚·伊凡诺芙娜老师就不应当了。她挨过丈夫的骂（当然，我们并没有看到是怎样骂，在哪里骂的），非常难受，在进教室之前，先在门外待一会儿，站在那里定一定神，尽量拿出素有的样子，即从容自若的样子，带着她那安详、大度的笑容出现在学生面前。不过，我们还是看到，她的眼睛下面的两腮上以及眼圈上都有泪痕。

可是，在刚才说到的那一天，伊凡·巴甫洛维奇的表现却完全不同。他的火气提前消散，伊凡伯伯一走，教室的门刚刚啪的一声关上，他那平素十分严肃而且有点古板的脸上马上就出现了愉快、兴奋的表情。我们看出来，伊凡·巴甫洛维奇准备告诉我们一件叫人听了不能不感到愉快和振奋的事。为了表示隆重，他请有些惊愕的玛丽亚·伊凡诺芙娜将三、四年级的同学邀到我们的教室里来，等高年级同学轰轰隆隆地拥了进来，使劲挤了挤我们这些主人，在各个桌子上坐下来之后，他要大家肃静，接着便宣布说：

"同学们！我来告诉你们：区教育局和区执委会最后通过一项决议，要在两年内给我们盖一座新校舍……"

"乌拉！……好哇！好哇！"

"别着急，茹科夫。我还没说完哩。这就叫'农青校'！好吧，你们就来说说这三个字的意思。好吗？谁来带个头？我看，好像没有人愿意带头嘛。格林卡·穆兹金，你怎么样？嗯？你也不愿意带头嘛。干别的事倒是挺快当的。好吧，咱们先来看头一个字。'农'——什么意思？猜不到吗？好吧，你们就说说，你们的爸爸是干什么的？"

"种地！"——万卡喊道，不知为什么朝我望了望。

"是的。就是说，是种地的。种地的人又该怎样称呼呢？"

"农民！"我们一齐喊道。

“是的。咱们再来看第二个字：‘青’指的是什么？这我就不难为你们了，我告诉你们吧，这里指的是‘青年’。再就是‘校’了。‘校’指的是什么？”

“学校！”我们喊的声音更大了。

“对啦。咱们把这三个词儿连起来，该是怎样呢？好吧，阿列克谢耶夫·米沙，你来说说看！”

我非常激动，一面不由自主地拿眼睛瞅着万卡，就像他刚才瞅着我那样，大声喊了起来，喊得非常响，连我自己听了都觉得害怕：

“农民……青年……学校！”

“农民青年学校。”老师重复了一遍。他一反常态，又喜气洋洋、兴高采烈地说下去，“还有哩。等新的学校盖起来，你们就不是学习四个冬天了，要学习七个冬天，因为这学校就要叫七年制学校……”

女孩子们高兴得叫了起来，并且拍起了手，但是没有得到男孩子们响应：看样子，绝不是所有的孩子都愿意在乖觉的“猫”那严厉而且锐利的眼睛底下待上七年。萨蒙卡和我二哥连卡都憋不住着急和伤心得叹出气来。他们觉得，四个冬天已经不得了啦，现在再加上三个，那才够呛哩。听到要盖新校舍的消息高呼过“乌拉”的万卡·茹科夫和格林卡·穆兹金也泄了气，耷拉下脑袋。他们也喜欢自由。四个冬天他们是可以牺牲的（反正是这样啦！），可是，再多就不行了。

我和米沙·特维尔斯科夫虽然听到伊凡·巴甫洛维奇后面的话十分高兴，但是没有露出声色，我们怕引起别的许多同学反感。

伊凡·巴甫洛维奇装作没有看出有些学生心中的慌乱，更加兴奋地继续讲下去：

“同学们，这是咱们区第一所七年制农村学校，今年就开始盖，今年春天，等咱们的课程结束，你们的家长们播种完毕，建校就开始。没有家长们帮助，没有咱们全校师生参加，学校是盖不起来的。全镇一齐动手，新学校就一定能盖起来！同学们，明天就有些同志从巴兰达到咱们这里来了，有建筑师，还有工程队队长，来帮咱们选定新校舍的地基……”

第二天，两位老师好不容易把学生们关在教室里。我们一起离开桌子，趴在窗子上。我们看到，在离东正教教堂（寺院镇上还有一座旧教教堂，还有一个小礼拜堂——那是十来户姓叶弗列莫夫的比较富裕的人家自己盖的）不远处的一块空地上，在瑟瑟发抖的田蓟勉强探出头儿的深深的积雪里，有许多我们不认识的人来来回回走着，很起劲儿地打着手势。

伊凡·巴甫洛维奇知道很难叫我们安定下心来，便提前放学，他自己也加入了区里来的同志那一伙。镇上的头头儿，不久前接替瓦西里·德米特里耶维奇·马斯洛夫的新任主席米哈伊尔·索洛金以及当秘书的我的爸爸，也来参加了。我们像两个被切开了的半圆形似的站在一定的距离外观看着。一个圆所以成两半，是因为，这些打架的孩子一出了学校，不要任何一方任何人下命令，就自动地各站一方，分成两个营垒。双方所以没有打起来，只是因为我们一心一意地在看着大人们争论，伊凡·巴甫洛维奇和镇上两个头头儿来到之后，他们就激烈地争论起来，他们争论的实质到后来我们清楚了，因为他们的分歧一时并没有解决。

有一个外来人格外高，格外粗大，相形之下，所有其他男子，特别是我爸爸和争论得好像最激烈的伊凡·巴甫洛维奇，简直成了小孩子。我感到十分吃惊的是，到了晚上我爸爸将这位巨人领进我家的时候，我家的房子简直显得太小了。

他就是工程队队长穆拉托夫，不是奥塞蒂人，就是阿瓦尔人。总而言之，是高加索一带的。他怎么会到我们这地方的，我们不知道。但不管他是怎么一回事儿，他来的再及时没有了。大家很快就看出来，穆拉托夫不仅力大无穷（春天在我家对面的草地上举行扯棍子比赛，他一下子扯倒了四个人），而且精通本行工作，具有出色的组织才能。他带着不大的一支高加索人组成的工程队来到以后，马上就干了起来。他干起来简直像发了狂——只能说是发了狂，因为，还应当知道，穆拉托夫十分紧张地干了一天之后，到晚上还要陪着老酒友和在极短的时间就结识的一群新酒友狂饮。本地的酒友（其中当然也包括我爸爸）没有他那样的酒量，往往很快就醉，到天快亮时早已一齐醉倒在不管哪一家的饭桌底下，只有穆拉托夫一个人还端坐在桌上自斟自饮。

他从来没有对任何人谈过他的过去，没有谈过他是什么人，从哪里来的。不过可以推想，穆拉托夫在来我们这里以前，是某一建筑工程的重要负责人。那时候，已经动工的建筑工程在全国城乡开始出现并且渐渐多了起来，因为国家已处在大跃进的前夕，已经为实现神话般的五年计划制定了许许多多大胆的规划。

八

因为我们打架，也有无辜受到株连的，那就是我们的忠实的狗——我的“小滑头”和万卡的波尔坎。起初两条狗什么都没有觉察，在一段时间里依然照老习惯互相“拜访”，直到受到对方主人的“款待”，“小滑头”用三条腿跳回家，波尔坎虽然是四条腿跑，但也是一瘸一拐的。舐过了伤口，养好了伤，它们也就弄明白了这究竟是怎么一回事儿，于是，它们再不怠慢，展开一场场的恶斗，彼此不要命地撕咬，直杀得战场上到处是狗毛，那白毛是波尔坎的，那黑毛是“小滑头”的。到后来，每当我们打架，“小滑头”和波尔坎都要忠心耿耿地帮助各自的小主人，这样一来，我们的衣服就倒霉了，不用说，撕破了衣服是最伤脑筋的事。有一次，爸爸看到我的小皮袄背后从上到下撕掉了长长的一条，先是打我，然后就审问我，一定要问清这是谁给我撕的。他终于弄清了真相（虽然我撑持了很久，不肯供出波尔坎）之后，就直接跑到茹科夫家，向对方家长发出十分严厉的警告：

“格利戈里，你要知道，我忍了很久啦……这会儿我忍够了，忍到头了……是你自己把你家该死的狗勒死，把你那万卡好好教训一顿，还是让我来替你办？！……”

“什么？什么？……”格利戈里·雅科夫列维奇脸涨得通红。“你倒是真了不起！你以为，你在镇苏维埃混事儿，就可以为所欲为啦？……想得倒是好！”他快步走到我爸爸跟前，捏起三个熏黄的指头，做了一个蔑视的手势，直抵到我爸爸的鼻子上。他那胡子拉碴的脸(家里只有他一个人)气得一凸一凸的。“你动一动试试看！……怎么,尼古拉,你以为你家那条该死的狗的牙齿就规矩些？……你还是瞧瞧,它把我家万卡的裤子撕成了什么样子！……”

“你的意思是说,这样咱们就谁也不找谁啦?”爸爸掩盖住自己的不自在,冷笑说。

“我正是这个意思。”万卡爸爸的火气慢慢小了下来。

“都怪孩子们太淘气,给我们找麻烦！”我爸爸也开始退却了。

“没什么了不起的。多打一打就是了。”

主人说过这话,便是到炕边,拉开搁板上的布幔,搁板上有一大瓶酒,还只是喝去了三分之一。

“来吧,尼古拉,咱们来解解酒吧。我看,你喝了酒还没有完全醒过来。”

“这倒是实话。昨天我到磨坊里去的。”我爸爸一面说,一面坐到桌子上,两眼火辣辣地望着斟满了烧酒的玻璃杯。

他们似乎和和气气地分手了。我爸爸回到家来,又打了我两巴掌,便心平气和地上班去了。到了办公室里,在给万卡的爸爸填写一份凭证的时候,他忽然皱起眉头,因为他十分清楚地意识到,自己吃了人家的大亏,人家拿手抵着自己的鼻子,绝不是好意,这简直是侮辱,是伤害他这个镇苏维埃秘书的尊严。他咬了咬牙,将凭证撕得粉碎,还嘟哝着说:“算了吧,给你凭证？等着瞧吧,便宜不了你！下一次叫你老实些。我要搞你一下子,叫你一辈子忘不了!”

对茹科夫的仇恨重新抬头，而且藏得更深了。就看在什么时候，什么地方，怎样来发泄这种仇恨了，并且实际上已经曲折地发泄过了。

有一天，我爸爸的大哥，也就是我的大伯佩特鲁哈到自家的打谷场上去给牲口弄饲草，一走进干草棚，就发觉情况有点不对头。他拿眼睛打量了半天燕麦秸堆。燕麦秸他是留着到播种时候给牲口吃的，因为论营养燕麦秸差不多能比得上草原牧草。大伯觉得，燕麦秸堆好像小了一点儿，也不像原来堆得那样整齐了。大伯断定是有人偷了燕麦秸。为了进一步证实这一点，他又仔细看了看门上的锁。一点不错，是这么一回事：有人用铁钉捅过锁眼，上面还有新鲜豁口呢。

“这是格利戈里干的事。要不然，就是他的小崽子。”大伯心中想。接着他又想到另一点，不禁吓得面无人色。“这些土匪说不定还会放火呢。到夏天打谷场上堆起麦捆，他们要是夜里偷偷跑来，一根火柴一划，就烧起来了……该死的土匪，没有好下场的……”

他一下子心里发起愁来。大伯平时是一个很快活的人，不仅他的六个亲生儿女喊他爹爹，我们这些侄儿侄女也都喊他爹爹。我们都是喊自己的父亲“爸爸”，喊大伯“爹爹”。家里大人说，那是从国内战争时期喊起的。大伯在察里津城下负伤之后，就复员了，他是三个弟兄当中第一个回家的。他的孩子们看到父亲回来，叫了起来：“爹爹，爹爹，爹爹回来了！”因为那时候我们都还没有分家，所以我姐姐和大哥萨沙、二哥连卡也都一起喊：“爹爹！爹爹！”从那时候起，一直到他死（他死于饥馑的一九三三年),他都是我们这些孩子的共同爹爹。我的叔叔后来生了女儿,她们也都喊他爹爹。如果说,论血缘关系他还够不上当爹爹的话,那么,论慈祥,论心疼人,他就是当之无愧的,我们这些侄儿和侄女常常觉得,在他身边就像在火炉旁边一样温暖。

一个面善心慈的人,如今由于起了疑心,也不由地产生了恶感。他本是个通情达理、老成持重的人,而且彼此都是住在村子里,本应当到茹科夫家里去,问问格利戈里·雅科夫列维奇,就说,“不知是不是你家孩子淘气,动了我的燕麦秸”,就可以根据格利戈里的表情,判断出是不是这么一回事儿。可是,他就是不这样办。一个人有了不痛快的想法,不摆出来,而是放在心里,那是最可怕的。

其实,不论是格利戈里·茹科夫,不论是他的“土匪”儿子,都没有进过大伯的干草棚,虽然两家的干草棚挨在一起,都在大打谷场上。燕麦秸确实有人“动过”,但不是外人干的。是我的叔叔,也就是大伯的亲弟弟巴什卡干的。他从小就娇生惯养,而且有点儿油滑,他想用这种办法节省自家的饲草,因为他自己太懒,准备的饲草只够半个冬天吃的。而且命运戏弄人,阴差阳错,大伯带着满肚子极不痛快的疑虑(心里想着这种事,自然憋得难受),不是首先来找我爸爸,也不是首先去找米哈伊尔爷爷或者别的什么人,偏偏是离了打谷场就直接去找巴什卡叔叔。巴什卡叔叔要是老老实实地承认,也就一笑了之,可是他并不这样,而是让已经扎下去的刺往大伯那善良而老实的心里扎深些。

“这还能是别人!”黑胡子的、滑头的巴什卡叔叔毫不迟疑地应声说,“茹科夫家里的人呗。绝不会是别的人。是他们家的人干的。村子里叫他们这一家坏蛋祸害够了。有时偷麦秸,有时偷干草,有时偷谷糠,有时偷别的什么,反正打谷场上的东西样样都偷。这是明摆着的事嘛!”

巴什卡叔叔在说这话的时候,还要拿非常圣洁的眼神望着佩特鲁哈大伯,到末了,这位乡村演员还要十分自然地装出非常义愤的样子,义正词严地怂恿大伯说:

“大哥,这可不能算了……你要教训教训格利戈里这个家伙……”

“怎么个教训法呢?”佩特鲁哈那纯洁得像耶稣那样的眼睛吓得瞪得老大,一眨不眨地望着巴什卡叔叔。

“就这样……”巴什卡叔叔在说出自己的计谋之前,慢慢地卷起烟卷儿。他将土烟倒在手心里搓了很久,又用更多的时间在纸片上抹唾沫,以拖延时间,因为他还不知道该给大哥出什么主意。终于他想出了点子,便将卷好的烟卷儿放到嘴里,又用舌头把烟卷儿从左嘴角移到右嘴角,这才又接着说下去:“就这样……你花几个钱,买几十根针,钻到茹科夫家干草棚里去,将针撒到他们家谷糠里去……瞧着吧,够他们受的……”

“你说什么呀? 坏蛋! 你这是教你大哥去干什么? 狗东西!……你这是给我出的什么主意? 好吧,我就来用你的办法把你弄死……”一向和善、与人无争的佩特鲁哈大伯气得呼哧呼哧地直喘粗气,像一头猛兽一样朝巴什卡叔叔扑去。不过,巴什卡叔叔及时拦住并且死死地抓住了他那举得高高的双手。

巴什卡叔叔吓坏了,但是尽量不露出来,恶狠狠地眏着眼睛冷笑说:

"哼,你给我安生点儿!……你倒发起火来了!……你干什么要到我这里来?……不就是要我给你出主意吗?……所以我就给你出主意。主意行不行,你可以看着办嘛。"他看到,大哥已经像打摆子一样气得全身发抖,便来了一个急转弯:"你呀,你呀,怎么那样当真?……难道是瞎子?你没有看出来,我是跟你说着玩儿的?格利戈里跟我屁相干!让他把你那干草棚里的麦秸偷光,我才不管呢!……"

"你真坏透了!"大伯不知为什么身子软了下来,无力地坐到长板凳上,深沉地望着弟弟的眼睛,重重地叹了一口气,喉咙里呼噜呼噜响着,说道:"你以后……以后……别开这样的玩笑。这地方……"他将一只手按在左胸上,"有点难受……都是你开玩笑惹的。"

佩特鲁哈大伯像个老头子一样佝偻着背,走出门去。

夜里他做了一个梦:他来到茹科夫家打谷场上,往他家燕麦秸堆上(不是像巴什卡教他的,往谷糠里)撒了一大把针,可是,这些针从燕麦秸里蹦了出来,先是像一群蛾子一样,纷纷向棚顶飞去,银光闪闪地在空中旋转了一会儿,然后一根接一根地转身朝他飞来,钻进他的怀里,扎在他的身上。

佩特鲁哈大伯一下子醒来,只觉左肋疼得厉害。满脸都是汗珠儿,好像下了一脸露水。两条光光的腿吊在床沿上,脑袋和乱蓬蓬的胡子朝下耷拉着,就这样在床上坐了很久,两只胳膊在发抖,好像刚刚举过一件又重又大的东西。

格利戈里·茹科夫在同我爸爸见面的第三天,收到镇苏维埃一张追缴欠税的通知单。他一连看了几遍,还是不相信自己的眼睛，便叫小儿子念一遍给他听。万卡照玛丽亚·伊凡诺芙娜教我们的读法，慢慢地、抑扬顿挫地把通知单念了一遍。格利戈里·茹科夫一把从万卡手里抓过通知单，将小皮袄往身上一披，又抓起兔皮帽往头上一戴，便朝镇苏维埃跑去。一路上他在心里大骂"奸贼"，也就是大骂我爸爸。他骂的话虽然是针对一个机关工作人员的，但是其中有许许多多的粗话和俚语，所以很难写在纸上，或者说，根本不能写在纸上。

"你……你……你这个奸贼……怎么……我怎么没有缴税？"格利戈里·茹科夫闯进办公室，举起两只胳膊，对着正在埋头办公的我爸爸叫道，"是你亲自收了我三十卢布……你妈的……我有人证！……你真不害臊！……你拿我的钱到磨坊里喝掉啦？……"

"我有什么好害臊的？不是我没有缴税，是你没有缴税，欺骗苏维埃政府！……"爸爸只是这时候才抬眼望着格利戈里·茹科夫。"你要是缴过税，就应当有缴税凭证。你有凭证吗？……没有吧？"

"你这个无赖，你没有交给我嘛！"他差点儿是哭着叫了起来，"你不给我，可是这会儿却来问我……"

"你要是缴了税，我会给你凭证的。"

"哼，尼古拉，等着瞧吧……咱们有算账的时候！你妈的，我会给你点颜色看看！"

"你敢威胁苏维埃政府……"

"你算什么政府！"格利戈里·茹科夫怒气冲冲地说，"你哪能算政府，你是狗仗人势！……不该把你家的狗叫'滑头'，这个名字应该是你的！……米哈伊尔，你怎么不开口？”他忽然转身问米哈伊尔·索洛金。“你难道不知道，我从来就没有欠过税？……”

“我怎么会知道呢？我刚到这里来，你们大家刚刚选我当主席嘛。所以……”

“见你们的鬼吧！……尼古拉，你这个南方佬，你这样害我，你还有后悔的时候……”格利戈里·茹科夫猛地转过身，几乎是跑了出去。到了大街上，他遇到人就要站下来讲一阵子，还用手比画着，指着镇苏维埃办公室。

我感觉到，我爸爸很快就为自己做的事后悔了，比受欺的人所能预料的要快得多，因为夜里他一次又一次地起来抽烟，不是两次、三次，而是五次以上。我不知道，他是良心不安，还是十分害怕受到茹科夫家应有的报复。也许，这二者都有，所以在漫长的冬夜里，我爸爸如此地不安，总是睡不好觉。他显然在担心会出什么事。要是茹科夫家的人再一次打断“小滑头”的腿，那倒不算什么，可是，万一在春耕时候他们对马下毒手，或者用什么东西毒死即将产犊的大黄牛呢？说不定，万卡会往我家井里扔死猫或者别的什么乱七八糟的东西，那可怎么办？一个小淘气跟你捣蛋，你是当场逮不到的。即使逮到了，也没有意思：井水反正已经弄脏了，又得淘井，要淘井就非请人帮忙不可。要请人下到井底去掏淤泥和别的各种各样的脏东西，而且又是在严冬，天寒地冻，除了格利戈里，谁又肯干呢？只有格利戈里·茹科夫肯干这种事，历年冬天都是这样的。可是，如今不仅别想进他们家的门，就连他们家的院子也要躲远些，事情就是这样！

爸爸自卷的烟卷儿在黑暗中一闪一闪的，冒出的烟圈儿一个接一个地向上飘去。

倒霉鬼就像一堵不透气的墙，一声不响、阴沉着脸站在我家门口，单等有适当的机会，就要走进门来。是谁招引、谁呼唤这个黑色魔鬼朝我们头上来的呢？

谁也没有提出这个问题，谁也不想回答这个问题。

镇上的生活照常进行着。

九

美好的春天渐渐到了。可是对于我来说，这最动人的季节没有像往年春天那样，染上绚丽、悦目的色彩。这依然是因为，没有万卡跟我在一块儿。往年这时候我们已经玩起春天最先玩的游戏——小心翼翼地从牲口棚和柴火棚檐上掰下长长的冰锥，冰锥虽然被旧麦秸染得红红的，但依然是晶莹透亮，上面有一圈圈的凸纹，很像羊角，又是根粗下细，这一点又很像步枪上的刺刀，我们掰下来，专啃尖儿，津津有味地吃一阵，然后就学火枪手，用冰锥来拼刺，冰锥非常脆，轻轻碰到胸膛上就断。谁的冰锥维持的时间长些，经得住最后一击，谁就算打赢了。我们叉开两腿，膝部微微弯着，还吼吼地叫着以助声势，一面像青蛙似的蹦着，一下接一下地刺去，刺中了就发出欢呼声。在这种时候，万卡的样子是特别值得一看的，他真的像一尊“雷神”：一张小脸儿发着红光，白眼珠儿像有火在燃烧，那目光像闪电一样在闪烁、飞驰。这位小小的勇士吆喝着，威风凛凛地挥舞着啃掉了一半的冰锥，在冻实的地上一滑，跌倒了，又飞快地爬起来，灵活地躲避着我的进攻，他看到我一下子刺了个空，栽倒在地上，便快活得哈哈大笑。这时候万卡便乘机胜利地结束战斗，将右脚踏在躺倒在地的我的身上，问："投降吗？"我赶紧回答说："我投降，投降！"——一场拼刺游戏这才结束。

再过几天，早晨，等太阳刚刚离开地平线，开始迅速上升，给上下左右的一切穿上欢乐的金袍的时候，我们中不一定哪一个就要第一个听到百灵鸟歌唱。这些唱歌的百灵鸟，这些年年令人翘首盼望的春天的使者，在阳光夺目的高高的天空飞着，就像一个个跳动着的银色小点儿，很难用眼睛一下子找得到。万卡的耳朵特别灵，用现在的话来说，那就是，他具有特别听力，所以一般都是他最先听到百灵鸟那婉转的歌声，然后顺着歌声，就像蜘蛛顺着叫人看不见的透明的丝一样，去找百灵鸟。一下子看到，就要大声喊叫："在那里！在那里！我看到啦！看到啦！"可是我却还需要几分钟，才能亲眼看到这歌声嘹亮的春天的使者，并且目送它在清澈的、好像有人精心擦洗过并且熨得平平的画布般的天空游动。眼睛眨都不眨一下，直瞪得眼睛流泪，因为怕的是眼皮即使轻轻一合，也会一下子失去目标，要想在高高的蓝天上重新找到，真是谈何容易！

我们看饱了百灵鸟飞翔，听够了百灵鸟歌唱，然后或者跑到我家，或者跑到万卡家，扯开嗓门儿报告好消息：

"百灵鸟来啦！百灵鸟来啦！"

"你们扯谎吧？百灵鸟来还早吧？"我妈妈或者他妈妈疑惑地问。

"真的，是来了！"我们一齐嚷嚷说，"我们刚才亲眼看到的！"

“好啦。又该缠人啦。真拿你们没办法！不过，小麦粉一点都没有了，只能拿燕麦粉给你们做……”

“用什么粉做都行！”我们带劲儿地说。我们就跳到炕头上，等待着妈妈做的“百灵鸟”从火热的炉膛里飞出来。面粉做的百灵鸟当然不会像天空飞的百灵鸟那样活泼灵巧，但样子还是非常像的：有两个张开的翅膀，有头，头上还有一撮羽毛，还嵌了两颗大麻子当眼睛。

“百灵鸟”到了我们手里，就会在我们手里跳来跳去，因为都还是滚烫的，烫得我们受不了，所以我们就从这只手倒到那只手，两只手不住地倒换着，使“百灵鸟”慢慢凉下来。然后我们就跑到院子里，爬到棚子顶上，脸朝东，拖长声调高声喊了起来：

百灵鸟，快来呀，
你把春天送来吧！
冬天我们过够啦，
粮食冬天都吃光啦。
冬天呀冬天，快到别处去：
别处的面包喷香，
还做好了果酱，
等着你去喝酒。
冬天呀冬天，你别赖着不走！

说完顺口溜的最后一句，我们来放手里的“百灵鸟”，于是“百灵鸟”就飞走了，但不是像活的鸟儿那样向上飞，而是向下飞，落到已经失去洁白颜色的雪地上，要不然就像故意和我们作对似的,啪的一声落到还冒着热气的新鲜牛屎上。这种情形要是发生在女孩子们身上,她们二话不说,就会哇哇地大哭起来,只有等妈妈听到哭声跑了出来,再塞给她们每人一个新烤的、有点儿像百灵鸟的面包,她们才能止住哭声。

我们所喊的不知何人何时编的顺口溜,家家都在喊,因为这是过节,这个节日对于孩子们来说,其欢乐和热闹的程度决不次于复活节和五一节。我所以将这些节日相提并论,是因为直到现在,在许多俄罗斯村镇里,这些节日依然过得非常隆重,而且都是一样的带劲儿,更别说在二十年代和三十年代了——那时候,新节日(当时叫作苏维埃节)刚刚开始在农村生根,一些旧的节日对新节日不加干涉,但继续保持着自己的“特权”,保持着对人们的精神统治。聪明的俄罗斯人渐渐就明白了,这些来历各自不同的节日同时并存,对人只会有好处,因为节假日更多了,可以散心,也就是可以好好地玩一玩的时间更足了。不过,可惜的是,百灵鸟节现在已经不过了,要是说还过的话,那也只有在极少数地方。当冬季凋零的东西渐渐复苏,活着的东西好像从内部迸发生机,充满了蓬勃的青春活力,显得生意盎然的时候,过一过百灵鸟节,倒是很有意思的。

百灵鸟,快来呀,
你把春天送来吧!
……

我们尽情地玩够了面粉做的“百灵鸟”,然后又津津有味地吃掉,虽然不见得多么好吃。像科利卡·波利亚科夫家,别说小麦面粉，就连燕麦粉也是巴巴结结的，甚至有时连燕麦粉也没有，家里人为了不叫孩子们扫兴，便到附近的阿尔希波夫家或者万卡的叔叔家（那是在我和万卡打架以前）去讨一把粉。

乡亲们的粮食吃了一个冬天，到这时候大多数人家的粮囤已经空了，只有少数人家是例外，不过，这些人家即使没有受到饥神那骨瘦如柴的手的威胁，也受到已经到来的一九三〇年那种同样可怕的威胁，那是历史前进过程中不可避免的，也就是所谓“不以人的意志为转移的”。

我们在吃燕麦粉做的“百灵鸟”的时候，还要互相请客：我让万卡咬一点我的鸟翅膀，他也从他的鸟那扇形尾巴上掰下一小块给我。在吃的时候我们一个劲儿地问：“喜欢吗？”又一个劲儿地回答说：“很喜欢！ 很喜欢！”我们的妈妈悄悄地注意着我们，看到我们玩得很好、很快活，也就开心地笑了。

百灵鸟来过以后，过不多久，欧椋鸟就要来了，那也是令人十分兴奋的时候。这些顽皮、快活、善于模仿的鸟儿，一旦来了，就要跟我们一起住很久，好像是奖励人们，因为我们给它们造好了许多小房子，一个比一个好，一个比一个精巧、别致，免得它们耗费很大的力气去筑巢。比如说，我爷爷米哈伊尔就最会做椋鸟巢，冬天刚过到一半，我就开始缠他，要他早早动手。我爷爷每年都要给椋鸟做新巢，旧巢或者拿来生火，或者到第二年用来装番茄。做一个椋鸟巢他老人家要花上几天，甚至还要加上几夜，因为构造非常复杂：椋鸟巢要有门廊，门廊上面还有铁皮作顶，门廊边上镶瓷砖，另外还装了一种东西，非常精巧，简直叫人说不清是什么东西了。爷爷在门廊入口处还用细铁丝装上栏栅，让合法的房主，也就是欧椋鸟，自由地出入，但是强横的鸟儿乌鸦或者喜鹊就进不去，猫自然也进不去。在椋鸟巢顶上还竖了一根小小的烟囱，小烟囱非常漂亮，叫人看到就觉得暖和，上面还有花纹，非常像我们的邻居瓦西里神父家房上的烟囱，——这丝毫也不奇怪，因为神父家的烟囱也是我爷爷垒的。当然，垒烟囱的时候，都有他的二儿子，也就是我爸爸尼古拉，给他当助手。应当指出，我爸爸干木匠活也是一把好手。我本来也可以要爸爸来做椋鸟巢。但我担心爸爸会给我误事：他答应倒是会答应，答应了却又不做，这种事常常有。在我们俄罗斯有许许多多这样的男子，他们生来格外有才，几乎什么事都能做，但他们也格外懒惰，所以总是不能把已经着手的事情做到底，以致使未完成的事情长期拖延不得解决，或者半途而废，——不幸的是，我爸爸正是属于这一类人。我们家里到处乱放着被弃置的东西，我爸爸已经动手做的许多东西，更确切地说，许多没有做好的东西，一摆下来就再也无人过问。比如说，我每次去清点地板底下兔子的头数，总要碰到什么东西上，有时会碰到轮毂上，那轮毂已经旋好了，而且已经凿好了安辐条的网眼，但扔在那里已经很久了；有时碰在一张新耙上，新耙只是没有装耙齿；有时碰在一堆已经旋平刨光但尚未箍成的水桶或者发面桶料上；有时会碰到不知是什么东西上，这东西爸爸开头做时也是非常带劲儿、非常用心，到后来忘得干干净净。我喜欢爬到顶棚上去，到顶棚上就可以看到待装的新耙齿，这些耙齿不知为什么没有跟等待着装齿、已经在地板底下落了一层灰土的新耙合成一体。打从我能记事以前，在顶棚上也放着除轮毂和辐条以外装成车轮所需要的其他全部零件。爸爸要是做椋鸟巢，椋鸟巢也会落得这种下场的。所以我才缠起爷爷：

“爷爷，欧椋鸟来啦。”

“当真？孩子，你是不是把麻雀当成椋鸟啦？”

“不是的，没有弄错。万卡说的。他在村子里看到的。”

“万卡是扯谎。椋鸟不会这么早就来的。”

“为什么？”我问，“外面已经很暖和了嘛。”

“不是还有雪吗？”

“雪很快要化的。”

“雪化了，好孩子，你要的椋鸟就来了。”于是爷爷给我讲起他所掌握的自然知识，“椋鸟要是这会儿来了，会饿死的。你说说，椋鸟吃什么？”

“吃小虫儿。”

“对的。小虫儿住在哪里？”

“在土里。”

“这话也说对了。可是，这会儿土地又是怎样呢？”

“地上是雪。”

“所以，各种各样的小虫儿都藏在雪底下。等地上的雪化了，菜园子里露出大片大片的土地，各种各样的小虫儿爬出来晒太阳，那时候椋鸟说来就来了。椋鸟拿长嘴一啄，三下五下，就‘吃饱了，鼻子埋在烟里了’……”

“椋鸟还啄烟叶子呀？”我吃惊地问。

“椋鸟当然不啄烟叶子。椋鸟才不像你爸爸和你大伯佩特鲁哈那样蠢。这不过是一句俗话：‘吃饱了，喝足了，鼻子埋在烟里了。’这句俗话说的是那些不学好样的人。米沙，我希望你不要成为这样的人!”

“我才不会这样哩。”我毫不含糊地说。因为我爸爸的样子实在叫我看够了:等他吃得饱饱的,酒也多喝了几杯,抽起烟来,发出老大一股呛人的烟气,这时候不仅他的样子叫人看了恶心,而且非常凶,对谁都要抡拳头。

“好孩子,是不应该这样。”爷爷满意地说。他高兴起来,于是又讲起椋鸟:“至少还得过十来天,你那叫喳喳的好伙计才会来。到那时候我一定会把椋鸟巢做好,而且不是一个,我一下子就做两个,给你送到家里。咱们把一个放到院心里,另一个放到外面窗户根上,让你在房子里就能听到椋鸟唱歌。”

“那好极啦!”我叫道。我用劲一蹦,拿细细的、但是很有劲的小胳膊搂住爷爷的膀子。我很不好意思地将脸紧紧地贴到他的胡子上,真想把爷爷吻个够,除了我妈妈,爷爷该是我最喜欢、最亲近的人了。

这会儿我和万卡只能在学校里见面了。在学校里,伊凡·巴甫洛维奇给我们想出了一项有趣的活动,并且列入了学校的课程,这项活动的名称既简单又明了,就叫“劳动”。我们上劳动课在一座仓促盖成的房子里,这房子的名称倒是很气派:“工房”。在这座房子里,中间是几乎和房子一样长的工作台,在靠墙的长板凳上和搁板上,放着大大小小的钻子、大大小小的凿子、长刨和短刨、铁锤和木槌、横截锯和竖割锯、截子和冲子、盛大钉的箱子和盛小钉的盒子。在那些年代里这些很难得到的宝贝,是伊凡·巴甫洛维奇在他的儿子协助下从萨拉托夫弄来的。他的儿子维克托尔·伊凡诺维奇当时已经是大学里的研究生,他为了准备接父亲的班,通过两个大企业的经理,购置了不少东西。去年夏天和这个冬天,学校里来过许多次使我们感到十分神秘的运货车,从车上卸下许多纸板箱和木箱,马上就藏到学校的贮藏室里去。与此同时,一座房子也眼看着盖了起来,这就是学校的工房。工房的启用典礼是很隆重的。

在敞开的大门前,伊凡·巴甫洛维奇系了一条用几幅旧红领巾缝成的红带,他跟我爸爸一起用大剪刀将红带一剪,我们便一齐拥了进去,一看到这不同寻常的教室里的一切,便兴高采烈地叫了起来。

我们每个人都坐在自己的位子上,按照老师让我们自选的图纸,在已经答应当兼任教师的我爸爸的指导下,做起了椋鸟巢。我最怕我做的东西不如万卡做的东西,所以,谁都没有我向"老师"请教得勤,而且,别的一切不论,这还可以表示自己和他的亲近,表示自己能够对他这样随便。我爸爸摆出一副当老师的气派,极力表示,在教室里他对大家一视同仁,可是他不时地拿自己手上的小锤在我做的东西上敲敲,拿他那小锯子锯一锯,这里帮我动一动,那里帮我改一改,而且做得很巧妙、很自然,让谁也看不出。

事情是应当料到的:我爸爸的教书生涯很快就中断了,断就断在最薄弱、最要命的地方。仿佛是上课的第三天,伊凡·巴甫洛维奇来到工房里。他轻轻地走了进来,起先谁都没有发觉。也许还因为,我们干得带劲儿,精神太集中了。锐利的"猫"眼睛一下子就看出,这位指导劳动的老师两手的动作不知为什么非常慌乱,摆动得非常厉害,目光也过于兴奋,过于快活。这位老师的舌头活泼得令人生疑，失去了必要的和谐。伊凡·巴甫洛维奇走到跟前拿鼻子一闻：一股浓浓的、恶臭的酒气冲进了他那因为闻得用劲而打战和跳动的鼻孔里，"猫"老师一下子就弄清了我爸爸这些表现的起因。等到下课之后，伊凡·巴甫洛维奇将我爸爸请到教员休息室里，做出了判决，判决用的语言是简短的，可是再明确不过：

"今后你别到我们学校来了！"

我爸爸毫无办法，只有乖乖地吞下这一苦果，没有再上课，当天就把工房移交给了佩特尔·克谢诺方托维奇·奥季诺科夫。奥季诺科夫聪明，有文化，而且不喝酒，论干木匠活儿也比我爸爸强，奇怪的是，眼光敏锐的伊凡·巴甫洛维奇起初不知为什么没有看中他。不错，奥季诺科夫在镇上人缘不太好，但这不是因为他人品不好，相反，倒是因为他人品好。实质就在于，他是一个常任的收税员，并且他对待自己这种不讨人喜欢的工作也太认真：谁要是不舍得拿出钱来缴清税款，他会一直盯住不放。他得到区财政局的特别倚重，可是只图少出钱的乡亲们对他也就格外不满意，他们宁愿收税员是个酒鬼，几杯酒一灌，不费多大事就应付过去。

很多人指望奥季诺科夫一干上学校的劳动教员，就会自动辞去收税代理人这种非常麻烦的职务。才不呢！区财政局的人不是傻瓜，他们不肯放掉这样难得的工作人员。因此，奥季诺科夫主要还是为他们办事，在学校当教员算是兼职。

椋鸟巢最后的装修工作，我们已经是在新的指导老师的指教和严格监督下进行了。使我感到不大舒服的是，我看到，这会儿大家干得更带劲儿,尤其是做得更好了。等到椋鸟要来的时候,几乎家家都有了黄黄的、不加油漆的(我们都知道,这种娇惯的鸟儿不喜欢油漆)崭新的椋鸟巢,有的架在院心的大树枝上,有的架在门前的白柳上,让孩子们看了个个心花怒放。

每个人都希望最先来到的椋鸟到自家的椋鸟巢里去,这样就可以到处宣扬一番,我知道椋鸟都是一大早就飞来,所以我总是在太阳出山以前就醒来,随便拿什么把身子一裹,就走到院子里,坐到树墩上,眼巴巴地等着椋鸟飞来,就这样等上一两个钟头。清早是非常冷的,冻得我瑟瑟发抖,不住地拿小皮袄袖子揩着鼻涕,但还是耐心坚持着,不肯回到屋里:我心想,万一来了,我回到屋里,不是就看不到了吗?我的耐心终于还是会得到报酬的。不错,我从来没有捕捉到椋鸟到来的时刻,只是等椋鸟已经从巢里伸出它的长嘴,发出嘹亮的叫声,向人们报告"我来啦!我来啦!"的时候,我才能发现它的到来。椋鸟在跳上枝头,高声宣告正式定居之前,先要钻进钻出自己的新居十来次,仔细地调查研究一番。因为它必须做出重大抉择:这新居适不适于居住和繁衍后代。都是雄椋鸟首先飞来找安家的地方。等它认定了新居完全合适,先是飞到新房顶上,不住地摇动翅膀,那翅膀底下跟肚子一样,频频地闪着银光,摇一会儿,然后飞到最高的树枝上,放开它那得天独厚的歌喉,纵情歌唱,又学夜莺,又学麻雀,又学斑鸠,又学白嘴鸦,甚至也学粗喉咙大嗓门儿的本地户——乌鸦。一个小小的喉咙,竟能抵得上一个合唱团,岂非奇迹?岂非怪事?它那样短促的一生,是何时何地,又是怎样学会这各种各样鸟声的呢?而且还不光是会学各种鸟的叫声,欧椋鸟还会学猫的咪咪声，会学牛的哞哞声，会学绵羊的咩咩声和山羊的咩咯咯声。欧椋鸟什么歌儿都会唱！古往今来各国诗人交口称誉的夜莺唱不出这些歌曲的百分之一，可是我们还是拼命地夸奖夜莺，对夜莺的歌声赞不绝口。我们自然明白，夜莺虽然只会唱一种声调，但这种声调是夜莺的。椋鸟好像没有自己的声调，但能够将各种各样的声调融合到一起并使之变成一种和谐、独特的曲调，这难道还差吗？不就是因为这一点，我们盼椋鸟的劲头儿，比盼夜莺的劲头儿只大不小吗？我们喜欢椋鸟，还因为椋鸟不是远远地躲到河对岸黑漆漆的树棵子里，而是开朗热情，很高兴在我们眼前生活、唱歌和干许许多多事情，不论唱歌，不论谈情说爱，不论生儿育女、哺养爱情的果实，都不背着我们……

我一旦看到椋鸟到来，便撒开两腿飞快地跑到万卡家，抢先向他报告好消息：

“万……万卡！椋鸟来啦！……”

“有什么了不起的?！我家也来啦！”万卡马上不服输地说。“我家昨天就来啦！”

“得了吧，你扯谎！”我嘴里这样说，心里泄气了。

“真的！我发誓！”万卡画起十字，但是他觉得，光是这样，我还是不见得相信，就又补充说，“我以少先队的名义保证！……”

万卡的妈妈和所有当妈妈的一样，不喜欢自己的孩子扯谎、说假话，她难过地叹一口气，一面扬起炉叉对着儿子，一面狠狠地责备说：

“你全是扯谎，坏东西！昨天和今天你都没有到院子里去。”

“妈妈，我是听到的。”

“你什么也没有听到。你又对妈妈扯谎了！还是少先队员呢！你呀！……”

“维鲁哈婶婶，也许他当真听到的！”我为自己的好朋友讲话了。

“你们都不是好东西！”万卡妈妈气呼呼地朝炉子走去，敲着火钩和炉叉。

我们跑到院子里，爬到墙边土墩上，仰起头，等着看万卡的椋鸟。我的好朋友因为好胜不得不扯谎，我心里非常同情他，所以我望着他家椋鸟巢时的急切心情，绝不亚于他。因此，当椋鸟事先一点不打招呼，径直飞着钻进新的、因而它还一点不熟悉的鸟巢时，我首先叫了起来，而且叫得比万卡还响：

“来啦！来啦！……万卡，看到没有？……来……啦！”

“别这样叫，米沙！”万卡扯住我的袖子，好像我想飞到架椋鸟巢的白柳上似的，“别把它吓跑！”

我看到，万卡的眼睛红红的，我将他紧紧地抱住。我们两个心里都非常高兴，那种心情是无法用言语表达的。

十

椋鸟来的时候，也是春汛开始的时候。对于我们来说，春汛也是极其难得的，虽然每年的春汛几乎全都一样。全都是从一条条胆怯的小溪开始，小溪只是到中午才活跃起来，到晚上天一冷，就又冻住。这时候天已经不太冷了，但晚上的气候还是有足够的力量制服小溪，使小溪一直冻到第二天中午。不过小溪还是毫不泄气地冻了又开，并且在阳光的鼓励下一天比一天更勇敢，一天比一天更坚强，到后来就能鼓足力量同夜间和清早的寒冷进行持久的搏斗，只是暂时让出自己的边缘部分，两三天以后，连边缘也不让了。雪橇滑出的辙印变成一条条的小水沟，化雪水顺着这些小沟匆匆地向凹地流去，或者顺着这些小沟进入河流，钻到暂时好像还是不可摧毁的厚厚的冰层底下。到处能听到小溪淙淙的低语声，起初像是小孩子的声音，很快就变成粗声粗气的了，已经不是悄悄低语，简直是狮吼了：这是山沟里的雪水下来了。山沟里下来的黄黄的雪水先是跑进大大小小的草甸子，并且在一夜之间（不知为什么这种事总是发生在夜里）就将大大小小的草甸子灌满，然后又流进森林，流遍萨尔德柯夫森林，也流遍柯洛格里耶夫森林，穿过森林，便马上钻到大熊河和巴兰达河厚厚的冰甲底下。就是在这样的夜里，昨天还是安安稳稳、纹丝不动的河流，会发出炸弹爆炸一样的轰鸣声，将人们闹醒。这是河上的冰在四面八方涌来的流水的挤压下，先是一点一点地碎裂，终于全线崩溃了。等到天亮，我和万卡跑到巴兰达河边，争取抢先向全镇报告一个可喜的、会使老老少少都感到十分振奋的好消息："开冻啦！"

河流不是猛然之间一下子就开冻的。最初几天只是不停地往上拱，呼哧呼哧地喘着粗气，那已经是千疮百孔的冰面上的雪化掉之后，冰面上显得肮脏不堪，到处是牛屎和马屎，那牛屎和马屎慢慢地融化，好像在慢慢地溶解，周围流着红红的脏水。在这种时候，乌鸦还要到河上给已经够难看的外表添几分丑相。它们叽叽呱呱，争先恐后，争夺着牛屎和马屎，显然是在里面寻找还没有在牛肚子或马肚子里消化掉的东西。我们常常拿早晨还没有化冻的马粪蛋儿去砸乌鸦,乌鸦便飞起来,但也只是一小会儿,接着便又飞下来照样找自己的食儿。直到河上的冰崩裂,裂成一个一个的大冰块,轰隆轰隆地顺流而下的时候,乌鸦还是不肯离开。几乎每一冰块上都有乌鸦。有时候不免要想:乌鸦的这种胆量,是不是从孩子们身上学来的?就拿我和万卡来说,我们不光喜欢在薄冰上踩“摇床”,还喜欢另一种玩法,这种玩法也许更为惊险:我们选中一块贴着河岸流动的大冰块,跳上去,跟冰块一起顺流而下,一直到大草甸子上,穿过大草甸子,又顺着急流漂到森林里去,到了森林里,我们这经不住碰撞的冰筏子一遇到老橡树,就要撞成无数碎块。我们非常清楚,万一遇到这种情况,我们会落得什么样的结果,所以不等冰块碰到树上,我们就赶快离开。我们转身向后跑,离开原来的冰块,逐次地向迎面而来的冰块跳去。不用说,这样的漂游是带有不小的危险性的,能够这样玩的,必须非常勇敢,还必须非常灵活。这两点万卡·茹科夫到格林卡·穆兹金都是充分具备的;我们这些没有那样勇敢的孩子,则极力掩盖住自己的胆怯,亦步亦趋地跟着他们干。带头人所以是带头人,就是因为不但能带动勇敢的,也能带动胆小的。当然,我们在冰上漂游,并不都是太平无事的。有时候,冰块被利箭一般的阳光穿透了、晒热了,突然在我们脚下碎裂,我们便掉进冰冷的水里,就像落水的小狗似的,在冰块中间手乱抓,脚乱踹,拼命拿在冰冷的水里冻僵和冻红了的手指去抓旁边大冰块的边缘,死死地抓住不放。在这种时候,想必有些大人在岸上注视着我们在玩儿,因为几乎总是有人来救。救我们的人丝毫不敢怠慢,纵身跳到水里，游到落难者跟前，一个一个地捞到岸上，然后带到自己家里，弄到火炉跟前，让我们烤一烤，免得受凉。如果来救的人是我们当中一个的父亲，那他就要当面打几下自己的儿子，算是对我们两个共同的教训。如果来救的是其他人，一般只是吓唬吓唬，说要把事情告诉我们的爸爸，但不知为什么，吓唬只是吓唬，从来没有真正这样做过。我们烤暖了身子，也烤干了衣服，便不声不响地各自回家。“翻船遇险”之后，几天以内我们安分守己，比谁都老实，再听话没有了。这倒叫我妈妈不安起来，她仔细地望着我，问道：

“孩子，你是怎么回事儿？”

“我怎么啦？”我也问道。我想根据她的眼神来判断，她是不是无意中晓得了我突然老实起来的原因。

“没什么……孩子，你有点儿太老实了……所以我就想：你是不是出了什么事？”

“不是的，妈妈。什么事也没有出。不过，咱们家里的事全是你一个人做呀。”

“你怎么，孩子，心疼起妈妈来啦？”她的眼睛就像雪橇路上马踏出的蹄印一样，很快就充满了浑浑的水。“天可见怜，孩子啊，能有谁心疼我就好了……”

她拿头巾的角儿擦干了眼泪，转身就到院子里去了，院子里已经有成堆成行的事在等着她：不久前才下过犊的大黄牛等待着女主人给它端去剁碎的饲用甜菜；大母猪哼哼直叫，拿嘴巴直拱猪栏的门，也在要东西吃；绵羊感觉到春天的来临，不愿意再待在栏里，大声地咩咩叫着，要到我家对面的草地上去，那里已经没有了冰雪，正冒着淡淡的热气；怀了驹的大棕马（这一次我们都盼它生一匹走马，因为我爸爸花了钱找来良种马跟它交配过）不停地转着它那苹果般的凸眼睛，带着同样的目的望着栏门：我妈妈该来拌料啦，该犒劳犒劳这劳苦功高的老伙计啦，——那一年春天，大棕马受到我们全家一致的、格外的关注。母鸡们也不打瞌睡了。它们已经在带头的公鸡率领下纷纷来到门槛跟前，等待着女主人走出门来，给它们撒一把瘪谷子或者搓一些事先泡过的黑燕麦面包壳。"小滑头"也毫不怠慢：眼睛眨都不眨地望着棚子门口，着急得直摇尾巴，还不时地嗷嗷叫上几声，表示饿了。

都在指望着妈妈弄东西吃，只有妈妈不指望任何人的任何帮助。所以她听了我的话那样感动，我真懊悔我没有对她说实话。我即使对她说了实话，她也不会对我怎么样，不会打我的，即使打，也一点不疼：用笤帚打上一两下，没什么了不起的！也许就是那一天我下了决心：要随时随地尽可能帮助妈妈，不能再让爸爸欺负妈妈。她觉察到这一点后，每天夜里都要起来好几次，踮着脚走到我们睡的地方，给我们掖一掖盖在我们身上的她的皮袄，生怕我们（尤其是我）冻坏。

我是她最后生的一个孩子，可能她知道，生我以后她再也不生了，所以她很久都没有让我断奶。当然，她不说这是特别心疼我，而是说，那一九二一年是个饥荒年，要节省我这一份口粮。她说，自己给孩子多喂点奶，就能让公公多吃一口。饥荒已经过去，我还是恋着妈妈的奶不放。邻居的婶婶、大娘们都在羞我，我自己也感到有点儿不好意思，但是，等她做好了屋里的事，也喂过了牲畜，坐到木头上，要抓紧这种难得的空闲时间跟女伴们聊一聊的时候,我便不声不响地走到她跟前,扯住她的裙子。她猜到我是什么意思,撇嘴笑笑,叹一口气,便在我的押送下朝房里走去。

“这是他扯着妈妈到房里吃奶去了。”我很小时候的好朋友舒尔卡·奥季诺科娃的妈妈冲我们背后说,“我家女儿也惯得不得了,一会儿也要来把我拖回家的。一点都不害臊！都五岁啦,不要脸的东西,还娇得不得了呢!”

“都怪你们自己。”另一位婶婶说。

“我知道,该怪自己。不怪自己,又能怪谁呢?”奥季诺科娃婶婶说。她就是佩特尔·奥季诺科夫的妻子,又文静,又高大,她跟我妈妈不同,生过舒尔卡之后还不肯罢休,过了三年又生了一个儿子。

在我们打架之后的那个春天,孩子们谁也没有到大冰块上去漂游,也就是说,使家长们庆幸的是,谁也没有去冒险。但是,这使我、使万卡、使所有其他孩子都很不开心。春水来了,我们却不能到巴兰达河上去,也不能到它的旧河道白嘴鸦河上去,又能算什么春汛呢？我们不到河上去,还是由于那个原因:村子里的孩子怕我们涅波切托夫街上的孩子,涅波切托夫街上的孩子怕村子里的孩子。

当我想到,等春水退了,我不能像往年春天那样到大草甸子上去采蓬头菜了,心里尤其懊恼。这种蓬头的(所以叫蓬头菜)、淡黄色的野菜的叶子落掉以后,它的秆儿里的汁水越来越稠,非常甜,颜色像巧克力一样,所以也是我们最喜欢吃的东西之一。我们还采野慈姑,野慈姑的头儿雪白雪白的,汁水特别多,特别好吃。采过了野慈姑,马上就采蓬头菜。采野慈姑的时间很短,至多两三天;采蓬头菜可以采一个星期,甚至有时还不止一个星期。不知为什么,蓬头菜偏偏喜欢在村子那边的大草甸子上生长,那里是我的禁区,是万卡他们一伙儿占领和统治的地盘。就是说,蓬头莱我连望也望不到了。不错,我可以多少得到安慰的是,万卡的损失也不小:他也永远休想到小草甸子和“臭林坡”来,因为这一带是我们的势力范围。就在这一带,不等春水完全退去,泪花菜就要抽出长长的苔儿,开出深红色的花朵,花朵上还有一条条金丝,那形状很像慈姑头儿。我们挽起裤腿儿,或者干脆脱掉裤子,下到水里,朝小草甸子和“臭林坡”走去,一会儿就采一抱泪花莱回来。我们放到大饭桌上,吃起这种甜丝丝的花儿,一下子能吃几百朵,有时候这种宴会也会以眼泪收场,因为有的花朵里面藏着已经抢在我们前头来采花的蜜蜂。蜜蜂到了嘴里,在临死以前,还来得及蜇一下上颚,或者,更糟糕的是,蜇一下舌头,——就叫你流流泪!这种事确实有过,不过不多。蜜蜂往往不会那样傻,我们去采花的时候,它不会待在花里不飞。除非有时候采得太专心了,但这种事毕竟很稀罕,所以我们并不放在心上。一般地说,我们都互不干扰:蜜蜂不碍我们的事,我们也不碍蜜蜂的事。在小草甸子上和“臭林坡”(这地方爱长一种气味难闻的野草,因此落得这个名字)上,泪花菜非常多,尽够所有的孩子吃的。但是万卡吃不到了,现在他休想到这里来!

我心里这样想着,但是这只能使我得到部分安慰。当然,今年春天我去采泪花菜也不会是一个人。会有人跟我一块儿,比如格林卡·穆兹金、科利卡·波利亚科夫、明卡·阿尔希波夫,还有小气鬼扬卡·鲁勃佐夫,不用说,还有米沙·特维尔斯科夫。米沙·

特维尔斯科夫虽然一向不参加我们冒险的游戏，可是非常愿意到草甸子上和林中空地上跑跑，因为这些地方到处有许许多多好吃的东西，这些东西不仅牲畜喜欢吃，我们也喜欢吃。吃过了野慈姑、泪花菜和蓬头菜，又吃独活菜、野甜菜、野葱和野蒜，还有野萝卜。野萝卜在没有开花的时候，秆和根都很好吃，就是说，它的块根和剥光皮、掰净丝子的秆儿虽然没有野慈姑那样甜、那样有汁水，但还是非常好吃的。在四月末和整个五月份，在草甸子上、林边旷地上、林间小路上以及树林里面，可供我们这些要求不高的孩子们吃的东西是太多太多了！这时候当妈妈的也感到轻松些：我们整天不在家，没有人时时刻刻去翻腾碗橱，看看里面有什么东西好吃，有没有面包或者吃剩的烤饼，或者准备午饭时吃的薄饼。不错，到五月末，就开始想到我们了：这时候菜园里该锄草了，在田里，不等黍子出苗，除也除不尽的苦菜和肥茁茁的田蓟就一蓬一蓬地抢先长了起来，——要除掉这些杂草，不能用锄头，只能用手，而且只能用光手。要很多人来用手拔草，因此也不能顾惜孩子们的手了。在去田里拔草（我们都是全家出动）之前，妈妈都要告诫我：

“孩子，你别跑到树林里去。明天咱们还要去黍子地里拔草呢。黍子饭你不是很喜欢吃吗？”

黍子饭我当然喜欢吃，用牛奶煮的黍子饭，或者黍子加南瓜煮的饭，更是特别喜欢吃，但是用光手拔苦菜却不是一件快活事：苦菜非常扎人，扎得两手红肿，一个星期都消不下去，痒得叫人受不了。每次来到地头上，妈妈给我们分配好了位置（在这里也是一切由她主持，因为爸爸还在镇苏维埃忙着公事），她画几个十字，嘴里小声嘟哝几句，然后大声说：

“好啦，孩子们，开始啦！”于是她首先弯下腰拔了起来，不把一块地拔完，不拔到天黑，决不直腰，正如我们常说的，从天不亮干到天黑。

我看到绿油油的一大片全是可恶的苦菜和田蓟，在苦菜和田蓟那宽大的、肥茁茁的锯齿状叶子底下，能看到那可怜巴巴的尖细的黍子苗儿，我还没有开始干，就泄气了。我垂头丧气地叹了一口气，说：

“这么多，咱们拔得完吗？”

“拔得完，孩子，只要咱们都干，不是像你那样站着不动，就能拔得完。”她又讲起她喜欢讲和经常讲的两句话，那是我们孩子们不止一次听过的，“吓住眼睛，吓不住手”。

不过，吓住的也只是我们的眼睛，就是说，我的、两个哥哥的和姐姐的眼睛。却一点也吓不住妈妈的眼睛，而且也没办法吓妈妈的眼睛，因为妈妈只望着眼前的一小片，眼睛抬都不抬，一心一意地注视着自己那动作十分迅速的手指，免得干得起劲的手指在拔苦菜和田蓟的同时将黍子苗一起拔掉。她还时时提醒我们，要我们多加注意，不要打闹，不要踩坏地里的黍子苗，全家有没有黍子饭吃，就看黍子苗长得怎样，没有黍子就要挨饿，因为黍子常常作主要粮食。

“孩子，不要老是抬眼睛。”妈妈对我说。因为她发现我常常停住活儿，望着面前长长的一片土地上那密密层层的杂草，其中还有一种名叫黍子草的很难对付的莠草。这种草是庄稼人非常痛恨的。黍子草所以可恨，是因为它长的样子像庄稼，在黍子地里就像黍子,同时还因为,它的根系又发达又扎实,实在很难清除:今天你扯光了它的茎叶,明天它就冒出一丛一丛的新芽,急得你直抓头皮,不由地要想:遇到这种讨厌的东西,真是见鬼了!苦菜和田蓟只能扎人的手,黍子草却能划出很深的口子,就像剃刀割的一样,很久都不能愈合:因为黍子草的硬挺挺的叶子的边儿非常锋利。

就是这样,我们的手还没有长出(虽然家里人老早就叫我们干活儿)能够对付这些苦菜、田蓟、黍子草的厚皮和硬皮,就跟这些“可爱的大自然造物”打起了交道。

妈妈的话虽然很有道理,但是我却难以做到。因为弯腰弓背的时间太久,因为不停地扯那些没完没了的杂草,因为前进的速度慢得几乎看不出来,更因为心里想着森林里还有许多有意思的事等着我,手里却一天到晚在干这种乏味的活儿,所以我的手和脚急得直哆嗦,眼里泪汪汪的,不由地直起背来,无可奈何地望望弥漫着火热气流的晃晃不定的远方。

“妈妈,让我去吧!……我去给您逮鱼,咱们晚饭时候吃!”我恳求说,差点儿我要哭出来了。

“再等一会儿,孩子,再干一会儿吧!”妈妈说。她还是不直腰,也不向后甩她的长发,它那黑黑的头发泛着青油油的亮光,将她那蓝蓝的、像五月的天空一样的眼睛映衬得非常好看。头发这会儿并不碍她的事,因为妈妈不抬头也不朝前望,而是集中注意力在拔那些该当坚决消灭的害草。“等咱们拔到那个土包跟前,你再去……”

她没有抬眼睛,只用一只黑乎乎的手朝远处指了指,可是我已经自己看到了那个土包,我心里一阵紧缩,非常失望,非常泄气。妈妈指定的地界离得还非常远,根据我们前进的速度来推断,到明天我们都拔不到那里。

"哎哟!"我不由地叫道。

"哎哟,乖乖!"姐姐也非常失望、非常伤心地跟着我叫道。

妈妈马上呵斥她:

"你也叫起苦来啦,真不怕丑!要是不吃苦受累,咱们就没有饭吃。他是小孩子,你可是长大了,像匹大马一样了,套上耕地都行了。"

"就该让她耕地!"干这种又费力又难为人的活儿唯一没有落在我妈妈后面的我大哥萨沙应和说。"娜斯佳这匹马就是不听使唤。"

"哟,就数你机灵!真会讨好。"姐姐回击说,"你只是装装拔草的样子,可是,实际上……"

吵下去一点没有好处,所以妈妈不准她讲下去:

"别讲啦!有什么好吵的!"

只有连卡没吱声,但并不是因为一心一意干活儿。如果说有人只是装装拔草的样子的话,那就是连卡了:他的手指轻轻地、有气无力地朝草上挨一挨,好像不是在拔草,而是心疼地抚摩抚摩,实际上他的心已经跑远了,跑到草甸子上那棵孤零零的老柳树底下去了,每到礼拜天做过礼拜之后,老柳树底下赌猜钱面总是玩得非常热闹。连卡的右手不时地插进裤袋,摸摸裤袋里一个一面已经磨光的双头鹰的五戈比大铜币,那是玩这种游戏的主要武器。这种游戏绝不是无害的,因为这涉及钱。哪里有钱,哪里就出问题，特别如果钱落到孩子们手里，那就更糟。玩钱是一种很坏的游戏，那是不用说的。可是，我二哥连卡却十分着迷。他装作老老实实地在干活儿，沉着地在等待天黑，等妈妈宣布收工，待大家回家吃过晚饭，就可以到外面去自由自在地玩，其中也包括玩钱(夜里就打纸牌)。

不过，我可是再也憋不住了，因为我看到万卡那小小的身影已经出现在大土包顶上的土地测量点上，那就是说，我的好朋友万卡已经获得他妈妈的释放，完全自由了，所以给我打信号，要我快点儿去。我于是加紧缠妈妈，缠得妈妈不耐烦。她终于经不住缠，说：

“去吧，去吧，混账东西！我哪能看不到，那个鬼东西早就在那里招手叫你了！”

我真不懂，她一点没有抬头，眼睛一刻也没有离开面前的土地，怎么会看到万卡的。不过，我没有时间去猜这个谜了。我那筋疲力尽、软绵绵、蔫耷耷的身子顿时充满蓬勃的活力，两腿就像装上了弹簧，以骏马的速度将我送到了大土包上，我简直没有听到两脚着地的声音，真像离了弦的箭。

“坏东西！还说累了呢……瞧，跑得多有劲儿！”妈妈终于直了一下身子，撇撇嘴，背着几个留在身边的大孩子笑了笑。“哼，瞧着吧，鬼东西，下次我再不放你！……”

“你还会放的！”姐姐得意地笑笑说，“他是你的宝贝嘛！……可是非要逼我们干得浑身冒油不可……”

“不逼你不行！”萨沙替妈妈说话了。他总是跟比他大些的姐姐顶撞，只是不清楚他们之间究竟有什么疙瘩。

“你插什么嘴？又不是跟你讲话！”

“你也别打妈妈的岔儿！她自己知道该怎么办，用不着你多嘴！”萨沙寸步不让地说。

“讨好卖乖！马屁精！”姐姐再也找不到别的话来刺疼弟弟，便这样叫道。

“可你是个懒蛋！”萨沙不甘示弱地说，“你就是一心一意地瞅着，怎样从地里溜掉。”

萨沙的话完全说中了，所以姐姐听了叫喊起来，像是敏捷的小老虎一样向他扑去：什么也没有当面揭短那样使人恼火。萨沙自然是一面躲避，一面哈哈大笑，已到待嫁年龄的姐姐拿他没有办法，就像小孩子一样哭了起来。

不过，所有这一切我已经看不到，也听不到了，因为这时候我已经爬到测量点上，跟万卡站到了一起，并且仰起头，观赏起空中的红隼：那红隼一面窥视黄花鼠和田鼠的动静，一面展示它那高超的飞翔技巧，停在空中一个地方，只是不住地扇动那光彩闪闪的翅膀，以保持身体的平衡。

“它怎么能停在空中啊？”我不止一次奇怪地问。

“谁知道它是怎么回事儿呢？！”万卡拿手遮在眼睛上，遮住已经升上当顶的太阳的光芒，眯缝着眼睛这样说。

天空之下，远远望去，到处气流滚滚，宛如轻飘飘的透明波浪，那是自古如此的、虚幻的草原之海，如今这海里沐浴着春草，隐藏着鹌鹑、百灵鸟；还有那高大的大鸨，为防万一派出哨兵之后，便大摇大摆地踱了起来；那浓妆艳抹、花花绿绿的小鸨则飞到草原之海那虚幻的海面上，在上面飞翔着，好像也成了幻影。不知在这草原之海的什么地方，有一只雌鹌鹑过早地发出孤独的叫声，不知是在对谁说："该睡啦！该睡啦！"——其实离天黑还早着呢。

"它怎么啦，疯了是不是？"我又稀奇地问。

"谁知道是怎么回事儿呢！"万卡回答说，说完，便首先跨下去，来到大土包那光秃秃的顶上：大土包顶上不知为什么连一棵草都不长，就像歌子唱的那传说中的斯捷潘·拉辛峭壁。

我也跟着万卡很快地跨了下来。

十一

在田野上，除了拔草，我们的眼睛、我们的手和腿还是有事干的，因为到这时候，田野上已经万物苏醒，到处充满了生机。比如说，我们可以追黄花鼠，黄花鼠虽然不是一下子全部出洞，但总有不少已经出洞，出来朝周围看看，附近什么地方有新种的庄稼，将来可以储蓄一些准备过冬，或者在自己的洞穴上面站一阵子，叫上几声，告诉自己的邻居们：我活得好好的哩，你们怎么样？我们还可以到开始打苞的黑麦地里去，看能不能找到大鸨的窝儿，如果找到了，就在旁边插个标记，等以后再来，说不定还能逮到一只不会飞的雏儿呢。还可以找到去年的狐狸窝，狐狸要是还住在里面，过不多久，就会从里面钻出顽皮的小狐狸。普拉维克山沟上空已经有雨燕在飞，这就是说，雨燕已经开始在山石缝里产卵，不妨到那里去摸摸鸟蛋。豌豆又是怎样了呢？豌豆大概已经种下，也许已经出芽了。可是在哪里呢？万卡一向最关心这个问题。

他常常站在高处向田野上眺望，寻找这种最吸引人的豆类植物，但总是找不到：豌豆就像大鸨的窝儿一样，藏得非常严实。必须把田野跑遍，彻底弄清楚我们要寻找的目标。不过，我们还是把这项侦察活动放到下一次，现在得赶紧离开田野，怕只怕我们的妈妈改变主意，再喊我们回去拔那些该死的苦菜。别的地方主要有意思得多。

我们下了大土包，带跳带蹦地一溜烟朝镇边跑去，好像当真有人在追赶我们。我本该无忧无虑，十分快活，可是良心渐渐不安起来：本该是我的手来拔的苦菜，全推给妈妈的手去拔了，妈妈的手单是干繁重的家务活儿，已经变得像烧焦的木头疙瘩一样了。打从前年春天，妈妈才让我到地里干活儿，在这以前她一直心疼我，让我一个人整天留在家里，还要留给我这个"顶小的"够吃的东西——牛奶和面包。快到秋天，大人们开始挖土豆的时候，妈妈就用大铁罐焖南瓜给我们吃，对于乡下孩子来说，那可是难得的美味。妈妈将南瓜切成小块，上面盖上老重的砂锅，就把铁罐推到炉膛的角落里，南瓜就一直在那里焖到天黑，就是说，一直等到全家从田野上或者从园子里收工回来。我一个人待在家里，整天脑子里都在想象着：妈妈很快就要回来，用大炉叉将焖南瓜的铁罐从炉膛里掏出来，揭去盖子，于是满屋子都是南瓜气味，是那样香，那样甜，那是用言语难以形容的。我从早到晚一心想象着这种焖熟的南瓜气味，所以头脑都有点儿晕晕的，迷迷糊糊的。有一次，我怕吃不到焖南瓜，怕得好厉害，到现在我还记得。

有一天，我依照妈妈的吩咐，将房门从里面扣上，免得旁人进来，拿走什么东西，或者把我这个不懂事的孩子吓坏。一般在这种情况下我都要叫万卡来陪我，跟他在一块儿，这一天就不觉得怎样长。但是这一次万卡没有来。就我一个人闭了门在房里坐着。后来我想朝院子里望望，便走到门口，想摘下门钩，可就是摘不下来。我吓慌了，拼命地将门钩朝上顶，可是门钩还是死也不动，于是我大哭起来。我最害怕的是：等妈妈回来，进不了门，谁又来给我掏出炉膛里的焖南瓜呢？没有人给我掏出南瓜，我就吃不到了。我哭了老半天，哭得非常伤心，直到我的泪汪汪的眼睛看到门边炉台上放的一把小锤儿。我抓起小锤儿，对准门钩轻轻地从下朝上敲，门钩便乖乖地蹦了起来。我眼里流出的泪水更多了，但那是另外一种泪水——是高兴极了涌出来的。这会儿什么也挡不住妈妈了，妈妈可以进房来掏出炉膛里焖南瓜的铁罐了！……

想起这件事以及别的许多跟妈妈有关的事情，我当时真想回到田野上去，跟妈妈待在一起，继续拔苦菜。但是因为突然获得自由而产生的一种感觉比疼妈妈的心情更要强烈，这种感觉驱使着我一溜烟朝前跑去，就连腿快、好胜的万卡差点儿都跟不上我。我们的妈妈心疼我们，把我们放掉以后，我们就朝镇那边跑去，但是并不进镇：镇里面这会儿没有什么事情好干。现在不妨去看看白嘴鸦巢，可以探一探：经我们骚扰之后，是不是所有的巢里都还住着白嘴鸦？每年春天我们都是这样干的。我们一个巢一个巢地检查，但是不像两个星期以前那样将鸟蛋拿走，因为我们知道，鸟蛋到这时候已经孵好了，蛋黄里已经充满了血丝。不过，为了完全证实这一点，我们还拿起鸟蛋，凑到眼睛上，对准太阳朝里面看看，一点不差，孵好啦：蛋壳外面光滑滑的，里面已经不透亮了，等里面用劲一挣，蛋壳就会裂开，新生命就出世了。

就在两个星期以前，从我们不知道的远方飞来的白嘴鸦来到镇的四郊，到处叽叽喳喳直叫，有的筑新巢，有的修旧巢，接着就开始下蛋，我们就到处摸鸟蛋。我们一连摸好几天，这几天我们开心极了，鸟儿可就伤心极了，只好不住地下新蛋，一直下到我们摸厌了，换了别的更有意思的花样，比如说，还是摸蛋，但不是摸白嘴鸦的蛋了，而是摸红隼蛋或者老鹰蛋，红隼蛋和老鹰蛋比白嘴鸦蛋又大又漂亮。

在劫夺鸟蛋方面特别心狠的要数万卡·茹科夫和格林卡·穆兹金。他们不像我，不像科利卡·波利亚科夫、明卡·阿尔希波夫和扬卡·鲁勃佐夫那样，摸光下面一些巢里的蛋就满足了，他们还要用牙齿咬住盛蛋的帽子，拼命向上爬，爬到最高的巢边，将里面的蛋一齐掏光，直到脚下的干树枝吱嘎吱嘎要断，他们才下来。有一次我也想试试这样干，差点儿把命赔上。我抓住老柳树上面的树枝拼命往上爬，有一根树枝是枯的，一下子断了。要不是底下还有别的树枝，那我就完了。幸亏别的树枝在我急速下落的时候一根接一根地接住我，并且像弹皮球一样地将我向上弹，一直到我扑通一声落到泥塘里，——老柳树就长在泥塘边，白嘴鸦总是爱在这些柳树上做巢。要是换一种情形，我会跌得粉身碎骨，现在我的骨头却安然无恙。只是皮肤吃了一些亏——两肋和胸前的皮刮掉了一些，就像刮掉的土豆皮，但是，因为心里紧张，我并没有觉得疼。不过，应当指出，不是所有的人从树上掉下来都平安无事的；有的跌得终身残疾，有的就一命呜呼。总而言之，很难说有什么儿童游戏是一点没有危险的。任何一种游戏，只要有像万卡和格林卡这种不顾死活的好汉带头，就可能得到悲剧的结局。比如说，去年夏天，瓦肖克·克兹洛夫仿效上述两个朋友的样儿，在碾谷机正旋转的斜板上跳着玩儿，没有来得及跳过连接鼓轮与柞木齿轮的横轴，被鼓轮碾成一摊肉泥。(直到现在，我有时回到故乡，走到当年安装碾谷机的地方，总要十分悲痛地想起多年以前的那一天，仿佛还看到，瓦肖克的爸爸将碾得稀烂的小尸体从斜板下的深坑里捞上来，放到草地上，我们这些吓得要死的孩子一齐战战兢兢地望着我们的小伙伴的尸体。几十年来，许许多多人在我眼前死去，但是那一次小伙伴的死不知为什么至今使我不能忘怀，就像一根小小的、但是非常尖利的刺扎在我心上。)在那悲惨的时刻，我们全都吓得毛骨悚然，但是不论在那次惨剧之后，不论在其他一些惨剧之后，我们都没有变得小心谨慎起来。真是奇怪：一个人当来日方长的时候，不知为什么并不珍视自己的生命，或者说得确切一点，并不爱惜自己的生命。为什么会这样呢？不论我，不论万卡，不论我们别的伙伴，自然都从来没有想过这个问题。我们需要的是充分领略生活，如果生活本身所包含的不仅仅是欢乐，那又有什么法子呢？

跟万卡打架之后第一次去拔草，我特别不开心，一面心不在焉地胡乱拔着苦菜、田蓟和黍子草，一面习惯地不时去望望不远处的土地测量点。看不到这时候应该出现在那里的万卡，只看到安在最高的横木上、神态若有所思的铁老鸦。看样子，老鸦不急着到哪里去，因为它已经度过了几十年，来日也许还要更长些：它这只资格老、阅历深的古鸦又有什么好着急的呢?！我这时候可是和以往一样，急坏了。妈妈知道这一点，可是没有露声色，她心想：让这鬼东西再干一会儿吧，不然就要懒死了。萨沙看到我在“磨洋工”，狠狠打了我几下后脑勺，想要我鼓鼓劲。我既没有叫，又没有告状，只是头上撅起一绺硬扎扎的头发。一直跟在我脚前脚后转的“小滑头”愤愤不平地叫了几声，想去咬萨沙，可是萨沙也朝它的屁股狠狠踢了一脚。我和“小滑头”又懊恼，又丧气，只好一声不响，听从命运的摆布，只希望命运可怜我们，我们就可以获得我们所盼望的自由。命运好像猜到了我和“小滑头”对它的期望，于是对我们伸出了它那慈悲的手。妈妈跟命运暗下串通，为我想出了一个适当的借口，让我能离开黍子地，而不致引起姐姐和哥哥的抱怨，过了一阵子，妈妈就吩咐我说：

“孩子，把马牵到普拉维克塘里让它喝点水。瞧，马都不吃草啦，拿眼睛望着你呢。”

这就是要放我了！

我三步两步跑到大棕马跟前，解去它的脚绊，牵到凹处，我抓住短短的马鬃，跨到它那瘦削的脊背上。大棕马再过两个星期就要下驹了，所以既不驾犁，又不拉耙。但是可以慢慢地拉大车，所以这会儿跟我们一块儿待在田野里。大棕马一看到我，本待贴起耳朵，皱起上嘴唇，朝我龇龇它的一嘴黄牙，可是很快就看出我是要牵它去喝水，于是亲热地晃晃头，耳朵也恢复了原来正常的姿态。我叉开两腿骑在马上，我的两只光光的脚丫儿只能够到它那鼓起来的两侧。我的光脚时不时地感到马肚子里面有什么东西一下一下地蠕动，一蠕动，我的两腿就不由地跐一下。大棕马跨进塘水里，一直走到齐肚子深处，小心翼翼地将嘴插到水里，张大了红红的鼻孔，喝了很久，喝得肚子越来越大，将我的两条腿撑得越来越宽。“小滑头”也陪着喝了一会儿水，但是它喝不了许多，所以先回到塘边，在那里等候我和大棕马。大棕马终于也从水里拔出了嘴，但是还不肯走出去，在塘里站了一阵子，吧嗒几下嘴，快活得叫了几声，又打了两个响鼻，然后就不用我赶，自觉自愿地走出了水塘。我将马牵回原来的地方，将马绊在那里，回头朝妈妈那边一望，看到她的手轻轻一摆，那意思是说：“去吧，拿你没办法！”

我在“小滑头”陪同下，一溜烟朝前跑去，只半个钟头便来到镇旁白嘴鸦聚居的地方，希望在这里即使碰不到自己的小伙伴，哪怕能碰到米卡莱·泽姆斯科夫和巴尼亚·卡梅绍夫也好。他们是两个傻里呱唧的小伙子，快到三十岁了，还像小孩子一样天真和单纯，还保持着一颗孩子心，不论孩子们干什么好玩的事情，他们都要参加。泽姆斯科夫的名字本来是尼古拉，但是因为他一直没有学会说准自己的名字，所以就永远成了米卡莱。我妈妈说，他生来是一个完全正常的孩子，长着一头黑黑的卷发，很像一个茨冈孩子，谁看到，谁都忍不住多看这孩子几眼。是瓦西里·斯杜普金害了他。瓦西里·斯杜普金是附近有名的屠夫。米卡莱的父亲有一次请他来杀猪。在瓦西里将捅进猪心里的尖刀正往外抽的骇人时刻，这孩子探头朝猪栏里看了一眼。屠夫想把他吓走，便拿血淋淋的尖刀装作向他戳去。米卡莱吓得没命地叫了起来，从此便神志模糊，智力发展再也不能超过五岁或六岁的水平。

他长的样子跟正常人一样，几乎有两米高，蓝黑色的胡子浓浓的、卷卷的，可是，看人看事都还是用小孩子的眼光。有很多话还像小时候那样说不清楚，他也一点不觉得丑。从上面说的情况不难理解,为什么米卡莱认为跟孩子们在一起玩比干别的事都有意思。至于巴尼亚·卡梅绍夫是怎样呆了和怎样哑了的,谁也不知道,虽然巴尼亚跟我们在一起玩的时间比米卡莱还要多些,他非常听话,非常驯顺,我们叫他干什么,他就老老实实地干什么,说实话,我们也就因此常常愚弄他。格林卡·穆兹金特别喜欢这样干。他把巴尼亚喊到跟前,要他躺下"睡觉",拿块青砖垫到傻子那淡黄色长发的、乖乖的头底下,告诉他:这是枕头。巴尼亚长的个头儿也是正常的,不过没有长胡子。他那尖尖的下巴上只是长出几根浅色的长毛儿,可是就连这几根毛儿往往一长出来就被黑良心的格林卡扯掉。

两个大傻子也跟我们一样,非常喜欢搞白嘴鸦,所以我希望在这里看到他们。我果然看到了他们,我十分高兴有他们在一起,因为一个人爬树没有多大意思。我看到巴尼亚和米卡莱在两棵柳树的树顶上,那两棵柳树挨在一起,显然是姊妹树,因为底下有共同的根。

"米卡莱,上面有东西吗?"我先开口喊道。

"有,有!每个窝儿里都有!"他高高兴兴地回答说。

巴尼亚因为又聋又哑,一声没响。

眨眼工夫,我也像猫一样地爬到一棵树上。我跟米卡莱在柳树顶上互相回答,报告对方,在哪个巢里有多少白嘴鸦蛋。到中午时,我们已数到两百只,我们很满意这样的成绩,这才朝镇里走去。在路上我们又碰上一个很有趣的人。那就是外号叫"没主儿"的一位老爹爹。这个外号他也是在小时候得的。有一次,一个大人问他:"小家伙,你是谁家的?"他回答说:"没主儿!"从此便叫开了:“没主儿,没主儿!”我十分亲热地跟他打招呼,因为“没主儿”老爹非常大方,非常和善,我们孩子们都非常喜欢他。他要是在自己的果园或菜园里逮到我们,不打我们,不拿荨麻扎我们的光屁股,甚至还要给我们塞上满满一怀黄瓜或者苹果,末了说一声:“好好吃去吧,淘气鬼!”寺院镇上很多人嘲笑他,认为他太傻,有时替他心疼起来,劝他说:“你为什么要对他们这样?你该好好地打他们一顿!这些鬼东西会把你园子里东西偷光的!”“没主儿”老爹只是笑笑,说:“让他们偷好啦,只要不做贼就行!”这句奇怪的格言经常出现在他的嘴里,因此,有些爱开玩笑的人在安慰哪一个被偷的人时,也常常这样讲。

“没主儿”老爹为了回答我的问候,拿手碰了碰一年四季戴在头上的兔皮帽,但是没有像往常那样对我笑,而是责备起我来:

“你们这些淘气的东西,什么时候才能不打架呢?打架可不好。听见没有,小南方佬?不——好——啊!”

他皱着眉头走了。米卡莱和巴尼亚一声没吭。我也一声没吭,只觉得模模糊糊有一种东西沉重地压在心上,因而感到十分不自在。耳朵里很久还响着他那说得很重的话:“不——好——啊!”

十二

我刚刚进镇,就充分理解“没主儿”老爹的话的重要性了。我一走到紧靠小草甸子的镇边一户人家门前,卡里娜老奶奶就从家里走出来迎住我,好像她早就在那里张望我了。她不用开场白,劈头就报告我一个像五雷轰顶一样的消息：

“你这狗东西，还在玩鸟吗？……你大伯佩特鲁哈叫格利戈里·茹科夫那小子打死了！……哎呀呀，还得了吗?!”她又像狼一样嗷嗷叫了几声，看样子，她认为责任已经尽到，便气呼呼地跑回了刚才从里面出来的屋子。

两个傻子不知是没听清还是不理解她向我报告的消息，只管继续朝前走去，我可是一动没动，被这可怕的消息吓呆了。“小滑头”十分心疼地嗷嗷叫着，将两只前爪趴在我的胸膛上，用它那聪明、通人性的眼睛望着我的眼睛，竭力在猜测，这究竟是怎么回事儿，为什么我一下子就呆了，脸色一下子就那样难看。我用哆嗦的手指木木地揪弄着狗头上的毛，我浑身也像在打摆子一样打着哆嗦，还是一步不能动。要不是威严的卡里娜老奶奶又出来的话，恐怕我会这样站很久的。还是她厉声喝了几句，才使我从麻木状态中惊醒过来：

“干什么要像根树桩一样站在那里！快去吧！快去看看，镇上好多人都去了！……你爸爸也在那里……”

我已经不考虑我到村子里会被万卡他们一伙逮住，撒开两腿就朝大伯家里跑去，假如我多少还能思考的话，一定还会感到奇怪：我一路跑去，在危险的地方、一向不能去的地方，竟没有一个人拦截我、揍我。不但如此，在大伯家的篱笆前、敞开的院门前、院子旁边和院子里面，除了有很多大人以外，我还看到许多跟我一般大的孩子，有属于我这一边的，也有属于万卡一边的。他们都紧紧地、十分关切地围住我的几个堂兄弟，拼命安慰他们。叶戈尔也赶快过来安慰我：

“咱们爹爹活着哩……活着哩！只是几根肋骨断了！”

几根肋骨断了——还算“只是”呢！不过我还是非常高兴叶尔戈对卡里娜老奶奶报告的消息所做的纠正。这个老奶奶一向喜欢把她那迟钝的耳朵听来的东西传成另外一种样子，但是当时我在她家门前不知为什么却忘记了这一点。

到了房里，有人将我推到了床前，受伤的大伯就躺在床上。大伯从被窝里伸出左手，按住我的头，让我的头跟他的头靠得近些，他痛苦地笑了笑，说：

“瞧，伙计，人家整起咱们够狠的！”

我一下子没有理解到，为什么大伯把我说成是跟他一伙的，但是，我听了他的话，比听了“没主儿”老爹的话更觉惶恐不安。大伯用他那滚热、粗糙的手指抚摩了一会儿我的头发，便轻轻地将我推开，非常亲热地说：

“好啦，去吧，到院子里跟孩子们玩去吧。我一点都没有事儿。一下子就会好起来的，就像‘小滑头’受伤好得那样快。去吧……”

我朝门口走去，走到门口，就碰上了爸爸那一点不亲热的手。他朝我脖子上狠狠打了一掌之后，认为还有必要解释一下我得到这种“奖赏”的原因，冲我背后喝道：

“都是你这个混账东西惹起的！”

酿成我爸爸所说的事情的真正内情是那样难以捉摸，不论在那一天，不论到后来，我都无法将它跟我的任何一点行动联系起来。这会儿也待在大伯家院子里的萨蒙卡，更想不到这跟他的行动会有什么联系，他正闲得无聊，因为在这里简直看不到什么好玩的事情。他本想朝待在一旁的“小滑头”的肚子踢上一脚，解解闷儿，可是“小滑头”尖叫一声，跑得离他远远的，不叫这个傻大个儿再拿它寻开心了。

可是，佩特鲁哈大伯究竟是怎么回事呢？

这时院子里的人渐渐稀了，我把叶戈尔拉到一边，要他好好地给我讲讲事情的全部经过。他于是讲给我听了。

镇上的庄稼人在春播完成之后，根据工程队长穆拉托夫和伊凡·巴甫洛维奇的请求以及镇苏维埃的安排，到潘齐列夫村后面以及普拉维克山沟和德罗菲山沟里去拉石头，给新校舍打墙基用。我大伯依照镇苏维埃的分派，到潘齐列夫村后拉石头。潘齐列夫村和我们镇之间，有一座没有护栏的窄窄的木桥，架在巴兰达河的旧河道上。旧河里的水倒是很少，但是河谷很深，两边又是壁陡的，所以，谁在过桥的时候都怕从桥上掉下去。事有凑巧，格利戈里·茹科夫也是到同一处地方运石头，所以他在大伯的车子去运石头、已经上了桥的时候，跟大伯碰了头。

“格利戈里，把你的马勒住！等我过去！要不然咱们错不开车！……”我大伯喊道。

“你怎么，南方佬，你就不能等一等，让我先过去？……你瞎眼啦？”格利戈里一面这样说，一面扬起鞭子向马摔了一鞭，马不顾一切地朝桥上冲去。

我大伯的空车很容易就被重载的车子撞翻了，车子带着人一起轰隆哐啷地朝桥下落去。小黄马（它是我家大棕马的大女儿）被颈圈套住，跟车辕和前轴一起悬空吊着，直到潘齐列夫村和我们镇上的人来到出事地点，才把它弄到桥上，这时格利戈里·茹科夫已经过桥很久了。小黄马安然无恙，这是它的受伤的主人最感到安慰的。它的主人是大家从摔碎的大车底下拖出来，抬到桥边青草地上去的。

格利戈里·茹科夫这时已经卸过车子，在指定的地方得心应手地将石头一一摆好，打了打手上的石粉，便自动地来到镇苏维埃：

"尼古拉，叫扎夫戈罗得涅夫来吧，让他逮捕我好啦。我把你大哥撞死啦……"

"你……你……你开什么玩笑？……你这是胡扯什么？……"

"一点也不是开玩笑……我说的是真话。你把扎夫戈罗得涅夫，或者把他的头头儿……沙德林叫来好啦。你看着办吧！"

"你……你……你在哪里撞死我大哥的？"我爸爸好不容易说了出来。

"在潘齐列夫村桥头。听我说嘛，你把扎夫戈罗得涅夫叫来吧！"

"滚你娘的……你跟你那扎夫戈罗得涅夫一齐见鬼去吧！"爸爸叫了起来，他将格利戈里撇在办公室里，几步就跨到街上。一个小时之后，他弄清了哥哥的伤不是致命的，又回到镇苏维埃，看到格利戈里还一个人垂头丧气地坐在爸爸会见来访者的长凳上，感到十分惊愕。

"你还在这里？"爸爸不禁问道。

"我还能到哪里去？"

"走你的吧！"爸爸叹口气说。

“尼古拉,别撵我走,你还是叫……”

“滚你娘的……你想叫扎夫戈罗得涅夫,就自己去叫!”

“你别张口就骂娘。你代表政府嘛,不应该这样。”

“你自己说过嘛,我不代表政府,我是狗仗人势。是这样吗?”

“嗯,是这样。”

“好啦,你就滚蛋吧。咱们就算账目两清啦。”爸爸的语气已经和缓些了,他准备结束他们的争执了。

“嘿,你倒够机灵的!”格利戈里突然火了起来。“你清账清得太着急了!不行,伙计,我跟你的账还没有算清哩!你不给我交税收据的事,你是不是已经忘了?”

“我给你收据。现在就给。”

“现在我用不着了。我不要了,听到没有?!”格利戈里恶狠狠地转着白眼珠子,大声叫了起来。“我要的是别的东西,等着瞧吧!”

他砰地将门一带,走了出去,弄得不知所措的我爸爸心里非常惶恐不安。他十分懊丧地走到窗前,依照在连队当文书时的老习惯将铅笔夹在耳朵上,将冒汗的滚热的前额抵在玻璃上。“是不是当真得把扎夫戈罗得涅夫叫来呢?”他忽然想道,“要不然,茹科夫家的人什么事都能做得出来……那好吧,我叫格利戈里这小子去蹲监狱。可是,那又怎样呢?……他家那几个小崽子会替爸爸报仇。不能把他们也关进监狱——他们还没有成年。啊,该怎么办呢?”爸爸自己提出这个问题,并没有找到答案,便走出办公室,马上参加到正在工地上激烈争论的一伙人当中去。他很快就选定了自己该参加的一方,接着就发表起意见,吵得非常带劲儿,一时之间把格利戈里·茹科夫都忘了。

跟往常一样,工地上争论的是,将来学校的大部分教室应该朝哪个方向。穆拉托夫、伊凡·巴甫洛维奇、玛丽亚·伊凡诺芙娜、佩特尔·奥季诺科夫以及工程队几乎所有的队员都主张,大部分窗子应该朝着短暂的冬日太阳待得最久的一方。但是区教育局局长不同意他们的意见,镇苏维埃主席米哈伊尔·索洛金也不同意,我爸爸也赶紧附和,站在这一边的还有两位共青团支部的领导人——一个是我的堂哥伊凡,还有一个是他的好朋友和好助手米佳·克鲁佳科夫。反对者所持的论据是,朝阳的一方有教堂,孩子们坐在教室里免不了朝教堂望望,这样就会受到"宗教气氛的熏染"。伊凡·巴甫洛维奇很想冲着这几个热诚过分的"无神论者"大喝几声:"胡说八道!瞎扯!荒谬!",可是我们的老师几乎是争论的人当中最有理性的人,他压了压自己的火气,没有把已经冲出胸膛的话说出口。他从来不曾忘记,他当年参加过社会革命党,正因为他一向小心谨慎,才没有迈出可悲的一步:一九二一年,一个姓波波夫的率领的一股安东诺夫匪帮在这一带活动,这位乡村教师是完全可能参加的,但是他悬崖勒马了。常常有人让他想到自己的过去,使他在学校召开的家长会上发言也总感到不那么理直气壮。他从不尽情地发表自己的意见——在苏维埃政权面前他总是谨小慎微,特意显示自己的忠诚。他怕说他跟教士们暗下串通,便第一个向几个"无神论者"让了步,这使穆拉托夫和那些跟他意见一致的人大伤脑筋。常言说,真理永远胜利,可是这一次真理却失败了。其结果是,七个教室中有六个从早到晚阴沉沉的，窗子上绘着许多白茫茫、毛茸茸的冰花。光线几乎透不进来，冷气却不难钻进来，烧炉子都驱不走冷气。在特别冷的日子只好不上课：这是因为怕而得到的报应。我这里要说说后话，教堂不久就拆掉了，可是学校至今还在，还像原来那样——背着阳光。

“米哈伊尔，咱们恐怕都是在装糊涂。以后老师和学生们都会骂咱们的。”当时我爸爸跟主席回到办公室，我爸爸开口说。

“为什么呢？”

“因为……将来他们待在教室里会冻死的！”

“那你干什么要支持我们干糊涂事？！”

“不支持怎么行呢？是你带头支持的嘛。”

“你害怕，是不是？”

“你也怕。米哈伊尔，我太了解你了。”

“你不了解我。我看，这事咱们重新研究，好不好？秘书同志，你以为怎样？”

“你自己考虑吧。由你决定好啦。你在我们这里是最高领导。”

“你怕负责任吗？”索洛金冷笑说。

“谁不怕负责任呢？除非上帝，而且，上帝之所以不怕，是因为他没有上级。他是所有的人的上级。”

“不过，还是该考虑考虑。是不是咱们来重新决定？……你不说话？……你呀，你这个南方佬真滑头！那好吧，就让它这样算啦。你瞧着好啦，咱们做出这样的决定，区里会表扬咱们的。反正得有人跟宗教迷信做斗争。你以为怎样？”

“斗争是要斗争，但用的办法不能这样蠢。”

“那你就用聪明些的办法去斗好啦，谁也不拦你！”索洛金气了，不过他赶紧转换了话头。“你大哥怎么样？是不是送到巴兰达去住医院？”

“不要紧。在家里养养就行。”

“好吧，你再看看情况。要不然，我把他带去，明天我要到区委去。可以带他……”

“谢谢，米哈伊尔。不用啦。”

“好吧，不过，咱们怎样处理格利戈里？是不是报告警察所，报告沙德林？”

“不用，不要报告。不找沙德林，也不找扎夫戈罗得涅夫。”

“这又为什么？！”主席惊愕地说，“他差点儿把人撞死嘛。”

“不能算‘差点儿’的账。没撞死就是没撞死！”

“怎么，不再过问啦？”

“为什么不过问？要吓唬吓唬他。你把他喊到镇苏维埃来，尽可能严肃地和他谈谈。你能做到吗？”

“你真有两下子！有两下子！”索洛金说出这话后，也满意地笑了，“好吧，我喊他来谈谈。我就这样跟他谈一谈。”

“就这样，就这样。”

“不过，尼古拉，你告诉我，你们这一家南方佬跟茹科夫一家怎么作起对来了？疙瘩在哪里呢？”

“鬼才晓得究竟是怎么回事！先是两家的孩子不知为什么事吵了起来，打了起来。后来他们烧起的小火蹦出火星，落到我们这些老糊涂虫身上，于是就起了大火！”爸爸笑了一下，“我们只是长高了,长大了,可是论头脑跟自己的孩子们没有多大差别。”

“这话倒是不差。应该学聪明一些了。革命和国内战争给我们的教训还算少吗?……尼古拉,听我说,你们别再这样干下去啦。这样干下去,你们都要吃大亏。你们还是留着力气干别的吧。从各方面来看,就要来到的一场斗争,比你们这场纠纷厉害得多……”

“米哈伊尔,你这是指的什么?”

“还是那番老话。咱们往区里送那么一些表册,你想想看,那是干什么的?……过一两年,也许还要早些,咱们这里就要实行集体化了。这是党代表大会通过的决议。你瞧,南方佬,这事可不同寻常!”索洛金说到这里,又依照自己的老习惯,突然转换了话题:“你为什么没有去给学校拉石头?你哥哥、弟弟都在拉石头,你逃避义务劳动,要滑头,是不是?”

“我拿什么去拉呢?拿老婆去拉?”

“用不到老婆。老婆早叫你使唤够了。你把你那大棕马弄到哪里去了?舍不得吗?你怕马掉膘?”

“大棕马一两天内就要下驹了。我当然不能让它去拉车。”

“大概要下一匹走马吧?”

“是的,是一匹走马。”爸爸暗暗得意地说。

“很好。恭喜你了。不过,都要归集体了。走马驹儿,老马,都要归集体。”

“该归集体,就归集体。”爸爸嘴里这样说,心里却在想:说不定,这“集体化”只是谣传。传上一阵子,后来就不再有人提了。就像“共耕社”那样。开头试一试,失败了,就赶紧退回来,照旧单干,还是老样子。

“你劝劝你父亲米哈伊尔老爹,让他辞掉他的差事……”

“什么差事?”我爸爸着慌地问。

“教会长老——就是这项差事!”索洛金很气愤地说,“为什么他要干这种差事?等到开始没收富农财产,必然同时没收独家田庄,没收教会长老所管的财产,教会长老就会被划成富农。他待在自己的园子里,就该好好待着,别管外面的闲事,这样会好得多。你要给他讲讲这个道理。你告诉你弟弟巴什卡,让他夺下你父亲手里的箱子、托盘和别的一些教堂里的家什。万一……”

索洛金之所以讲起我爷爷,是因为他在窗子里看到我爷爷穿着复活节穿的衣服,右手提着一只箱子,正急急忙忙朝教堂走去。

“算了吧,主席同志,你就别管老年人的事了。他们要去教堂,就让他们去好啦。你能要他们怎样?年轻人有事找人民委员,求自己的上帝。这些老年人就去教堂,求真主耶稣。等他们一死,事情就了结了。所以……”

“可不能这样说。你想对一切都放任自流?那谁又来替我们来……来……进行斗争……”索洛金的话没有讲完,因为墙上挂的一架外形很像带铃铛的萨拉托夫手风琴的电话机响了起来,他赶紧朝电话机奔去。

我爸爸知道他这一下子不会很快就放下话筒,便叹了一口气,拉开办公桌的抽屉,想从里面取出刚才丢下的文件。他在里面翻弄了很久,可是定不下心来,既弄不清文字的内容,又看不出数字的含义。他和格利戈里·茹科夫谈过一番话之后,心里非常乱,听了主席讲的许多话,心里更乱了。也许就在那个薄暮时候,我父亲脑子里浮现出两年以后我们经常听到他说的那句名言。他从镇苏维埃回到家里，情绪非常坏，和往常一样，千方百计地找茬儿打老婆。我们三个儿子站成一堵人墙，护住妈妈，我们握紧拳头，拿眼睛瞪着爸爸，让爸爸看到我们的眼睛，就知道我们对他是没怀什么好意的。他好像给自己辩解似的，十分伤心地说：

“你们干什么一个个像狼崽子一样，横鼻子竖眼睛的？你们站到我的位子上试试看：又得伺候神，又得伺候鬼！”

我们听了这话，却一点不明白，爸爸说的神究竟是哪一个，他说的鬼又是哪一个。

十三

我的祖母皮阿达死后不久，我的曾祖母也死了。没有了老伴的我爷爷米哈伊尔干脆搬到果园里去住。他过去在伏尔加河上装卸队里干过几年，从那里回来后就栽了这片果树。先前几年这地方只有孤零零的一家果园，后来渐渐多了起来，到本书所讲到的时间，那绿油油的果树顺着巴兰达河岸铺开，足足有十俄里了。

每到春天，在我家果园对面，紧靠着德国人考弗曼租用的水磨，总要修起一道临时性的拦水坝。拦水坝可以提高水位，可以有足够的水推动水磨，有足够的水浇灌巴兰达河两岸渐渐多起来的果园和菜园。这种拦水坝是用木头、树枝、麦秸和沙土堆成的，春汛一到，很容易就被冲垮，但是等河水发威发过了，没有劲儿了，又乖乖地回到自己的河道，汹涌的洪流变成了胆怯、弱小的小溪，投一根不大的劈柴就很容易拦得住的时候，拦水坝又在巴兰达河上重新修了起来。因为这拦水坝是我们寺院镇的人和潘齐列夫村的人同样需要的,所以每次修坝都是两个村镇的人一齐动手。寺院镇的人往河的一边运树枝、石头、麦秸和沙土,潘齐列夫村的人就往另一边运。十来天之间,这地方就像两个大蚂蚁窝,不久前被人捣毁,现在蚁群正在忙忙碌碌地修复。等到河水完全没有劲儿了,有些地方甚至停住不动了,这些高高的圆锥形的材料堆周围到处都围上人,手里拿着铁锹、草叉、扁担、箩筐——这是完成整个工程的最热闹的时刻到了。在即将重新变成满槽河水的勉强蠕动的小水流前进的路上,很快地升起一道土坝,越升越高,圆锥形的堆则相应地越来越小,在看热闹的人看来,好像是在融化。看热闹的大部分是我们孩子们和老爹爹们。老爹爹们因为自己没有力气去干,只能朝自己的儿子和孙子们吆喝吆喝,要他们"动作麻利些",抓紧时间把坝修好,不要让河水又鼓起劲儿把没有夯实的土坝冲毁。为了加固,每用树枝、麦秸、沙土堆起半米厚的一层,中间都纵横交错地夹进许多不能作材的木头;抬这些木头的都是最强壮的年轻人,就是所谓年富力强的,其中一定有米卡莱·泽姆斯科夫和巴尼亚·卡梅绍夫,而且他们都是自告奋勇抬粗的一头。到处能听到人们的喊声,不知是打气,还是催促:

"米卡莱!……加油,伙计,加油!"

"巴尼亚,好啊,快点儿,快点儿!麻利点儿,巴尼亚!"

"你朝哪一个喊叫?他可是鬼都听不到!你别忙着催别人,还是自己快点儿吧!……你真不错,指挥别人倒是挺有本事……"

每次修拦水坝,承租人考弗曼都要来照看。考弗曼个头儿特别大,鹰钩鼻子,黑眼睛凸凸的,这些地方都很像工程队长穆拉托夫,而且,通过我爸爸的介绍,他们两个也交成了朋友。寺院镇和潘齐列夫村的人一看到考弗曼就活跃起来,来去匆匆,更像忙碌的蚂蚁,而且一定还会有人咧开大嘴笑着,唱了起来:

为什么干活儿没劲头呀?

两边的人于是一齐接唱:

东家没给咱们吃奶油啊!

男子汉们一下子将好几根木头扛到肩上,大声叫了起来:

哎嗨,大家一齐来哟!

唱呀唱起来哟,唱起来哟!

哎呀嗨哟!

领唱的人这时自己不唱,而是一面走一面编歌词,将别人的名字,更多的是将别人的外号编进去。比如说,伊凡·杰尼索夫不知为什么叫"没尾巴",好像别人都有尾巴似的,领唱人一看到他,就高声唱道:

伊凡的尾巴怎么不见了?

大家就一齐接唱下去:

叫他老婆揪断了!

接着又一齐唱帮腔：

哎嗨，大家一齐来哟！

唱呀唱起来哟，唱起来哟！

哎呀嗨哟！

趁大家十分开心，十分兴奋地唱帮腔的时候，领唱又用他那活泼、调皮的眼睛搜索下一个猎物，稍停之后，又唱道：

卡季瓜的新裙子为啥全是泥？

因为底下一句别人很难猜到，领唱人便自己唱了出来：

怪只怪小冤家太性急！

外号叫“卡季瓜”的杜鲍芙卡十分肥大，脸圆滚滚的，脸上又有许多麻子，活像有名的卡季甜瓜，她合该倒霉，这时正从旁边路过，就遭到了男子汉们的取笑和起哄，她听了歌子，朝自己上上下下看看，扯了扯裙子和小褂，理了理头巾。这时领唱人(多数是我爸爸做领唱人)又编出新词儿：

格利戈里在车上做什么？

他抱住老婆干那个！

一阵哄笑声响彻巴兰达河两岸，笑过了，又接唱帮腔。

谁要是不会开玩笑，那是最倒霉的，只有用更俏皮的玩笑来回敬，才能使编歌的人(多数是我爸爸)不至于老拿自己当嘲笑的对象。格利戈里·茹科夫就不会这一套，所以就常常成为并不高明的作者尽情取笑的目标。他没有别的更好的办法，只有从沙土堆上捡起小石头来砸我爸爸，我爸爸拼命躲避，只听小石头从耳边嗖地飞过，又选好了新的目标。下一个目标选的是伊凡·莫罗佐夫舅舅，因为大家还没有休息的时候，他停下活儿抽起烟来：

谁要是没见过大浑蛋，
那你就看看伊凡！

大家一齐接唱帮腔，一齐哈哈大笑，到处是毫无恶意的笑骂声，年轻人那结实整齐的白牙在阳光下闪闪发亮。那汗湿的粗麻布小褂冒着热气，那浓密的头发和胡子水漉漉、光闪闪的，手臂上、肩膀上和两腿上的肌肉全部都绷了起来，干得一身都是劲，丝毫不觉劳累。有的还自己要求：

“尼古拉，给我编两句吧！”

尼古拉慷慨允诺，立即满足这一要求：

菲多特卡是个小辣根，
干活儿一点不出劲！

大家接着唱过了帮腔，又一齐取笑菲多特卡：

“怎么样？傻瓜，捞到便宜了吧？……活该！”

菲多特卡干得确实不怎么带劲儿，他是有点懒。过了一会儿，当他坐到伊凡舅舅跟前，伸手去掏别人的烟荷包，想歇口气，又想节省他那自称为“金丝”的自制黄烟时，他又被编歌人逮到了。

终于，领唱人和所有的其他的人全都累了，笑声停止了，俏皮话听不到了，这时候坝顶平了，男子汉们悄悄地瞅瞅考弗曼，希望得到他的犒劳。考弗曼向磨坊师打一个手势，于是，至少是同样殷切地盼望着这一刻的磨坊师立即朝院子里跑去，那股麻利劲儿，是他那么大年纪的人难得有的，是跟他那吃千家粉养肥了的身体极不协调的。他和磨坊师娘子很快就从院子里抬出满满两桶自制白酒，于是，就在被制服的巴兰达河岸上，在新修起的土坝上，在樱花潭对过，开起了盛大的宴会。宴会一直要开到下半夜，有时有篝火照亮，有时完全摸黑，而且并不是所有的人都能平安无事地散去。有些人烂醉如泥地躺在水边，到早晨才被老婆或妈妈发现；有些人的脸被挂得到处是伤；有的人爬到磨坊里，钻到面粉柜里，等到别人把他从里面拖出来，他已经活像圣诞老人；还有人在到处是扎人的悬钩子和蚺蛇草蔓的阴森的潭边拼命爬了一阵，就躺倒在那里，直到自己清醒过来。总是我爷爷米哈伊尔把三个儿子——佩特鲁哈、尼古拉和巴什卡——弄回去，把他们一个一个地拖进刚刚重新修好的窝棚。有时候瓦西里神父帮帮他的忙。瓦西里神父到这里来是为新修起的拦水坝洒圣水祝福的，同时也可以跟大家一起用磨坊师和磨坊师娘子抬出的酒水润润嘴巴。教民们因为干活儿干得十分疲乏，肚子里又没有多少油水，所以很快就会喝醉；神父既没有参加修坝，肚子里油水又多，所以倒是不容易醉，喝进许多酒，只是脸红一红，依然神态自若。

过去每年春天都是这样的，但这一年春天不是这样。这一年春天寺院镇的人都在闷声不响地干着，只是间或地有人气冲冲地对骂，这是过去没有过的。既听不到有谁唱帮腔，又听不到爸爸嬉笑、调皮地随口编歌，虽然爸爸也在那里；也听不到响亮的、令人提神的笑声。也看不到寺院镇的孩子们，往年是一群一群地跑到这里来的。这会儿应该在沙土里翻跟头，因为碍大人们做事，常常挨自己爸爸或别人的爸爸打几下，正因为挨打是完全应得的，所以不觉得怎样委屈和难受。不错，对岸是有十来个潘齐列夫村的孩子在闹腾，但是，这样少的孩子能热闹起来，能哄得起来吗？另外，我总觉得，潘齐列夫村的孩子玩不出我们寺院镇孩子玩的那样多的花样。这会儿我没去那儿，万卡也没去那儿，不像往年那样，大人们还没有到，我们早到了，早就爬到沙土堆顶上，从顶上朝下翻跟头了，我的同伙和万卡的同伙也都没有去，幸亏没有去，要是去了，会打起来，连大人也会卷进去，那样就把事情弄糟了。

我在爷爷园子里的河柳丛里忧郁地朝坝上望着，希望能看到我的伙伴，可是谁也没有来。不错，米卡莱和巴尼亚都在那里，但是我不好喊他们，不能要他们陪我到森林里醋栗子凹地上去，每年春天那里的春水很长时间干不掉，招来各种各样的野鸭，有些野鸭已经在凹地中间的土包上做窝，甚至已经生了小鸭，真想去看看，小鸭是不是已经出窝。这时我大哥的好朋友谢廖沙·卡里尼切夫也跟大家一起在坝上干活儿，他看到我站在柳丛里，便朝我喊道：

“沙斯亚在园子里吗？”

“没有……有……有！”我将两手卷成喇叭形捂在嘴上，回答他说。“沙斯亚”连说几遍就变成“萨沙”，我知道这一点，所以这样回答他。

谢廖沙·卡里尼切夫是一位早年丧偶之后便带着几个孩子从外地来到我们这里的寡妇的第三个儿子。他差不多是我家萨沙唯一的朋友,但也是十分可靠的朋友。谢廖沙的妈妈可能在来到镇上的第一天就得了一个外号"捷也卡",这个外号一下子就代替了她的名字和姓。她说话有时爱带"捷也卡"这样的尾音,凭这一点足可获得一个推也推不脱、但也没有任何恶意的新外号。人们提到她的特别和善、特别勤快、跟寺院镇上好打架的孩子迥然不同的小儿子,都叫"捷也卡家的谢廖沙",至于他姓卡里尼切夫,除非镇苏维埃里的人才知道。他们一家靠做白铁活儿维持生活:做桶,做盆,修茶炊烟囱,以至修补茶炊:他们家的小屋原是我家的旧粮仓,是我爷爷让他们临时住住,后来变成住房的。这小屋周围到处是白铁屑,就像铁蒺藜似的,我们这些光脚丫的孩子是不敢去的。阿列克赛、米哈伊尔和谢廖沙都干白铁活儿,他们的妈妈"捷也卡"亲自跟主顾结账。看样子,她的三个孩子什么活儿都能干,因为"捷也卡"还经常往镇上许多人家送木制品——木勺、木瓢、擀面杖以及各种各样上了漆的儿童玩具,红的,蓝的,黄的,绿的,各样颜色都有。谁也没听到这安分守己、像蜜蜂一样勤劳的一家人中有哪一个抱怨自己的苦命,抱怨自己年轻守寡或者幼年丧父。如果有谁问起这方面的事,就一定会听到谢廖沙的妈妈这样说:

"好乡亲,干什么我要你可怜?我们有手,有脑袋,谢天谢地,我们能自己养活自己,再说,世上到处有好人。只要肯干,就总有事情干,用不着可怜我们。"

性情温和、开朗、文静的谢廖沙自然是喜欢果园的,但因为他们家没有果园，所以就经常跟自己的好朋友萨沙一起到我家的果园里来。我爷爷知道，他和萨沙都不害人，不到苹果熟的时候都不会摘苹果，不像叶戈尔和连卡那样，所以不仅不反对他们来，而且，如果萨沙没有带朋友就自己来了，爷爷还要十分惋惜地问他：

"谢廖沙怎么没来？是不是吵架了？"

"不是的，爷爷，没有吵架。我跟他从来没吵过。"

"你们是好样的。那他到哪里去了呢？"

"跟'捷也卡'婶婶一起到柯洛格里耶夫村去了，去送修好的铁桶。"

"噢，是这样啊，那很好，该去。"

等水坝修好了，我、萨沙和谢廖沙喜欢跑到爷爷的果园里，走到河边，看着河槽慢慢灌满水。我们在离水一米远的地方插根小棍儿，过两三个钟头就看到，小棍儿好像偷偷地跑到了水里，周围已经来来回回游着不知从哪里来的活泼的小鱼儿，小棍儿顶上一定还会落一只蜻蜓，它那好看的、像婴儿泪花一般晶莹透明的翅膀使我们眼花缭乱。巴兰达河的河床从河底到陡峭的两岸都是由非常结实、非常黏、论颜色和黏性都和水泥差不多的黏土构成，上面厚厚的盖一层细细的黄沙，等到这河床渐渐灌满了水，这条河也就面貌一新，河上渐渐热闹起来。小鱼儿出来之后，大些的鱼，先是鲦鱼、红眼鱼、似鲌，也都从它们赖以度过枯水时期的水潭里游了出来；那贴着河边，在清澈如镜的水里径直地逆流而上的是鮈鱼。鮈鱼轻轻地摆动着黑色的鳍和长长的触须，从鳍和触须的摆动而且只有从鳍和触须的摆动，能发现鮈鱼的到来，你可以将做饵的蚯蚓一直送到它嘴上。有时候，没有一丝风，蓝色的河面上会泛起一丝丝波纹，那是强暴的大鱼在追赶小鱼儿，是鲈鱼或者狗鱼刚刚出来打食儿，在水上垂柳的掩护下做起了强盗。大约要过一个星期，等河水上升到考弗曼预定的高度，多余的水溢出专门修的闸门时，河里所有其他居民都要出场了。每天早晨，太阳出山之前，在最陡峭的岸边，先是鲶鱼从水里树根底下钻了出来，随后金色的鲤鱼也钻了出来。鲤鱼会冲破镜子般的水面，向上蹦去，蹦到半米高处，又啪的一声落到水里，再蹦出来，垂直地朝空中钻，要在它们不习惯的自然领域试试自己的运气，——这往往是鲤鱼发膘的时候。鳊鱼会朝浅水滩游去，鳊鱼游过处，水面上浮起长长的一列水泡，水泡很久都消不掉。离鳊鱼不远处，往往是白鲈，彼此各不相扰。白鲈喜欢分片活动：小些的靠近岸边，大些的离岸稍远些，最大的离岸更要远些。

是的，是的，当年在小小的巴兰达河水里生长着鲈鱼、海鲦、鳊鱼、鲤鱼，甚至大嘴巴、长胡子的鲶鱼，更不用说一群一群的小鱼儿。如今这些鱼都到哪里去了呢？如今，聪明的机械已成为人类的万能助手，挖掘的机械，如铲土机、掘土机、挖泥机、推土机，简直到处都是，巨大河流在许多地方被宏伟的水利枢纽的高大拦水坝拦腰截断，两三天工夫就可以削平一座大山，或者堆起一座大山，在这样的时代，试问，为什么就不可以在那樱花潭旁修一道不大的拦水坝，清理一下近四十年来长满了乱七八糟的树棵子和芦苇的河道，让它重新灌满琥珀般晶莹清澈的流水，让鱼类，让水鸟，让多年来销声匿迹、多年不给我们奏欢快的婚曲也不再像婆娘骂街似的吵吵嚷嚷的青蛙有个栖身之处呢？夜莺又哪里去了呢？夜莺那美妙的歌声要是不能在镜子般的水面上回旋，没有殷勤的回声伴随，不能像欢快的波浪似的向四面八方远远地荡漾开去，使得我们的心在如醉如痴的状态中阵阵紧缩，夜莺又怎会在死气沉沉的河岸上住下来呢？……

在本书所写到的那个遥远的时候，我们谁也不曾想到，几十年后，这里的一切完全变了样子，巴兰达河仅仅剩下一些愁眉苦脸的黑乎乎的水潭，其余的地方或者完全干涸，或者只有一缕细细的流水勉强穿过发臭的青苔、芦苇丛和纵横交错的柳树根。当年那欢乐、顽皮、本来就不该叫作巴兰达——坏菜汤河的小河，如今它的两岸上、斜坡上以及河床里到处长满了乱七八糟的白柳丛。我们曾经以为，永远会像原来那样：每到春天，春水将河上的坝冲毁，可是人们又合伙重新将它修起，给人们自己、给周围的一切增添更多的情趣和生机。

现在我心中时常想到一个十分令人不安的问题：有了先进的技术，为什么就一定不能再有别的东西，比如说，不能再有那安闲自在地停在我七岁的小孙女的指头上、使小丫头也像我当年那样狂喜的蜻蜓呢？是谁给我们这样的权力？大自然创造了我们，也创造了这蜻蜓，创造了千千万万无数的其他生物，让我们这一切和谐地共同生活在这叫作地球的星球上，显然，大自然认为这样做是非常有益的和非常需要的。在这些问题上，我们跟大自然商量过没有？为什么我们人类就应该替所有的一切做决定：存在或者不存在呢？即使我们很快获得（我们确实获得了！）这样的权力，那么，作为万物之灵的我们，不应当更理智些吗？……

我还记得，看着新的拦水坝修了起来，河里和河的两岸恢复了生机，很快就热闹起来，——再没有什么事使我更高兴的了。

每年到五月末，我就开始缠妈妈，要她放我到爷爷的果园里去。妈妈最后会放我去的，于是我就在果园里度过几乎整个夏天，有时到镇上去，只是为了找找小伙伴，当然，首先是找万卡。这一年夏天我准备一刻不离开爷爷。只有这位通情达理的老人家和他栽培的果园能够医治我受伤的心灵，任何别的人都做不到这一点。

十四

除了我以外，爷爷还有十个孙子和孙女。等到果树上的花落尽，树上的果子——樱桃、醋栗、茶藨子、马林果，再晚些是苹果——刚刚开始发红，孙子孙女们就像一群苍蝇似的，一齐飞来采食又甜又酸的果子。爷爷简直没办法避免这样的灾难，因为孩子们总是没有足够的耐心等到果子成熟，——到那时候，果子会欢迎人们采摘，果树也高兴去掉沉重的负担，终于伸直树枝，歇歇气，再为明年结果积蓄力量。老人家一看到孩子们朝又青又酸的茶藨子扑去，一嘟噜一嘟噜地摘下来，就心疼得皱起眉头，可以想到，他不光心里难受，恐怕身上都觉得难受，就像揭他自己身上的皮似的，可是，他不肯撵孩子们，因为他太心疼他们，舍不得撵。不过，不能说，他对所有的孩子心疼的程度全都一样。他对最大的孩子伊凡、伊凡的妹妹柳芭莎、对我和萨沙，比对别的孩子更要亲热些，因为我们几个没有爷爷的允许从不碰果树。叶戈尔、连卡、娜斯佳和玛莎一进果园，爷爷就皱眉头，心里就发冷，——两个孙女搅起人来，决不会落在两个孙子的后面。特别危险的是连卡，因为他不光白天到果园里来，晚上还要来，而且不单是他自己来，还要带着所有他那一伙，其中为头的不是别人，正是萨蒙卡，——这样的好汉一来，会有什么好事呢?！有时候我也邀自己的伙伴到爷爷的果园里来，但是我的伙伴们，包括万卡和格林卡在内，都不随便乱来，只是吃爷爷事先摘下来放在窝棚里的。放在窝棚里等着我们来吃的东西是不少的：有从树顶上摘下来的最先熟的茴香苹果，有贝加摩梨、白浆苹果，有用小桶装着的红得发紫的樱桃，用大木盘盛着的马林果，——窝棚里到处是马林果的香味，那香味什么都比不上，闻着那香味，头脑就晕乎乎的，鼻孔都要打哆嗦；还有蒙了一层细细的绒毛、刚刚羞答答地红了一边脸的凸凸的、带条纹的醋栗；有红中带黑的茶藨子；还有用细柳条新编的雪白的篮子，里面装的是晶莹夺目的黑油油的稠李子，——不等你把稠李子放到嘴里，那又酸又涩的味道就先到了舌头上。末了，还有黄黄的一块蜂蜡板，上面的蜜已经刮不起来了，只等我们来舔一舔。所有这一切好像都在说：来吧，孩子们，吃个够吧，这都是自家的东西，只要别去爬苹果树，不要到马林果树丛里去胡乱折腾，不要去糟蹋茶藨子，要做乖孩子，只要能这样，这园子欢迎你们来，看园子的欢迎你们来！

不过我还是觉得，爷爷只有见我来才更为高兴。这倒不是因为我对他的园子糟蹋得比别人少些(有时候我也不老实：等爷爷到教堂里去做晨祷或者做礼拜，我也常常爬到苹果树或者樱桃树上)，而是他看出，果园对于我，和对于他自己一样，不仅仅意味着有果子好吃，果园对于我们两个来说，是一种重要得多、意义大得多的东西，只是难以找到适当的话能够将这一点充分表达出来。

爷爷看到我要在这里住很久，要“一直住下去”，别的孙子和孙女都还没有这样做过，他笑了，把笑藏在他那白了一半的胡子里，不过，他的笑还是通过他那像孩子眼睛一样蓝、突然湿了的眼睛流露了出来。爷爷赶紧问我：

“你一个吗？”

“爷爷，我一个。”

“为什么一个？你那好朋友万卡呢？”

我没有作声。

“嗯，嗯。我全知道。你们打架了。米沙，这可不好啊。”

“他先动手的。”

“反正这很不好。”老人家叹了口气，刚才脸上的笑容一下子就不见了。接着他语重心长地说：“米沙，结下怨，就像种下莠草。不论有意种的还是无意种的，种下了，以后就很难除掉。等到根扎深了，朝四面铺展开了，就永远拔不净了。米沙，趁现在还不晚，你们快和好吧！”

“他还跟我打呀。”我也叹起气来。

“你不是也在跟他打吗？你们打架，连我们大人都受牵连。昨天我在教堂外面碰到万卡的爸爸格利戈里·茹科夫，他对爷爷连招呼都不打，冷冷地走过去了。你想想看，这算怎么回事儿？”

我没有作声，只拿眼睛盯着已经裂了许多口子的光脚丫儿。

“你不说话啦？孩子，就是这样的嘛……嗯，对付你脚上的口子，咱们倒是有办法。到晚上用酸牛奶揉揉就好了。”

“爷爷，别用酸牛奶揉！”我想起妈妈给我们治疗脚上裂口常用的方法，便叫了起来。妈妈要我（以前也是这样给萨沙和连卡治）坐在长凳上，叫我挽起裤脚，她往手心里倒上满满一手心酸牛奶（爷爷叫作雪花膏），便朝脚上裂口子最多因而结痂也最多的地方拼命揉搓起来。揉过了，让我躺到床上，拿缝了花花绿绿的三角衬的暖暖和和的被子将我的脚包住，总要说一声："忍着点儿！"，然后就去干自己的事。可是，实在难忍，脚上火辣辣的，疼得我嗷嗷地直叫，真想蹦起来跑掉。幸运的是，疼的时间并不长。等到真的想揭去被子的时候，就隐隐感到开始有点轻快了。接着就是皮肉打哆嗦、抽搐，抽搐越来越轻微，后来就完全停止，于是我不知不觉地进入深沉、宁静的梦乡。第二天早晨很晚才醒来，觉得一点都不疼了，心里十分高兴，摸一摸脚：脚上的皮肤软和和、光润润的，就好像不曾有过裂口似的。不过，这种治法总不是很快活的。爷爷头一晚上就想用这种办法招待招待我，我只好向他求饶："爷爷，不用！不要用酸牛奶揉！"

爷爷没有作声，到半夜里，等我睡熟了，他还是给我的脚搽了酸牛奶，他的动作非常小心、非常巧妙，所以我都没有惊醒。等到阳光穿过窝棚顶上的小窟窿，直射到我的鼻子上，晒得鼻子痒痒的，我才醒来。我皱着眉头，打了一个响亮的喷嚏，喷嚏一打，这才睁开眼睛，自己也不知道为什么就笑了。

"怎么样，米沙，一下就好了吧？"爷爷一进窝棚就问，他捧了一捧沾满了露水的湿漉漉的马林果，朝我张好了等吃的嘴巴送来。"来，吃吧，好打架的孩子！"

"我才不是好打架的孩子呢！"我一面不喘气地吃着马林果，一面回嘴说。

“那你是什么样的孩子?”

“什么都不是。”

“米沙,那可不是这样。什么都不是——那成了空的啦!成了气啦,一吹就没有了!”爷爷朝他抬起的手掌吹了吹,好像要吹掉上面的什么东西。于是我赶紧将我们的话引开:小孩子玩起小点子,也不次于大人。

“爷爷,你一个人住在这里,不怕吗?”我问道。

“我有什么好怕的?”爷爷反问道。

“怎么没有好怕的?不怕狼吗?森林里到处都是狼!”

“米沙,你看到狼吃过什么人吗?”

“我倒是没见过。可是万卡说过……”

“别人说的话很多很多,可是都得自己一样事一样事地去掂量掂量。”

“怎么个掂量法?”

“这不难办。你肩膀上长着脑袋吗?”

“嗯,长着。”我回答说。

“要用脑袋去想想,去琢磨琢磨。狼从来没有伤过我们人,可是你谢尔盖·兹沃纳廖夫表舅逮的狼、弄死的狼有多少啊?!米沙,狼心肠的人比狼更可怕。”

“谢尔盖表舅心肠狠吗?”我想起这个又和善又有趣的人,心中十分不安地问道。

爷爷好像没想到我会问这样的问题,一时没有作声。他想了一会儿,又是语重心长地说:

“米沙,人常常给人自己和各种各样的野物招致很多灾难,有的是有打算，有的是因为愚蠢。”

“谢尔盖表舅是因为愚蠢吗？”

“米沙呀米沙，你真会缠人！干什么非要打破砂锅问到底？有打算跟有蠢劲儿，差不了许多。所有的猎人都像赌徒，一干上这种事，瘾头就大得很。你谢尔盖表舅是天生的猎人，从小就学会了打野物。”

“这不好吗？”

“杀生——这有什么好的？”

我在思索爷爷说的这些话，这时候，爷爷又回头接上我们原来的话头：

“孩子，你刚才不是问，我一个人在这里怎么样吗？谁说这园子里就我一个？你瞧，这是什么？”

一只花母鸡在我们脚前脚后转悠着，它那两只带花点的红红的眼睛滴溜溜地望着我们的脸。

“这是咱们的花母鸡。想必你还记得这鬼东西吧？从开春就待在园子里了。你看到那根横杆没有？那是它睡觉的架子。它就睡在那上面过夜。昨天夜里有一只狐狸想把它拖走，没有拖成，叫我看到，被我轰跑了。”

然后爷爷又指了指蹦到窝棚跟前的戴胜鸟。这种鸟也是花的，只是色彩更为鲜艳，它跟爷爷十分亲热，爷爷把它叫作“森林公鸡”。戴胜鸟长着羽冠，现在它的头上已经不是一片羽冠，而是两片了。它也和母鸡一样，拿两只眼睛滴溜溜地朝我们望着，一连地叫了几声：“坏透了！坏透了！坏透了！”

爷爷马上就反驳它：

“伙计,你这可是瞎说。瞧,这里真是好极了!可是你要瞎说——坏透了!……也许你饿了吧?……这好说。来,来,吃吧!”爷爷便给它撒了一把面包渣。

可是,还没等戴胜鸟放开胆子跳过去吃,花母鸡就抢先吃了起来。爷爷便将花母鸡唤到窝棚里,暂时将它关在里面。于是戴胜鸟可以独自享受了。

吃过了,又叫道:“好极了!好极了!”

“早该这样说了!”爷爷那快活的眼睛角上和鬓边的皱纹皱得像密网,额头的皱纹则恰恰相反,朝上朝下舒展开去,只留下一道道斜的或横的白印儿。“可是你,米沙,还要说我一个……才不是呢!我们这里热闹着哩。你瞧,又一位森林里的朋友来啦!”

我浑身打战,一阵寒噤,背后、胸前起了许多鸡皮疙瘩:从一堆树枝、碎芦柴和爷爷不知留作什么用的春水冲来的一些乱糟糟的东西底下,爬出一条老粗的蛇。它将它那黄黄的带冠的头抬得高高的,显出十分气派、十分笃定的样子。它一弯一扭地对准我们爬来,不住地伸着它那两个叉的舌头。等蛇爬到离我们不到两步远的地方,为防万一,我赶紧躲到爷爷背后。可是,使我非常吃惊和非常害怕的是,爷爷竟把蛇抓在手里,将它盘成面包圈的样子,放到自己怀里,一面还说:

“暖和暖和吧。瞧,你身上多么凉!”他又转身对我说:“米沙,用不着怕。这不是毒蛇。就是毒蛇,你不去欺负它,不去碰它,它也不会咬你。”

爷爷让蛇在粗麻布白褂里暖和了一阵子,便细心地将它放到地上。

“好啦，金头儿，到你要去的地方去吧，到河里逮蛤蟆去。”

“爷爷，怎么，它逮蛤蟆吗？”

“逮。”

“怎样逮？蛇会游水吗？”

“啊哈！”爷爷叫了起来，“游得才好哩！到时候咱们去看看吧。”

我知道，这“到时候”就是到傍晚时候，傍晚时候，一天的活儿干完了，人们可以歇口气了，可以串串门儿，在树墩上坐一坐，聊一聊，男子汉可以抽袋烟，讲讲听到的新闻，妇女们可以拉拉家常，抱怨抱怨不正经的丈夫，等到太阳落山，就心平气和地各自回家。爷爷的“到时候”就是干完园子里的活儿，干完活儿，老人家就可以走到巴兰达河边，带钓竿在河边坐坐，或者不带钓竿，只不过是要到齐腰深的晒暖了的水里冲洗一下疲乏的身子，沉到水里浸上两三次，然后就无思无虑地观察一番水里、水上、岸上一刻不停的、丰富多彩的生活。

那一天傍晚，口落前大约有一小时，我也跟他在一起。爷爷提醒我说：

“米沙，安安生生坐着，一会儿咱们就能看到。”

我们坐着，一声不响。爷爷看到我快要耐不住性子了，便抬起一只手警告我。这时候，我看到了我们的老相识。它不声不响地从柳棵子底下游出来，在水面上稳住它那长长的、弯弯曲曲的身子，停了下来。这时四下里几乎毫无声息，我听到一种嘘嘘声，很像鹅发出的那种沙沙声。这是从张大的蛇嘴里发出来的声音，蛇嘴里还凶狠地闪动着又细又长的蛇信子。过了一阵子，我就看到一件不可理解的事:一只老大的带有绿色条纹的比蛇粗好几倍的青蛙,一面因为怕得要死,十分凄惨地叫着,一面对直地朝张大的蛇嘴游去。青蛙离危险的边界越近,它的叫声越凄惨,直到这叫声消失在黑洞洞的蛇嘴里。爬行的强盗并不是一下子就吞下它的猎物。首先它仅仅含住青蛙的头,然后它那柔软的、带有弹性的身子一下一下地拼命收缩,才慢慢地将整个青蛙吞进肚子,倒霉的青蛙到了哪里,那长长的蛇身子就在哪里凸了起来,胀得老粗老粗的,叫人看着非常害怕。

"爷爷,我怕。咱们走吧!"我叫道。

"好的,好的,孩子,咱们走。"爷爷马上就答应了。看样子,他也不忍看这凄惨的场面。他的脸阴沉下来,拿手挠了挠白胡子,声音有些嘶哑地、慢吞吞地说:"就这样互相吞食。米沙,这世上的事很不合理,很不好啊! ……咱们到窝棚里去吧,咱们烧茶去,很快天就要黑下来了。"

在茶炊那越来越大的嗞嗞声和使人感到宁静的嘟嘟声中,我倾听起果园里和三面包围着我们、这会儿已是漆黑一团的森林里的夜间居民渐渐醒来活动的声息。因为夜莺唱歌的时期已经过去,已经在忙着生儿育女的事,别的一些鸟儿的叫声并不使我特别喜欢。就在非常近的什么地方,有一只看不见的佛法僧鸟在叫,叫得非常难听,就因为它这讨人厌的大嗓门儿,被人叫作野猫或者森林猫。好像跟它呼应似的,黑沉沉的森林深处传来雕鸮的哀号声,那声音不但震撼人的耳朵,而且撕心裂肺;那种狂乱而凄惨的哀叫声透过我的全身,我吓得全身发冷,不由地用发抖的两只胳膊搂住爷爷的脖子。爷爷哈哈大笑,平静地说:

“哪一个怕雕鸮？人不用怕它。老鼠或者小鸟儿，倒是得留神点儿。”

“夜里它怎么能看到老鼠和小鸟儿呢？夜里漆黑漆黑的。”

“米沙，咱们看，是漆黑漆黑的。雕鸮、夜猫子、鬼鸮都能在夜里看东西。”

“这是怎么回事儿？”

“这些鸟的眼睛生成就是这样。”

“啊呀呀！”我十分吃惊地叫道。

“是老天爷把它们创造成这样的。”

“为什么我们人没有这样的眼睛？”

“老天爷也没有亏待我们人。老天爷给了我们头脑，只不过，孩子呀，我们有时不能很好地运用啊。”爷爷叹了口气。

这时候，有什么东西就在我们面前乱扑闪，飞过来，又飞过去。爷爷看到我直晃头，弄不清这是什么东西，便说：

“这是飞老鼠。”

“老鼠还有会飞的？”我又吃惊地问。

“有的，有的，米沙，有这样的。世上什么都有。这只飞老鼠就在这窝棚里，白天就在棚顶上歇息。拿爪子抓住棚顶上的树条子，头朝下吊着，就这样睡觉。”

“白天睡觉吗？”

“白天睡觉。”

“啊呀呀！”我又惊叫起来。

“夜里它要出来打食儿嘛。”

“为什么不在白天打食儿？”

“白天它看不见。”

“啊呀呀！”

我已经睡到爷爷自己搭的床铺上，不知是哪一个来扒榆树条子编的窝棚门。我睡意蒙眬地听到爷爷亲切的嘟哝声：

“噢，你也来啦？”

“爷爷，是哪一个？”我振作了一下精神，问道。

“是‘小滑头’，还能是哪一个。它看到你不在家，所以就到园子里来了。这鬼东西知道该到哪里找你。好啦，好啦，快进来，你也在这里歇吧。地方有的是……米沙，你还说这里光是咱们呢。瞧吧，跟咱们在一块儿的多着呢！”他停了一会儿，坐到床头上，拿手抚摩了一会儿我的头发，又提起他一直在想着、看样子也是他最关心的事：“你跟万卡和好吧，你们没什么好争的。好啦，现在睡吧。睡吧，好孩子。”

十五

不论我住在爷爷的园子里有多么好，我整个夏天都不能跟万卡在一块儿玩，不能不感到是个缺憾。这会儿大概豌豆荚儿已经饱了，我如果跟他在一起，一定去摘过几趟了。也许，万卡这会儿已经去摘了，不过不是跟我一块儿，我一想到这里，心里就非常懊恼。在老鹰和红隼巢里，已经孵出了小雏儿。小雏儿已经长满了绒毛，一个个像柔软的棉花球儿，这时候真该去摸一只，带到果园里，拿小蛤蟆、蚂蚱、毛虫、蚯蚓和别的一些小虫儿喂起来。眼看着毛茸茸的白球儿一天一天地，不如说，一时一时地长大，绒毛底下慢慢钻出带有红红的色调的华丽的羽毛，那凶狠的钩形嘴渐渐硬了起来，完全脱掉嫩黄颜色，那没有瞳孔的大眼睛变得滚圆滚圆的，那毛茸茸的脚掌上的爪子像猫那样直往前伸、直动，准备闪电般地掐住猎物，我逮来的老鼠或者黄花鼠都可能成为试爪的对象。两三个星期之后，身上的绒毛就像蒲公英的绒毛那样，一齐飞跑，名叫大自然的伟大艺术家创作的又一件艺术品就完成了。它身上的一切都是经过精心挑选和搭配的，全都非常适当，全都同样地好，同时也十分合理，对于它那特定的生活方式来说，没办法设计得更好了：那双锐利的眼睛，是在高空窥视猎物用的；那一双利爪，可以插进猎物的皮肉；那虹霓般的羽毛，可以跟夏日田野的色彩融为一体；那强劲的扁形尾巴，跟强劲的翅膀配合，可以使它在空中一个地方停留很久。

如果我们喂养的雏儿是公的（公的和母的羽毛很不一样，公的长大了，羽毛就变成蓝灰色），我们就给它们取人的名字。我为了对自己最好的朋友表示敬意，就把我喂的鸟儿叫作万卡，万卡也要把他的鸟儿叫作米沙。我往往一走到窝棚跟前，就要朝躲在僻静角落里的鸟儿喊：

“万卡！万卡！万卡！”

鸟儿马上就会答应：

“哔！哔！哔！哔！”

雏鹰到了能飞的时候，我就大胆地放它出来飞。小鹰开头是不相信自己的翅膀的。先是一连伸展几下翅膀，接着又将翅膀缩回原来的地方，随后就试着扑打翅膀，飞起一米多高。等到体会出自由飞翔的极大乐趣，便越飞越高，一直飞到窝棚之上和梨树、苹果树顶上。很快就飞累了，便赶紧回到我的肩头，歇一会儿，鼓鼓力气、鼓鼓勇气再飞一阵子。这样练上一个多星期，然后就能飞走，整天在外面，只是到傍晚才回来过夜。到九月末，我们分别的时候到了。“万卡”一声不响、恋恋不舍地待在我的肩头上，待上很久，然后就轻轻地飞下，飞上天空，在果园上空绕几个圈子表示告别，随后就不见了。如果它在长期的远游中没有遇上什么灾难，到第二年它还会来的，不过不再往我的肩头上落了。只是落到窝棚附近苹果树头上，还是“哔！哔！哔！”地叫几声，表示自己来了，然后就飞走了。我明白，“万卡”自己要安家立业；我也需要另外再养小雏儿，说不定，能弄到“万卡”的儿子。

今年夏天我就养不成了，因为红隼都栖在大草甸子那边的橡树林里，那地方我是不能去的。当然啦，我还可以去找米卡莱·泽姆斯科夫，他每年夏天都要摸来满满一屋子小白嘴鸦，为的是送给寺院镇上的孩子，我不妨去找他要一只来喂喂。但白嘴鸦毕竟是白嘴鸦，哪里能跟鹰相比？再说，花母鸡也容不得白嘴鸦。不知为什么，母鸡总是容不得长了毛的小白嘴鸦，只要一看到院子里有白嘴鸦，就一齐扑过去，一面咕咕嗒嗒直叫，一面啄白嘴鸦，直啄得白嘴鸦身上的黑毛四处乱飞。

瓜园里的西瓜很快就要熟了，最好爬到恰达耶夫山上去望望看瓜人的窝棚扎在哪里。我想到这里，不由地拿手朝小褂底下摸摸，只觉痒了起来，因为我的肚脐眼底下有十来处小小的疤痕，这是看瓜人用盐粒儿当子弹打在我身上留下的。去年夏天看瓜人赏了我们这样一枪。盐粒儿打在我的肚子上，万卡更要不体面些——盐粒儿打在右边屁股上，因为我的朋友当时正背对着窝棚，那一枪就是突然从窝棚里打出来的。我们赶快钻进树林，一口气跑到大草甸子上，找到一块合适的地方，便互相进行医治：万卡用指甲把我的伤口里的盐粒儿挖出来，我也给他挖出来。然后用车前草带筋的叶子将流着血水、又疼又痒的皮肤一擦，就好像没有事儿似的走回家去。这会儿恰达耶夫山下的瓜园可以安宁了，不论怎么说，我都不能去骚扰了。

“你怎么啦，孩子，叹什么气？”爷爷忽然问道。

“我没有叹气。”

“难道我没有看到吗？！是不是想回家去看看？”

“不是……”我回答说，可是我说得不干脆，这一点，爷爷也看出来了。

“米沙，你还是回去一趟吧。弄点牛奶和面包来，好吗？”

“好的。”

“那就去吧。你看，‘小滑头’也要回去哩。你就带着它，你们两个在一起要快活些。”

我刚刚站起来踏上小路，“小滑头”就跑到前头，抢先踏上通向镇上的林中大道。不论是狗，不论是爷爷，自然都没有看到，我的脸和耳朵霎时间变得通红，也不会听到，我的心慌乱地、扑腾扑腾地跳了起来，一直跳到喉咙眼儿，压得我喘不过气来。这全是因为，连我自己也完全没有料到，我突然一下子会做出一个不顾一切的决定：就从园子里直接跑去找万卡，去跟他和好，只要能和好，不管拿我怎样，我都不怕。就算到了村子里，万卡的一伙儿一齐来揍我，就算打得我鼻青眼肿，如果有必要，我还可以请求原谅，自己将过错全部承担起来，只要能冲过这道不相往来、互相作对、沉闷而憋人的界线就行。就让他们揍好啦,总不会打死吧?!

我担心我会怕起来,不再照我这种想法去做,便跨开大步,飞快地朝前跑去,跑得背后小褂像帆一样鼓了起来,风在耳朵边嗖嗖地直叫,我已经不是跟在“小滑头”后面跑,而是“小滑头”勉勉强强能跟得上我。我跑着跑着,一头扎在一个高大的婆娘的肉嘟嘟、软和和的肚子上。她就是外号叫“卡季瓜”的杜鲍芙卡。她像躲一个疯子似的朝旁边一闪,并且骂了一句非常粗鲁、非常难听、完全应该是男子才能骂的脏话,不过只有“小滑头”才理会她的骂声:“小滑头”在骂脏话的婆娘跟前停了一小会儿,用自己的语言,也就是狗的语言,好好地回骂了几声,就是说,吠了几声。它认为自己的职责已经尽到,并且因此感到十分得意,便前来追我,直到我已经来到村边几户人家跟前,才追上我。而且,如果不是用牙齿咬着自己的帽檐的扬卡·鲁勃佐夫挡住我的去路的话,它会追不上我的。扬卡是从小草甸子上来的,小草甸子上已经有人割草,扬卡从爸爸的镰刀底下抢出了十来只小鹌鹑。扬卡当然急不可待地要拿给自己的好朋友们看看,所以,他一看到我,就高兴极了。

“米沙!……看啊……这是什么?!”扬卡叫了起来。

他放开嘴,撑开咬湿了的帽檐,我于是非常新奇,也许是非常眼馋地观赏起这些背上带条纹的棕色小鸟儿,不过我没有做出丝毫表示,试着向他要一只,因为扬卡的小气我是早就见识过的。可是这一次扬卡却不知为什么自己要给我:

“要不要我送你一对?”他看到我的眼睛闪出光彩,便更干脆地说,“你自己挑吧!”

挑倒是没有什么好挑的，因为小鹌鹑全都是一个样子。我从帽子里抓出两只，小心翼翼地揣到自己怀里，就朝前跑去，都忘记了或者更可能是不好意思向忽然对我另眼看待的扬卡道谢。他非常高兴，但是这件小小的高兴事，却使我误了我离开爷爷的园子、使出全身的劲儿跑着去干的那桩大事。等我跑到家，给小鹌鹑找好了能避开猫的地方，想好了拿什么来喂它们，又放好了小铁盒，里面盛了水，泡了面包渣，干完许许多多这类事情之后，跟万卡和好的事，我已经觉得不那样迫切了，再说我也不愿意把自己的头自动地伸到万卡他们一伙的拳头底下，何况我这会儿又有小鹌鹑好喂了，就是说，不愁没什么好玩的了。

“凭什么我去找他？”我这样想着，自己给自己找理由。“不是我先打他，是他先打我的。让他来找我好啦。他一定没有鹌鹑，大草甸子上没有鹌鹑。爸爸说过的嘛。”

爸爸从来没有对我说过这样的话，但我非常希望万卡他们的大草甸子上没有鹌鹑，只是我们的小草甸子上才有。当然，最好是让万卡看着小鹌鹑，向他夸一夸，让他眼馋得难受。既然我一时做不到这一点，那就想别的办法：我去说服“中立的”米沙·特维尔斯科夫，让他去找万卡，对万卡讲讲我的小鹌鹑。我想到，万卡听到这一消息脸色一定会发乌，自己都得意地笑了起来。

为了毫不怠慢地实行这一妙计，我连屋都没进，就朝米沙·特维尔斯科夫家走去。可是他们家除了两个妹妹，别人都不在家。他的爸爸、妈妈带着所有其他的孩子到草甸子上翻草去了。我到草甸子上找到了米沙。他起先没有听明白我对他讲的是什么，因为我讲得太激动、太着急、没有条理。好像在讲过第五遍之后，聪明的米沙才开始理解到我的计划的实质。一向看问题十分清醒、只看真正实用价值的米沙,觉得我的设想不是多么重要,觉得没有多大意思,用不着马上就扔下活儿,不要命地跑到村子里去,拿这个了不起的消息去制服可怜的万卡。

“嘿,你真想得出!”米沙吃惊地说,“爸爸怎么会放我呢?”他又完全像个大人一样地说:“夏季一天,决定一年。我能因为你这样一点小事丢下这里的草？他才不稀罕你的小鹌鹑呢！大草甸子上有的是。说不定那里还要多些呢!”

“米沙,你不是一个好朋友！我以后再不和你玩啦!”我一面吞着泪水,不让泪水涌到眼睛里并且流到外面来,一面斩钉截铁地说。

米沙怕了。

“你……你怎么啦？等我翻完这一趟,就去……”

他确实翻完一趟,就脱下小褂,用小褂擦了擦脸上、胸前和背后的汗,然后走到爸爸跟前,向爸爸请“一小会儿”假到镇上去。好讲话的爸爸准许了。

我站在小草甸子边上等米沙回来。

米沙过了老半天才回来。

“我好不容易才找到他!”米沙首先对我说。

“他到哪里去的?”我声音发抖地问。

“他也在草甸子上。不过他在他们的大草甸子上。这会儿大家都在草甸子上！……”

“那……那……他怎么样?”

“没怎么样。”

“那……你怎么样，对他说了吗？”

“当然说了。”

“那……他呢，他怎么样？”

“他没有吭声。什么也没有说。只是朝我望了望，就跑走了。”

我心里想：就是说，他气了，眼馋了，难受了！活该！

我心满意足地回到家里，拿了一大块黑面包，提起一罐牛奶，又将小鹌鹑揣到怀里，招了招“小滑头”，便朝果园走去。

跟万卡还是没有和好。

十六

我爸爸也放下镇苏维埃的公事，来到小草甸子上割草，可是，大草甸子上发生的事他并不知道。大草甸子上不是平安无事的。格利戈里·茹科夫本来准备向我大伯佩特鲁哈赔罪的，现在觉得我大伯在划分草地的时候，分给他格利戈里一块最差的，而给自己划了一块草最密、草的品种齐全的。草地和耕地不同，草地每年都要重新划分，让谁也不吃亏：今年你分到差一点儿的（有什么办法，不走运嘛！），到下一次再分时，就考虑到这种情况，给去年不走运的人划一块好点的，并且下一次不必再用拈阄儿的办法。茹科夫家分到的一块草地上的草虽然很密也很高，但是有一半是牲口根本不吃的羊薹和繁缕草。可是这是拈阄儿分到的，除了怪运气，好像怪不得哪一个，而且，如果这事发生在去年，格利戈里谁也不会怪，只好自己认倒霉。可是现在他却认定，一定是我大伯佩特鲁哈用了鬼点子。我大伯自因为特别忠实可靠、特别厚道,担任了分地的主持人,分耕地、草地,包括大草甸子和小草甸子,都是他主持。格利戈里气势汹汹地跑到我大伯一家人正在割草的地方,鼻子里呼哧呼哧的像鱼那样喷着气,声音嘶哑地说:

"你在割草呀?"

"谢谢老天爷,割了半天啦。"我大伯放下镰刀,实实在在地回答说。

"你当然要谢谢老天爷啦! 老天爷赏给你那么好的一片草地! 到冬天不用愁没有东西喂牲口……可是我,承你的情,要把牲口全宰掉啦……"

"这是怎么回事儿?"我大伯本来已经出汗的脸上又冒出了汗。

"怎么,你好像还不知道是怎么回事儿呀?"

"我不知道。"

"你是拿我寻开心吧? 所以我来,弄一把繁缕草,放到你嘴里,让你吃吃看!"

格利戈里手提镰刀,拿刀尖恶狠狠地去挑割倒的草。

"你来尝尝,好不好?"格利戈里抬起镰刀,将草一直挑到我大伯面前。我大伯脸色煞白,说:

"格利戈里,别胡闹! 我手里也有这家伙!"

一场暴风雨眼看着就要到来,要不是我的两个堂哥——大伯的两个大儿子伊凡和叶戈尔及时来到眼看要酿成大祸的地点,不知这场暴风雨会怎样开始,又怎样结束。

格利戈里将镰刀朝旁边一扔,愤愤地吐了口唾沫:

“哼,南方佬,等着瞧吧! ……以后再找你算账!”

“等等,等等,格利戈里大叔,”伊凡插嘴了,“你干什么要对我爹爹发狠? 他做了什么对不起你的事,让你这样发火?”

“他自己知道。”

“不,还是你给我们讲一讲:他干了什么对不起人的事?”

“是他不叫我家牲口有草吃——好厉害的一手!”格利戈里叫道。

“我真不懂,”伊凡平心静气地说,“阄儿是你自己从帽子里拈的嘛! ……这跟我爹爹有什么关系! ……”

“什么关系……什么关系……一点关系都没有! ……”

“这就对了! ……”

“反正这件事不能算了啦! ……我以后要找他算账……”格利戈里拾起镰刀走了。

大伯佩特鲁哈和两个儿子一声不响地对看了一眼。

“我看,这样吧,爹爹,”伊凡首先开口说,“你就把咱们的一块给他好啦。让他割下去。咱们就要他那一块。咱们马马虎虎能凑合过去。”

“我也在这样想,”我大伯也连忙说,“一时不小心,会惹出大麻烦,一辈子都缠不清。我去讲讲,让他到这里来割。”

我的大娘达莉娅和她的女儿柳芭、玛莎一点都没有想到会出什么事,还在分到的草地的另一头继续翻草,不时地高兴得叫几声:

“孩子们,好极啦! ……这气味好香啊! 简直像茶叶的味道! ……都能煮了喝! ……香极啦……喷香!”

“妈妈,格利戈里干什么来了?”眼尖的玛莎刚刚直了直有点酸疼的腰,忽然吃惊地问道。

“看样子,是来要烟抽的。他就爱抽别人的烟。”达莉娅大娘说。她想了想,又说:“也许是来赔不是的。他无缘无故把你爹爹撞伤了。这该死的东西差点儿送掉你爹爹的命!……”

完全出乎我大伯的意料,格利戈里·茹科夫却不理解也不接受他那舍己为人的建议。格利戈里对我们一家抱着强烈的敌视和怀疑态度,认为这些“南方佬”不会对他有什么好意,所以他把这项突如其来的互换草地的建议看作是又一条诡计。他咬了咬牙齿,胡子拉碴的腮上凸起两个大包,拿眼睛恶狠狠地打量了一阵我大伯,气呼呼地说:

“你这是怎么……怎么忽然大方起来啦?……嗯?……是不是觉得良心上过不去?……算了吧,你还是啃你那三叶草,我还是喂我的繁缕草!……”

“我实在是……”

我大伯是想说,他来找他丝毫没有别的用意,提出换草地是真心真意,是一片诚心,自己可以马马虎虎凑付过去,地边、沟沿上都可以割到草,到老人家园子里苹果树底下也可以割上一车两车的,所以……

可是格利戈里不叫他张嘴,不叫他说出这些合情合理的想法,——竟对这个一片好心的人叫了起来:

“我用不着你可怜我,听见没有?……我不稀罕!你趁早给我走开……别叫我闹出事来!……要不然,我可不能保险!”他那一双瞪得老大的凶狠的白眼已经在四下搜索,在找镰刀。

我大伯非常难受、非常委屈地回到自己没有割完的草地上，两个儿子已经停下活儿在这里等着他。这一家只有几个女的还像没有事儿似的用木草耙翻弄着已经蔫了的各种各样的草，尽情地闻着那醉人的气息。

三个男子本来也站成一排，挥动起镰刀，但是干不下去。大伯的镰刀首先就深深地插到田鼠翻起的土堆里，他在心里骂了几句，老半天都拔不出镰刀；跟在他后面的伊凡的镰刀刃不知为什么总是插不到草里去，身后留下高高低低的乱草，就像又不用心又喜欢作弄人的巴什卡叔叔给小孩子们理的头发；叶戈尔则停了下来，呆呆地站着，因为他不留心，一镰刀砍死了他面前的一窝小鹌鹑，他用惊恐的大眼睛慌张地望着一只幸存的小鹌鹑，那只小鹌鹑那毛茸茸的肚子朝上躺着，两只小爪乱蹬乱踹，想翻身起来，钻到草丛里去，却又起不来。叶戈尔这小伙子那高大、滚热的身躯一阵一阵地打战，他走过来，走到爸爸跟前，斩钉截铁地说：

"我不干了，爹爹。打死我，我都不干啦！"

"你怎么啦，孩子？"大伯吓坏了。

"我把小鹌鹑砍死了……"

"啊，就这吗？……我还以为……"大伯没有说下去，实际上他也不知道要对二儿子说什么。他停了一会儿，拿手挠了挠他那不多的、黑中带褐的胡子，说："今天就不割了，孩子们。露水已经没有啦。没有露水很不好割。明天一早再割吧……"

问题当然不在于没有了露水，这一点父子三人都十分清楚，但是，这一借口对于他们来说，比起那使他们的手笨拙起来、使他们干活没有了劲儿的真正原因，是比较容易接受的。叶戈尔将正在林边草地上吃草的小黄马牵来，套上车。佩特鲁哈大伯喊来老伴和两个女儿。一家人上了车，闷声不响地回到家里，这时候，不论大草甸子上，小草甸子上，割草的人们干得正欢呢。

大伯家的后院直抵着草甸子，在这里可以听得到镰刀的沙沙声、青草清脆的哧哧声，还常常可以听到鹌鹑扑打翅膀的声音、割草人互相召唤的声音，听到年轻媳妇那凸怦怦、软绵绵的胸脯“无意地”撞在小伙子也“无意地”伸出的手上时发出的快活的尖叫声。那使人眼花缭乱的姑娘和媳妇们的各色各样的头巾到处都是，草甸子就好像变成了一幅大花布。既已不是青草但还不是干草的那种暖烘烘、有点儿熏人的又香甜又苦涩的气息，盖过和压倒了其他一切气息，在这里到处弥漫着，连空气、连人的衣服、甚至马尾、马鬃都熏染了。这种气息要统治很久，直到让位给收割庄稼时所发出的那种更强的、不可抗衡的气息。在庄稼收割之前，不论是人，不论是牲畜、鸟儿，都要尽情地呼吸和享受这种草场上的、有其独特风味、因而任何别的气味都不能相比的气息。

万卡也张大了鼻孔，在呼哧呼哧地吞吸这种气息。他跟菲季卡·普切林采夫和瓦西卡·米亚赫科夫一起，在大草甸子东南边上深绿色的一大片老橡树林里摸红隼雏儿。他们已经摸到两只，还得要再摸一只，就可以每人分到一只了。万卡一面往树上爬，一面十分带劲儿地想，他也可以通过别人，比如说，通过住在涅波切托夫街上的叔叔，让我知道他已经有小红隼喂了，也叫我眼馋眼馋。万卡终于达到了自己的目的。关于万卡和他的两个朋友已经有了小红隼的事，我当天就知道了，但不是万卡的叔叔告诉我的，而是谢廖沙·卡里尼切夫到爷爷的园子里来告诉我的。卡里尼切夫一家,也就是“捷也卡”一家,现在住在涅波切托夫街和村子之间,住在不久前才从一户人家手上买到的一座不大的房子里,同两边的人都保持着“业务关系”。“捷也卡”给万卡家送修好的铁桶,万卡在院子里看到她,便不无用意地让她看小红隼;“捷也卡”回到家里,将这事告诉了儿子,于是谢廖沙就告诉了我。

“老大吗?”我不禁问道。

“什么!”谢廖沙没有听懂。

“红隼大不大!”

“谁知道大不大。我又没看见。这是妈妈告诉我的……”

“啊……”我装作毫不动心地拉长声音说。为了不让别人看出我心里难过,便走进窝棚。窝棚角落里放着一个旧篮子,里面铺了软软和和的干草,我的小鹌鹑就住在上面。我抓起一只,放在手心里,凑到眼跟前。我的手心感觉出小小的心脏在跳动。是的,跳得不像原来那样快、那样慌了,看样子,小东西在我的手上已经多少有点习惯了。啊,最好再弄只小红隼或者小鹰来,让它跟小鹌鹑住在一块儿,看看它们能不能和和气气地在一起过下去。我知道,长大了的老鹰不仅叼我们镇上的小鸡,还逮草甸子上和野地里的鹌鹑。我有一次在森林里玩,就亲眼看到,有一只老鹰在老大的窝边上撕一只鹌鹑,来喂它那已经长出不少毛的小鹰。可是,说不定当真能放在一块儿喂呢?……不过,不行,无论怎样,今年夏天我是做不成这项试验了。

我将小鹌鹑放回篮子里,一声又一声地叹起气来。

十七

收割庄稼的时候到了,可是,彼此不和、相互猜疑、有时甚至公开作对的情况不仅没有减弱,而且不断地有所发展,影响到人们的生活和做事。过去是这样:庄稼人把黑麦割倒,交叉放在地里,让它在地里“后熟”,过一过风,自己则安心地去干上个把星期别的活儿。去打扫和碾实禾棚前的碾麦场,修补一下禾棚的顶,收拾好堆放麦壳和麦秸的地方,把草甸子上的干草运回来,堆到可靠的地方,留到明年春天播种的时候,春播时马是要吃饱些的。这许多事全做好了,再把庄稼拉到打谷场上。当然,过去也有过被偷的事。有时会听到,这一家或者那一家被弄走了一摊或者两摊麦把子,免不了有这种事。大家都知道,淹死过的佩季卡的叔叔谢尔盖·杰尼索夫常干这种见不得人的事。这人根本不穷,但就是手脚不干净;不过,他偷东西,谁也没抓住过他。因为在我们俄罗斯没有被抓住的贼都不算贼,所以谢尔盖叔的家业一天天地发起来,他并不觉得于心有愧。而且他也并不是夜里经常出来干这种冒险的营生,他还是怕被人抓住的。等到家业大发起来,他更不肯轻易冒险了。交叉放在地里的黑麦可以安安稳稳地待在那里,等着运到打谷场上,让沉重的碌碡狠狠地碾压。

过去是这样。可是,今年夏天,我爸爸老弟兄三个和我的几个哥哥不得不轮流在地里放哨,看守割倒的黑麦,怕的是格利戈里·茹科夫或者他家别的人将我们家的黑麦弄到他们家的打谷场上。格利戈里对我们这些“南方佬”怀着强烈的仇恨,还可能等着庄稼在打场前一天一齐运到打谷场上，那时候一根火柴就可以把庄稼全部烧光，——乡下人常常用这种办法对付自己的冤家对头。我爸爸是这样想的，这也是他们弟兄三个最怕的。可是格利戈里·茹科夫恰恰也怀着这种心情，他也是起先睡在自己的地里，盖着麦把子睡觉，后来就睡在禾棚里，靠近棚门睡，门上专门打了个眼儿，可以朝外张望。双方都在提心吊胆地看守，其实不论哪一方都一点没准备下这种毒手，虽然不知为什么都认为这完全是可能的。

“这简直是活受罪！这哪里是人过的日子?!”我大伯心里难过地说。他将背靠在麦把子上，用手捂着卷烟，免得叫人看到，也免得火星子掉到干麦秸上。

“我要是一睡觉，就会完了！”我爸爸丧气地想。“干什么我要跟格利戈里这小子结下冤仇？我不是自找倒霉吗？跟他这样搞下去，我是不会有好日子过的。这会儿，天天得提心吊胆的了。”

我妈妈每到夜里也睡不着，她不能睡觉的原因也许比别人还要多些。她又操心庄稼，又操心刚生下两个月、我们一家人都寄予无限希望的良种马驹（比如说，她担心有谁忘记关大门，大棕马会把小马驹带出去，带到草甸子上，让狼咬死），她还操心正在谈情说爱的女儿，担心女儿跟小伙子打得太热火了，难保不怀上孩子，到那时候十分厉害的爸爸不光打女儿，还要打她，说是她纵容的；她还有另外一桩痛苦、揪心的事：镇上人风言风语，传说我爸爸跟一个三十岁的寡妇有暧昧关系。这个寡妇那早夭的丈夫生前的外号叫“酸肉”，她继承了丈夫的外号，相应地叫作“酸肉娘子”。“酸肉娘子”的脸一点也不笑，但是她有着女人身上其他一切妩媚动人之处，足以掩盖和弥补她的脸丑。不论从哪个角度朝这个妖冶的寡妇看去：从前面看也好，从背后看也好，都觉得她异常迷人。“酸肉娘子”是镇上第一个卖私酿酒的，就因为这一点，男子汉们天天像苍蝇一样围着她的房子转。我爸爸跟别人不同，他不只是围着转，而是盯住这个淫荡的小媳妇不放，于是，千言万语就变成一句话：勾搭上了。起初他们避着人。会动心眼儿的我的爸爸装作醉得比别人都厉害，躺倒在“酸肉娘子”家的桌子底下，别的男子汉们便各自回家，留下他一个在那里。

“都走了吗？”他朝正在收拾杯盘的女主人问道。

“都走啦。”她压低了声音快活地小声说。

“谢谢老天爷！”他从桌子底下爬出来，非常高兴地搓搓双手。

到天快亮时，他离开“酸肉娘子”，回家来。

“哎哟，小伙儿！”我们听到妈妈的叫声。“情郎哥儿，你这是到哪里去逛荡的？……是不是又在‘酸肉娘子’那里？……这么看，很多人说的话都是真的了……”

“嘘……住嘴！有什么好叫的！……快给我住嘴！”爸爸发起火来。

“你不要嘘，我不是你的狗！”妈妈克制着对凶横的丈夫的惧怕，也叫了起来。妈妈的叫声对于我们几个孩子来说，是呼救的信号。我们马上从床上跳起来，像一堵人墙一样站到杀气腾腾的爸爸面前，保护起不久前还毫无防护条件的妈妈。

“不要脸！在孩子们面前你也不害臊！”她责备爸爸说。爸爸连忙钻到被窝里，连头蒙起来，不听她的责备，不看我们的眼睛，因为我们的眼睛里有非难、有责备、对他的鄙视、对妈妈的同情，还有父母彼此不和时孩子们才有的那种强烈、揪心的痛苦表情。“咱们怎样出门见人呢？……多么丑啊！……有了一大堆孩子的一个老头子，去跟这么一条小母狗勾搭起来！……我的妈呀，圣母啊，为什么我要得到这样的报应？……”

“妈妈！妈妈！不要哭！……妈妈，好妈妈，别哭啦！”我跑上去搂住她的脖子。“妈妈，我……我把‘酸肉娘子’打死！……听见吗，妈妈，我把她打死！……”我嘴里这样喊着，心里当真也这样想着，下定了决心要收拾这个给我们家带来这样大的不幸的女人。

妈妈望了望我，我下的决心使她怕了起来，她自己又来劝我：

“啊，啊……孩子，怎么能这样呢？……可不能这样！……也许这是仇人瞎编，糟蹋你爸爸……可是你就要打死人！……可不要发疯……你惹出事，你倒霉，咱们一家人都要倒霉……”

爸爸也从被窝里探了一下头，狠狠地瞪了我一眼。

妈妈这时候怕了，可是第二天夜里她还是叫醒了我和连卡（我大哥在打谷场上看庄稼），一面打着哆嗦，一面小声说：

“孩子们，你们快起来！……不要脸的东西又不见了。八成又是到她那里去了。你们去吓吓他们……老天爷啊，我们的救主，圣主啊！……饶恕我们，搭救搭救我们吧！……”

两分钟之后，我们在妈妈的带领和“小滑头”的陪同下，朝村子的那一头、朝着“酸肉娘子”的小屋进发了。有“小滑头”陪同，我们更觉勇气倍增。路上遇到石头，连卡都捡起来带着，以防万一。我也带了武器：我手里有一样像棍子一样的铁家伙，是连接车垫和前轴的一根铁条，这家伙从春天起就待在过道里，没有派到过用场，这一次我就是从过道里拿来的。夜是漆黑漆黑的。这样才正好。我们可以悄悄地接近目标。万卡他们一伙我是不用怕的，因为天这样晚，他们也都睡了。妈妈因为十分激动，也因为走得太快。一颗心简直要从胸膛里跳了出来，她不时地要求我们：

“孩子们，别走得这样急！……简直跟不上你们！……”

“好的，妈妈……”

“好，就这样……让我喘口气……心简直要跳出来啦……”

有一家院子里的狗叫了起来，“小滑头”本想跟它对骂的，可是连卡厉声一喝，“小滑头”就不作声了。那一家院子里的狗也不叫了，看样子是懒得再叫。不过，寂静已经被打破了。短暂的狗叫声之后，紧接着就是头遍公鸡叫声。先是“疙瘩滩”那边有一只公鸡远远地叫了起来。另一只公鸡接着响应，这声音也是在湖那边，好像是卡佳·列斯诺娃家里的鸡。然后全镇上的公鸡都叫了起来。公鸡合唱团举行的音乐会持续了不过三四分钟。然后，好像随着黑暗中看不见的指挥棒一挥，一切都静了下来。这时候，我们只听到我们的心在胸中怦怦直跳。“酸肉娘子”的小屋就在眼前了。妈妈浑身打着哆嗦，站了下来，我和连卡手里拿好武器朝前走去，几乎靠到一盏大灯照得通亮的小窗户上。

一张大桌子当中，刚刚烧开、女主人刚刚端上桌的茶炊正冒着热气。不单单是茶炊，桌上还有两瓶酒，一瓶是满的，一瓶已经剩了一半，还有一些小菜，究竟是些什么小菜，我们没有看清，因为我们无心去注意这些事。桌边背对窗子坐着两个老朋友：我爸爸,也就是镇苏维埃秘书,和他的助手斯捷潘·鲁克扬诺维奇·斯捷潘诺夫。从背后都可以看出:他们正得意着呢。“酸肉娘子”脸上那非常开心、非常舒畅的笑容,就像一面很好的镜子,映照出他们那兴奋的脸。她没有坐,而是面对客人站着,两片红嘴唇不住地翻动着,露出两排整齐的、白得耀眼的牙齿,不知在对他们说什么。就在他们三个都端起酒杯,正要碰杯的时候,连卡使出力气举起石头朝玻璃窗砸去,然后马上跑开,朝妈妈站的地方跑去。我还看到,飞进屋里的石头恰好砸在茶炊上,将茶炊砸翻,弄得满屋子都是水汽。

“不得了啦!”妈妈听到玻璃片飞溅的声音,叫了起来,并且不要命地在街上跑了起来,转头朝自己家里跑去。

我们赶上了她,挽住她的胳膊,搀着她走。她呼哧呼哧地喘着,一遍又一遍地说:

“把你爸爸砸死啦,把你爸爸砸死啦……连卡,你怎么干出这种事呢?……完啦,咱们一家人这一下子都完啦……该死的东西,把你爸爸砸死啦!……圣母啊,保佑我们吧,饶恕我的罪过吧!……这都怪我啊!……”

“妈妈,你怎么啦,究竟是怎么回事?……他什么事都没有!”连卡安慰妈妈说。“要吓吓他们嘛!……你那么难受,我们还看不见吗?!……”

“哎呀,孩子们,哎呀,我真糊涂……干什么我要叫你们来,叫你们来干这样的事……”

三天三夜我们没有见到爸爸的面,不知道他在哪里,不知道他究竟怎样。这三天三夜我妈妈唉声叹气,难过得不得了,不住地骂自己，说自己不该教唆我们两个傻孩子干出这样残酷的事。到第四天，爸爸回到家里，坐在饭桌上一声不响，而且对待我妈妈特别和善。我妈妈不住地抹长长的、像姑娘那样黑的睫毛上那无限欢喜的眼泪，一个劲儿地围着他那包着纱布的头转悠，又抱又吻那实际上很不正经、未必值得她这样抚爱的头。她又从秘藏的地方拿出一瓶自制的好酒，亲自斟上一满杯，满面春风，又负疚又讨好地向他敬酒：

“解解酒吧，喝吧，我的好人！……天哪，你这是到哪里去的？”

“怎么，你好像还不知道我到哪里去的？”

妈妈是无意中问起这个问题的，不用说，她已经后悔了，但是晚了。不会扯谎的妈妈马上不作声了，两个肩膀打起哆嗦，接着就用头巾的角擦起眼泪。她声音十分低地说：

“饶恕我吧，孩子他爹。我一定是叫鬼迷住了心窍。”

“上帝会饶恕的。”他非常和气、非常宽宏大量地说。他看到连卡走进房里，指了指自己那包扎着的头，也是非常心平气和地问：“孩子，这是你干的吗？……你想把爸爸砸死吗？”

连卡顿时满脸通红。不过他并不含糊，很快、很干脆地回答说：

“你活该这样！”

“好极啦！好，好。孩子，谢谢你。”

我妈妈心里又紧张起来，害怕起来。她等待着爸爸发作，等待的时间长得叫人难受，好像伸展成一条细细的弦，那声音在耳朵里琤琤直响。可是爸爸没有发作。连卡的脸也不红了。他脸色煞白、一声不响地在爸爸面前又站了一阵子,好像做好了一切准备。随后他抖动着淡黄色的卷发,跑到街上去了。爸爸还朝着门口望了很久,然后站了起来,向我妈妈问道:

“大棕马和小马驹麦卡哪里去了?马棚里、院子里为什么都没有看到?”

“米沙牵到爷爷园子里去了。在园子里河岸上可以放一放。”

“要小心点儿,可别叫狼把咱们的麦卡吃掉。”

“大白天哪里会呢?你不用操这份心!”

“大白天狼也会出来打食儿。现在森林里狼才多呢。磨坊里有一头去年生的牛犊,就叫狼群吃掉了。就在大白天,在庄稼地里。所以我要到园子里去看着。要不然,难保……”

“你大概又要到磨坊里去吧?”妈妈用低沉的声音问。

“瞧你想的!……我一会儿就回来。”

他当真很快地带了马回到家里,拿手抚摩了可爱的马驹儿麦卡很久,一会儿搂搂它那披着软软的波浪式鬣毛的、像天鹅那样的脖子,一会儿亲亲它那柔软、热和的嘴唇,一会儿用手指捋捋它那毛茸茸的短尾巴。他一面抚摩,一面在鼻子底下哼着一支赞颂土生土长的庄稼汉父亲的古老民歌,这是他心里舒坦的真正标志。这支歌感染了爸爸,他不论对人,不论对畜生,都一反过去地和善起来。连老母猪都看出了他的心境,凑到他跟前,一面哼哼,一面将身子抵在他的腿上蹭起痒来,他也不将老母猪踢开。

有两个星期,我们的家庭生活十分和谐。这十分幸福的两个星期使我们的妈妈完全变了样子。她那曾经失去光彩、没有生气、总是显得疲劳不堪的眼睛忽然有了精神,变得像姑娘时期那样蔚蓝和明亮，她那变得绯红的两腮上又重新出现了酒窝，使她的脸显得那样好看、那样年轻。她的腰板直了起来，走起路来像飞一样，在屋子里、院子里跑得不歇，一点都不觉得累。她十分小心而且格外不好意思地向我们孩子们示意，要我们最好到暂时还空着的粮仓或者草棚里去睡：

“你爸爸今天要拉新草来啦。在棚子里睡觉就更舒服了。”

四十岁的她，对于自己爱情的觉醒和压抑不住地需要丈夫的温存和爱，感到很不好意思，她背着几个渐渐长大、已经什么都懂的孩子享受过了这种温存和爱，鸡叫第三遍，也就是说，离我们醒来还很早，就离开夫妻同卧的床；她也不将丈夫弄醒，只是不好意思地、笨拙地吻吻他那刮得光光的脸颊（我爸爸很注意自己的外表），还让他睡下去；后来在吃早饭的时候她还藏起她那闪着光彩的眼睛，不让我们看到；这些天她简直跟过去大不相同，格外地活泼有神，时常不知因为什么就笑起来，两颊上的酒窝时时出现，我们的妈妈在这种时刻简直好看极了。不过，她有时好像醒悟过来，身子重重地坐到板凳上，将两只手无力地放到膝盖上，变得又像过去一样地沉静和心事重重，眼睛也不动了，里面充满了我们熟悉的那种惊惶和悲痛。很难说，她是怎么回事儿，她为什么突然就不安起来。完全可能，她是感觉到或者猜度到，她的欢乐不会是牢靠的和持久的。

我们在很短的时间内就要把庄稼收割完。在收割期间，爸爸要多干些庄稼活儿，少办些镇苏维埃的公事，将秘书工作交给自己的助手斯捷潘·斯捷潘诺夫去干。斯捷潘·斯捷潘诺夫也因为连卡那一石头吃了一点小小的苦头：他的右耳朵看样子是被玻璃划了一道口子,就像一头羊,在送进公共羊群之前,耳朵上划了个记号。起初斯捷潘·斯捷潘诺夫很不好意思叫人看到这个记号,有人到他办公桌跟前来,他总是拿手捂起来。严峻的米哈伊尔·索洛金发现了这一点,冲他叫了起来:

“有什么好遮着盖着的?划破耳朵——算什么?!脑袋还好好的,算你万幸啦!本应该把脑袋连耳朵一起报销掉的。把手拿开,赶快办你的公事吧!”

斯捷潘·斯捷潘诺夫听从了,将手拿开,让捂红了的划了口子的耳朵任凭大家观看。当然,一向过于好奇的庄稼汉卡尔普·科图诺夫那是非问个明白不可的:

“斯捷潘,这是谁对你这样‘亲热’,嗯?”

“你干什么这样操心?”

“既然问,就是想操操心。”

“去你的吧,卡尔普,你再缠,我就不客气了!”斯捷潘放下手里的事情,抬起头来。

可是,如果卡尔普这样一下子就不缠着问了,那卡尔普就不是卡尔普了。他一定要打听清楚,究竟是谁给这位“苏维埃工作人员”(斯捷潘自己这样称呼自己)的耳朵弄了一个口子,所以又问道:

“是不是‘酸肉娘子’?也许是‘卡季瓜’杜鲍芙卡吧?……我看到你夜里经常钻到她们那里去嘛……是她们吧?”

卡尔普看到斯捷潘就要站起来,知道这一下子不会有什么甜头给自己吃,觉得最好还是赶快离开这“政府机关”,跑到街上去。到了街上,已经安全了,这才非常惋惜地说:

“瞧瞧这样的人！你对他好好的，他倒发起火来。嘿，好家伙！……见你的鬼，你就带着你那记号好啦，我可是要走了。今后我再也不到你的办公室来。别想要我缴税！你就是派一千个佩特尔·奥季诺科夫来，我一文钱也不给。我也学学玛拉尼娅的样，叫你们看看，我也来欠上一屁股的税，叫你们一辈子都讨不清。玛拉尼娅才真够厉害，斯捷潘，你派谁去都没有用。她的牙齿比狗牙都可怕，这我是很清楚的，多次见识过……”

卡尔普·科图诺夫自言自语地唠叨够了，便轻松愉快地来到我们的园子里。他跟我爷爷当年一块儿在伏尔加河装卸队里干过活儿，就是说，在革命以前就很要好。我牵着大棕马和麦卡来到园子里，看到了他。爸爸让我，也是我自己要求，将马牵出来，一直照应到天黑。

果园、麦卡、爷爷、渐渐长大的小鹌鹑带给我不少欢乐，使我多少忘记了失去好朋友引起的痛苦。

最使我感到快慰的是，我想到，秋季集市快要到了，爸爸答应过带我去赶集，而且，不仅带我去，还要给我一个“整的半卢布银币”，我可以自由支配。我事先就想好了拿这笔空前的巨款来买什么。不用说，我要买一支玩具手枪，买一支“左轮”，就像我们的民警扎夫戈罗得涅夫右边腰上枪套里装的那样的。有了这支手枪，就能要万卡的命，当然，不是说把他打死，而是说，万卡会眼红得要命。

我脑子里一直在想着这条妙计。

十八

每年在巴兰达镇西南郊，一口大池塘外面，在到处是马蹄印、牛蹄印和羊屎蛋的空地上，都要出现一座奇怪的城市，这座城市到处是四轮大车、有篷大车、无篷大车、手推车、一排排的帐篷，还有用帆布或者木板围成的一些大圈子，那中间是漆成五颜六色、鲜艳夺目的旋转木马。这座一夜之间像变戏法一样变出来的城市的中心地带，被各种车辆围得水泄不通。车辆多得不得了，每一辆来到这里的车子都得把车辕竖起来，好让所有的车辆都能停得下。这座只存在一天的城市就叫集市。这种集市每年举行两次：一次是春天，在春播完成之后；一次是秋天，在收完庄稼之后。所以这种集市叫春集和秋集，在我们伏尔加河流域，还叫作太阳集；有这样的叫法，也许是因为，这种热热闹闹的民间贸易总是带有欢快的、阳光般的色彩。这种集市实质上就是丰收节：春天，怀着热烈而殷切盼望丰收的心情来赶集；到秋天，庄稼已经收割，如果有得多余，可以出卖一些，以相宜的价钱给全家买回衣服和鞋子等物品。

然而，集市的主要意义还在于，干繁重的活儿干得劳累不堪的庄稼人要歇口气，要到花花绿绿、人山人海的集市上去散散心，解解闷，到认识的和不认识的人当中挤一挤，斗斗嘴，比比说俏皮话，讲讲价钱，以博得大家一笑，对很平常的一件商品漫天要价，就地还钱，瞧瞧牵来卖的马匹的牙齿，意味深长地叹口气，摇摇头就走开，弄得卖主和看中了马的买主不知所从，赢得几声好骂。

大人们还带许多孩子来赶集，让孩子们到这里快快活活地玩一玩，首先要让孩子们坐一坐那花花绿绿的旋转木马，那木马有黄的、绿的、红的、蓝的，还有白得耀眼的天鹅，花一文钱就可以坐到上面，飞快地兜圈子，还有留声机放出的轻快的乐曲伴奏；留声机就藏在这又轻又快、好像来自童话世界的建筑物的圆顶底下。花一文钱就可以进入绘有神气活现的狗熊和红鼻子小丑的白布幔，到里面看到一辈子难以忘记的稀奇玩意儿。刚刚看到的画上的小丑一下子成了活的，穿着肥大可笑的方格裤子，裤裆耷拉得老长，将手一会儿伸进这个口袋，一会儿伸进那个口袋，一直伸到胳膊肘，在口袋里直摸索；后来从口袋里掏出一瓶酒，便带着酒瓶转圈儿跑了起来，并且装作惊慌失措地叫着，在躲避另一个小丑，另一个小丑就追他，好像是要夺他那心爱的酒瓶。这样跑上一阵，叫上一阵，两个小丑就退场了，接着上场的是又大又可怕的狗熊，那狗熊由主人用绳子牵着一摇一晃地上场，当助手的女主人穿着银色的短裤和银色的胸衣也蹦蹦跳跳地紧跟着出场，她出场并不是为了帮助丈夫，而是为了表现自己，特别要表现一下，跟身上的毛掉了一半的狗熊和老丈夫在一起，她显得多么迷人。也许在出场前一分钟她跟丈夫有过很不愉快的口角，但那是一分钟之前的事，现在她可是露着一嘴白牙，笑得非常美妙动人，于是大家都十分开心，既欣赏了这种不自然的笑，欣赏了这杂技美女那一口整齐的白牙（在整个表演过程中她都不合嘴，因为她时时记着她最拿人之处在哪里），又欣赏了那懒洋洋的、被折腾得够呛的狗熊笨拙的表演。那狗熊张着血盆大嘴，每表演一个节目，都要求立即奖赏：一块生肉，一条小鱼，一块饼子，剥开的巧克力糖或者水果糖,反正主人的口袋跟小丑的口袋一样,就像个无底洞,里面应有尽有,主人在这种场合下除了使用鞭子,还要给一点甜头。然后可以提心吊胆地看玩杂耍的翻跟头,翻得老高老高的;还可以看踩软索:踩软索的人脚穿花靴,在细细的钢丝上走,那钢丝被踩得一弯一弯的,要看着踩软索的走到对面,你的心要收缩、哆嗦好多次,全身都要发冷。当然,马上会叫你轻松一下的,刚才表演过的红鼻子小丑又来到场上,将一条细绳子在地上伸了开来,他装出一副十分害怕的面孔,瞪大了眼睛,学着踩软索的人的样儿,扭扭捏捏地在绳子上走了起来,逗得容易满足的观众捧腹大笑。最后可以看到猴子骑马。猴子骑着小小的、像玩具一样的真马跑了几个圈子之后,趁马跑得正欢的时候,直接从马上跳到玩猴子的人的怀里,为的是要糖吃;猴子十分细心地将长长的加料条糖上的花纹糖纸剥掉,然后才一块一块地啃下嚼了起来,猴子的动作像人像得叫人惊奇,叫人不由得要哈哈大笑。

玩杂耍的都是跟旋转木马挨在一块儿,好像是跟旋转木马竞赛似的;再往外去,四面八方到处都是一排一排的小商小贩,这里面有不少过去的生意人,如今虽然挂的是苏维埃商贩的招牌,出售的产品主要却不是国家的,而是私人的,也就是在可惜非常短的商人的黄金时代,即所谓新经济政策时期,没有来得及销出的产品。这里的一切使人眼花缭乱,目不暇接,不知看什么才好:有用橡皮筋吊着的不住地摇晃的橙黄色小灯笼,有飞在白色小棍儿顶上的糖公鸡,有染得花花绿绿的手摇小鼓,巴兰达镇上那个南方婆娘将小鼓拿在肉嘟嘟的手里不停地摇着(谁要是有兴趣的话,不论在春集或秋集上,都可以看到她在同一个地方,手里拿着同一样商品；这个婆娘为了创造假象，让买主以为这小鼓是最后一个，别的全都卖光了，她将许多小鼓藏在自己肥大的裙子底下，卖掉一个，再拿出一个）。这里那里各种各样哨子和笛子的声音往耳朵里直钻，哨子和笛子有的是用铁皮做的，有的是用泥捏的，样子和颜色各不相同，有的像夜莺，有的像金丝雀，有的像山雀，有的像田鹨，有的像灰雀，有的还像麻雀；这些哨子和笛子奏着各种各样的调子，都在劝你赶快去买，劝你赶快成为这些悦耳的乐器的主人。那些商贩们本人也都不是默默地坐着。他们喊得一个比一个响，还要彼此对骂，兜揽生意，召唤买主，夸口说，自己的货物是独此一家经营，如果不买的话，那简直就是自己跟自己过不去，如果见到大人从摊子旁边经过，还要说，不买就对不起孩子，孩子就没有好运气；见到孩子，就拉住小孩子的手，强拉到玩具跟前，当场进行口授，教小孩子怎样玩那玩具。还可以听到许许多多各种各样的俏皮话，俄罗斯的男子汉是最长于说俏皮话的，特别在喝了酒的时候（赶集不喝酒是不行的），跟别的爱说笑话的人一接触，创作灵感就上来了。

在很窄的一条摊贩小街的最末尾，我的亮起来的眼睛才看到了我来集上专门要买的东西。这一次，我对加料糖、对笛子、对小灯笼，甚至对杂耍和旋转木马全都不感兴趣。我在寻找手枪。别的我全都不要。所以，当我在一个喝了酒的快活的大叔手里看到我要找的东西时，我高兴得满脸通红，浑身都打起哆嗦。手枪在那人手里不停地晃动着，闪着银光，样式、大小全跟真的一模一样，还有装子弹的转轮（不错，后来才知道，这转轮并不能装子弹，里面没有孔），有长长的枪筒，枪筒末端还装了准星，还有机头，机头跟真正的手枪机头一样，能扳得高高的。我又心急，又怕别人抢去这件宝贝，打着哆嗦慌不及待地问道：

“大叔，多少钱？”

那人虽然喝了不少酒，但是想必已经看清了我手里紧紧攥着的是什么，所以马上就不假思索地说：

“孩子，半个卢布，也就是五十戈比。”

我马上就心花怒放地张开手，半卢布银币跑到那人手里，手枪也就到了我的手里。

“孩子，你最好再买我十来颗子弹。要不然，拿什么来打枪呢？”

“大叔，我没有钱了。”

“你在口袋里好好地摸摸看。”

“没有了。我知道的。爸爸就给了我半个卢布。”

“这么说，你爸爸太小气了。”那人叹了口气，他看到我眼里已经汪着泪水，嘴都歪了，便怜惜起我来：“噢，噢，别哭。就这样吧，我送你五颗子弹，不要钱。你买东西很规矩，不挑鼻子挑眼儿，不还价钱，说买就买……拿去吧，孩子，拿去放着玩吧！”

他从我手里拿过手枪，告诉我，往哪里装子弹，然后，一扣扳机，子弹就会叭的一声打出来。

“就这样。懂了吗？”

“懂啦。”我连忙接过手枪，回答说。

我好不容易找到我家的大车，我离开大车的时候，大车在水塘高高的土埝旁还多少有点孤单，这会儿已经被别的车辆围得严严的，竖起来的我家大车的辕杆湮没在树林般的别的许许多多辕杆之中了。我爸爸跟他的老朋友阿夫拉姆·库兹米奇·谢尔盖耶夫肚子朝下躺在大车旁边，说确切一点，躺在大车底下。阿夫拉姆·谢尔盖耶夫跟镇上别的人不同的是，他一定要在自己家里搞点新鲜玩意儿，唯一的目的是让大家惊奇一番。在秋集之前不久，他出乎镇上人意外甚至也出乎他那一大家人意外地卖掉了两匹好马，然后，连对老婆孩子都不说一声，就带了钱外出，一个月不见影子。等到家里人已经准备去刊登寻人启事，他却忽然坐着两轮大车回到了镇上，驾车的竟是一匹高大的单峰骆驼。因为不论是人，不论是畜生，有生以来都没有见过这种骇人的怪物，所以全都纷纷躲了开去，各家的狗吓得一齐大叫起来，连狼群来了都没有这样叫过。阿夫拉姆·谢尔盖耶夫看到大家那样惊慌，不仅不觉得难为情，反而更加神气起来。离家半俄里他就扬起鞭子，拿鞭梢抽打了一下高高耸立的驼峰，打了一声响亮的口哨，扯开嗓门儿吆喝起来：

“驼背佬，麻利点儿！”

骆驼咆哮一声，给地上留下一摊淡绿色的涎沫，就挺起身子，跨开步子，一摇一晃地飞奔起来，直教它的得意非凡的新主人耳朵里响起嗖嗖的风声，街道两边的房屋发疯似的朝后面奔去。

这会儿，我爸爸跟阿夫拉姆躺在大车底下阴凉里。一瓶酒眼看就要喝光，正在商量，怎样将骆驼带到跑马场上去，参加赛跑。

“你看怎么样，尼古拉，让我送去吗？”

“应当叫进去吧。”我爸爸想象着骆驼跟马赛跑这种不曾见过的有趣的场面，一面想着一面说。“凭什么不叫进去呢？……你不是提出过申请吗？”

“提倒是提过，不过，没有说明我是带骆驼。”

“好吧，那你就去试试看。试试没有坏处嘛。我跟你一起去。瞧，米沙也回来啦，让他坐在这里看着车子。”

“那好吧，咱们就去试试。”

“走吧。那里是沙德林和扎夫戈罗得涅夫当家，他们都是我的朋友，不会撵咱们的。”

“好的，好的。上帝保佑。咱们走，尼古拉。”

阿夫拉姆·谢尔盖耶夫的两轮大车离集市上停车马的地方还很远，因为怕马受惊，没有放骆驼进来。这会儿骆驼盘起长长的腿，卧在竖起来的大车旁边，悠然自得地蠕动着翻开来的大嘴，在咀嚼胃里倒出来的食物。白中带绿的涎沫在嘴角上翻动着，不时地流到地上。从它那凶狠和瞧不起的面部表情来判断，主人及其伙伴的到来不是它所希望的。它很不高兴地叫了一声，并且就像一架灭火器那样，喷了两个人一身热乎乎的、带泡沫的口水。

“你凭哪一点……喜欢起这玩意儿？”我爸爸马上叫了起来，一面拍打身上的骆驼口水。“要是依着我，这种鬼东西我才拿它不客气呢！……”

“别着急，尼古拉！……等我今天拿到锦标，你就另眼相看了。”

“好的，好的，咱们就等着瞧吧。”我爸爸那棕黄色的胡子底下露出一丝冷笑。不过，阿夫拉姆并没有发觉，他在说服骆驼，要骆驼站起来。

骆驼很不高兴地叫着，吐着唾沫，怎么都不愿意站起来，不想结束自己所处的怡然自得状态，而是希望尽量延长些。

“快点儿，驼背佬，快起来！”主人下命令已经有十来次了，可是骆驼还是在跟他回嘴，就是说，很不礼貌地在叫，在翻嘴。

“驼背佬，麻利点儿！”主人终于也火了，凸起了像牛眼那样充血的眼睛，大声吼了起来。

一阵强烈的战栗从骆驼的耳朵根扩散开去，通过它那弯弯的长脖子传到突然跳动起来的驼峰上。它又叫了一声，脸扭动了一下，公然十分厌恶地朝两个人望了一眼，便慢慢腾腾地起身，先是两条后腿站起，然后两条前腿也站了起来。从它那目光、那耷拉着的嘴唇、那摆动着的好像剪短了的耳朵来看，除了对不叫它安静的两个人极其反感外，它还发出了一个无声的问询：“瞧，我现在起来啦。你们想要我怎样？”后来看样子自己想通了，往后还是规规矩矩地听从主人的吩咐好些，于是乖乖地向后退去，退到两条辕杆中间，那意思是说：请吧，套吧，要我干啥就干啥！

两个有些酒意的朋友乘了骆驼拉的大车来到跑马场边时，跑马场上正在热火朝天地赛马。

“这是怎么回事？！”扎夫戈罗得涅夫吆喝道，一面不由地摸了摸手枪皮套。他认出其中有一个是我的爸爸，便改变了腔调，不再用民警那种严厉口气：“尼古拉·米哈伊洛维奇！看样子，你们也要带这玩意儿来赛一赛，是不是？”

“怎么，不行吗？”阿夫拉姆有点儿泄气地问道。

“你看怎么样？你觉得行吗？可是马见到这种东西，就像见了鬼一样，一下子都要跑光的。你……那时候怎么样？……小心点儿吧，别生花样！要不然，你离开跑马场，就得进我们的班房！……”

“扎夫戈罗得涅夫，你别来这一套！……你要知道，这鬼东西好腿力，跑起来才快呢！……放他进去，让他试试吧！……”

在双方讲道理的时候，骆驼就像塑成的一般一动不动地高高耸立着，它的主人则施展妙计，将一瓶酒从自己的口袋转移到扎夫戈罗得涅夫的口袋里。扎夫戈罗得涅夫装作没有发觉这一动作，开始一点一点地让步。为了转移视线，也为了安慰良心，沉吟一阵，叹一声气之后，小声说：

“你真有股缠劲儿……拿你有什么办法？……去吧。就跟正要赛的那三匹马赛赛好啦。不过，你以后不要说，这是我答应的。”

“谢谢。我们的民警才好呢。什么时候都看得起我们庄稼人。”阿夫拉姆回到车上，抓起缰绳，非常感动地说，“你怎么样，尼古拉，是不是跟我一块儿？”

“不用了，阿夫拉姆，你一个人去赛吧，我在这里瞧瞧。”我爸爸回答说，他憋着心里的笑，都憋得发抖了，谁也没有他清楚，这场把戏会有什么样的结局。

专等看热闹的我爸爸都没有料到，跑马场上的惊慌和一片混乱会来得那样快。像一座棕黄色活动堡垒似的骆驼刚刚跨进大门，用它那特别的、既不悦耳也不悦心的吼叫声报告自己的到来，在跑道上站成一排并已经准备起跑的三匹大走马打了一声响鼻，竖起耳朵，扬起前蹄旋转起来，然后就再也不听骑手驾驭，狂奔出跑马场，跑着跑着将骑手摔下了马鞍。

如果这是别人，看到这样的情形，就会马上退回来，但那是别的人，总而言之是一切有理性的人才那样做的，可是这里讲到的这位阿夫拉姆却偏偏不那样。他根本不理会赛马主持人厉声的喝叫，也不理会赛马人的慌乱和广大观众的哄叫，他将骆驼赶到已经跑得不知去向的三匹马刚才站的起跑点上，扬起鞭子，吆喝一声："驼背佬，麻利点儿！"——于是骆驼朝前冲去，并且越跑越快。不论是骆驼，不论是坐在骆驼后面两轮大车上的人，别的什么都听不到、看不到了，只听到耳朵里的风声，只看到长长的跑道迎面飞驰而来，钻到柔软的骆驼蹄和轰隆哐啷直响的车轮底下。半个钟头之前才十分吃力地站了起来和动弹起来的骆驼，如今像一只发了威的、追赶猎物上了劲的野兽；它那强壮的身躯伸展开来，迈开长腿一跨就是两丈；棕黄色的泡沫不仅从它那气汹汹地龇裂着的嘴里，而且从它的屁股上一团一团地往下掉，它全身都在冒热气，那热气一圈一圈地飞了起来；任何人都不知道，它的主人更不知道，它什么时候会停下来，究竟会不会停下来。人群中的笑声换成了惊愕的沉默，而且眼看着就要变成恐惧；这里的许许多多孩子都紧紧贴到自己的爸爸身上，要爸爸赶快带他们离开这里。不过，第一个溜掉的还是我爸爸：他最不希望成为这种胡闹的同谋犯。他带着惶惶不安、歉疚的笑容回到我们的大车跟前，老半天都没有卷好一根卷烟：手指头不听使唤，直打哆嗦，看样子，他的手指头比他本人更讲良心些……

阿夫拉姆·谢尔盖耶夫后来结果怎样，只是到了第二天，等阿夫拉姆在扎夫戈罗得涅夫事先答应过的"班房"里蹲过了集日的下半天和随后的一夜，回到镇上，安顿好了骆驼，又来到镇苏维埃时，我们才知道。那天在跑马场上，可想而知，谁也不敢跳到跑道上拦截发了威的骆驼。最后是骆驼自己跑累了，平平安安地拖着阿夫拉姆越过了终点线。它跟主人就在终点线外一起被逮走。阿夫拉姆·谢尔盖耶夫并没有得到他所指望的锦标，倒是因为破坏跑马场秩序和给清白的公民，即赛马的人，造成损失，如果不是物质损失，那也是精神损失，而被罚了一笔款。不过，在必要的时候转移到民警口袋里的那瓶酒还是起了自己的良好作用的：扎夫戈罗得涅夫没有让这件事进一步发展下去，没有让检查官追查这件事及其引起的后果。这要算是他的恩典了！

不过，这桩祸事一点都比不上那一天傍晚落到我头上的灾难。我一个人留下来看车子之后，我所干的第一件事，就是观察我周围的一切。不记得在哪一会儿我发现，我们镇上的车子虽然都是停在一块单独划出的场地上，但是在这块场地上，村子里的车子和涅波切托夫街上的车子又各自分成两片，这种情形是往年没有的。不过，我并没有怎样去理会这种事，还是一遍又一遍地拿眼睛去扫视村子里的车子，怀着一种暗暗的、自己都不肯承认的希望：想在哪一辆车子上看到万卡。如果说以前没有万卡我心里很不好受的话，那我现在没有万卡简直就不行了。是的，在我把手枪藏起来之前，已经让涅波切托夫街上的几个伙伴——科利卡·波利亚科夫、明卡·阿尔希波夫和扬卡·鲁勃佐夫看过了，他们几家的车子就跟我们家的车子停在一块儿。如今这几个伙伴不知钻到集市上什么地方去了，我却在这里发急，因为万卡还一点不知道我新买到的东西，只有万卡才真正懂得这手枪的价值。有时候我觉得，好像万卡就在跟前一溜溜了过去，我差点儿要喊出来：“万卡，万卡！快来，我给你看一件好东西！”——但是我没有喊出来，就因为万卡根本不在这里。我只是非常希望他在这里罢了。

这会儿我又像在园子里那时候一样，只是比那时候更强烈些，感到自己有一种不可动摇的决心，决意就在今天，一回到镇上，就去找万卡和好，跟他一块儿放手枪。我希望赶快和好的心情是那样急切，所以我爸爸刚刚从出事的跑马场上回来，我就一股劲儿地缠着他赶快回家。

“你干什么这样着急？瞧，还没有人套车呢。你这是在想什么点子？”爸爸终于卷好了烟卷之后，问道。

“我头疼。”我扯谎说，赶紧藏起眼睛。

“那好吧。要是这样，咱们就走吧。你把大棕马牵到辕杆跟前。”

爸爸知道我是扯谎，但是他自己也想早点儿离开集市：难保不把他跟阿夫拉姆一起关起来，至于阿夫拉姆会被关起来，爸爸觉得是毫无疑问的。

大棕马心甘情愿地倒退到两根辕杆中间，主人给它套颈圈，它连头都没有仰：老马也急着去找留在家里的马驹，它的奶被奶水胀得又光又滑，奶头朝四面挓挲着，它希望快点去给小麦卡喂奶。回家的一路上它虽然没有大步奔跑，但是走得非常快，非常带劲儿，一点不等屁股上挨鞭子。

藏在裤兜里暖热了的手枪捂得我的皮肤非常难受。“我来试试放一枪，怎么样？”我想到这里，兴奋起来，胸膛里的一颗心咚咚地跳将起来。

“爸爸，我放一枪，行不行？”我大声问道。

“你就拿出来放好啦。”爸爸很不在意地、随随便便地说。

“大棕马不会受惊吗?”

“不会的。”

我掏出手枪,抚摩了一会儿,拿手、拿眼睛跟它亲热了一阵子,然后照卖枪人教我的办法将子弹装进去,把枪举到头顶上,让枪口对着天空,眯起眼睛,用指头扣了一下扳机。叭的一声响,声音并不大,大棕马听了只是微微抖了一下鬣毛,一只耳朵动了一下。我连这一声响都没有听清,因为我完全被另一种声音吓呆了:就因为这很不带劲的一枪,我的手枪分成了两半。依然在冒着难闻的灰色硝烟的枪筒落到我的膝盖上,而枪柄连同转轮、机头和扳机还留在像刚才爸爸的手那样直打哆嗦的我的右手里。

这简直是一场惨祸。我吓蒙了,连哭都哭不出来了,只是张大了惊恐的眼睛呆呆地朝前望着,什么都看不见,也听不见爸爸说的是什么。爸爸当时是想安慰我,说他第二天还要再到巴兰达镇上去,找到那个骗子手,将断成两半的手枪摔到他那不要脸皮的脸上,要他给换一只好的。

等到我弄清了爸爸的一番气愤话的意思,我不仅没有得到安慰,而是更加失望了,因为我完全可以肯定,爸爸根本不会去的,即使去了,反正也不会找到骗我的那个人:爸爸在集市上没有亲眼见过那个人,又怎么能找得到呢?再说,那个老混蛋又是从哪里来的呢?也许根本就不是巴兰达镇上的,而是从阿特卡尔市、从秃山或者从叶卡捷林诺夫卡来的,那又怎样去找呢?

今年这一年,我的计划多少次落了空,好不叫人难受,叫人失望!我怎么能想到,就在通常总是跟最开心、最美好的希望联系在一起的集市上,会发生最不幸的事情,会使我成为世界上最倒霉的人?!

“爸爸,不能粘起来吗?”我吞着眼泪问道。只是在这时候,眼泪才涌了出来。

“不行,孩子,这玩意儿粘不起来。”爸爸说。他拿手抚摩着我的乱蓬蓬的头发,露出阴郁的神色。沉默了一会儿,声音更低地说:“粘不起来的……”

第二部

一

一九三〇年一开始，我们家就遇到了很大的不幸：我们的小马驹麦卡，我爸爸本来指望靠它来实现远大计划，使我们家摆脱长期的贫困局面，同时也指望它接替老马大棕马的，竟在一月间一个风雪之夜里被狼吃了。爸爸一下子就断定，这都是茹科夫家的人捣的鬼，是格利戈里或者他的儿子们，反正我们现在把这一家人统统叫作土匪。爸爸断定，这是他们家的人夜里悄悄跑到我家，开了大门，大棕马才把小马驹带到小打谷场上，遇到了狼。有一件事，加重了这种可怕的怀疑，那就是，去年秋末时候正是这两扇大门被抹了松焦油。自古以来都认为抹松焦油是一种洗刷不掉的耻辱，因为这是败坏姑娘及其父母名声的一种暗语。我们家的人当时全都认为，毫无疑问这是茹科夫家的人干的。我在学校里甚至看到万卡的手指上沾了松焦油，他的腮上还有一道黑褐色的印子，那一定也是松焦油的痕迹。

“瞧吧，你对他还不忍心呢！”巴什卡叔对大伯佩特鲁哈说。巴什卡叔、佩特鲁哈大伯和爷爷米哈伊尔听说我家的马驹被狼吃了，一大早就一齐来到我家里。巴什卡叔是在责怪大伯，怪他当初不肯往茹科夫家打谷场上撒针，怪他在潘齐列夫村桥头被撞成重伤，都没有去控告格利戈里。“你们等着瞧吧，他还有厉害的在后头呢。他还会拿你们家的大黄牛喂狼，叫你一家人没有牛奶喝，到那时候日子就不好过了！……”

“你的意见是什么？”爸爸抬起他那疲惫不堪、布满红丝的眼睛，望着弟弟。

“你问我什么意见？……不能狠狠地收拾收拾他，打断他几根肋条吗？……”

“什么，什么，孩子，你给我们出的什么主意？……你给我再说一遍！”爷爷满脸怒气地对着巴什卡叔呵道，“比如说，你们打断了格利戈里的肋条，以后又怎么样呢？……小马驹就能复活了吗？……再说，怎么能证明，这小马驹是他放出去的呢？……巴什卡，瞧，你的胡子都老长了，可是，看起来，你忘记了长脑筋！……你这是怂恿你两个哥哥去干什么?!……啊？……”

不过，平息这场风波的，并不是爷爷这一番通情达理的话，而是屏气息声地躺在上房里自己的姑娘床上、仔细倾听着后屋里谈话的我姐姐突然发出的号啕大哭声。她非常清楚，是谁给我家带来这场灾难，因为正是她会过即将出嫁的女伴深夜回到家里，忘记了挂大门上的门钩，事先就发现小打谷场上紧靠镇边一座禾棚旁边有一堆干草的大棕马，就毫不怠慢地利用了这一时机。

姐姐的哭声一下子把事情全说明白了，爸爸怒气冲冲地跑到过道里，抓起缰绳，像只野兽似的冲进了上房。这时妈妈已经来到上房里，护住了姐姐，开头那最凶狠的几下就落到妈妈的两只手臂上。要不是爷爷从背后抓住了爸爸的手，他会把母女两个都打死的。

“住手，不要发疯！”爷爷喝道。他喉咙里出来的热气，呵在爸爸的后脑勺上。“你再敢动一动，我把你打死！……你听清楚没有，尼古拉，我把你打死！……”

爸爸大概是听清了爷爷的话，把缰绳扔到一旁（后来他差点儿用这根缰绳自己吊死，好在我一直守着他，才使我们家免除了一场更大的灾难），走到后屋里，坐在板凳上，喘着粗气，慢慢地抽起烟来……

一个月后，开始实行集体化，并且在实行集体化的基础上“消灭富农阶级”。

一年以前在镇苏维埃编造的那些表册，一直待在区执委会那又黑又神秘的保险柜柜膛里等待着这一历史时刻，如今带着许多意味深长的符号回到了它们出生的地方。符号有十字，是用红铅笔划的；有钩子，是用蓝铅笔划的；有直直的杠子，是用黑铅笔划的。退回的表册中还加了文字说明，镇苏维埃的领导人看了文字说明，就能了解，姓名旁边划了红十字的是富农，划了蓝钩子的是中农，划了杠子的，虽然杠子是黑的，可是它对于落在它旁边的人，似乎毫无恶意，因为它标明的是“农村人口中最贫苦的阶层”，或者即使是中农，但也是“穷困的”中农。但是这第三类人也会有不愉快的事。因为在农村生活环境中，不可避免地、十分自然地同第一类人有着近亲或远亲关系，因此其中许多人一下子就被划成了“富农随从”“富农亲信”“富农知情人”，等等。一些从来没有听说过、一下子无法理解的陌生的新词儿纷纷出现在世上，就像温暖的秋雨中的蘑菇那样兴旺，并且也像蘑菇一样，绝不是所有的蘑菇都是好吃的。其中有一些词儿含有十分可怕的意义；特别危险的，是从同一条以“富农”这个词儿为标志的根上生出的一些词儿。当时发现，最善于发明“社会性绰号”的是镇苏维埃新主席沃罗宁（他的名字和父称我现在不记得了）。他不知是从哪里调来接替米哈伊尔·斯皮里多诺维奇·索洛金的，因为索洛金已经冒犯了区里派来帮助当地领导建立集体农庄的第一任代表。索洛金对着上述的表册一连坐了两天两夜，不住地挠头皮，又是哼哧，又是叹气，最后带着熬夜熬得像兔子眼睛一样红的眼睛去见代表，开门见山地问：

“您在哪里给我们镇搞来这么多富农？”

代表十分吃惊：

“真有意思！……这表册是谁编造的？……难道不是你们吗？”

“不错的，是我们……我们编造表册…可是我们没有指明，谁是富农，谁是……”

“你们列出了各户现有的马、牛、羊和其他牲畜的头数，从这些数字，不就看得出来吗？”代表得意地笑了笑，他以为，这一下就弄得我们的主席张口结舌了。可是索洛金并没有认输：

“看不出来，代表同志！……一点也看不出来！”

“怎么看不出来？为什么看不出来？”区代表说。他并没有收起他那灰土色的、疲倦的脸上那种微妙的、带有讥讽意味的笑容，因为他早就相信,从一个村镇领导人口里是不会听到什么令人信服的道理的,如果还可以听他讲完的话,那也只是出于礼貌和职责。

“您问我,怎么看不出来?那我现在就来告诉您……代表同志,您看看这里!”

他们两个头对头地俯身看一份表册。

“怎么啦?”代表疲惫地皱了皱眉头,“这有什么问题?”

“有问题。您听我念念:叶戈尔·叶弗列莫夫·米哈伊洛维奇。马两匹。牛两头。羊二十头。鸡……”

“好啦,鸡就别念了。怎么,依你看,这不是富农?”

“这绝不是,代表同志!”索洛金立即回答说,“根本不是富农!”

“我问你,为什么不是?!”

“您不要对我这样喊叫!”主席回嘴说。

“您不要糊弄我!我问你,为什么不能把叶戈尔·叶弗列莫夫划成富农?您说个道理出来。我听着哩。”

“这是因为……这是因为……”索洛金停了停,缓了一口气,揉揉鬓角,好像极力要想起正要从脑子里溜掉的东西。接着就更大胆地说下去:“代表同志,因为这个叶戈尔·叶弗列莫夫虽然有两匹马和两头牛,可是他家有十五口人。我看,您是个有文化、有学问的人。您把他家的牲口按人头分分看。每个人连一条马腿、一条牛腿、一个头、一条尾巴都摊不到。代表同志,这就是您所说的富农!您再看看他本人……身上补丁摞补丁,老婆、孩子也是那样……咱们再来看看这几家……”主席很快又说出几个标了红十字的人的姓名。“他们这些‘土豪’都是跟叶戈尔·叶弗列莫夫或者跟他的弟弟菲多特卡一样的。菲多特卡这个人吗,倒是不妨划一划,因为他自称工厂主嘛……”

区代表的眼睛离开表册,带着询问的神情望了望索洛金,那意思是:这又是个什么人物呢?

“他生产自己抽的高级黄烟,”索洛金解释说,“他偏要把自己抽的黄烟叫得非常好听,非常吸引人……”

“这是为什么?”区代表很感兴趣地问,他还是不肯吐掉嘴里的卷烟。卷烟已经快烧到头,眼看要烧到嘴唇了,可是区代表还在吸,还在喷烟气。“为了好玩吗?”

“当然是为了好玩！他说,我的地下工厂生产的是金丝。现在不知他从哪里弄来一些新的烟草种子,好像是土耳其烟草种子……还说他要自制哈瓦那雪茄……”

“什么雪茄?”

“他说是哈瓦那雪茄。鬼知道他从哪里学来这么多各种各样的词儿。真会生花样！……在我们镇上,这样的人多着呢。就拿以前当过水手的伊凡·加夫里洛维奇·瓦尔拉莫夫来说吧。他要‘讲课’,搅得两位老师不得安宁,不久前他自吹说,他发明了造钱机器,于是在拘留所里蹲了一个星期,直到区检察官查清,这全是胡扯,是一个醉汉胡言乱语。伊凡总算是自作自受。活该！怪自己胡扯……还有这个阿夫拉姆·库兹米奇·谢尔盖耶夫。您也给他划了十字,虽然他已经拿他家的两匹马换了一匹骆驼,——瞧,他想的什么点子? ……”

“好啦,主席。”代表在嘎吱嘎吱直响的旧安乐椅里转动了一下。“别扯他们了。扯他们，就离题太远了。同志，咱们还是谈正经事情吧。”

“现在就是在谈正经事情。您以为怎样，这些人为什么自己要做荒唐可笑的事？为什么？……那我就告诉您吧，他们的日子过得不甜，所以就自己想点什么花样，凑凑热闹，开开心，解解闷，让心里好过一些……就拿菲多特卡·叶弗列莫夫和阿夫拉姆·谢尔盖耶夫来说吧……他们自己收的粮食难得吃到第二年收庄稼时候。主显节以后，就要到别人家去乞讨一升、半斗黑麦……”

“他们向谁家乞讨？”代表抓住索洛金最后一句话，高兴起来。“这么说，有地方好乞讨了？……是吗？”

“当然是有。难道我说没有的？有的，有的。不过，代表同志，关于这一点，您早一点问问我就好了。您要是早一点问清楚了，也许不慌着划这些十字和别的一些记号了。瞧，您把我们的表册划得花花绿绿的，连块干净地方都没有了！”

“哼，你说的是些什么话？！你们这里的苏维埃政权真不错！”

“这政权是正正经经的政权。跟别处的政权一样。”

“好吧，好吧。您就说下去。我听着哩。”

“我并没有说，我们这里根本没有富农。刚才我们提到过姓叶弗列莫夫的，可是，如果画十字的话，不应当画在叶戈尔·叶弗列莫夫头上，应当画在季莫菲·叶弗列莫夫头上……”

“这又是为什么？表上说明，季莫菲·叶弗列莫夫只有一匹马……”

“表上是这样……一匹马。不错的。但那是什么样的马？是奥勒尔良种公马！您去看着这匹马就好了！……让这匹公马去跟人家的母马配一次种，季莫菲就要人家三十或四十卢布。”索洛金看了看我爸爸，“这鬼东西——我说的是公马——一天可以配五匹母马。这种生产，菲多特卡·叶弗列莫夫和他的‘金丝’跟它是无法相比的，他的‘金丝’和他的肠子一样，太细了！……差得太远了……季莫菲还在自家的后院盖起自己的小礼拜堂，因为他不愿意跟我们大家一起祷告同一个上帝。您瞧吧，他的上帝都是私有的……”

“没什么。不论是他，不论是你们大家，很快就不用祷告了。”区代表诡秘地笑了笑，“安慰”索洛金说。不过索洛金没有留意这句好像随随便便说出的插话。他顺着自己的思路继续说下去：

“你们这些有学问的同志，看，这才是真正的富农！他又有种地的长工，又有别的一些雇工，可是您给他划的是蓝钩子。您既不跟我这个镇苏维埃主席商量，也不跟秘书和他的助手商量，更不跟党支部、共青团支部商量，可是我们这些人都是存在的！您即使不要我去，那至少也要叫他到巴兰达镇去一下。”索洛金朝我爸爸指了指。我爸爸正躲在他那到处溅得是墨水的办公桌后面，死死地盯着这会儿他并不需要看、但依然从抽屉里拿了出来的文件。索洛金接着对代表说：“可是，您不摸摸事情的根底，就……”

“索洛金同志，我要求你说话慎重些！你还不够资格在这里教训我！”

索洛金的脸顿时变得煞白煞白的，他那高高的前额上冒出一粒一粒的汗珠儿。两道浓浓的眉毛好像一下子也变白了，眉毛上也沾满了汗珠儿,很像弯弯的小草上蒙了一层淡淡的、轻烟般的黎明前的露水。索洛金撩起托尔斯泰式褂子(当时非常时兴穿这种褂子)的下摆,露出瘪瘪的、白得发青的肚子,用下摆仔细擦了擦脸,又用黑褐色的手指揉了揉鬓角,说:

“我不是教训人,因为我比您更清楚,我没有资格教训人……我只是想说,您要是事先把我们叫去,跟我们一起琢磨琢磨,商量商量,然后再划这些十字、钩子和杠子,那样会好得多。这种事不像木匠往树上画记号——这一棵要锯,那一棵要留着。这种事……”

“嗯,好的。”代表的语气好像和缓下来,看样子,他因为他能降服这个不服帖的主席,能把他吓唬住,觉得很满意,“总算谈到正题上来了,要不然鬼才知道我们会扯到哪里去。这种事,你是知道的,是非常严肃的……”

“比这更严肃的事,恐怕没有了!”索洛金马上表示赞同。接着叹了一口气。

“啊,好同志,用不着叹气。以后咱们再长吁短叹吧。现在咱们要谈谈正经事情。到十点整,我还要往区里打电话,向第一把手汇报呢。这会儿大概州里的同志和中央的同志已经坐在区里等我的电话了。所以,我的好主席呀,想慢条斯理地研究,想同你讨论讨论,我没有时间!……这电话机没有毛病吧?”代表指了指墙上的电话机。

“鬼知道是怎么一回事!昨天声音很大,吵得耳朵里到现在还嗡嗡地响。可是今天不知为什么声音非常小。大概是累了。”

“试试看吧。群众大会咱们是今天开,还是改到明天?”

“最好改到明天。”

“主席，你是要拖一拖了？好吧，好吧，明天就明天。现在咱们就来研究研究吧。你们两个也坐过来，干吗要坐在那里，像大姑娘一样?！来，来，出出主意，要不然你们的主席又要说我不跟你们商量了。坐过来嘛。两个脑袋比一个脑袋好，四个脑袋大概更要好些。”

他们对着表册研究了一整天和一整夜，又加上第二天上半天；在这段时间，跟他们一起研究和热烈争论的还有党支部和团支部的书记、镇苏维埃委员们和一些积极分子。在得出一致的结论之前，找来不少各种各样的人。

修改过的表册由我爸爸和他的助手、写得一手好字的斯捷潘·斯捷潘诺夫重新誊写好，就等着晚上在群众大会(当时照老习惯还叫作村民大会)上宣布了。索洛金非常满意事情会有这样的结局，忘记了自己的疲倦，将代表请到自己家里，让他好好地吃一顿，把早饭、午饭和昨天错过的晚饭一起吃进去。在吃饭的时候，主席几次使用了他十分满意的两句话：

“现在一切都清清楚楚的了。对得起良心了，合情合理了。”

可是，代表几次都没有搭腔，这使主人有点尴尬，隐隐地有些担心。为了使自己镇定，为了驱走担心的感觉，他又把同样的话说了一遍，只不过已经换了询问的语气：

“现在好像一切都清清楚楚了吧？对得起良心了吧？合情合理了吧?”

代表还是没有搭腔。也许他是饿坏了，一心一意地只顾吃肉片煎鸡蛋，——也许是这样，谁知道呢？但是悄悄溜进胸中的担心感没有走,没有退却,反而好像更明显了。因为担心而着慌和害怕的主席突然发起愁来,老半天也没有讲话。

“我想睡一会儿。”客人打破了这种很不愉快的沉默,“大嫂,你家里有地方吗?”

“有,有!欢迎欢迎!”索洛金的老婆连忙说,“上房空着。我家没有小孩子……所以地方有的是……”她于是跑到上房里忙活起来,将一张双人床铺得好好的,让贵客休息,然后又守在门口,三四个钟头一直没有离开,仔细听着:客人是不是唤她,是不是要茶喝,或者要别的什么东西。

客人醒来时,正是傍晚,墙上的挂钟刚刚敲过六下。挂钟不知道,它敲的是人们过惯了的旧式生活的丧钟,从今以后,旧式生活就要让位给谁也没见过、谁也没过过,所以就叫人害怕的新式生活了。

二

大会定在晚上七点钟开始。在开会之前,我爸爸回家看了看,并且吃了饭。他愁眉苦脸,一声不响。使人感觉到,他吃饭一点也不香,只是为了填饱肚子,维持体力。我们谁也不敢问他什么话,谁也不敢告诉他什么事。我们都十分熟悉我爸爸愁眉苦脸、闷闷不乐、凝神沉思时的情形。在这种时候,最好什么也别问他,什么也不要对他讲。这一次,都不讲话,等待爸爸第一个讲话,这也做对了。他抹了抹胡子上的面包渣,吃力地站了起来,走到屋子当中,好像要跟我们永别似的,拿眼睛慢慢地将大家扫了

一遍,叹了一口气,颇有点费人猜测地说:

“就这样完了。我走啦!”

他心里是很苦闷的。他为什么会难过起来,他自己也不十分清楚。刚才在办公室里誊写表册的时候,他心里一点没有这种难受的感觉;当时脑子里出现一种想法,那种想法甚至还有点叫他高兴呢:小马驹麦卡的死如今好像不单单是我家的损失,而是大家的损失了,因为从明天或者后天起,不论麦卡,不论麦卡的老妈妈大棕马,都应该变成集体农庄的牲口了。我爸爸俯在桌上飞笔誊写表册的时候,牢牢地抓住这一想法,生怕它从脑子里跑掉,有这种想法,心情很平静,甚至还多少有点高兴。可是,一回到家里,往饭桌上一坐,他突然感到,他死死抓住不放的那种想法,虽然还留在头脑里,但已经不能给他出力了,因为这种想法有一半已经被另外一种东西压下去了,这种东西还暂时说不清是什么,但已经是清清楚楚感觉到的,是十分沉重的。人的心是最灵的预言家。心可以比我们的知觉更早地猜测到即将到来的喜事或者灾难。难道我们不是经常可以看到,有人好像无缘无故地忽然笑起来,一脸都是喜气,或者似乎没有任何缘由就突然变了脸色,脸色煞白或者发乌,显出十分忧伤的样子,——至于什么缘故,为什么会这样,他本人以及跟他在一起的我们只有到以后才知道。

心是不会欺骗人的。

心也没有欺骗爸爸。

大会在群众文化馆举行。群众文化馆就设在过去的一座小礼拜堂里(不是叶弗列莫夫家的礼拜堂,是另外一家的)。这座小礼拜堂革命以后就让给了别的“上帝”,成了另外一些“祈祷”的场所,马上就失去了自己原有的名称。群众文化馆里组织了几个小组,其中最活跃的不知为什么是戏剧小组。也许是因为,不久前才结束的国内战争留下了大量的戏剧题材。许多独幕剧以难以想象的速度编了出来,并且由教育人民委员部向年轻的苏维埃共和国的广大城乡推广开去。演过一出,又换一出,道具却是永远不变的:仿制的步枪、巴拉贝伦枪和那干式手枪,布琼尼式军帽,带有斜斜的红绦的毛皮帽,灰大衣,黑呢制服,蓝白条纹水兵服,无檐帽——这些都永远是革命的标志;肩章,高盔头的军帽,后跟吱嘎吱嘎直响的细皮靴,将军胡子和连鬓胡(往往在给参加演出的"演员"粘胡子之前,才匆匆吹去上面的灰土),带红绦的蓝马裤,带长线的单眼镜,马鞭——这些都是白卫军的标志,也就是反革命的标志。没有别的道具,也不需要别的道具,因为当时全部戏剧都是取自同一种题材。我还记得,有一次我和万卡通过戏台上提词室的小门,公然钻进演员室,当时我们差点儿打起来,因为不论是他,不论是我,怎么都不肯穿将军服和军官服,他和我都一定要当红军战士或者革命水兵,我爸爸经常参加业余演出,大家总是派他演连队文书这样的滑稽角色,红军文书、白军文书他都演,而且都演得有声有色,往往不等他开口,就引得观众捧腹大笑。

这会儿,我爸爸虽然还是在戏台上(他被选入了大会主席团),但是他又安静又忧愁,他那惶惶不安、担心出事的目光从坐在大厅里的这个人身上转到那个人身上,他好像要弄清楚,哪一个会跟他过不去,哪一个会首先向他开炮。

在最前面几排上,好像约好了似的,坐了镇苏维埃表册上划了杠杠的那些人，也就是最贫穷的一些人。我爸爸首先注意到的是卡尔普·科图诺夫。卡尔普今天的衣着叫人吃惊。以前他都是有什么穿什么，可是今天穿了一身破旧得难以想象的衣服：不知他是从顶楼和贮藏间的哪个角落里搜来这样一些破烂儿？！特别好看的是那件皮袄。那皮袄不但很明显是他老婆麦兰娅的，而且好像特意在揉麻的家什里一连揉过几遍的麻，揉去了麻秆碎屑，直揉得没有一点好地方；胸前背后到处露出一绺绺白中带黑的羊毛，卡尔普简直变成了一头奇形怪状的野兽；再加上那顶破烂的狗皮帽，就更像了。脚上没有穿靴子，只套了没有袜筒的浅浅的毛袜。在一月的严寒天气，真不明白他是怎样走到群众文化馆的！令人不由地起疑心：他是不是把毡靴藏到皮袄底下了呢？也许是哪一位好心的邻居将这个苦人儿裹到自己的皮袄里，抱到会场上来的？……

不管怎么说，笑容一直没有离开卡尔普的脸，可以看出，他的心情是非常好的。他大概看出我爸爸心情不好，朝我爸爸眏眏眼睛，看到我爸爸不仅没有报以微笑，而且将目光移到别人身上，眉头皱得更紧了，他也没有收起自己的笑容。

卡尔普·科图诺夫右首坐的是“没主儿”老爹。“没主儿”老爹张大了嘴巴坐在那里，怕的是他那有点聋的耳朵听不清索洛金要讲些什么。索洛金已经在蒙了红布的桌边站了起来，弯起他那瘦瘦的手指拼命敲桌子，让大家安静下来。“没主儿”老爹的眼睛不是盯着主席，而是盯着一个穿藏青色制服的陌生人，那人就跟索洛金坐在一块儿，正在气汹汹地向他提示什么。

焦躁不安地坐在“没主儿”老爹后面的是米沙·特维尔斯科夫

的爸爸斯捷潘·特维尔斯科夫。他一个劲儿地小声对老爹说些什么，使老人家精神不能集中。要是别人的话，会呵斥这个纠缠不休的汉子，狠狠骂两声将他轰开，可是“没主儿”老爹太和善了，这种事他做不出来。他唯一能做到的，就是死不开口，不理睬斯捷潘，也不理睬他的话。不过斯捷潘终于还是说动了这位死死不肯开口的老人家，使他开口了。那好像是在斯捷潘第五次说出这会儿不光是他一个人在担心的事的时候：

“咱们都弄到一伙儿，家产也都弄到一伙儿，像格利戈里·茹科夫，像雅沙·康金这样的家伙，会把什么都偷光的！”

“啊，瞧你说到哪里去了！”“没主儿”老爹震动了一下。“没有多大了不起的！让他们偷好啦，只要不做贼就行！……”

“你又来了！”斯捷潘生气了。“老爹，你老糊涂了，是不是？偷跟做贼是一码事！可是你老是说这一套……我也真会找，偏偏找到你商量！”

“斯捷潘，别发火，别生我老头子的气。也许，真的是我有点老糊涂了。‘没主儿’老爹快八十岁了，这是闹着玩的吗？！所以……”

“算啦，老爹，别说了。索洛金拿眼睛直看咱们。大概咱们打搅他了。”

“当然打搅他。”于是“没主儿”老爹又恢复了原来那种聚精会神地听讲的姿态。不过他在心里议论起来：斯捷潘干吗要这样发愁？他有多大家产，值得这样操心？……他那阿克西尼娅和几个女儿又不会归公，仍然都是他的。那匹老骟马，就是不归公，今天或明天也就该完蛋了，好像已经三十多岁了。

形影不离的米卡莱·泽姆斯科夫和巴尼亚·卡梅绍夫非常惹

眼地坐在第一排，在卡尔普的右边。当然谁也没有通知两个傻子来开会，可是他们自己来了，因为他们喜欢赶热闹，没有一次村民大会，是他们没有参加的。大家没有把他们撵出去，因为都知道，他们并不碍事，米卡莱会一声不响地坐很久或站很久，五小时就五小时，十小时就十小时，就像复活节前夜在教堂里彻夜祈祷时那样站着。至于巴尼亚·卡梅绍夫，就更没有什么好说的了：又聋又哑，而且格外听话，他谁也不会打搅。大家跟他们处惯了，觉得他们是镇上各种活动中必不可少的人物，如果米卡莱和巴尼亚突然跑到什么地方去，一下子不见了，大家也许会十分想念，觉得十分冷清。樱桃园村有一个傻子叫格里沙·麦尔林斯基，几乎在全萨拉托夫州出了名，他有时跑出去，个把星期不回来，他每次跑出去，几乎全村人都要出去寻找。大家又是寻找，又是难过，直到他带着满身灰土和褐色的痂、一脸蓝黑色的硬毛重新出现在村里。我们的两个傻子和格里沙不同，他们一刻都没有离开过寺院镇，他们给镇上增添特殊的色彩和情趣，没有他们，大家无形中会感觉到镇上生活没有味道，就好像失去了某种十分重要的、必不可少的色调。

我爸爸的目光这时候碰上了米卡莱和巴尼亚，发愁地笑了笑，心里说："啊，这两个伙计怎么办？也要他们参加集体农庄？"他同时拿眼睛扫了扫、打量了一下米卡莱和巴尼亚周围的一些人。"全是一个样儿的，就像专门挑的：卡尔普·科图诺夫、'没主儿'老爹、斯捷潘、我大伯佩特鲁哈，这是很好的两对儿；还有'卡季瓜'杜鲍芙卡，挺胸凸肚，像座山一样坐在那里；在她旁边，我看见啦，坐的是'木头腿'谢苗，在春播之前他总是把他那匹骟马吊在横木上,免得马饿得跌倒。伊凡·瓦尔拉莫夫也来了,没有他怎么行呢?!不用问,他已经喝了不少啦。恐怕他也要讲话,他是非讲不可的。那才热闹呢!……他和卡尔普·科图诺夫今天下午在开会之前就送来了申请书。看样子,等都等不及了,也许是想表示他们竭诚拥护苏维埃政权。嗯,是啊……假如光是他们参加集体农庄,跟这样一些庄员在一起,穷日子就有得过了。嗯,是啊……啊!"我爸爸更长地叹了一声,惹得摸不清这一声喟然长叹真正内容的区代表很生气地朝他看了一眼。

不过,我爸爸的担心竟是多余的。使我爸爸和区代表,而且也使索洛金吃惊的是,还没有等到"大会讨论"(不出所料,大会讨论当然是异常热烈的,因为不可能有别的情形),在先前的表册中被划了红十字、差点儿被划成富农的那些人首先送上了申请书,其中第一个走上主席台、将申请书放到索洛金面前的就是叶戈尔·叶弗列莫夫·米哈伊洛维奇,在他后面是季莫菲·佩特洛维奇·塔拉索夫,塔拉索夫后面是佩特尔·克谢诺方托维奇·奥季诺科夫,就是我们的劳动教师,他在走下讲台之前,还发表了十分精辟、十分有见地的讲话,他的讲话的主要精神是:只有愚蠢的小牛,在主人牵它到草地上去吃又肥又嫩的青草时,才会犟着不走。大厅里人们一齐热烈地鼓起掌来,可是掌声中还是响起了不知是谁的刻薄的叫声:

"佩特尔,我们不想叫你那青草噎死,怎么样?你自己先吃吃看吧,我们再瞧瞧。瞧过了再说……"

"这是谁讲的?"大会主席厉声朝大厅里喝道。"好吧,你出来,到这里来讲讲!既然那样有种、那样聪明,用不着躲到别人背后！……出来，到这里来！……”

后排有人说：

“不要白花力气喊了！刚才喊叫的人已经溜出了会场，跑到黑地里连影子都没有了！所以……”

“没关系，找得到的。”区代表声音不大地说，他也没有站起来，但是他的话大家全都听到了，因为他的声音是非常严厉的，他说出来的话是含有深意的。“查得出来的！”他又说了一遍，声音稍微高些。

“但愿这样！”后面几排有人接腔说，不知是好意，还是挖苦。

等到这番对话结束，奥季诺科夫用手从上到下捋了捋他那尖尖的下颌胡，不慌不忙、从容自若地回到大厅里自己的位子上。

在奥季诺科夫之后，紧接着是穷苦的中农和贫农闹哄哄地走上主席台；在表册上被标了蓝钩子的，即中农，上台的极少。因此，当通道上出现阿夫拉姆·谢尔盖耶夫瘦长的身影时，我爸爸十分高兴。阿夫拉姆举起一只手，手里拿着申请书，就好像打着一面小旗，一面走，一面发议论：

“奥季诺科夫说得很对！他比谁都有脑筋！……咱们的苏维埃政府要咱们过好日子，咱们没什么好犹豫的！……索洛金，这是我的申请书！我全家参加集体农庄！……坚决参加！”

但是，阿夫拉姆到了主席台跟前，主席忽然打了个手势，要他停住：

“等一等，等一等，阿夫拉姆，不要上来！……”

“这是为什么？”阿夫拉姆慌了。

“你前天为什么又买了一匹骆驼？”索洛金反问道。

“一匹骆驼待在院子里太没有味道，所以我又买了一匹，给它做伴儿。我交给农庄的不是一匹骆驼，而是一下子就交两匹骆驼，这难道不好吗？”阿夫拉姆笑了笑，他还不相信这不是跟他开玩笑的，不相信自己犯了不幸的错误。

大厅里有人（好像是卡尔普·科图诺夫）喊道：

“阿夫拉姆，你新买的骆驼几个驼峰？”

“这一匹是双峰的。”阿夫拉姆紧接着问话人的话音又高兴又得意地回答说。

“阿夫拉姆，你真是傻瓜！”还是那个人的声音（现在大家都看清了，那正是卡尔普）。“假如你新买的是一匹单峰的，那你也许就没事了。一共两峰，倒也罢了！可是你现在有三峰，这就出格了，阿夫拉姆，这已经过头了！假如你有四峰，伙计，就得把你划成富农，送你到该去的地方去……去索洛夫卡或者别的什么地方……跟雅沙·克鲁佳科夫和季莫菲·叶弗列莫夫一块儿，跟刚才咱们说要划成富农、要送走的所有那些人一块儿！……你懂了吗，大糊涂蛋？！……”

“这是谁在那里发议论？”

“是顶穷顶穷的大贫农！”卡尔普又响亮又快活地回答说。

“噢，原来你是大贫农啊！……那你最好不要乱嚷！”区代表说。

“不要胡扯，少说废话！”索洛金的脸都涨红了。“你不要因为胡言乱语也被送到索洛夫卡去！”

“还要把胡言乱语的人送去吗？”卡尔普还是憋不住，还在眏着他那快活的眼睛。

“要送。”索洛金说。

“好,要是这样,把我们大家一起搞走吧。我可是不讲了。”

卡尔普不讲话了,身子向后靠了靠,特意躲到巴尼亚·卡梅绍夫背后,就好像躲到了一堵无门无窗的墙后。

卡尔普的话引起的笑声还像秋天的落叶那样在大厅里簌簌滚动着。等到笑声也完全停了,大厅当中冒起了格利戈里·茹科夫的皮帽。他一面朝通道上挤,一面远远地报自己的名字,还扬了扬右手,不知是吓唬哪一个。他坚定地朝主席台走去,手里拿的不是申请书,而是摘下头上的帽子拿在手里,离主席台还不近,就斩钉截铁地要求发言:

“让我来讲讲!”

一直在盯着他的我爸爸的脸色一下子变了,将头缩到耸起来的肩膀里,好像已经准备好迎接猛烈的打击。脑子里有一个念头像落进套索吓坏了的小鸟一样扑扑跳动着:“是的……是的……就是的……这一下子来了!……”爸爸不知道格利戈里为什么要讲话,不知道他现在要讲些什么,但这只是我爸爸的理性不知道,他的心却在拼命跳着,脑子里有一个声音在对他说:“这只凶猛的野兽是冲你来的,不是冲别人,就是冲你来的!”

“怎么,格利戈里·茹科夫,您想发言吗?”主席警觉起来,十分客气地问。

“要发言!”格利戈里十分生硬地说。他的皮帽像活的一样,在被暗淡的灯光照得变成紫红色的手里转来转去地抖动着。

大厅里鸦雀无声。

“好的,好的,讲吧!讲吧,同志……”

“我姓茹科夫，”格利戈里告诉区代表说，“平常的喊法是‘茹奇金’。在我们寺院镇上大家常常这样称呼我。茹科夫——茹奇金，都是一回事！……随便怎么喊好啦……”

“好的，好的，讲吧！我们听着哩……”

“能讲什么呢？！……就让你们的秘书讲讲吧……你们不让阿夫拉姆·谢尔盖耶夫参加。你们把他看成富农！……他是‘富农’，因为他枕着拳头睡觉[1]。他可怜得很，睡不到枕头：没有工夫！从天不亮干到天黑。他家差点儿就是二十口人嘛。你们来养这么一大家人试试看！……别说三个驼峰，就是十个驼峰也不行！卡尔普·伊凡诺维奇，你大概只看到这三个驼峰，忘记了再加上阿夫拉姆右胯里凸出的那段小肠头。他带着小肠头天天撒着腿走路，就像很久没有挤奶的奶牛。区里的首长同志，您看，他就是这样的富农！可是你们……”

“我们怎么啦？”索洛金打断他的话。索洛金朝区代表瞥了一眼，想弄清楚这位重要客人听了格利戈里后面的话是不是生气了，可是这时格利戈里已经侧身对着主席团，更激烈地讲了下去：

“米哈伊尔，你别打我的岔。我知道，你跟南方佬是一伙儿。该划富农的，正是你的秘书。他恐怕是第一个交申请书的。他当然啦！……他把小马驹喂了狼，为的是不交给集体农庄，可是这会儿……”

“这是诬告！完全是诬告！我要求把这一点记入大会记录！”我爸爸叫道。

“记吧，记下来嘛！……你这一套吓不倒我！……当然啦，你

①在俄语中，“富农”和“拳头”是一个词儿。

那不中用的大棕马你是乐得交给集体的，但是这样的马我们用不了几天！……你这匹老马跟‘没主儿’老爹是同岁的！……”

会场上爆发出哄堂大笑。

格利戈里十分生气地闪动着由于内心激动而变白了的眼睛，再一次举起皮帽，要大家静下来。等到终于静下来，他十分委屈地责怪大家说：

“你们干什么要像没骟的马驹一样乱叫？……难道我说的不对头吗？”

“对头！对头！”人们到处在叫，生怕讲话的人走下讲台，生怕看不到这场开心的好戏。“讲下去，格利戈里，拿出大牌来！”

“我不想打什么大牌。我又不是牌迷，”格利戈里严肃地说，“你们倒笑起来了，我还没有讲完呢……”

“讲吧！讲吧！”人们高兴地乱纷纷地嚷着。

“我是要讲的……要是你们让尼古拉·阿列克谢耶夫，也就是南方佬，加入集体农庄，”格利戈里因为大家的打气更来劲了，讲得更快了，“你们要是准许他参加，那我一辈子也不参加！……”

“有什么了不起的！你不参加好啦，没有你我们也能凑合着过！”我大伯佩特鲁哈开腔了。他的申请书刚刚从座位上传给了主席团。

“那你们就过去吧，我可是要瞧瞧再说，因为我不想跟你弟弟待在一个农庄里！这就是我要讲的！……不，还没有完呢！……首长同志们，还有一件事要问问你们！我要问的是：请你们讲讲，为什么在划成富农的名单中没有老南方佬、教会长老米哈伊尔？……你们是不是忘记了，这个南方佬在斯托雷平当权时代在普拉维克圹边捞了一大块肥地？……你们忘记他那些独家地了吧？……请你们讲讲，为什么可以把雅沙·克鲁佳科夫撵走，就不能把这个老南方佬撵走？我问你们，这是为什么？”慷慨激昂的讲话人为了让嗡嗡响的会场上都能听到他的讲话，已经是在喊了。“现在你们再问问尼古拉，他把他那小马驹弄到哪里去了？他是故意把马驹放出去，叫狼吃掉的。这一点大家都清楚！……”

“格利戈里，你怎么不害臊！”我爸爸带着哭腔叫了起来。“你说的是什么话！你真是不怕上帝！”

“不怕就不怕，”格利戈里得意地微微一笑，应声说。“因为我生来就不信什么上帝。”

“这是可以看得出来的。那你有没有良心？”

“良心是有的。所以我讲话是凭良心的。”

“你们别吵啦！”索洛金喊道，“尼古拉·米哈伊洛维奇，你别着急。这件事我们会弄清楚的。我以前对你说过，你们的争执不会有什么好结果嘛。”后面这几句话主席说得很低，只是说给我爸爸听的，还拿一只手碰了碰他那棕黄色的、像打架的麻雀的毛那样竖着的头发。

我爸爸已经听不清格利戈里又在那里讲了些什么，也没有注意他是怎样离开讲台走回自己的位子的。

大会结束的时候，离太阳出山的时间只有一两个钟头了。人们出了文化馆，乍来到黑地里，眼睛很久都不能习惯。大街上积雪不多，也不能给人照亮。人们一个一个地，或者三个一伙、五个一群地沿着大街小巷散去。从卷烟忽明忽暗的闪光，可以判断出人们的移动。从卷烟的火光像天上星群那样密集和不停地闪烁的地方传来热闹的讲话声。奇怪的是,听不到一点笑声。可是从很多人家,有近的,有远的,时而从这里,时而从那里,传出妇女的叫声,叫声越来越大,而且夹杂着撕心裂肺的哭诉声。公鸡听到这些哭叫声,吓得突然停止了黎明前例行的晨鸣,狗却恰恰相反,在全镇汪汪地狂叫起来,狂叫声有时变成长长的、震撼人心的哀号声,跟妇女的哭叫声配合得十分得体。

"嗯,是的,就来这一手了。还不光是对我一个人哩!"我爸爸说出声来。他那发抖的手怎么都摘不下我家大门上的挂钩。等到终于打开大门,走到院子里,他带着呻吟声低沉地说:"唉,现在这种话我们有得听了,恐怕要听到这一天!"他拿手朝自己喉咙上一划。

爸爸没有马上进屋:他在大棕马跟前站了下来。大棕马正把长长的头扎到篓子里吃燕麦糠,听到主人来了,抬起头,打了一声响鼻,忽闪了一下流着泪水的大眼睛,喷了主人一脸热气。爸爸将脸贴到它的鼻子上,深沉地说:

"嗯,大棕马,怎么样?……咱们不走运啊……今后咱们怎么过呢?嗯?……傻东西,你怎么不作声呢?……那个坏家伙往死里整咱们,害咱们……叫咱们有理说不清……都怪你啊,你这个不懂事的畜生!……你干吗要把麦卡带出去?……不是吗?……唉,你呀……"

他说着,眼睛里不由地滚出大大的、沉甸甸的泪珠。泪珠先是落在皮袄大襟上,后来就落到刚刚蒙上薄薄的一层雪花的地上。

"好啦,大棕马,没什么……好伙计,没什么……能过得去,能过得去……"

爸爸在进屋之前把眼泪擦干，在过道屋门前站了一小会儿，多少镇定一下。他忽然想起，自己用不着参加集体农庄(因为他总是工作人员，拿着国家工资)，参加农庄的只是自己家的成员，这才多少有了精神，振作起来，用劲吸了一口沁人心脾的冷空气，走进过道。

他在门口轻轻地脱衣服，不想惊动我妈妈。但是我妈妈没有睡，她正睁着失眠的眼睛躺在后屋里宽宽的板床上。后屋里马上传出她那惶惶不安的声音：

"是你吗，尼古拉？……会上怎么样？……"

"以后再对你说。孩子们都在家吗？"

"除了连卡，都在家。连卡还是一直没回家。天啊，恐怕是出了什么事！"

"不会出事。"

"你这做爹的，真是铁石心肠。亲生儿子不见了，你一点都不放在心上！"

"告诉你，你丢掉的宝贝会找到的，不久就要回来了，连卡在巴兰达镇，在上训练班。"

"你怎么一直不告诉我？我的心都要碎了。"

"我也是前天才知道，是区代表告诉我的。"

"是什么样的训练班？"妈妈又很不放心地问道。

"鬼才晓得！别老缠着问了，天啊！已经够我受的了！"

"你难受，我就好受吗？那一个不见了，三个多礼拜没有消息。顶小的一个昨天回来，头上脸上到处是伤，到处血糊糊的。

那样子简直可怕！你去看看他吧。不过，你千万别打他。他已经被打得够受了！”

“这是谁打他的？”我爸爸问道。他只是机械地发问，不一定要求回答。因为他在文化馆受的精神创伤看样子比肉体创伤更使他痛苦。

不过妈妈对他那不带劲的声调作了另一番理解，委屈地说：

“谁打的，谁打的？他才不告诉我呢。你这个当爹的，你问问去！……他说他是跌伤的，我才不信。看样子，又是跟茹科夫家里的小土匪打架的……眉头都打破了，看着才怕人呢！……”

“眼睛没打坏吧？”我爸爸好不容易推开那最重要、最使他不安、像块石头一样压在心头也压在眉头的心思，问道。

“还算好，眼睛没打坏。”

“那你还有什么好着急的！”爸爸已经生气了，因为妈妈告诉他的事情简直是小事一桩，根本不能跟半个钟头以前结束的大会上发生的事情相比。不论爸爸，不论妈妈，不论别的什么人，当时都不曾想到这两桩不幸的事情中间的虽然久远、但十分密切的联系，没有想到这都是同一颗坏种子长出来的，没有想到它们有着同一根源，不过，那根源大家早已忘记了。

爸爸的眉头越皱越紧，不住地把他那军士式的胡子朝右嘴角上捋着，说：

“你真是瞎操心！他一下子就会长好的。我倒是叫格利戈里·茹科夫这小子害得够呛……”

“啊，圣母啊！他为啥呀？！……”

“好吧，就来说说这件事。明天，不，今天就得把我爹弄到咱们家过了。恐怕要没收他跟巴什卡的家产。格利戈里讲了我爹的独家地,讲了他当教会长老和别的一些事。对老人家要尽到咱们的力量。巴什卡也许没有事,这会儿有我麻烦的了:镇上的乡亲们要纷纷跑来开这样那样的证明。一定会这样的!"

"孩子的爹,这是没办法的事!你能帮得上忙,就帮帮忙吧。生在这世上的人,都是咱们的亲人嘛。"

"帮忙——说说倒容易!可是怎么帮呢?"好像正是在这时候,我们后来多次听他讲的那句名言在他那惶惶不安的心中最后酝酿成熟,冲口而出了:"我问你,怎么帮?……同时又得伺候神,又得伺候鬼,你倒试试看!可是我就得伺候。"

"要是干着受罪,那就不干好啦。"

"不论愿意不愿意,恐怕只好不干了。"

妈妈没有特别留意爸爸这些话,因为她想起了眼看就要下犊的我家的大黄牛。她披上一件衣服,慌忙往外走:

"说下就会下。天又冷。小牛会冻死的……孩子的爹,你睡一会儿,歇一歇。上帝是有眼的……咱们凑合着能过得去。有大家在,就有咱们的活路。大家怎么过,咱们就怎么过。你睡吧。我现在去看看大黄牛,再把炉子生起来。我给你们烙饼吃。"

她这番没有经过事先考虑、又随便又自然地说出的家常话,发出一种温暖、宁静、使人忘忧、使人放心的气氛,于是爸爸很快就蒙眬入睡了。

三

我们打得最厉害的、也就是我几乎被打坏眼睛的那一次，被我们的“猫”老师谑称为“冰上鏖战”[①]。我们也是在冰上打的，而且也是在名叫“疙瘩滩”的湖上，学校门口那难忘的第一次战斗之后我就是随步来到这里，当时我又难过又不知所措，在这里考虑如何解决一个分明解决不了的难题：怎样才能逃脱爸爸的打？

“疙瘩滩”对于我们永远是很有吸引力的地方，夏天我们在这里洗澡，也让马在这里洗澡；秋末和冬天这里就成了极好的自然滑冰场，不流动的湖水不是像河水那样渐渐冻住的，而是往往在一个无风之夜里一下子就冻住，所以镜子一般的冰面不仅是清洁、透明的，而且整个冰面要怎样平有怎样平；只是有时候鲫鱼往水藻里钻，水底冒起许多气泡，这些地方便呈现出许多乳白色的白点，因而使冰面变得十分好看，很像一张精心织成的分外雅致的大台布。开头两三天好像是用来作冰上试验：我们在湖边踩“摇床”，就像本书前面所说的那样。然后就是滑冰了，就是说，用细绳将装了粗铁丝的木头块捆在毡靴上来滑冰。右脚踩在冰上，用左脚撑着朝前滑，起初很小心，随后胆子就越来越大，离岸边越来越远。

我的忠心的狗“小滑头”和万卡的“波尔坎”紧紧跟在我们后面，滑滑跌跌，非常好笑，在冰面上留下许多乳白色抓痕。我们两

①一二四二年俄军在结冰的楚德湖上击败入侵的德军。那次战役被称为“冰上鏖战”。

个差不多总有一个带上一些不大的、被河水冲得滚圆的石头，将石头一扔，让石头在冰面上滚动，我们就倾听那清脆悦耳的低语声。“小滑头”和“波尔坎”会马上汪汪叫着跑去追赶滚得越来越远的石头，但是很快就明白，它们是赶不上的，于是又扫兴又遗憾地回到我们跟前，垂下头，惭愧地摇着它们那总是粘了苍耳子的尾巴，因为不论是狗，不论是我们这两个小主人，都没有耐心将粘在上面的苍耳子完全弄掉。这时一伙一伙的孩子们也纷纷来到湖上，一会儿整个湖中心就变成一台闹哄哄、又热闹又嘈杂的旋转木马，这木马是无人控制的，想往哪个方向转，就往哪个方向转。

孩子们没分成两个敌对阵营之前，一直是这样的。现在湖中心空无一人，好像成了中立地带，互相对立的双方都在中立地带的两边滑冰。涅波切托夫街上的孩子和村子里的孩子都十分清楚这条没有任何标志的中立地带的边界在那里，不是万不得已，谁也不去侵犯边界，彼此保持着相当的距离。非常遗憾的是，没有参加过我们打架、也没有参加过任何一次打架的米沙·特维尔斯特夫竟不知道这一点。他一到冰上，马上就离开岸边朝湖中心滑去，一点都没有听到我声嘶力竭的警告声：

“米沙，你往哪儿去?！回来！……”

他刚刚穿过无形的封锁线，马上就有三个孩子朝他冲了过来，我认出那是万卡和他的两个伙伴——瓦西卡·米亚赫科夫和菲季卡·普切林采夫。其中有一个像公鸡一样冲到跟前，当胸推了米沙一把，向他挑战。格外和善、格外文静的米沙一点摸不着头脑，想不出自己的一切行动有什么不合理的地方，显然是对村子里的孩子说了句什么,看样子是大惑不解地问了一句:“你为什么推我?”万卡显然是吆喝了一声,“嘿,他还问哩?!”这一声故作愤怒的呐喊,扫清了良心上的不安,他使出一个巧妙的绊脚,将米沙绊倒在冰上。

“伙计们,揍他!”万卡的尖叫声在湖上传了开来。

我们也不能旁观了。

“咱们一伙儿的挨打了!”格林卡·穆兹金一声呐喊便第一个冲上前去援救米沙(他们是邻居)。我们涅波切托夫街上的以及站在我们一边的扎维多夫街上的、杰尼索夫街上的孩子也一面喊着“乌拉”助威,一面跟在格林卡后面向前冲去。这里面有科利卡·波利亚科夫,有明卡·阿尔希波夫,有淹死过的佩季卡·杰尼索夫,而且连扬卡·鲁勃佐夫也跟大家一起向前跑去,他不仅不再顾惜皮肉,连崭新的小皮袄也不顾了,那件小皮袄是他那跟他一样小气的爹娘刚刚给他做的。

万卡跟他的伙伴们看到我们这一方庞大的联军向他们的小股部队冲去,便组织撤退,或者说干脆点儿,赶快逃跑,但是他们的退路已经被腿又快、胆子又大的格林卡和他带领的十来名扎维多夫街上的和涅波切托夫街上的勇士切断。跑在最前面的万卡本来可能冲过去的,但是格林卡飞腿使了一个绊脚,万卡便栽倒在冰上,首先碰到的是鼻子,鼻子里马上涌出一股一股的鲜血,溅在冰上特别显眼。我们这些稍微落到格林卡的先头部队后面的,也就是科利卡·波利亚科夫、明卡·阿尔希波夫、扬卡·鲁勃佐夫和我,遇上了万卡的两个显然吓得慌了神的伙伴——菲季卡·普切林采夫和瓦西卡·米亚赫科夫,我们动手就打,又是拳又是脚,打得上了火，全忘记了历来的老规矩："不打倒下的人。"他们已经被打倒在冰上，而且好像已经求饶了，我们还在用靴尖踢，甚至用自己的木头冰鞋踢这两个可怜巴巴的小伙计。因为对方已无还手之力，我们越打越起劲儿，我们对他们的仇恨达到了顶点，这样的仇恨能够使血管里的热血沸腾起来，使人失去理性，使人发疯，所以我们竟没有看到，卡佳·列斯诺娃和玛尔法·叶弗列莫娃已经来到我们的战场上，没有看到，玛尔法一面哭着抓住米沙·特维尔斯科夫的手，将他拉到她家的院子里，因为她家的后院就对着"疙瘩滩"的东岸。我们也没有及时发觉，村子里一大群各种年龄的孩子从三面包围上来，前来援救万卡和他的两个伙伴。

于是一场激战开始了！

我们别无办法，只有应战，虽然对方不论就参战的兵力，不论就参战者的锐气，都远远超过了我们。一个钟头之前还是平安无事、十分宁静的湖面上，响起了野兽般的狂吼声、喊打声、尖叫声，就连我们的忠实伙伴"小滑头"和"波尔坎"，本来也跑到冰上来跟随自己的小主人的，听到这喊叫声，吓得够呛，赶快夹起尾巴，各自跑回家。万卡从格林卡身子底下(格林卡刚才骑在他身上，打他的头，逼着他赌咒发誓"今后不再惹小南方佬米沙"，也就是不再打我)爬了起来，振作精神，并且显然为了激起自己的援军的义愤，故意将鼻子里流出来的血一抹，抹得满脸都是血，接着他就满腔怒火、气势汹汹地在打架的战士中寻找我。但是我这时已经快到自己的家门口了，我用两手紧紧捂住额头，想用这种办法把血堵住，可是鲜血一股一股地往外流，透过手指缝，落在雪地上，身后留下一行不均匀的针脚般的血迹。在格林卡追上万卡之前，万卡还是朝我们这边扔过一块石头，他是随便扔的，碰到谁算谁，可是这石头恰恰碰到了我。

“哪儿去了，他到哪儿去了？”万卡吼叫着，从又叫又打的这一堆跑到那一堆。

“谁？……你找谁？”还留在战场上的卡佳·列斯诺娃冲他问道。不知是谁违犯了好汉们一向奉行的规约，也打了她一拳，在她右眼底下留下一块青紫伤。“万卡，你找谁……”

“找米沙！……我要收拾他！……”

“他在那里，在那里，你没有看到吗？”卡佳瞄了瞄，飞手一棍正打在万卡的脑门上，恰好打在因为吃惊也因为疼痛瞪得大大的、显得非常凶的两个眼睛当中。她本来还要打第二下的，但是万卡已经转身躲开，藏到正打得起劲孩子群中。

那顶小的一些打架的孩子已经发出尖细的哭叫声：“妈呀！妈呀！……”想必正是这哭叫声惊动了“疙瘩滩”附近人家的妇女，因为到处响起慌乱的妇女叫声，叫声越来越大，越来越密集，并且随着发出叫声的人一起来到湖面上。妇女们一面喊骂，一面黑压压地朝打架的孩子们涌来，不问哪个是自家孩子，哪个是人家孩子，不管谁对谁不对，碰到就打，直到把孩子们打散，把孩子们撵回家，直到冰上鏖战的战场上仅剩下斑斑血迹。但是战斗并没有就此结束。孩子们的战斗之后紧接着便是妇女们的战斗。当然，妇女们既没有使用脚，也没有使用手，更没有像有时候她们会干的那样，彼此抓住头发，揪几绺下来，她们这一次只是舌战，想推托自己孩子在这件事情上的过错，将过错推给别人家的孩子。这次交锋虽然也是激烈的，但又是不流血的，而且交战的时间不知为什么并不长：也许是该把牲口赶回家了，妇女们都想起了这一点，也许她们醒悟过来，知道这样吵下去什么都吵不清楚，吵不出什么名堂，也许她们感觉出自己的声音已经哑了，喉咙已经吵破了。

不管怎么说，湖上终于空了，静了下来。没有过很久，从四面八方来的卷烟的火光就在湖上游动起来，有时在有些地方凑到一起，有时交叉而过。这是男子汉们，他们一直丝毫没有理会孩子们这一次打架，他们正朝群众文化馆走去，参加他们一生中十分重要的大会。

黎明时候，同样的许多火光朝相反的方向游去。菲多特卡·叶弗列莫夫慢慢抽着他的"金丝"，像往常一样不着边际地发着议论；这会儿他是在对心事重重、一声不吭地走着的他的大哥叶戈尔·叶弗列莫夫说话。为了起个话头，照他自己解释这类情形的说法来说，"为了起步"，他问道：

"大哥，他告诉我，季莫菲·叶弗列莫夫是咱们一族的不是？"

"鬼才晓得呢！也许是一族的，不过太远了。镇上差不多有三分之一是咱们姓叶弗列莫夫的。也许在很远的古时候都是一家。谁知道呢?！……你向我问起季莫菲干什么？"

"随便问问。"菲多特卡笑了笑，但是叶戈尔在黑地里并没有看到弟弟笑。菲多特卡接着说下去："季莫菲也来开会的。奥季诺科夫讲话的时候，就是他在后面喊'不想叫青草噎死'的。他喊过这话，就溜出门去。我也跟了出去。我们一块儿走到文化馆没有门窗的那面墙背后，抽起烟来。他还说：'就让他们划富农吧，明天我就到城里去。到城里会找得到真理的！'我问：'你要真理干什么？……’他说：‘怎么能不要真理呢？’我说：‘可是你以前过日子就用不着真理，也没有关系，你也过得去，可是现在你季莫菲不知为什么需要真理了。这是为什么，嗯？……’他不吭声了，骂了我一声，朝自己脚底下吐了一口唾沫，就走掉了，钻到黑地里去了……瞧，事情多么奇怪！他倒要起真理来了！……这种怪事也有了！……大哥，你别急着走嘛，有什么好急的！你走得好快，简直像季莫菲的大走马。等一等，等我讲完，再放你走，你爱到哪里去就到哪里去。现在你听着……”菲多特卡停下来，拉住大哥的小皮袄袖子，深沉地将自己的意思做一番补充说明：“人究竟为什么要寻找真理呢？大家都在寻找真理，大家都很愚蠢，都不知道，真理无论怎样是不会让人完全看到的。就算是让人完全看到：喂，全在这里了！……好的，找到了……底下又怎样呢？再没有什么好找了。到那时候，活着又为什么？……一点意思都没有了。找它就是自找烦恼……”

“找谁？”叶戈尔萎靡不振、心不在焉地问道。他的心思跑到别处去了，没有听清弟弟讲的是什么。

“你怎么，聋了吗？”菲多特卡生气了，“我说了那么多道理很深的话来开导你，可是你这个橡树墩子，听都不听！……我说的是真理，我是说，蠢人找真理，可总是找不到。可是，我的妈呀，等到真理自己来了，扯住你的耳朵，拉住你不放，还要看透你那罪恶的灵魂，你就像狗那样嗷嗷哀叫起来，怕得不得了……不行啊，大哥，还是离真理远点儿吧。有时候我想……”

“可是我想，”叶戈尔好像猛醒过来，一下子打断菲多特卡的话，“听你说话，我就在想：我家怎么出了这么一个二百五？……

菲多特卡,你脑子里从哪里来的这么多乱七八糟的玩意儿?……眼看着一切都要弄个人仰马翻,都得特别留神,免得掉下去,扑通一声掉进地狱,在这种时候,你怎么想这些玩意儿?!你是不是没有听到全镇上妇女的哭叫声……是不是你什么都满不在乎?……菲多特卡,鬼才晓得你算什么人!……还是有老婆孩子的人呢!……你跟米卡莱·泽姆斯科夫、巴尼亚·卡梅绍夫和格里沙·麦尔林斯基倒是很好的一伙儿!……你真的去找巴尼亚,把你那些疯言疯语好好地讲给他听吧。他连鬼都听不见,反正什么话在他都是一样,不管你胡扯些什么,他都能听得下去。你就不要在我面前讲了。不用听你的胡言乱语,我这里已经不多么快活了。"可以听到叶戈尔用皮手套拍了拍羊皮小袄的声音,大概拍的是心口。他将袖子从菲多特卡那像铁钳一样紧的手里挣脱出来,掉过屁股就快步朝自己的家走去。

菲多特卡在原地站了一阵子。他将大手插进帽子里,大惑不解地挠了挠后脑勺,十分遗憾地嘟哝说:

"你什么都不懂。愚蠢的不是我,大哥,是你,别看你在世上比我多活了几岁。那就好吧。你就跟季莫菲和阿夫拉姆一起去找整个的真理吧,我可是有一小块真理就够了……"

他说过这话以后,他那"金丝"才闪起亮光,离开原地方,在湖上游动起来,一面不知对谁不住地眨巴着眼睛,一面带着古怪的哲学家朝家里走去。

四

一九三〇年这一年当中,以前乡下人很少知道的“隔离”这个词儿几乎成了最时髦、最流行的一个词儿。人们最初是在一些胶合板牌子上看到这个词儿,那些牌子是区代表连同表册一起带来,钉在拟定要没收财产的一些人家的大门上或板墙上的。第一个浪头留下的这种牌子不过十块,但是第二个浪头却又高又猛,一下子就抛下了近五十块,给近五十户人家装上了可怕的标志,其中就有一些新加入农庄、已经将自己的马匹交公的人家:有人认为,“被清算者”的人数跟镇上人口总数相比,显得太小了,不能同意这样的百分比,不能结束运动,于是下令继续开展清算富农的运动。接替索洛金担任镇苏维埃主席的沃罗宁干起这种事十分热心、十分卖力。如上面已经讲到的,索洛金在一次大会上(几乎每天都举行大会)表现出“不可原谅的软弱无能”。是沃罗宁亲自发明了许多使他不至于成为“软弱无能”的干部的词儿。比如说,如果某一个顽固中农的财产状况不允许将他划成富农,那么沃罗宁马上就把他划进“富农随从”“富农亲信”“富农知情人”一类人中去,并且将“隔离”牌连同由此产生的一切后果送到他家门上。挂了带有这个词儿的牌子的人家,好像一下子变成了麻风病院,连亲戚、本家都要躲着走,更不用说镇上别的人了。到这些过火的做法受到彻底批判、被称为“胜利冲昏了头脑”的时候,六百多户人家的寺院镇上有三分之一的人家好像化成汽飞掉了:有些人,就像雅沙·克鲁佳科夫那样,带着全家人迁到西伯利亚和中亚细亚(顺便说说,十五年后这个克鲁佳科夫回故乡探望亲友,大家才知道,他早就在阿拉木图附近一个十分富裕的集体农庄当主席了),还有一些人家,清早发现自己的大门上挂了胶合板牌子,到晚上就带着家里能带的东西跑到萨拉托夫或者别的一些城市。在这种情况下,我爸爸给他们帮了不小的忙:他自担风险,给他们开证明,没有证明是哪里都不能去的。到后来,人家就抓住了我爸爸的弱点,告发他“非法”开证明的事。但那是后来的事,而这会儿,已经将自己的“驼背佬”和它那双峰的伙伴交给新农庄并没有觉得怎样惋惜的阿夫拉姆,用粗硬的手掌叭地拍了一下瓶底,用这种办法打掉瓶塞,然后将酒瓶放到我家大饭桌当中,一面带着哭腔说:

“尼古拉,帮帮忙吧!我带孩子们到西伯利亚挨冻去,碰到什么算什么。看在耶稣份上,你给我开个证明吧。帮帮忙吧,好兄弟!……我一辈子忘不了你!……将来我总有报答的时候。总会见面的……”

“你们真够我受的!”爸爸很生气地揪弄了一下棕黄色的头发,“你大概以为,你是头一个来找我干这种事情吧?……才不是呢!……光是今天晚上这已经是第五个了!……”

“你就开吧,孩子的爹!”我妈妈在灶边搭腔了,“你就给他开个证明吧,你又不费什么事。他那么多孩子,一个比一个小。”

“用不着你插嘴!……这不是你的事……你要是伺候伺候神和鬼,你就……”他说起他常说的话,但是没有说下去,走进正屋,很快就走了出来,手里拿着一张白纸,那纸上已经盖了方印(左上方)和带徽章的圆印(下方)。他很快地在上面写了些什么,朝纸上吹了吹，让墨水干了，又朝结满了霜花的窗子瞟了一眼，便将证明信交给了阿夫拉姆。阿夫拉拇咕咚一声跪倒，但是爸爸朝他喝了一声，阿夫拉姆像挨了一鞭子似的，赶快站了起来，像小孩子一样抽搭起鼻子，喉咙里呷呷响着，没头没尾地嘟哝起来：

“多亏了你啊……怎么……我怎么来谢……可不是嘛！……”

“阿夫拉姆，我什么都不要！”爸爸正色说。“把证明收藏好，快点儿收拾东西，尤其不能让人发觉。从后院，从村子里走……弄不好，你和我都会被沃罗宁抓住。他像只狼一样，夜里不睡，整夜整夜地在镇上搜索！……所以，老哥，你趁早回家吧，把你的酒也拿回去。这会儿没有心思喝酒……”

“驼背佬”这会儿虽然已经不属于它原来的主人，但是仍然待在阿夫拉姆家院子里（两匹骆驼搅得农庄的马匹不得安宁，所以被赶了回来），它最后一次为谢尔盖耶夫一大家人出了力——在一个漆黑的深夜将一家人拉到了车站，于是谢尔盖耶夫一家人的踪迹便消失了，镇上人很多年都不知道他们的下落。我也只是在五十年代初非常意外地见到阿夫拉姆的。有一天，有人很不文雅、很执着地敲我在莫斯科的住宅的大门，一分钟之后，我面前出现了一位结实得跟老橡树一样的老爹爹，那一双眼睛笑眯眯的，非常有神，对于所看到的一切，其中也包括对我，流露着莫大的、不见衰竭的兴趣。

“不认识了吗？”他问道。看到我的迷惘神情，他又问了第二个问题，带有启发性的：“骆驼，‘驼背佬’，还记得不？”

老人家估计，他本人我可能不记得了，但是，“驼背佬”，那是孩子们特别喜欢的，我不会不记得的，老人家的确没有估计错。

“可不是……可不是！……记得，记得才清楚呢！……‘驼背佬’有一次喷了我们一脸唾沫……”

“对了，就是的。”老人家高兴起来，连忙说，“我叫阿夫拉姆，跟一位神是同名的……你也许记得，圣经上说：‘阿夫拉姆生伊萨阿克，伊萨阿克生雅柯夫’……等等……”阿夫拉姆解开小皮袄，从怀里掏出一个小包，打了开来，拿出一张变黄了的纸，伸展开来，送到我面前：“看到没有？……你该认得这字，这是你爸爸，愿他在天堂安息，是他写的！……就是它救了我！”他对着证明流了一阵老泪，又把信贴到嘴上亲。他又像当年在乡下我们家里那样，从衣袋里掏出一瓶酒，打了开来，不等我请他坐，就径自朝桌边走去。

我们一直坐到早晨。光阿夫拉姆讲，我听。这位在三十年代连同他的六个儿子都进入了首都工人阶级行列的老汉对我叙述的事情非常惊人。他一面因为喝酒，更因为痛苦的回忆不住地倒气，对我讲了，他的四个儿子在伟大的卫国战争的各种战役中牺牲了，另外两个，谢天谢地（这时老人家有点儿兴奋起来，很小时候出天花留下许多麻子的那张脸也发亮了），活着回来了，而且都没有受伤，现在都在莫斯科一家工厂当钳工，阿夫拉姆自己已经退休，天天跟老伴儿（“我那老伴儿是好样的，身子也结实着哩！”）一起带孙子孙女（“我家孙子孙女有一大群，简直像一窝小鸡！”）。

我很想要回那张证明信作为对爸爸的纪念，但没有开口，一直眼看着那封信又进入阿夫拉姆的怀里，想必他对它更为珍视。

被列入第一批受清算者名单的季莫菲·叶弗列莫夫也没有完蛋，没有灭亡，没有从大地上消失：一个人，特别如果他在任何环境下都能不顾一切地为自己的生存而斗争的话，是不容易死的。当时不仅准备把季莫菲划成富农，而且因为他在前面提到的大会上从会场后面向主席团发出“反革命”插话，准备把他送交法庭。第二天早晨，民警扎夫戈罗得涅夫就把他逮捕，关到镇苏维埃一间不大的贮藏室里，准备第二天交给侦查员。民警为了防备万一，拿走了被捕人的皮袄和毡靴，以为被捕人没有暖和服装是不敢跑的。可是季莫菲就敢跑。他听到看守人(担任看守的竟是又马虎又粗心的卡尔普·科图诺夫)那雷鸣般的鼾声，用肩膀把门顶开，光着脚，既不感到雪冷，也不顾两只脚已经失去了知觉，顺着林中大路朝附近的柯洛格里耶夫村奔去，那里有他的远亲。他没有要我爸爸开证明，大概他不知道在哪里遇到了别的好心人，别的好心人救了他。菲多特卡那样不厌其烦、有声有色地对他大哥讲过的那种真理，也许季莫菲终于找到了吧？

不管怎么说，我在战后不久也在伏尔加河彼岸一个不大的村子里遇到了季莫菲。那个村子的名字很奇怪——叫“天津”，就跟萨拉托夫隔河相望。我甚至到季莫菲他那相当漂亮的家里去探望过几次，并且我发现了一点非常意外、非常重要的情况：原来这个俄国的天津一半以上的居民是我们寺院镇来的同乡。有些人——这样的人是大多数——也是被冲击阿夫拉姆和季莫菲的那股浪头冲离了自己的乡土，于是他们就在这很少人知道的小村子里，在这个“天津”躲了起来，就像躲进了中国的万里长城。还有一些人来得迟些，是亲戚招他们来，或者是比在农庄里更自在的生活引他们来的。

在这里不需要等待，你的一个劳动日到秋天将变成什么，是变成一百克还是三百克粮食；在这里只要不偷懒，就能吃饱，就有衣服和鞋子穿；小小的菜园不仅能养活你和你的全家，而且能叫你富起来：葱、小萝卜、芹菜、莳萝、莴苣在园子里长大了，及时送到萨拉托夫市场上，就能换回刷刷作响、鲜艳夺目、花花绿绿的钞票。为了做样子，为了装点自己，为了不叫人说你不关心公共事业，你可以在商店或者在此地唯一的企业——锯木厂当一个看门的，要不然就在渡口上干点什么，或者找个不太劳累的什么差事干干，你就可以心安理得了。

伏尔加河里还有不少鱼，也可以捕来卖钱。伏尔加河面上不仅行驶着轮船，而且漂流着上等的松木，只要你手疾眼快，将带钩的长竿朝上面一搭，拖到岸上，就能造房子。如果这些脱离了木排、无人照管的松木还不够用，你可以划着小船凑到大河上漂流的木排跟前，朝站在上面的小伙子递个眼色，让他看看从帆布底下露出来的鲟鱼或鲤鱼尾巴，小伙子就会自动地给你解下不是一根，而是一下子好几根红红的、流着金黄色的松脂、直得像蜡烛一样的松木。这里也是那些在自己家里从小就掌握了最古老的偷骗手艺的人们的福地，他们就把为他们提供了藏身之地的这个小村叫作“安全城”。这些夜游客们过着与众不同的生活：白天他们哪里都不去，躲在黑暗的角落里，在贮藏室或者地窖里睡大觉，打纸牌，拼命喝酒，到深更半夜才像幽灵一样钻出来去干冒险的营生。他们有时打扮得像城里人一样，回到自己镇上去待上两三天，夸一夸自己的“阔气”，向庄员们炫耀一番自己的新衣服、小牛皮皮靴或者鞣皮皮靴，尤其要让人看看他们那又白又胖的脸；他们也能招引人。因此，钉死了窗子的房子和很快就长满滨藜的院子在镇上越来越多……

阿夫拉拇在当年那难忘的一夜里并不是最后一个来找我爸爸的客人。最后来的是工程队长穆拉托夫、磨坊承租人考弗曼和瓦西里神父。他们是黎明时候带着不小的酒意来的(好像他们已经在磨坊里喝过不少了)，神父和考弗曼的脸上已经带了那种熟悉的笑，那种笑不是因为日子过得快活，而是由于一个人看到自己没有出路，便将一切置之度外，拿定主意："破罐子破摔！"于是就拼命喝酒，就是说，一喝起来就不要命，就什么也不管了，正如平常说的，把什么都豁上了。这时已经开始做新校舍装修工作的穆拉托夫显得完全是清醒的，他跟男子汉们在一块儿喝酒差不多都是这个样子。他把两瓶酒砰地朝桌上一放，两只手十分兴奋地互相搓了搓，用当家人的口气说：

"请赏光！我请客！"

穆拉托夫说过这话，我爸爸脸上也出现了那种悲观失望、无可奈何、绝不是心情愉快引起的微笑，看到这种笑容我们一下子都变得很不自在。

"好啊，喝！"他似笑非笑地笑了笑，并且举起右手勇猛有力地在空中一划，就像哥萨克挥动马刀那样。"既然要喝……孩子的妈，你到地窖里去！把黄瓜、白菜，还有别的什么东西，全拿出来！管它呢……瓦西里神父，老伙计，你老是站在门口干什么？快来坐！"

考弗曼和瓦西里神父都没有要证明，他们不要证明都应付过去了。我只是要说一说,半个世纪以后,也就是最近不久,我收到从遥远的诺沃西比尔斯克来的一封信。这是如今做了大工程师的跟我同岁的考弗曼的儿子写来的。还记得,在本书所讲到的那遥远的童年时代,我常常躲在河边柳丛里隔着巴兰达河朝对面望他。他身上干干净净,穿着短裤、蓝色小褂,小褂胸前开口处露出带条的背心,在我眼里,他是另外一个世界来的孩子,跟我们乡下孩子完全不同,所以我怎么都不敢游过河去,走到他跟前,我只是偷偷地注视着这个小德国佬在坝上跑,在浅水里玩水。他的父亲后来怎样,他们这一家怎么过来的,我不知道,不知为什么我也没有给他写信去问这一点。也许是以为:提起过去,他是不是会痛苦和伤心呢?生活中往往有些事情最好是不要重提。

据说,命运是无法预知的。要是有人能够一直注视着我们每个人的命运,一直从三十年代注视到今天,再把这一切形诸笔墨,那又该是多么有意思、多么动人的一幅图画啊!但是谁又来承担这一艰巨任务呢?编年史作家在我们地球上早已绝迹,而且这样的工作一个人能担负得了吗?将注意力集中在某一个人或者几个人身上,注视他们的命运,是不是更好些呢?不过,就这几个人,你都能注视得到吗?……

我爸爸开出的证明信救了阿夫拉姆和很多别的乡亲。但是我爸爸自己却未能用什么证明保护自己,以躲过旋风式的事件的袭击,那旋风很快就要把他像羽毛一样地旋起,转眼间就吹向不幸的边缘。当他发了狠,灌了一杯又一杯,丝毫不肯落在打不倒的穆拉托夫后面的时候,他是不是已经猜到了这一点呢?

天还没亮,四个人一起离开我家,十分钟后,在我爸爸带领下一起进了最不盼望这些客人的格利戈里·茹科夫的家。这会儿已经不是穆拉托夫，而是我爸爸，不等主人回过神来，一下子从衣袋里抽出酒瓶，就像从刀鞘抽出军刀那样，砰的一声将酒瓶放在桌子当中，一面大声说：

“来，格利戈里，咱们讲和！”

五

不用进行审讯，我们聪明的“猫”老师，即伊凡·巴甫洛维奇·纳乌莫夫，就准确无误地判定了谁是“疙瘩滩”上的“冰上鏖战”的罪魁祸首，他并且采用了沃罗宁的方法，宣布对万卡·茹科夫和格林卡·穆兹金施行最新式的处罚——隔离。他同时对所有其他学生下了口头指令，指明：从今天起，在一年之内，谁也不能同被隔离者讲话，不能同他们来往。老师自己也给自己规定：今后上课不管他们，就算班上没有这两个学生，就当他们根本不存在。

不过很快就清楚了，这一次老师显然弄巧成拙：他采取的处罚倒是便宜了两个打架的罪魁。现在他们可以不准备功课，不做家庭作业，在学校里可以不听老师讲课，不参加“猫”老师举办的“谁算好，谁回家”的比赛，课后也不必留下来为准备过节画宣传画和写标语。还不仅是这些，而且他们的手和舌头更是出人意外地获得了差不多完全的自由。就在隔离生效后的第一天，他们又运用了手的自由，又运用了舌头的自由。跟杜尼娅·波利亚科娃坐在一张桌子上的万卡，因为她死不回答他的接二连三的问话，在她的腰侧狠狠拧了一把。她尖叫一声，像猫一样蹦了起来，回敬了同桌一记响亮的耳光，同时跟他大吵起来，实际上，这正中万卡的下怀。看样子，他的行动事先是跟格林卡协商好的，因为格林卡也已经跟不幸作了他的同桌的舒尔卡·奥季诺科娃大吵起来。论胆量和蛮劲儿舒尔卡不仅完全比得上卡佳·列斯诺娃，而且也比得上欺负她的格林卡，所以她对他寸步不让。她忘记了应当对被隔离者冷淡不语以示惩戒的指令，像只喜鹊一样叽叽喳喳叫得全教室都听得见，还抓住格林卡那蓬乱的长头发，拼命摇他的头，看那架势，好像这不是头，而是要从地里拔出来的一棵食用大甜菜。格林卡觉得又疼又好笑，觉得自己真像不久就读过的一首诗里描写的那个小孩子。他一面在做无益的挣扎，要从舒尔卡那抓得紧紧的、长着尖指甲的手指中挣脱出来，一面时而哈哈大笑，时而像小牛一样哞哞直叫，有时甚至还求情，但是声音很小，只让舒尔卡听见，有时装作呼救，放开嗓门儿大喊："救命啊！行善的人们呀，救救我吧！……"全班孩子好像巴不得这样似的，顿时报以又开心、又得意的哄堂大笑，一直笑到怒气冲冲的伊凡·巴甫洛维奇三步并作两步首先冲到万卡跟前，随后又冲到格林卡跟前，扯住他们的耳朵，就这样把他们拉到一块儿，一起拉出门去。等他又回到讲台上，全班学生才做出一心想听老师上课的样子，果然不作声了。

不过，这一堂课还是被搅得没有上好。被搅得心神不定的"猫"老师马马虎虎地将课上完，但他没有按照事物的常理去做，没有取消隔离，因为伊凡·巴甫洛维奇太固执、太爱面子，他不肯这样做。给万卡和格林卡解除这种奇怪的处罚措施的，是区教育局的同志。他们不知怎么晓得了这件事，于是不仅取消了这种处罚办法，而且申斥了“猫”老师的“不符合教育原则的行为”。显然，这不仅指的是隔离，而且还包括他有时不得已按照老习惯动手打人。

为了补偿自己的过失，为了继续取得区人民教育局的信任，也为了在地方领导，首先是在沃罗宁面前有所表现，同时也为了使孩子们得到新的锻炼，伊凡·巴甫洛维奇将孩子们组织成宣传队，让孩子们挨家挨户去宣传，特别要向那些顽固的人宣传，劝他们加入集体农庄。

有一个宣传小组的组长是格林卡，伊凡·巴甫洛维奇有意地把万卡也编入这个小组，以为这对他们两个将是一种更厉害的隔离处分。可是这一次老谋深算的“猫”老师又算错了。他想都没想到，学校、镇苏维埃、家长都没有做到的事，“隔离”出人意外地做到了：不仅使原来好像不共戴天的仇敌和好了，而且使他们亲近起来，要好起来，——人们遇到共同的灾难，往往会出现这样的情形。

格林卡和万卡被编到一个宣传小组里以后，都十分热心地干了起来。格林卡决定首先去找雅柯夫·特维尔斯科夫。雅柯夫·特维尔斯科夫不知为什么有个外号叫“夜莺”，虽然这个又粗野又凶狠的汉子完全不像一只歌喉甜美的鸟儿；他又喜欢骂人，又喜欢吵架，天天跟家里人吵，跟街坊吵，吵得家里人和街坊不得安宁，吵得自己喉咙总是嘶哑的，倒是很像一只老鸹。他能跟夜莺相比的恐怕只有一点，那就是他不让家里人和邻居们睡安稳觉，常常在夜深人静时候无缘无故地叫了起来，他还要给自己的半夜叫声配上特别响亮的、自己发明的多级骂声，夜夜搅得家里人和邻居们不得安宁。连十分威风的沃罗宁都不敢来找这样的“夜莺”，因为新主席对雅柯夫的事情已经听了不少。

但是格林卡偏偏就决定从他开始。他所以这样决定，显然是因为，雅柯夫不仅跟他格林卡是同姓的（姓特维尔斯科夫的和姓叶弗列莫夫的一样，在镇上至少有四十户），而且是他的叔叔，因为雅柯夫是格林卡早已去世的父亲的亲弟弟。格林卡的父亲因为十分喜欢弹三弦和拉手风琴，才有了“穆兹金”[①]这个外号的（这个外号后来成了格林卡的妈妈和梅林卡自己的姓）。

“咱们一定能说服我雅柯夫叔。他是我的教父！”格林卡毫不犹豫地说，他是在给自己打气，也给小组的成员，特别是给一向胆子不大的明卡·阿尔希波夫和扬卡·鲁勃佐夫打气。“然后咱们再去找你爸爸。”格林卡指了指扬卡。

“好……好吧。”扬卡好不容易说出这话。

来到“夜莺”家的大门口，少先队宣传小组不得不停了下来，因为遇到了障碍，那障碍格林卡早就知道的，但是事先没有讲。为了迎接这批不受欢迎的客人，雅柯夫没有自己出来，而是解开锁链，放出了一条又大又凶的公狗，那狗已经在大门里面呜噜呜噜地吼着，疯狂地乱扑乱抓，杀气腾腾。那狗一会儿窜到这边，一会儿窜到那边，一会儿龇牙咧嘴地要从篱笆门缝里伸出头来，一会儿要从大门缝里伸出头来。格林卡小组的组员们吓慌了，全跑到街心里，只剩了组长一个人在那里。脸色灰白、像小兔子一样打着哆嗦的格林卡拼命要做出很有种的样子，他想说服那条狗，不住地交换自己说话的腔调——一会儿好言好语地劝说，一会儿

①意思是“乐师”。

吓唬：

"'小球儿'，我的好'小球儿'，不认识我了吗？……是我呀，我是格林卡呀！……'小球儿'，好啦，别叫啦……你怎么，当真疯啦？……住嘴，浑蛋东西！……看我拿石头砸你！……"

个头儿跟一岁的公牛一样高的"小球儿"有时候不叫，但那只是为了再一次更凶狠地朝大门、朝篱笆门、朝篱笆猛扑。那狗要是跑着一跳，也许会跳过篱笆的，这是格林卡最担心的。格林卡已经完全失去了自制，但是他还站在篱笆门边，不知道要干什么。等万卡回到他跟前，他才多少振作起来；万卡可能是良心发现，或者想逞能，也许两样都有，只见他雄赳赳地走到这会儿"小球儿"正在那里乱抓乱扑的篱笆跟前，也来跟吵闹不休的狗进行谈判：

"你这条讨厌的狗！……你有完没有完？我来拔根桩子，你再给我叫叫看！"万卡为了吓唬狗，抓住篱笆脚下的一根木桩。

这一动作出人意料地生了效：想必这条狗是多次尝过棍子的滋味的。为防万一，那狗带着哭腔从篱笆跟前跑了开去，这会儿它在后院里粮仓后面叫了。

"对付狗就要用这种办法，可是你，'小球儿，我的好小球儿'！"万卡洋洋自得地笑了笑。"把门开了，进去！"

小组里别的组员也一齐来到他们眼前。

不过，孩子们还是进不了院子。四条腿的门岗撤退了，前来接班的是它的主人——格林卡的叔叔雅柯夫，也就是"夜莺"。他发现少先队员当中有自己的侄子，使用凶狠的目光将他从大堆中挑出来单独望着，厉声问道：

“你把这些狗崽子带到我家来干什么?”

“我们……”格林卡正要回答。

“别‘我们,我们’的,又不是叫你学牛叫。说:干什么?嗯?!”

“雅柯夫叔,大家都加入集体农庄了,就你一个……”万卡一口气说到这里,但是他只能说这些了,因为底下他就被那汉子狠狠一拳打倒在地上。格林卡一下子气得跳了起来,朝叔叔扑去,但是他遇到了另一拳,这一拳也够分量,直打得这孩子一时失去了知觉。

格林卡听到一个人的喊声清醒过来:“哥儿们,你们望什么?!他这个魔鬼,要把孩子打死了!瞧他那股狠毒劲儿!”

附近几户人家的男子汉跑了出来,一面跑,一面披衣服。他们马上就数落起穷凶极恶的“夜莺”,但是他冲他们叫了起来,那叫声完全配得上重新跑到篱笆跟前和主人联合起来的“小球儿”;“小球儿”为了讨好主人,挨个儿向所有企图说服雅柯夫的人扑去。不错,狗很快就老实了,因为它屁股上挨了狠狠的一脚,这一脚是卡尔普·科图诺夫赏给它的,卡尔普就跟“夜莺”住在一条街上,也是这一次最先跑来的一个。为了把孩子们护住,大家把行凶人包围起来,但是他还是在骂人、在吼叫:

“我要把这些狗崽子打死,全打死!……哼,打起我的主意!……我让你们看看集体农庄,叫你们一辈子都忘不了!……你们这些哥儿们,跑来干什么?……到我这里看戏,是不是?……赶快给我滚开!要不然我拿草叉去……”

“伙计们,咱们走吧。”卡尔普说,“他什么事都能干得出来……你们有什么好哼鼻子的？”他忽然转身对着少先队员们：“哪一个糊涂蛋叫你们来干这差事？……你们也赶快回家吧，流鼻涕的宣传员们！……你们多管闲事！……偏偏找到他来宣传！他这个人，就是用套马索也拉不到农庄里去，可是你们偏来找他……再说，咱们农庄里干什么非要他不成？他到了农庄里，会搅得谁都受不了！……让他像只离群的公狼一样单独过下去吧，咱们没有他也能过得去！……走吧，哥们儿！反正谁都吵不过他。他是铁嗓子！……娃娃们，你们也趁早走吧。”

“宣传员们”谁也不看谁的眼睛，也不听已经清醒过来、自然不甘心认输的格林卡的劝阻，一个个离开队伍，低下头各自跑回家。大街上很快地就剩下格林卡一个。他又委屈，又懊恼，不知是一股什么力量使他站在原地，倾听着他的亲叔叔和教父“夜莺”雅柯夫在不停的狗吠声伴奏下在自家院子里狂叫。

“我来放火，一定来放火！……一到夜里就来……”突然产生的这个念头先是使他自己兴奋起来，格林卡有了精神，因为有了这种了不起的决心顿时满面红光，后来因为想到这个念头所包含的又惊心又可怕的内容，更因为他再也摆脱不开这个念头，不由地发冷、发起怵来，便赶快在心里又说一遍：“我来烧，一定来烧！……”

别的一些小组的情况也不见得好些，到处都是一进门就被很不客气地撵了出来。我们去找卡佳的爸爸伊凡·列斯诺夫，我一进门就讲起集体农庄，他差点儿没扯掉我的鼻子。列斯诺夫仔细听我讲完，甚至还嘟哝了几声，好像表示同意：“是的，是的，参加集体农庄，是这样吧？……好吧，好吧……”他一面这样说，一面走到我这个小宣传员跟前，用两个毛烘烘的指头捏住我的鼻子，使劲地扯，说道：

“把鼻涕好好地揩揩吧，少先队员！嘴唇也要揩揩，嘴唇上你妈妈的奶水还没干呢。听清楚了吗？”他让我转身对着门口，用膝盖朝我的屁股轻轻一顶。“滚吧！你们也给我滚！”他对别的几个孩子说。

卡佳在炕上躲在角落里哭了好一阵子。

伊凡·列斯诺夫会参加集体农庄的，但那要多少晚一些。这会儿他死也舍不得他的骆驼，那匹骆驼是他学阿夫拉姆的样儿，拿一匹马跟伏尔加那边一个哥萨克人或者吉尔吉斯人换来的。

我的宣传还是比别人顺利些。不错，又有三家把我们很不客气地赶了出来，可是到了第五家，那是我特别不愿意去的，我们却受到了格外亲切、跟我的预料完全相反的接待。我所以感到特别吃惊，是因为，这一家的家主不是别人，正是万卡的爸爸格利戈里·茹科夫。我本来就认定，伊凡·巴甫洛维奇特意把这一家排进我的名单，就是因为我不久前参加冰上鏖战要叫我吃点苦头的。我因为充满了少先队员这一称号激起的崇高责任感，不能表示异议，但是自知到时候必定遭殃。我们在黑暗的过道里推推挤挤，寻找门把手，乱腾了很久，直到主人听到我们乱哄哄的声音，亲自把门给我们开开。

“进来，进来，孩子们！”他亲热地喊我们进去，“看样子，鼻子都冻坏了吧！”

听了他这话，我不由地拿手捂住自己的鼻子，生怕格利戈里叔又像伊凡·列斯诺夫那样扯我的鼻子。但是格利戈里叔还是那样亲热。他甚至还吩咐维鲁哈婶婶：

“孩子的妈，拿饼子给他们吃。”

并且他亲自把我们一个一个地拉到桌前。

我吃过了饼子，胆也壮了，于是尽我的本事向主人说明我们的来意。我早已发现，万卡不在家，万卡的哥哥费佳也不在家，我就更胆壮了。

“啊，你们为这个来的呀！”格利戈里叔开朗地笑了笑，可是开头我们不明白这笑是什么意思，不明白他这一笑将带给我们什么。“好，没说的，你们是好样的！……好吧，孩子的妈，把那张纸拿来。就在圣像后面……我听说你们要来，先把申请书写好了。你们拿去，交给沃罗宁好啦。”

我把申请书紧紧攥在手里，几个箭步跑到街上，飞也似的朝镇苏维埃跑去，米沙·特维尔斯科夫和别的组员勉勉强强跟得上我，半路上碰到我爸爸，爸爸明白了是怎么回事，便把我们带到农庄管理委员会，管委会就在商人萨维利约夫宽敞的房子里，萨维利约夫在两年前就很有预见地离开镇上了。格利戈里·茹科夫的申请书是农庄主席泽林斯基亲自接下的。就是这个泽林斯基，我爸爸不知为什么把他叫作“二万五千人队队员”[①]。

泽林斯基把申请书在面前桌上摊了开来，念了一遍，又念一遍，然后才说：

“你们这些宣传队员真不简单！有两下子！”

我们高兴得脸都红了，简直不知道把自己往哪里搁了。

我还不知道，在我们之前，我爸爸已经到茹科夫家里去过，并

①当时苏联共派出二万五千先进工人到农村支援集体化运动。

且跟格利戈里叔讲和了，——正是这一点促使事情成功的，我们却把功劳单单算到自己账上。

那么，格林卡又怎样了呢？他回家以后，是不是冷静下来，放弃了他那可怕的打算呢？很可惜，他没有。他只是多少修改、变动了一下原来的计划：他决定不烧雅柯夫叔的房子，烧他在小打谷场上的禾棚。现在他把自己的心思藏着，一点不露声色，等待着月黑夜，等待着像可怕的剑一样挂在他那不顾死活的头上的月牙儿在寒冷的，好像故意特别明亮的夜空完全消失。在实行计划之前的那几天，格林卡吃不好，睡不好，每天夜里像条泥鳅一样在吱嘎吱嘎直响的木床上翻来翻去，有时在半睡半醒状态中叫了起来，要不然就像个梦游病患者一样，一下子爬起来，光着脚跑到雪地里去。妈妈看到这些情况，但是，一个寡妇的事情本来就够忙够累的，没有把儿子行动方面的这些变化特别放在心上，她心想：一定是又跟哪一个孩子打架了，打过架就很烦躁，过去他常常这样。

到第五天，刮起了西风，风越刮越大。起先西风在潘齐列夫村后面将许许多多零散的小云块聚拢成一大片阴云，驱赶到寺院镇上空，到傍晚时候就将寺院镇和镇的四周全遮严了。半夜时下起了雪。先是一片像小小的白色柳絮似的雪花像驾着降落伞一样无声地落下，然后第二片，第三片；可是到了夜里一点多钟，已经不是落雪，而是旋雪，是雪旋风了，因为北风这时醒了过来，决定拦住西风的去路，不叫它前进，要把它打退，可是西风这时候已经实力雄厚，所以对敌人进行了猛烈的反抗。两种风力的搏斗，先是引起雪旋，雪旋很快就变成雪旋风，像一股股幽灵似的龙卷风你撞我、我撞你地飞驰着。

所有的活物都躲进了房子里或者畜棚里。格林卡却相反，他慌着要到外面去。

“这么大的风和雪，你慌着到哪里去？”妈妈在炕上喊道。

“撒尿。”格林卡回答说，一面慌着扣小皮袄上的纽扣，他穿的是几个孩子共穿的那件小皮袄。

“往桶里撒好啦。桶就在门口。”

“那怎么行？哼，我又不是小娃子！”格林卡很生气地嘟哝说，接着就快步走出门去。

他不知道，妈妈见他没有回去，三次走到院子里，唤他，甚至还往后院的水井里瞧，瞧瞧她那不听话的儿子是不是不小心掉到了井里，这一次她回到屋里，推了推格林卡的哥哥，将他弄醒了；他们不顾雪大风紧，在院子里到处寻找，碰到每一处可疑的黑乎乎的凸起来的地方都要摸索摸索，喊了一声又一声，但是只有像野兽一样发着阵阵怒吼的风在高声回答；已经叫渐渐战胜了西风的北风吹冷了的、冰人的雪花打在脸上生疼，雪花糊住了睫毛，冰得眼睛里流出泪水。

格林卡这时候已经来到打谷场上，走到他要烧的禾棚跟前。他还担心自己在最后时刻害起怕来，没有实现他对“夜莺”的惩罚就跑掉，所以他赶紧动手，用右手去掏火柴，其实那盒火柴在路上已经从口袋里移到他的左手里了。等他终于想了起来，这才弯下身子，钻到檐边几乎抵到地面的麦秸棚顶底下，动手划火柴。可是，也许因为他划的不是该划的那一头，也许因为他的手抖得厉害，也许还因为火柴在这关键时刻以前一直待在他那汗湿的手里，潮湿了，总而言之，急人的是，格林卡很久没有划出火来。划着的第一根火柴着了不到一秒钟，因为马上就叫强劲的卷地风吹灭了。另外几根火柴的火头也经历了同样的遭遇，直到怀着深仇大恨的复仇者想起万卡在抽烟时是怎样划火柴的。格林卡用手将火柴盒捂着，挡住风，终于成功了。他用变得像小小的红灯笼一样的手掌将晃晃不定的小小的火头捂住，送到一束干麦秸底下。火立刻着了起来。小纵火犯撒开两腿就跑，但不是朝镇上跑，到镇上是可能被逮住的，而是朝加耶夫山上跑，坟地一过去就是加耶夫山了。

格林卡跑着，磕磕绊绊地趟着卷地风吹拢的一条条结实的雪堆，无数十字架从两边向他包围过来，他已经觉得，这不是十字架，而是死人自己从坟墓里走了出来，为的是将来到可怕的法庭上为格林卡的罪行出席作证。当他的脚被看不见的东西绊了一下，他跌倒的时候，他以为那是不知哪一个死人对他使了绊脚，格林卡怕得不得了，叫了起来。等他爬到山上，这才第一次回头望去。他看到的场面，使他又惊又怕，帽子底下的头发都抖动起来。

在小打谷场中央，一根巨大的火柱冲向黑暗的、无星的天空，那火柱朝两边摇晃着，像一只无形的巨兽，时而照亮这座禾棚，时而照亮那座，有时一下子照亮几座。一束束烧着的麦秸像寒鸦一样在火柱之上和火柱里面飞舞着，迸出血红的火星，一只只鸽子像白色天使一样在火柱两旁飞翔着，时而消失在火柱的边缘后面，时而在火柱的折光中重新出现；那些鸽子是被报警的钟声惊醒，从教堂顶上的黑屋子里飞出来的，两个教堂里和正教的、库尔吉尔家的和叶弗列莫夫家的小礼拜堂里的钟已经一齐响了起来。格林卡听到熊熊大火的呼呼声和噼啪声以及棚架塌落的咔嚓声，他对着发狂的熊熊大火，看着这可怕的场面，望着团团飞雪，一下子没有看到已经从四面八方跑来救火的人群，等他看到了，又觉得十分吃惊，他吃惊的是，谁也不动手，不采取任何行动：男子汉们、小伙子们、婆娘们和姑娘们只是将手晃来晃去，指着什么地方，但是没有做任何一点救火的尝试，看样子他们都明白，现在这火已经无法救了，想救出这座棚子的一部分也不行了。但有人还是爬到旁边一座棚子的顶上，扑打落在上面的烧着的麦秸。镇上有一半人都跑来了，机灵的格林卡于是决定下山，混到人堆里去。

他快到黎明时回到家里，他浑身上下就像一段燃烧的木头刚刚浸到水里，冒着浓烈的呛人的烟气和焦煳气。妈妈见他回来，高兴得不得了，甚至都没有打他，只是把两手一扬一拍，说：

“噢，圣母啊！你是不是到火场上去的？谁家的打谷场失火了？”

“不知道……”

“主啊，这是什么年头啊？！这是因为咱们不信耶稣，上帝给咱们惩罚了！听说，不久还要把钟拆下来呢，没良心的！……”

格林卡钻到被窝里，可是妈妈还讲了很久，一会儿跟圣母讲，一会儿跟上帝讲，一会儿自己跟自己讲。

她的小儿子干的事情好像成了多起纵火的信号。起先都是在小打谷场上，几天之后转移到大打谷场上，后来就烧起院子和房子。天一黑，瞧吧。不是在镇上这一头，便是那一头，冒出火光，报警的钟声疯狂地响了起来，人们从家里跑出来，有时都不知道该朝哪边跑：有时在一个晚上，大打谷场和小打谷场上几座禾棚或者甚至在不同的地方有几座房子一下子同时烧了起来。"夜莺"雅柯夫·特维尔斯科夫的禾棚是他的侄子烧的，其余的纵火者又是哪些人呢，谁也不清楚，寺院镇上的人都在纷纷猜想、推测。有些人说，这许多起火是被没收了财产的人的儿子们偷偷回到镇上放的；或者是他们的亲戚们放的；有些人认为，房子或棚子无人照管就必然要遭殃（我爸爸和佩特尔·奥季诺科夫都持这种观点）；还有一些人认为，这都是街道上一些流氓喝醉了酒胡折腾。妇女们每天早晨在井边见了面又是哎哟又是啊呀，每到晚上就成群成堆地拥在街头巷尾，又要看又怕看地看着凶猛的大火又在这里那里发起威来。

"这不是得到报应了吗？"一个特别虔诚的妇女一面画十字，一面惊叫道。

只有菲多特卡·叶弗列莫夫好像还是满不在乎。他走到台阶上，望着可怕而壮观的火势，意味深长地说了一句：

"烧吧，烧吧，俄罗斯母亲！"在不远处射来的跳动的火光照耀下，他的眼睛闪出一种不是常人所有的凶狠的光芒。

六

春天，春水已经进入河道，道路也干了，也就是已经快到播种时候，从潘齐列夫村后面什么地方传来一种很奇怪、很不熟悉、跟以前任何声音都不一样的轰隆声，那声音显然是朝我们这边来的，因为它一会儿比一会儿清晰，一会儿比一会儿粗大。被这种声音引到街上的人们突然站住，用疑问的目光互相望着：这是怎么回事儿？“没主儿”老爹刚刚在他那凌乱不堪、很久都没有养过牲口的院子里对着篱笆解过小便，这会儿用两个手指扯着耳朵唇，朝潘齐列夫村那边的大路上听着：他不记得，在他这漫长的一生中什么时候听到过这种声音。等轰隆声来到蛇桥桥头，来到镇边，“没主儿”老爹怕了起来，赶紧躲进自己独身居住了二三十年的小屋。“还是小心些好。”他一面画十字，一面嘟哝说，这会儿他已经站到窗子跟前，要隔着窗子看，希望不冒很大的生命危险就解开这个谜。

我的舅舅伊凡·莫罗佐夫赶紧跑到教堂里，并且已经站到那口最大的、一百普特重的钟底下，准备随时让全镇回荡起深沉悠长的铜钟声，——这位看守人近来夜夜不离钟楼，通夜在敲钟报警，召唤人们去救火，自己也在高处观看这种少见的凶险场面。大概这时候镇上人数他第一个看到两只巨大的黑色甲虫，两只大甲虫正在路上朝寺院镇爬着，身后留下一团团的黑烟，所发出的惊心动魄、愤怒得直喘的吼声使任何人都觉得害怕。伊凡舅舅看到这种情景，匆匆画了个十字，就使劲用脚踩动了用长绳子连接着大钟“舌头”的木板，大钟响了，他觉得那大钟只听他一个人的，高高兴兴地听他指挥，发出的声音压倒了一切其他的声音，于是十分兴奋，十分带劲儿，便忘记了世上的一切，一个劲儿地撞了起来，直到沃罗宁亲自爬上钟楼，赶着他从转圈儿的木楼梯下来，同时还赏了这个热心的撞钟人一拳。不过这时候全镇的人已经被钟声唤起，一齐涌到街上来了。

至于我们孩子们，就连严厉的伊凡·巴甫洛维奇也管不住我们,不能把我们关在学校里了,我们受着好奇心那种无敌的力量的驱使(在我们这样的年龄,好奇心总是能战胜恐惧的),最先来到蛇桥桥头,从我们不了解的世界来的两个钢铁怪物已经好像犹豫不决地在这里停了下来。

我们又高兴又害怕地睁大眼睛盯着的两个十分肮脏的人形怪物,从上面下来,开始观察木桥,显然是要看看这桥能不能经得住他们那喷吐着烟和火的铁马从上面过。他们认为应该是经得住的,便回到机子跟前,爬上座位,在上面摆弄了两下,拉了拉铁杆,按了按不知是什么;两头可怕的巨兽嗥叫起来,用它们那好像又大又快的刀子一样斜伸着的爪子,拨动着桥上一根根像肋骨一样的木头,从桥上通过。

“拖拉机! 拖拉机!”不知是谁在我背后叫了起来,那声音十分响亮,我觉得十分熟悉。

我回头一望,碰上了万卡那圆圆的白眼睛。

“拖拉机! 拖拉机!”我也跟着万卡叫了起来,我还不知道,在这样不平常的时刻他跟我在一块儿,是应该高兴呢,还是应该准备打架。

“福……特……牌!”米沙·特维尔斯科夫忽然拉长声音念道,他因为自己的发现觉得不好意思,脸都红了。“我念的是拖拉机头上的字:‘福特牌’! 真的,我以少先队员的名誉保证!”他拼命强调说,虽然谁也没有跟他争论。

看样子,他的激动的声音传到了附近一座房子跟前,那里汇集了一二十个妇女,其中有一个马上哎哟了一声,把两手一扬一拍,叫了起来:

“共济会员，共济会员[①]！……嫂子们，这可怎么办？……啊？……世界要完蛋了！圣母呀！……教堂里的钟怎么不响了？……这聋子鬼到哪里去啦？……”

“大嫂，你说的是哪一个？”

“当然是伊凡！还能是别人？……”

妇女们的好奇心也许比孩子们的好奇心还要大些，只是这样的好奇心没有让她们跑掉。当第一台拖拉机来到大街上的时候，她们只是像羊群一样向后面退了退，拥拥挤挤地紧紧靠在高高的板门上。坐在第一台拖拉机上的小伙子，只有那卷曲的头发和嬉笑时龇出的牙齿是白的了，他调皮起来，故意将方向盘多少朝右转了转；很听他的话的“福特牌”便朝妇女们冲去，妇女们不要命地哇哇叫了起来。小伙子觉得满足了，便突然将方向盘朝左一转，校正了方向，跟在已经超到他前面去的伙伴后面，顺着不久前定名为花园街的又直又宽的大街向前开去。

孩子们你争我抢地跟着拖拉机跑，胆子最大、腿最快的跑在拖拉机前面。我不记得我是怎样几乎挨到了一台拖拉机，那台拖拉机突然停下，一个又黑又肮脏的人从上面跳了下来，用胳膊将我一夹，抱了上去，让因为害怕同时也因为说不出的高兴发了呆的我跟他坐在一块儿。从他的手，从那透过马达的响声勉强能叫人听得见的声音，尤其从那两排整齐而白得耀眼的牙齿，我明白了：这就是我二哥连卡！我非常骄傲，心里的骄傲要把心胀破了，我简直不知道如何是好，觉得自己成了英雄，成了一切的一切、其中也包括这吼叫的庞然大物的统帅，我不住地来回张望乱哄哄地

①在俄语中，“共济会员”和“福特”音相近。

跑在前面和两边的跟我一般大的孩子们,我望的时间最长的是万卡,万卡就在我们的拖拉机前头像匹小马驹一样连蹦带跳地跑着。我注视着他,并且觉得,我对我的仇敌没有一点恶感和敌意了,而且甚至好像还喊了起来:“万卡!……”——但是我的喊声淹没在周围一片难以想象的哄叫声和嗒嗒声中。也许我根本没喊,而只是想喊他。在女孩子当中,只有最大胆的卡佳·列斯诺娃跟着拖拉机跑,其余的女孩子都离得远远的,只在大街两边跑,从一家门口跑到另一家门口,还吓得不住地尖叫。

男子汉们尽量保持自己的尊严,不声不响地望着拖拉机,心里在考虑怎样对待这玩意儿。有的人在摇头;有的人在抓后脑勺,想在后脑勺上寻找答案;还有人望望旁边的人,好像是想跟旁边的人取得一致立场,——不管怎么说,谁也没有忙着下结论,谁也不想过早地就这件大事表示悲伤或者高兴。不错,“夜莺”雅柯夫听到拖拉机来了,马上就斩钉截铁地说。“不管怎样,反正没有好事!”离他很近的菲多特卡“安慰”这个说丧气话的人说:“‘夜莺’,你这话说到节骨眼儿上了!对于你来说,没有比这更糟的了。明天这两个嗒嗒直响、直冒烟的家伙就要爬到地里去,把所有的地界一下子全犁掉!以后你大白天打着灯笼都找不到自家的地了!我这个庄员,倒没有什么好伤心的,不稀罕这些地界,因为我们一切都是公的了。懂了吗,你这糊涂脑瓜?”“夜莺”像骆驼一样吐了一大口唾沫,又骂了一句十分肮脏的话,算是回答,接着就回到自己家里躲了起来。这事发生在第一台拖拉机来到他家门前的时候。奔跑的孩子群随着拖拉机的前进迅速扩大着,就像雪球从山上往下滚时那样。格林卡·穆兹金从自家门口一口气跑了过来,本想一面跑着跳到我的拖拉机上,但是没有跳上来,于是不好意思地笑着,脸红得跟炒虾子一样,跟在后面跑了起来,拖拉机扬起的灰尘差不多叫他全吃了进去。

不过,使我惊讶的并不是格林卡,而是米沙·特维尔斯科夫,他的胆子一下子变得那样大,他那很久没有理过发的头跟散热器挨在一块儿晃动着。一左一右,米卡莱·泽姆斯科夫和巴尼亚·卡梅绍夫像两个护送兵一样一路小跑地前进着。看样子,他们还是在潘齐列夫村后面迎到拖拉机的,因为他们从头到脚已经到处是黑油了。两个傻子的眼睛放射出胜利的光彩;他们不时地将孩子们朝旁边推一推,为自己扫清道路,从他们喜悦的内心不住地发出含糊不清的、高兴的哞哞声;看样子,他们也跟我一样,觉得自己成了今天的英雄,而且准备保卫自己在这方面无可争议的专权,不许任何人侵犯。只有这一点能说明,为什么巴尼亚和米卡莱一反常态,对待拥在他们跟前的孩子们不太客气。

我同情格林卡,便将手伸给他,于是现在我们两个都坐在连卡的拖拉机上,并且看到,万卡发现这一点以后十分难受。他甚至跑到一边,孤零零地在一个地方站了好一阵子,然后就跑到一条巷子里躲了起来。我当时的心情是复杂的:我很同情万卡,但是这种同情还不能完全占据我的心,因为有一种对被打倒的敌人取得无条件胜利的感觉、一种一时不易摆脱的感觉在干扰着。我心想:“这会儿万卡大概要眼红死了,他活该这样,让他以后别再打架!”可是,我觉得这种想法并不能彻底消除我对万卡的深切同情,于是我开始一一回想各个时期中我被他欺负得最厉害的那些事,但不知为什么想不起来。也许是我二哥没有让我想这些事,因为他抓住我的右手，放到方向盘上，将他那热乎乎的黑手捂在我的手上。我的心简直高兴得要炸了；拖拉机那钢铁身子的紧张抖动立刻传到了我的身上，扩散到所有的血管，激烈地发作起来，使泪水从我眼里涌了出来，我于是傻乎乎地、高兴地笑了。看到我高兴，连卡非常高兴，不由地用他那大手抚摩了一下我的脸，于是我的脸就跟那手一样脏了，这马上就使围在拖拉机前后左右跑着的我那些涅波切托夫街上的伙伴们眼红死了。

拖拉机不是停在公共场院里，不是停在镇苏维埃，也不是停在农庄管委会，而是停在牧场上，就在我家前面，正对着我家窗子，这更提高了我在一般大的孩子们和朋友们眼里的地位。在拖拉机手们吃饭的时候（妈妈想让连卡的脸多少像个样子，也就是给他洗一洗，可是他死也不让洗），我在慢慢冷了下来、在休息的拖拉机周围布置了岗哨，让格林卡·穆兹金、淹死过的佩季卡、科利卡·波利亚科夫、扬卡·鲁勃佐夫和明卡·阿尔希波夫四面站定，严密地把守着，不准任何人进入五十公尺以内。

夜里我们也站岗，这时候连卡和别的拖拉机手们（连他在内一共四个）在拖拉机旁神气够了，摆够了威风，又到群众文化馆去了，姑娘们早已在那里焦急地等待着他们。黎明时候镇上几乎所有的美女回到家时浑身沾满了黑油，而且她们并不慌着把衣服上和腮上的黑油洗掉，——这在当时姑娘们不仅不以为丑，而且是姑娘们引以为荣的一种标志。过了没有多少时候，全国就流行起一支朴素明快的歌子："小彼佳，让我们在拖拉机上坐坐吧，带我们兜兜圈子。"

在这难忘的、不平常的一夜里，万卡从傍晚直到天亮前都待在我家房上，隐藏在麦秸房顶上高高耸立的烟囱后面。他是利用房后比别处黑得都早，从房后爬上去的。本来有机会，他可以不顾危险，溜到地上，跑到我们跟前来的，但是万卡那总是能胜过恐惧心的好强心不让他走这最后一步。但是，为了能跟我一样，他已经做出的，已经付出的代价，实在不少了！

七

那一夜，我们家里也没有断人；满屋子都是爸爸的朋友，一如往常，其中最引人注目的是穆拉托夫。在建造七年制学校期间，在那瞬息万变的时代，镇上不可避免地发生的许多往往带有戏剧性的事件中，没有哪一次他是置身事外的。不过，他最关心的还是学校。人们经常看到他跑到各种各样的办公处，到各种机关、企业，到区里、到州里、到一切可以供应建筑材料的地方去弄材料，——建筑材料即使在我们今天也是十分短缺的，更不用说在本书所讲到的那遥远的年代了。这位工程队长在工作中从不顾惜自己的身子，也不顾惜自己的助手和工人们，谁要是上工迟到，他都严加惩处；也许昨天夜里他还跟受惩处的人坐在一起，亲热地拍着肩膀，搂抱着，还拿自己那东方式的又大又厚、喝酒喝得又软和又热乎的嘴唇吻过他。

“这真是个好人！真是好脑袋瓜！”我爸爸多次叹赏说。我爸爸是个喜欢交游的人，前面已经提到，他是最先跟穆拉托夫接近的。

不过，有时候会像我爸爸特别爱说的那个口头语一样——

“一时糊涂”起来,聪明脑袋瓜也会使人上当。大概,它就叫穆拉托夫上当了,因为他一身了不起的本事,居然一下子来到这样偏僻的地方。

等州里验收小组(请注意,不是区里的,而是州里的,甚至还不是代表州里,而是代表边区的)验收过校舍,穆拉托夫马上就离开了寺院镇。验收小组对建设者的工作,当然,首先是对穆拉托夫的工作,给予最高的评价。这是完全应该的。差不多半个世纪过去了,这学校到现在还是好好的,还在接收和培养一代又一代、一批又一批的“淘气鬼”,这些“淘气鬼”在战争和所有的五年计划中为国家出了大力,经历了命运为他们安排的很不容易走的道路。

事情做好了,穆拉托夫就可以走了。于是他走了,我看不见他了。但是他的足迹留下了。而且这不仅表现在物质方面,不仅指的是学校。就拿我来说,只要我活在世上,就忘不了穆拉托夫。一个人在生活道路上会遇到许许多多的人,不知为什么能记得牢的只是其中十个八个,记住了就永远不会忘记,不论遇到什么情况。显然我很少得到穆拉托夫的信息,但是我时常想到他,不论在心情宁静的时候,心里感到温暖的时候,不论在回忆起一去不返、不能挽回的童年时代,心里隐隐感到惆怅的时候。

他又高大又有劲,常常把我高高地抛起,抛得比他那满头卷发的头还高,好像我成了一个轻轻的皮球,我又害怕又高兴,一颗心直往下掉,或者直往上冲,冲到喉咙眼上,气都喘不上来,他在地面上把我一下子接住,就像接一只没有长翅膀的小鸟,同时他哈哈大笑着,完全像一个小孩子;然后他蹲到我面前,轻轻扯住我的耳朵，把我的头拉到他跟前，他又欢喜又兴奋，用他那黑黑的、朝外凸的鹰眼睛细细地看我好一阵子；有时我发现，这双眼睛慢慢地模糊起来，蒙起一层不透亮的膜，真像蒙眬入睡的鹰眼睛。本来就下垂的鼻子这时候垂得更低了，鼻子尖抵在厚厚的微微上翘的上嘴唇上。我猜到，穆拉托夫跟我亲热着，不由地想起自己的孩子。有一次他在我家里无意中提到过他的孩子们。他知道了我爸爸妈妈有四个孩子。不以为然地说：

“少啦。孩子要多多的才好。我们每一家都有十到十二个。”

“那你自己呢？你有几个孩子？”

穆拉托夫马上讲起别的事情，没有回答我爸爸的问话。然后就很快地站起来，不打招呼就走出门去。

我跑到窗子跟前，用眼睛送他。

穆拉托夫佝偻得比平时更厉害，倒背着两只沉甸甸的大手，那铁硬的手指互相交错地紧紧攥在一起，渐渐走远了。

他不光跟我亲热，跟很多孩子都很亲热，他跟别的孩子亲热使我很不高兴。我看到穆拉托夫也像抛我一样，将万卡抛到空中，也像抚摩我的头发那样，用他那温暖的大手抚摩万卡那又乱又硬、从来没有洗过的头发，我心里觉得特别难受。有一次看到万卡飞在穆拉托夫头上，发出那种又快活又嘹亮、过去我十分喜欢、如今我十分痛恨的笑声，我差点儿要大哭起来。我真想跑过去，咬他们两个几口。当然，我并没有这样做，只是偷偷地抽搭了几下鼻子，不知为什么紧紧握起拳头，赶紧跑回家里，为的是眼不见，心不痛。回到家里，我还是将鼻子埋到枕头里，无声地哭了起来。妈妈见我的肩膀在抖动，看出我在哭，便将她那热乎乎的、散发着刚烤好的面包味的手搭在我的肩膀上，小声问：

“你在哭吧？孩子，你怎么啦？是不是那个小土匪又打你了？”

“谁也没有打我！”我压低声音叫道；我身子猛地一扭，挣脱了妈妈的手。

“那你为什么哭呢？”

“我根本没哭。干什么你问起来就没有完？”

“好，我不问。不过，能这样对自己妈妈喊叫吗？”她说完就走了，她很委屈，我也更烦恼，更难过了。

我躺了很久，一个劲儿地在回想着万卡那快活的笑声、他那得意地笑得眯成一条缝的眼睛，只觉得满肚子恼火没办法发作。

我们最后一次看到穆拉托夫是在一九三二年春天，是在新校舍里，那是伊凡·巴甫洛维奇召集我们去，要对建设者表示感谢并且送他们走。姑娘们从森林里采来初放的鲜花——那是最先开放的春花，蓝蓝的花儿，跟许多采花的姑娘们的眼睛一样。万卡用椴树条做了一个哨子，红着脸一下子塞到穆拉托夫的裤子口袋里；我脸红得不下于万卡，将一根手杖放到我最崇拜的人手里，——那手杖是我请求爷爷做的，像箭一样直，还带有螺旋形的花纹，那花纹像一条曲曲弯弯的白色绦带，从这一头直绕到那一头，使手杖显得非常漂亮，外形很像啄木鸟。当我的手杖被夹在它的新主人的两个手指中间，像螺旋桨一样在我们面前旋转起来，旋起的小风吹在我们脸上的时候，同学们开心死了。我更是高兴得不得了。我大声笑着，幸福的泪水从我眼里一个劲儿地往外涌。

穆位托夫自己也在笑。但是他很快地一下子就不笑了。他的脸色变得有些灰白,他那鹰眼睛里蒙起了我已经熟悉的那种帷幔,他说:

"再见了,孩子们。你们可以在新学校里学习了。别松劲儿——这是俄国人常说的话。欢迎你们到我们高加索去。有厄尔布鲁斯山!有卡兹别克山!好极了!到我们那里去吧,我带你们玩儿!再见了!"

他走了出去,他那不大的黑头发的工程队不声不响地跟着他走了出去。散发着新油漆气味的宽敞的走廊里显得更宽敞了,但是不知为什么一下子显得空荡荡的,虽然在这里我们人数还不少。我们没有多想,也没有互相商量,就闹哄哄地一齐跑到街上,将穆拉托夫的车辆远远地送到镇外,并且送过了附近的潘齐列夫村。在潘齐列夫村又有一群孩子参加了我们的行列,他们秋后也要跟我们一起在新学校学习了。

我们跑着,穆拉托夫也一面笑着,一面不住地朝我们招手,不知为什么还时不时地将大手贴在他那厚厚的嘴唇上。

"穆拉托夫叔叔!以后再到我们这儿来呀!……请您常来!"我们喊着,渐渐落在后面。

穆拉托夫到别的地方去了。也许他回到了故乡的山里,也许到附近的黑土中心州一带地区去了,镇上再也没有谁听到他的任何消息,不知道他在哪里,不知道他的情形怎样。

跟着穆拉托夫的大车跑的时间最长、跑得最远的是我和万卡。我们发觉了这一点,醒悟过来,猛然停住,习惯地用刀子般的气汹汹的目光彼此狠狠对望了一下,什么话都没说,便一口气转身朝等着我们的伙伴们跑去。我们并排跑着,谁也不愿意跑得比谁慢。

我现在已经不记得,我们当时是谁先停下来的,是万卡呢,还是我。一个停下来,拉住并排跑着的另一个的手,另一个也就停了下来。彼此用放光的眼睛深深地望着,而且为防万一,还彼此按住胸膛,我们沉默着度过了短暂的、关键性的一刻,好像在等待什么。万卡张开打哆嗦的嘴唇,下气不接上气地说:

“米沙……米沙!……我们为什么打架?……嗯?”

“我……我不知道。”

“我也不知道……好像是你先打我的。”

“什么时候?”我直冲着他的脸喊了起来。

“我不记得了。好像就是在校门口那一次……”

“你说什么?……”

这时万卡突然激动起来。他把我拉过去,用滚热的胳膊紧紧搂住我的脖子,搂得我差点儿喘不上气来。同时他一再地、不相连贯地说:

“米什……米沙……米哈伊尔!……人究竟为什么要打架呢?……咱们今后永远……永远,一辈子不再打架!”

“不打了,万卡,永远不打了!”我用劲说出这话,我也把万卡紧紧搂住。

“你发誓!”他又变得严肃起来,对我提出了要求。

“真的,不打!我起誓!”

“你用少先队员的名誉担保!”

“我用少先队员的名誉担保:不打了!”

“把手给我!”

我十分高兴地连忙将自己的手放到他那张开的手里,万卡紧紧地,像用铁钳似的,握住我的手,握得我眼里都迸出了泪水。我们就这样手拉手地回到镇上。但是回到镇上我还是没有放开我这失而复得的朋友,又把他拉到我家里:我们实在已经尝够了分离之苦!

因为天已经要黑下来,我慌忙向万卡提出要求(我怕他不同意,那我会十分难过的),对着他的耳朵热情地小声说:

“万卡,万卡……今天就在我家里睡,啊? 万卡!”

“好。不过,我要回家去一下,对妈妈说一声。”

听到万卡这样说,我跑到院子里,找到正在饮牲口的妈妈,向她报告这个可喜的消息:

“妈妈! ……妈妈! 万卡要在咱们家里睡!”

我那洋溢的喜气马上传给了妈妈。她把饮马的水桶朝大黄牛跟前一放,就朝我转过脸来,她那蓝蓝的眼睛里闪烁、跳动起近几年十分少见的快活的光芒。

“好的,孩子,可是,他妈妈、你维鲁哈婶婶会答应吗?”

“会答应的!”我们两个齐声叫道,因为万卡也跟着我从房里跑了出来。

然后我找到爷爷(他已经依从我爸爸妈妈的主张,住在我们家里,这会儿他正在后院修补残缺的旧篱笆),也把这个消息告诉他。爷爷直起身来,用两只手揉着酸痛的腰,听到这一消息,十分高兴、十分爽朗地笑了,将整齐而结实的两排牙齿全露了出来(他七十多岁了,一个牙齿还没有掉,那是镇上人,特别是年纪跟他一样大的人,都感到十分惊奇的)。

“好极了,孩子们。早该这样了!”老人家用手梳理着他那烟色的、间有银丝的胡子说。“你们的爹早就和好了。可是你们一直还在打。因为你们这些鬼东西,出了多少事啊……”爷爷没有把话说完,看样子他不愿在我们正高兴的时候扫我们的兴。他抚摩了一下我们的下巴,就让我们走了。

我们两个一块儿来到万卡家。万卡的妈妈看到我跟她的小儿子在一块儿,十分吃惊。正要皱起眉头,但是,一看到我们的放光的脸,眉头一下子就舒展开来,脸色变了,她高兴得轻轻哭了起来,一边的腮上急匆匆滚下活泼的泪珠儿。维鲁哈婶婶将两手一扬一拍,手里的草叉掉在地上,她刚才是用草叉清理羊脚底下那些被它们又啃又踩、弄得乱糟糟的麦秸的。

“当真和好了吗?”她终于喊了出来,“圣母啊,天主啊!……这倒是怎么回事儿?啊?!谁让你们一下子就懂事了?天啊!……”

我们手挽着手一声不响地站在她面前,让她好好地看看已经和好的我们两个,让她好好地看看,高兴高兴。万卡知道在这种时候妈妈什么事都不会不答应他,便问道:

“妈妈,今天我到他们家去睡,行吗?”

“你去睡好啦!我还能不答应?”她很快就答应了,但是过一会儿,她还是又问道:“为什么米沙不在咱们家里睡?”

“维鲁哈婶婶,明天晚上我来你们家!”我赶快对她说。

“那就这样好啦。你们到屋里去吧。我马上收拾好,弄东西给你们吃。屋里去吧,两个小土匪!……真该不给你们吃饼子,该弄点别的什么好吃的！……好吧，就这样。进屋里去吧，我马上就好……”

我们笑了，钻进了过道。

在这同时，跟我来的“小滑头”和万卡的“波尔坎”在院子里进行了接触。“波尔坎”开头不知道该怎样对待这件大事，它为防万一，竖起了后颈上的毛，皱起额头，翻起上唇，龇着牙，呜呜地吼叫示威；可是，等它朝小主人一望，发现小主人是笑着的，而且跟“小滑头”的小主人搂抱在一起，便让毛恢复了原来的姿态，合上了龇着牙齿的嘴巴。但是“波尔坎”和“小滑头”对于这种从敌对到友好的快速转变却没有准备：它们之间的隔阂太久了、太深了，它们经常互相撕咬、身上留下的斑痕太多了，在又疯狂又凶狠的撕咬中损失的毛太多了，一下子是不容易全部忘记的。所以，等我和万卡进了屋，两只狗咕哝了几声，用狗的语言不知说了句什么，便分别跑到院子的两头；在那里它们根据自己的见解选中了某种毫无别的用场的东西，抬起一条后腿特意显示，同时用警觉的眼睛一个劲儿地望着自己不久前的仇敌。然后走到一起，互相闻闻，不知为什么彼此朝尾巴下面瞅瞅，又各自跑到院子的两头，到那里又重复原来的动作；然后又走到一起又互相闻闻，同时还表示自己并非胆小无用之辈，如果关键时刻到了，自己是不含糊的。

就这样走到一起又走开许多次，直到它们明白了，它们也该跟随在自己的小主人之后取得和解了。“波尔坎”考虑到，根据待客原则自己应当在这方面迈出第一步，所以它又快活又热情地汪汪叫了几声，别有一番用意地伸直了它那还带有苍耳子的尾巴，转圈儿跑了起来，并且向“小滑头”示意，让它也跟着转圈儿。“小滑头”领会了这番好意，跑了起来，一面欢欢喜喜地嗷嗷叫着，一面跟在“波尔坎”后面拼命转圈子。等它们跑够了，打滚儿打够了，彼此逗引够了，便都直立起来，拿爪子互相抵住胸膛，转动着脑袋，伸出红江的、湿漉漉的长舌头，用快活的笑眼互相欣赏着。我和万卡从窗子里看到这一场面，彼此抱住肩膀，轻松愉快地笑了。

万卡的妈妈从院子里回到屋里，跟她一起进屋的还有她的大儿子费佳，原来费佳在我们以前已经跟我二哥连卡和好了，现在给他当助手。费佳一看到我，那脏乎乎的脸上就绽开爽朗的笑容，就像所有他家的人那样的白眼睛放射出喜气洋洋的光彩。过了一会儿，瓦西卡·米亚赫科夫和菲季卡·普切林采夫也来了。他们两个不知从哪里听说两个打架的祸首终于重新和好了，便赶快跑来亲眼看看是不是这么回事儿。维鲁哈婶婶从锅里拿出上午就烙好的饼子，让大家一起吃。我们吃得非常香，像这样的宴会，如果不是全世界没有的话，大概全镇还不曾有过。直到深夜万卡还不放我们走，我们跟他一块儿检查了兔子洞，数过了小兔子，对那么多的小兔子表示惊奇，使万卡高兴得不得了，不过我们还是十分克己地谢绝了他的好意，没有一个人拿一只小兔子，虽然我们明白，在这样的时候万卡可以把全部兔子给我们，可以不仅脱给我们最后一件褂子，而且脱给我们最后一条裤子。维鲁哈婶婶坐在板凳上，将干了一天活儿、十分劳累的两只手安详地放在膝盖上，看着我们在前面提到过的那些在泥土地上挖出的兔子洞跟前玩。这种安详也流露在她那整个的脸上。她看着我们，时不时地深深叹一口气,——但她叹出的是欢喜的气,而不是常常发自胸中的那种愁闷的气。

已经很晚了。我和万卡手挽着手朝我家走去。我本想邀他的两个好朋友一块儿去,但我不知道我妈妈会怎样,不知道她有没有地方让我们这么多人睡。我们在万卡家门口亲热地分了手。“波尔坎”不需任何邀请,就跟我们跑了,它和“小滑头”一块儿跑在前头,严防别的狗从门底下钻出来进犯自己的小主人,因为狗总认为——不是没有根据——孩子们是常常欺负它们的冤家对头。在我们的“小滑头”和“波尔坎”这两只忠实的狗的严密护送下,我们一点没有理会狗的叫声,只管连蹦带跳地跑着,领略着彼此亲近的滋味,快活地、无牵无挂地随便扯着。

我们尝到了盼望已久的和好结出的第一茬果实。

八

任何一种损失的真正价值和意义,只有当我们重新获得损失的东西时才能认识到。在这种情形下,失而复得的五戈比铜币会变成五十戈比的银币;一根普普通通的手杖,又弯,做得又马虎又难看,不过你已经用惯了,到了你常去的地方要用手杖的时候手杖却又不在手边,可是最后终于还是找到了,这时候手杖就一下子变成不得了的宝贝;一头疤疤癞癞的小猪,家里人和别的家畜见了它都讨厌得要死,一旦失落后又不知从哪里钻了出来,会像是毫无道理地带给人意想不到的愉快;果园里一棵快要枯死的小树,一旦战胜不利的条件,恢复生机,到春天又吐出嫩绿的新枝叶，就显得百倍的可爱。一个年轻的母亲，当健康的婴儿在她胸前呼呼睡去，不时地哼哧几声，吧嗒着张开鲜红的小嘴的时候，她是非常欢喜的；但是，等婴儿生了病，已经处在生与死的交界，很像一根行即熄灭的松明，妈妈俯在他身上，连气都不敢喘，生怕吹灭了奄奄一息的生命的火焰，不过，完全出乎最可怕的预料，小小生命的火焰又重新燃烧起来，婴儿睁开了眼睛，小眼睛里射出的明亮的光芒照在妈妈脸上，婴儿马上伸出暂时还软弱无力的小手去摸妈妈的奶，摸到了，又拼命吮吸起来，连同妈妈眼里落下的泪水一起吸了进去，一点也不觉得这泪苦，因为只有悲痛时流下的眼泪才像苦蒿一样苦，才是咸的，欢乐时流下的眼泪比最甜的蜜还甜，——这时候，妈妈更要欢喜得多，妈妈的幸福是任何尺度不能衡量的；至少，我们觉得是这样；请问，世界上会有什么样的欢乐能跟这样的欢乐相比？！没有，应该说，没有。但是，这就非常奇怪：一个人只有在不幸的边缘，也许是一生中最大的不幸的边缘上呆过之后，才能体验到这样的欢乐。大概，我们认识到曾经失去过、但幸而重新得到的友爱的真正价值，就跟这差不多。于是问题又来了：难道为了成为十分幸福的人，也就是说，为了充分地、完全地体验和认识这种幸福，还必须首先经历某种很大的痛苦，也就是说，必须首先成为不幸的人吗？

我不明白，不明白。也许，就是这样的。不管怎么说，我跟万卡的情形就是这样。我们爬到永远是我忘忧之地的炕上，很久没有睡着。妈妈已经几次提醒我们，说该睡了，公鸡已经叫过两遍，说她该去挤牛奶了，但我们回答她的只是压低了声音悄悄说话，并没有不说话。只是等我爸爸天快亮时回到家来（他是不是又去鬼混了?),才使我们安静下来,一声不吭,动都不动了,——这都用不着爸爸开口:在我们家里都还是怕他的。我们谈够了,许多回忆和一天来发生的大事使我们太疲倦了,我们终于睡去,并且我们一直互相搂抱着睡到天大亮,直到大麻油的香味钻进我的鼻子,那大麻油我妈妈好像就是专门留到这一天给刚出炉的饼子当佐料的。我睁开眼睛,不出声地笑了:心里是那样轻松、舒畅和愉快。我轻轻地、小心翼翼地(万卡醒得迟些)从小伙伴那毛发蓬乱的、睡着了变得很沉重的头底下抽出手来,我不愿就这样快地离开这分外美好的心境,便尽情地想起各种各样的心思。我忽然想到一点,一下子眉开眼笑,浑身一震,就好像遇到了意外的发现。是的,我想到的这一点是一项发现。我想起,从今天起,有许多地方,昨天我还是不能去的,又可以去了,又是开放的了,我可以谁都不怕,什么也不怕,什么都不用提防,镇里也好,镇外也好,想到哪里就到哪里了。

多得不得了的、十分了不起的财宝,本来因为误会和我们自己愚蠢失去了的,又重新回到我们手里。这里面有草甸子,有大草甸子、小草甸子,草甸子上那带有金丝、像婴儿带沿帽一样的、深红色的、甜甜的泪花儿,这会儿就要伸开它们那细细的长腿站立起来,我们就可以去采上一大抱,抱回家来;这会儿春水已经在悄悄地往家跑,流回自己原来的河道,就在草甸子上,不论在大草甸子上、小草甸子上,那些是先露出水面的土包上,一丛丛嫩绿的、带有红筋的酸模叶子就要从潮湿的泥土里钻出来,——我一想到这些酸模叶子,嘴里就要流酸水;这里面有沼地里土墩上那些野鸭子的窝儿,这会儿可以到窝儿里摸到第一批野鸭蛋了——

在恰达耶夫森林里野鸭子窝儿特别多,那地方我已经有好几个春天不能去了;这里面还有,我和万卡可以乘独木船顺着林中大路和小路漂游,这会儿林中大路和小路都很像窄窄的小河,——小船无声地滑行在无风无浪、几乎不动、镜子般的水面上,有些折断的树木,伸展着它们那弯曲成千姿百态、很像天外怪客的虬筋盘结的手指的长枝,用它们那宽宽的手掌很小心地托着我们和小船一同前进,这样漂游,是非常愉快的;喜鹊也洋洋得意地在水上漂游着,放开嗓门儿叽叽喳喳叫着,向一切通报我们的来临,虽然我们在这得意非凡的时刻决不会去沾惹哪一个,森林此时此刻的魅力就够我们享受了,我们甚至连话都不愿说,因为我们的心恰恰是在沉默中得到特别的满足。

最好就在今天,在学校里上完课以后,我们马上就去,就去坐小船顺着林中大路、小路,在林中草地和林中别的许多空地上漂游。不过,算了,我们还是不要先去漂游。连卡说过,今天拖拉机手们就要把拖拉机开到田野里去,参加春耕,当然,要到今天下午,我和万卡就可以到田野里去,现在我们已经长大些了,完全可以当当助手了;说不定,连卡会大方起来,让我坐上驾驶台,让我多多少少开一下,哪怕当一小会儿拖拉机手,我要说服我二哥,要他也让万卡到驾驶台上坐坐,开一开,尝一尝那横撞直闯、喷火冒烟、力大无穷的钢铁机器听自己使唤时那种叫人心跳的甜蜜滋味。是的,我们就先这么干。以后到了夏天,到了秋天,到了冬天,我们丢失过的所有其他一切也都能回到我们手里:这里面有大土包上的土地测量点,站在那上面可以清清楚楚地看到我们的镇,看到草甸子、草甸子后面的森林,能看到打谷场,大打谷场和小打谷场，看到打谷场后面许许多多的坟包和坟上的十字架，那十字架有大的，也有小的，有直的，也有弯的，有旧的，也有新的，十字架底下长眠着各种各样的人，有富的，也有穷的，有聪明人，也有傻瓜，——也许，在那里的乡亲比现在活在世上的要多很多倍；站在大土包上，就可以看到用刚刚剥了皮的白杨钉成的一个又细又有点儿佝偻的十字架，那十字架不知怎的很像几天前埋在它底下的人，也就是“没主儿”老爹。

老人家死得很及时，如果晚死一年，就没有人给他掘坟了（棺材他倒是自己给自己提前钉好了，“提前”很多，那棺材在顶楼上放了近三十年），就找不到能掘坟的人了，因为一九三三年快要到了，一九三三年狠毒地一搂，一下子就把半个镇的人搂到另一个世界去了。“没主儿”老爹快要死的时候，跟他一样老的卡里娜老奶奶来看他，没忘记告诉他，说萨蒙卡这坏东西偷走了他院子里的麦秸，“没主儿”老爹叹一口气，用没有力气的手指在胸前画一个十字，又小声说起他常说的那两句话：“管他哩，老嫂子，让他偷好啦，只要不做贼就行。

再说，我这会儿也用不着麦秸了。我本来留着麦秸修屋顶的，现在这屋子我不用住了。我早就做好了，早就自己准备好了另一个小屋，瞧，就在那上面。老嫂子，寿衣我也准备下了，就在柜子里。到时候一拿就是，就是说，没什么，让他们偷好啦，只要……”大概，这就是这位好心肠的老人家在人世上说的最后一番话，说完这话，他就到另一个世界去了，那个世界里“既没有欢乐，又没有悲伤”。而且，任何人任何时候都没有听到他抱怨过什么，谁又知道，他究竟会不会伤心和发火呢？也许只能在他眼里看到无言的责备，比如说，就像我跟万卡第一次打架后不久我在小草甸子上碰到他时我所看到的那样。“没主儿”老爹不喜欢抱怨，也许就因为这样，他成了所有的人中最幸福的人。但是现在“没主儿”老爹不在人世了，只有他那句奇怪的、能够把最不爱笑的人惹笑的口头语留了下来，并且很久都不会被人忘记。

站在大土包的土地测量点上，还可以望得见附近的村镇——潘齐列夫村、瓦尔瓦尔小林村、萨尔德柯夫村、柯洛格里耶夫村、恰达耶夫镇、西蒙诺夫镇；我和万卡站在上面，能看得很远很远，叫人看着连气都忘了喘，胸中发痒，舒畅得不得了，一颗心激动得不住地紧缩，不时地停止跳动；站在这高高的地方，可以看到大鸨、小鸨躲藏在哪里做窝儿，狐狸、土拨鼠在哪里打洞，百灵鸟经常在哪些地方摆动自己的翅膀，红隼像下落的石头一样扑向什么——是扑向黄花鼠，还是扑向躲藏起来的母鹌鹑——还可以看到红隼带着自己的猎物朝森林里什么地方飞，这样，我们就很容易找到小红隼（现在，只要时候一到，我就可以和万卡一起去摸小红隼了），今天我们一定要去看看已经交给集体农庄的我们的马——老马大棕马和老马大老灰，大老灰是两年以前万卡牵到公共场院里去的，他往大老灰那稀稀拉拉的鬃毛上浇了不少眼泪，只不过他怎么都不承认罢了。到秋冬之交，我们又可以到“疙瘩滩”上和巴兰达河上踩“摇床”，我们又可以带着万卡那小斧子（那小斧子他到现在还保存着，这是他在睡觉以前就在这炕上秘密告诉我的）到林中沼地上去逮鱼，就是说，去砸透亮的薄冰底下来回游窜的那些小鱼；同时还可以听听引起的回声和我们紧跟着这种声音发出的欢叫声相互交错时发生的有高有低的咕咕声；我们还要穿木头冰鞋在河上滑冰，骑着木羊从恰达耶夫山上往下滑；我们以后在课堂上又可以互相帮助，互相提示；十分厉害的“猫”也用不着实行那种惩罚打架的孩子的荒唐办法——用不着实行隔离了，因为我们已经发誓永远不跟任何人打架(况且，伊凡·巴甫洛维奇即使想实行，他已经实行不成了，这原因前面已经说过了)；到春天我们又可以站在大冰块上漂游，这样那样的事都可以干了。总而言之，我所想到的这一切，都绝对应该各自还原了……但是，都能够还原吗？在互相敌对中度过的那几年，怎么能回转呢？而且，我们自己已经不是几年前那样了，已经长大了一些，看人世的眼光也有点不一样了，并且人世本身有许多事情也复杂化了，变得难以认识了，这时候，我们游戏、我们玩耍起来，还会那样有味道、那样无牵无挂、那样快活吗？……

不过，到后来我才想到这些，那时候我是无论如何想不到的，那时候我在急不可待地等着万卡醒来，我心里充满了洋洋的喜气和宁静。

九

我们在一家人头里吃过妈妈烙的饼子，先跑到万卡家，让他拿了自己的书包，到了学校里，伊凡·巴甫洛维奇和玛丽亚·伊凡诺芙娜看到我们两个在一块儿，也都十分惊喜，但是他们没有用任何言语表示他们的惊喜，只是微微笑了笑。也许，只是玛丽亚·伊凡诺芙娜笑了笑，伊凡·巴甫洛维奇不知为什么心情很不好，——这一点很容易从那眯着的眼睛和撅得有点儿特别的猫胡子猜出来。昨天还分成两个敌对阵营的我们那些朋友们一下子乱了套,茫茫然不知所措。起初他们不知道该怎样对待我和万卡相互关系中这种突如其来的、因而是意想不到的变化。可以在他们眼睛里看到无声的问询,我们也用无声的、意味深长的笑来回答:"是的,是的,我们和好了,你们觉得怎样?"我们的眼睛这样说。到课间大休息的时候,才彻底讲清了情况。我们尽量详细地对伙伴们讲了,我们是怎样和好的,并且告诉他们,我们已经互相保证并且起誓,今后任何时候,在任何情况下,我们自己不打架,不跟别人打架,也不参加任何一场打架。"那我们就来看看吧,看你们怎样遵守你们的保证!"格林卡·穆兹金带着明显的怀疑语气第一个对我们的话做出反应,"科利卡·沃罗宁要是打你们哪一个的头,你们也不还手啦!……哪能呢?米沙也许能忍得下,可是万卡,谁来碰碰看!……"

万卡听了这话,像公鸡一样挺了挺胸膛,威风凛凛地朝比我们大一岁也高半头的主席的儿子科利卡·沃罗宁瞅了一眼。完全可以看出来,万卡的保证不会坚持很久的,即使他遵守,对于小沃罗宁这样的人也要除外(说实话,小沃罗宁跟他老子不同处只是在年龄方面)。我虽然不止一次要自己也要别人相信,完完全全的坏人在世界上是没有的,甚至在最坏的人身上,如果好好找一找的话,也会找到好的因素,但是科利卡·沃罗宁怎么都进不了我的理论范畴以内:你对他横着看,竖着看,哪怕把他翻个里朝外,你在他身上都找不到一丁点可以成为生长某些美德的苗子的好地方。要写出他所有的恶迹,那要花很多的篇幅。跟这个娇生惯养的大个子相比,萨蒙卡简直成了驯顺的羔羊,成了天使、管德行的天神。用不着一一列举科利卡的“业绩”，只要讲一件事，就可以知道其他许多事都是什么样子的了。

在六月末或者七月初（这要看春天来得早些还是迟些），在我们草原上的沟和山沟那向阳的一面沟坡上，草莓就要熟了。在椴树沟、橡树沟、桦树沟和石头沟里草莓特别多。这时候镇上的孩子们首先就去这些地方，一大群一大群地去，从早到晚在那里采摘——先是自己就地吃个够，然后将篮子、小桶和别的一些家什装得满满的，让家里人也尝尝美味。去年夏天，科利卡·沃罗宁也去了。就像克雷洛夫笔下的那头猪，吃饱了橡树籽，就要刨将它喂饱了的橡树的根，他把自己肚子填饱了，就故意用脚踩草莓，让正在摘草莓的我们难受，后来他看到这种做法“效率不高”，便朝草地上草莓特别密集的地方一倒，像狗一样打起滚来。他觉得这还不够：又坐了起来，利用斜坡从上面往下溜，直到他的屁股变得像猴子屁股。我们彼此使了个眼色，正要从四面向他包围过去，但是他想到事情不好，十分机警地溜出了我们的包围圈，还不怀好意地龇着牙笑了笑，又朝我们晃了晃拳头，就跑掉了。从上面讲的，就不难想象，我们每个人都对主席这个小少爷憋着一肚子火。要是这会儿他动一动我的哪一个伙伴，我未必能守得住自己的誓言——不跟任何人打架。

格林卡·穆兹金跟沃罗宁父子还有别的账要算，科利卡的老子已经四次把穆兹金拖到镇苏维埃，逼他承认烧禾棚的事，不知是“夜莺”雅柯夫亲自告发侄子有嫌疑，还是别人告发的，反正老沃罗宁偏偏盯上了格林卡，认定他是有罪的，对他一审问就是几个钟头，而且将他关了一天一夜，就关在前面提到过的那间小贮藏室里，就是季莫菲·叶弗列莫夫从里面跑掉的那一间。但是这一下子确实是镰刀碰上了石头：格林卡就是不承认。“是不是你一伙儿当中哪一个放的？”沃罗宁追问道。“那我怎么知道？”格林卡将两手一张，“也许，雅柯夫叔那棚子是他自己烧的。”“怎么，他发疯啦？”“要不然又怎么会呢？很明显，是发疯了。这是大家都知道的。”“你这个坏蛋，你就这样讲你亲叔叔？！”“对他，大家都是这样讲。”最后主席还是把格林卡放掉了，可是格林卡在怀里总还是揣一块石头，等待有机会用一下，他终于还是用上了：有一天，我们看到科利卡·沃罗宁的头包扎了起来，——他的头在黄昏时候遭遇了不明来历的一块石头，那是一只打得很准的手从篱笆后面扔出来的。我们都猜到是谁把科利卡打伤的，但是谁都不肯说出是格林卡……

在学校里的这一天显得很长，因为我们的心已经跑到田野上去了，从田野上不住地传来远远的、因为远而显得低沉的马达吼叫声。我仔细倾听着传来的吼叫声，想从这里面听出连卡那“毛虫式”紧密的轧轧声，那暂时还是从遥远而神秘的美国来到我们伏尔加原野上唯一的一台履带式拖拉机，是来接替两台“福特牌”的，两台“福特牌”因为人不会侍弄和缺乏备用零件，已经过早地报废了。跟“毛虫式”一起，好不容易爬进田野里的还有另一位海外来客——一台“阿莉丝”车轮式拖拉机，那名字又娇美又富有诗意，跟这一钢铁巨怪的外形、跟它那使人憎恶多于喜爱的癖性形成鲜明的对照。开“阿莉丝”的是瓦西卡·米亚赫科夫的大哥伊凡，他边开边骂娘，连骂娘专家“夜莺”雅柯夫都没有他骂得那样狠。恰好，正是雅柯夫看到这外国来客干活儿(他为此不辞辛苦，来到田野里)以后,给它作了简短然而十分中肯、精辟的评价:“就像虱子在鸡巴毛上爬。”他想了想,又补充说:“去他娘的,咱们要这玩意儿没用处!……美国佬不是傻瓜,不会把好东西卖给咱们。就拿这种玩意儿把咱们俄国的皮都剥光了!”他说完这话,得意地吐了一口唾沫,狠狠地骂了一声娘,觉得这就够了,便朝镇上走去。“夜莺”没有看上眼的拖拉机真好像出了鬼。光为了发动起来,可怜的伊凡·米亚赫科夫就花了半天工夫。等到发动起来,开动了,想让它走上正路,还要难些。我不知道该怎样解释——是设计者设计不周密,是我们这里装配得不好(这更符合事实),还是最不希望我们在社会主义建设中取得成就的资本家老板故意捣鬼,——我不知道为什么,反正“阿莉丝”怎么都不肯走直路,光走“8”字形:方向盘很不灵敏,你必须向左转一百次,拖拉机才能向左一转,然后你还要向右转一百次,拖拉机才能转到你要去的方向;从旁边看去,会以为:要么拖拉机手喝醉了,要么拖拉机本身喝醉了。必须得有坚毅的性格和了不起的自制力,才能驾着“阿莉丝”通过河上或山沟上的桥,——真没有一个踩软索的演员能够像伊凡·米亚赫科夫那样冒险,——奇怪的是,他竟没有当成一回事儿……

不过,就连这台拖拉机也像磁石一样吸引着我们,更不用说我二哥开的“毛虫式”了,不管怎么说,在离了学校就直接跑向田野的一伙儿当中,我和瓦西卡·米亚赫科夫成了头儿,因为在几个钟头以前将拖拉机开到田野里来的是我们的哥哥。我们到了回野里就分成两组。瓦西卡·米亚赫科夫让菲季卡·普切林采夫跟他在一起,而我,不用说,就让万卡跟我在一起。拖拉机的响声从农庄耕地的另外两头传来:“毛虫式”那又大又粗的声音来自大土包后面什么地方,“阿莉丝”的声音来自桦树塘旁边。不用商量,我和万卡先是加快了脚步,随后就你追我赶地跑了起来,但是没跑多久就停了下来,因为我们看到了一幅很不平常的图画:迎面来了一辆大车,是那样有趣,确实既无法用言语形容,又无法用笔墨描写。不错,那大车本身跟普通的大车没有多大差别,但是拉车的不是马,而是一头黑、灰、褐三种颜色的牛,不知这是什么品种的,也不知它现在的主人是从哪里把它弄来的,我们一下子就认出它的主人原来是“夜莺”雅柯夫。

雅柯夫还是单干户。各种不同年龄的宣传员天天跑去劝说,但遇到的是激烈而凶猛的反击,所以很快都败退回来。沃罗宁看出,用言语是打不动雅柯夫的,于是采取别的策略——向顽固的单干户征税。雅柯夫缴清一项,马上又是一项,又缴清了,再来一项;雅柯夫因为有一项税没有按期缴纳,失去了自己的马,但就这样他还是不服输,不向沃罗宁递交投降书,也就是入农庄申请书。他在两天内就让牛学会干马的差事,他甚至都没有专门做牛轭,而是将牛角齐根锯掉,将旧马轭朝牛头上一套就是,然后所有别的马具——辕鞍、马搭腰、马肚带、马笼头——也都凑合着用上了,他把笼头绳的一头穿进轭下的环里,这样就可以把牛头提起,让牛保持马应有的姿势;雅柯夫还别出心裁地给牛戴上马嚼子,用缰绳直扯得牛嘴角上冒出的红锈色泡沫一团一团地往地上落;我和万卡后来看到路上有许多泡沫斑点,那正是这辆奇怪的大车经过后留下的痕迹。在这之前,也就是我们跟大车走对了头的时候,顽皮的万卡实在憋不住,不由地高声喊道:

“雅柯夫叔叔，你最好骑在牛背上，骑在上面才好看呢！”

“夜莺”马上反击：

“我这就下去，让你骑骑瞧，叫你这个小狗崽子忘记你是姓什么的，忘记你家住哪里！”“夜莺”雅柯夫的心情总是很坏，这会儿更是特别坏，因为连卡没有像往年春天那样绕过他的地块，而是一口气犁了下来，简直叫他弄不清自己的地块在哪里了；他朝连卡叫了一通，可是因为拖拉机响声太大，连卡听都没听见，于是他只好回家，这会儿他心里比什么时候都懊恼。在车上，在他的背后，倒放着两张长长的犁头，那犁头过冬生了锈，已经像老奶奶牙齿一样了；原野上的轻风调皮地在犁头的缺口上吹着口哨。雅柯夫扯了扯缰绳，对牲口吆喝了两声：“吁，吁！”他在吆喝的时候，嘴唇轻轻哆嗦着，胡子也因为腹腔内出来的强大声音竖了起来。“我剥掉你的裤子，再叫你……”这话已经是对万卡说的，不是对牛了，所以我们哈哈笑过，撒腿就跑。

雅柯夫看到他的长鞭已经够不到我们，便手起一鞭，狠狠打在尖尖的牛背上。那牛哞哞叫了两声，将背弯成弓形，给主人那耷拉着的光脚丫溅了不少滚热的稀屎，然后就笨拙地撒开它那蟹爪一样的四腿，拼命跑了起来。我们只能听到那粗鲁的咒骂的片言只语了。

雅柯夫·特维尔斯科夫一直单干到伟大的卫国战争时期，而且他参加农庄并不是在战争开始的时候，而是在一九四二年八月底，也就是说，那时候敌人又发动了新的攻势，攻到了伏尔加河边，那时候已经能清晰地听到远处大炮的轰鸣声，日日夜夜一刻不停的斯大林格勒大激战的炮火那血红的舌头凶狠地舔着天际。雅柯夫的申请书,就其简短和生动来说,在几百年以至几千年来全人类作家留下的堆积如山的正式著述中未必能找到堪与媲美的。“夜莺”雅柯夫用像他那手指或者旧篱笆上的橛子那样疙疙瘩瘩、歪歪扭扭的零乱的大字毅然决然地写道:

“看耶稣面上,接受我和我的‘那个’吧,因为别的东西我也没有了。跟大家一块儿,死也不怕,所以我无条件参加。特此申请。申请人雅柯夫·特维尔斯科夫,外号‘夜莺’。”

我认为这份文件就某一点来说,是独一无二的,所以我在这里原原本本地写出来,除改动了其中一个不雅的词儿,其余的一字不差……

这一历史事件恰好发生在收割时候,就在野营地上,大家从四面八方集合在拖拉机手住的小屋旁边,讨论雅柯夫申请加入集体农庄的问题。一位残废军人,原是从萨拉托夫军医院送到我们镇以求彻底康复的,来到这里就被选为第四任主席,这时他爬上小屋的平台,很开心地宣读了申请书的全文,引起了一阵从战前年代都没有听到过的哈哈大笑。在饭锅周围打食儿的许多麻雀一哄而逃,正在搅饭的“卡季瓜”杜鲍芙卡普手身一抖,为保险起见赶紧画了个十字,小声说:“啊,圣母!圣母娘娘啊!……干什么他们要听这种话?!”这吓坏了麻雀、羞坏了“卡季瓜”的笑是很特别的:这笑受到主要来自妇女方面的纷纷责难,响应这笑声的只有孩子们那尖细的哈哈笑声和老头子们的咳嗽声,那不是笑得咳嗽,而是挣扎着要笑出来,——老爹爹们过后还不住地揩眼里的泪水,一面在叫:“哎哟哟!”

当然,大家通过了接受雅柯夫加入农庄。在表决时只有卡尔普弃权，因为他忽然想起了当年雅柯夫曾经把他和少先队宣传员一起从家里赶出来。

“你呀，老头子，你最好还是放弃你那酒，不要放弃这种事！”老婆对他说，并且她第二次举起手，并且不是一只手，而是两只手。“我这左手是替他这个糊涂蛋举的！”麦兰娅解释说。

“为什么不用右手代替他？”菲多特卡·叶弗列莫夫问道。农庄早就预先给他弄到了免征证，虽然好像一时还轮不到他：菲多特卡已经五十出头，即使在战时，这已不是应征的年龄了。“为什么不用右手代替他？”他又问了一遍。

“用左手就算抬举他了！你们都知道，卡尔普是个无用的当家的。他就会说废话，一张舌头就像布掸子。”

“哼，你自己也少说点废话吧！”卡尔普回嘴说，他忽然失口说，“现在明白了，你为什么常常去找这个鬼，常常去找‘夜莺’。你跟他有一手！”

第二阵哄笑的声浪更猛烈、更高涨。笑的浪头退去，只是在主席宣布散会，人们很不甘心地各自回到自己的工作地点以后：年轻妇女和十四五岁的孩子回到自己的收割机和拖拉机上，年纪大一些的妇女和十二三岁的孩子回到老牛跟前，用老牛运送拖拉机脱粒的小麦，老汉们回到小屋后面，去修理各种各样的“家什”，就是说，在他们那里各种农具都有：那里有农庄里仅剩的几匹马的马轭和别的马具，但更多的是损坏的牛轭和别的牛具，然而还要多些的却是木叉和木耙，那些木耙有一半的齿已经掉了，这一点倒很像这些修木耙的老爹爹。

“夜莺”雅柯夫·特维尔斯科夫就是在这种情况下加入集体农

庄的。需要补充的只是，跟大家预料相反，他几乎成了最守纪律的干活人。就在那一天，他很快回到镇上，一个钟头之后，他已经带着自己的牛来到收割机旁。他用自己的牛不仅把粮食往打谷场上运，而且往区里运，送进国家粮仓，缴纳公粮。啊，人们多少次看到雅柯夫风尘仆仆地奔波在去巴兰达镇的路上，他那老牛听了他多少不堪入耳的骂娘声，“夜莺”向老天爷大人和对天杀的希特勒发出过多少咒骂，——他在来回的路上骂得太多了，再也没有难听的话留给镇上人听了，这位了不起的骂娘专家才思枯竭了，回到家里和气得不得了。更使老婆感到吃惊的是，他不找她的茬了。那些常常跟雅柯夫在一个车队里用牛车运粮食的妇女们，只是现在，在国家特别艰苦、对于她们这些国家主要劳动力来说也是特别艰苦的时期，才真正认识到此人的价值，

如果没有他跟她们在一起，她们吃的苦头会更多些：不是轮子从车轴上脱下来，就是牛轭或车辕杆出毛病，这时候雅柯夫说到就到，他把正准备大哭的妇女十分粗野地（他生来没有学会温柔）一把推开，把牛轭从磨破的牛脖子上解下来，几分钟就调理好了，又拿大手朝高兴得不得了的妇女的屁股上一拍，把她推上车去，然后他一面小声骂着，回到自己的车子和等他的老牛跟前。他就这样跟妇女一起“打完了”整个战争，等到可恨的战争结束，“夜莺”雅柯夫·特维尔斯科夫也结束了他在这罪恶的大地上的生存。他也唱完了自己的歌。即使那不是夜莺的歌，但还是跟别人的歌都不一样，——谁知道呢，说不定首先因为这一点，人们才觉得他的歌可贵，至今人们还在怀念“夜莺”雅柯夫……

我们在去找连卡的“毛虫式”的路上跟他的相遇，对于我和万

卡来说，是很难忘的，但他还不是那一次我们在路上遇到的最后一个人。快到大土包跟前的时候，我们看到，忽然从大土包后面跑出一个人，撒开腿拼命跑了起来，从我们身边跑过，那不是别人，是萨蒙卡（我知道，连卡还跟他很要好，这个细高挑儿小伙子也在给连卡当助手，跟费佳·茹科夫轮班干）。那边发生了什么事，使得萨蒙卡撒腿逃跑呢？我们一直把他目送到大麻地边，又大惑不解地彼此望了望，便急忙朝拖拉机跑去，为的是最后到达我们此行的目的地，同时也要弄清萨蒙卡究竟是怎么回事儿。在我们到来以前，"毛虫式"来到大土包跟前停了下来，要上水，也要凉一凉它那发烫的强壮的铁身子。连卡没有了助手（显然是他自己打发走的），自己提了凸凸凹凹的铁桶朝运水车走去。万卡满心欢喜地从他手里抢过水桶，转眼工夫便提着一桶水回到拖拉机跟前。连卡没有让马达熄火，那马达还轻轻转动着干累了在休息的机器的所有连件。

"你们看到没有？"连卡一面用破布擦油污的手，一面得意地笑着问道。

"你问我们有没有看到萨蒙卡，是不是？"我反问道。

"还能是谁！我小小地收拾了他一顿。"我二哥不动声色、故作平淡地说。

"因为什么？"

"没有原因，我当然不会碰他。"连卡十分气派地用粗喉咙说；他当了拖拉机手以后，十分注意自己的声音，加大了声音的浓度，希望这样能加重自己的分量。

"究竟因为什么？"我不满意连卡的回答，追问道。

“我不是说,有原因嘛,你干什么盯着问起来没有完?!”

连卡不说了,把破布塞到工装(这件工装差不多是他主要的骄傲资本)口袋里,从万卡手里接过水桶,将水倒进冒热气的散热器里,倒过了水,这才讲出是怎么一回事儿。原来,萨蒙卡一时坦率起来,对我二哥说,我们当时在校门口打架那是他萨蒙卡挑起的,他为了好玩儿让我们的脑袋互相碰了一下,后来孩子们一次又一次地打架、吵嘴、闹意气,闹得差不多成了不共戴天的仇敌,很多大人也被卷了进去,这一切的起因都是那一下子。

“啊,他自己承认啦,他后悔了嘛,真的!”

“承认又怎样?”连卡带着明显的惊讶神情朝我望了望。

“我听说,只要坦白交代,法院对被告也要宽大处理!”我一口气说了出来,自己也觉得奇怪:不知为什么我对萨蒙卡有点儿怜悯起来。

连卡又微微地一笑。

“哼,我对他已经够宽大了。本来该打两个耳光的,只打了他一个。用不着对他怜悯!……没什么,让他下 次老实点儿。让萨蒙卡滚他的吧!你们快上来!……现在我正需要你们!需要得要命!”连卡拿手在喉咙上,在喉结以上一划。“要不然我就没有人帮我扶犁了。万卡的哥哥费佳干夜班。所以,伙计们,咱们就一块儿干吧,咱们犁到天黑,等……”

连卡后面的话我们没有听到,因为我们一个已经像猴子一样敏捷地爬上拖拉机,跟连卡并排坐在座位上,另一个已经站到巨大的四铧犁的框架上,抓住了被扶犁的手磨得光光的、一趟犁到头时用来提犁铧的杠杆。

天已经黑下来，耳朵被连续几个钟头的马达吼叫声震得都有点聋了，我们又骄傲又高兴得不得了，胳膊和腿上的肌肉累得又疼又舒服，吃够了黑油、火油和黄油，凭这一点完全能跟拖拉机手比了，我们才回到家里。我妈妈哎哟一声，两手一扬一拍，赶紧扯下我的褂子和裤子，摔到洗衣盆里，就来忙活我。她从炉膛里掏出带热水的铁罐子，拿我当小宝宝似的，让我坐到另一个大一点的木盆里，就给我洗身上的泥土和油迹。泥土很快就洗掉了，但是对付黑油她却毫无办法。我身上一道一道的，就像非洲斑马一样，一下子钻到被窝里，马上就睡着了。入睡前我最后听到的，是妈妈的话，虽然那是叹着气说的，但是叹得很轻，而且不知为什么还挺满意："干活儿干累啦。好啦，睡吧，鬼东西！"

第二天早晨，离上课时间还早，我就到了学校，我感到无限荣幸的是，孩子们拥到我们（我和万卡）跟前，要我们讲讲，我们在田野里干什么的，坐拖拉机好不好。有些孩子拿这样的问题问我和万卡，还有一些就去问瓦西卡·米亚赫科夫和菲季卡·普切林采夫。不过，也有人好像对我们不满意。那就是我们的爱生气的"猫"老师伊凡·巴甫洛维奇·纳乌莫夫；他的鼻子动了一下，忽闪着鼻翅儿吸了一口气，打了个喷嚏，厌恶地哼哧了一声，说：

"到校以前应该把脸洗干净，先……"他又一次几乎说出"先生们"这个词儿，但伊凡·巴甫洛维奇这一次又是及时发觉，换成了"同志们"这个词儿。不过我们还是觉察到了。"猫"老师看到这情形，第一次有点儿发慌，连忙对我们下命令：

"快点儿各就各位！你们难道没听到上课铃吗？！"

十

可是，一九三二年夏天，我和万卡以及别的孩子们都没有在森林里、草甸子上、巴兰达河边和大熊河边玩儿。新做的钓鱼竿一直没有用上，虽然万卡和我都对这钓鱼竿抱了很大的希望，因为我们用的是特别的钓丝，又细又结实，是用马鬃作钓丝，而且不是随便什么颜色的，是白色的，鱼在水里看不到，很容易上钩。而白尾巴、白鬣毛的马可惜非常少，至多百分之一，也许百分之一都不到。完全白的可能根本就没有。间或能见到花斑的，只有一半是白的，另一半或是乌黑的，或是淡黄的，或是深棕色的，或是枣红色的。但绝不是所有的花斑马都对我们有用，因为白颜色不一定都扩展到花斑马的尾巴和鬣毛上。那些拥有我们所需要的马鬃的马都受到我们密切的注视和精确的算计；所有四个生产队公共场院里的马棚我们都去光顾过；我们冒着被马踢的危险，悄悄地溜到花斑马跟前，从它的尾巴上扯了一根又一根，一面提防着养马人，——养马人要是逮到我们，少不了要抽我们一顿鞭子的。我们来到土路上，将鬃放到脚底下细细地瞅着，就像淘金者在沙堆里寻找金子一样。但是，找到金子也许没有我们找到一根细细的、带有弹性的白马鬃高兴，那马鬃在阳光下闪着白光，所以才让我们找到的。总的说，在土路上玩儿，算得上乡下孩子特别重要、特别有趣的事情之一。你要不是太马虎的话，可以在路上捡到一些天晓得有多么值钱的东西。有时能捡到一个从大车轴上掉下来、一直埋在又软又热乎的土里的铁销；有时能捡到一段铁轮箍,可以拿去让铁匠克利莫夫打一件什么东西:小锄头或者像万卡那样的小斧子,甚至还可以打一把像样的小刀,有时能捡到一个法兰盘,那是有钱的庄稼汉装在车轴挡板和车轮之间、让车子走起来发出银子一样好听的声音的:可以把这东西吊在门口,再装一根铁条,就能常常听到清脆悦耳的声音了。人们都说,好东西不会待在大路上,这话可不对:螺丝帽啦,螺丝钉啦,不同大小、不同用场的各种各样铁钉啦,马蹄上摔下来的蹄铁啦,——这许多东西,除了大路上,你到哪里找去?!总而言之,在所有的大路上,我们可以捡的宝贝多极了。等到攒多了,我们一定要拿出来互相炫耀一番,堆成很大的、十分可观的一堆,评定每一样东西的单独价值和全部宝藏的总价值,在评定的时候还要展开热烈的争论:谁的积攒更了不起?

乡下人平时主要跟麦秸和木头打交道,麦秸和木头是他们的主要建筑材料,所以对任何一块铁都十分珍惜,铁是稀罕东西。一根生锈的铁钉、一个火烧过的门环或者从旧板门上拆下来又装、装了又遭火烧的门鼻——对于农民来说全是了不起的宝贝。就连"夜莺"雅柯夫都在他家所有的房檐下、房子墙缝里和畜栏墙缝里塞满了各种各样的铁东西,从他在"捷也卡"家门前捡来的许多白铁片,到他从河底或湖底捞上来的压扁了的铁桶(过日子什么都用得着)。然而雅柯夫不知为什么特别怕城市,他认为,乡下人各种各样的灾难正是从城市里来的;雅柯夫深信,集体农庄也是城里人想出来的;他把城里人无一例外地叫作吃闲饭的;为防人反驳,他总是用阴沉、固执的口气一再地重复同样的话:

"我离了你们的城市也能过。粮食我自己能种,老婆织出麻布能做衣服……”

已经加入农庄的庄稼汉们要教训一下爱说丧气话的“夜莺”，有一天夜里偷走了他的斧子，又一天夜里偷走了他的锄头，还有一天夜里偷走了他在集体化前一天刚刚买的阿克塞式单铧犁。雅柯夫发现失窃后，嚷翻了天，他的骂声直飞到镇上最远的大街和小巷；他一连声地吓唬镇上所有的人，说要拿出厉害的，要向区里主要领导人告状。丢失的农具当然全找到了，但是雅柯夫在拿到农具之前已经听够了乡亲们对他的训诫：

“‘夜莺’，你对我们说过，你离了城市能够过日子嘛。那你就过过看吧。斧子、锄头和犁都是城里人打的，为什么你过日子全用得着？没说的了吧？本来嘛……”

他一面接过还给他的东西，一面小声地骂着（雅柯夫离了骂就不是雅柯夫了），这个一向最不肯认输的“夜莺”还是不得不认输了，他声音极小地嘟哝说：

“斧子，还有锄头啦、犁啦，不用说，过日子是用得着的，这还有什么好说的？……我说的不是这个……”

而我们这些孩子，恰好就在那时候常常十分带劲儿地朗诵一首非常朴素的诗：

大家听着，全国各地，
到处非常缺乏金属：
要钢！钢要多出一些！
要铜！要铁——铁要加倍多出！

今天我们许多精通韵律的诗人听到这种诗要笑死的，但是那时候我们不注意这样的细节,我们觉得重要的是内容,而这种内容确实是很重要的。正在加强武装以求生存和战胜敌人的年轻苏维埃共和国到处需要钢铁。因此第一台拖拉机开到镇上对于我们就成了惊人的喜事。爷爷的同辈们和爸爸的同辈们开头自然比自己的孙子和儿子们沉着,他们还想看看钢铁客人干活儿怎样。一台“福特”有十匹或十二匹马的力气吗?很难相信,这样一个“茶炊”里会装得下那样强大的、抵得上整整一群马的力气……

说来奇怪,当时第一个到田野上去的竟是“夜莺”雅柯夫。他一回到镇上,就连忙对常在一块儿的庄稼人讲了,如我们现在说的,介绍了自己的印象。我凑巧在爸爸跟前,所以我很清楚地记下了“夜莺”讲的话:

“那玩意儿好大的臭气,把人都要熏死了,弄得地里到处是臭油,今后在地里别说庄稼,就连牛蒡草、连苦菜都长不起来。你们记着我的话好啦!”

拖拉机犁深了也是利于杂草生长的,等到同越来越茂盛的杂草进行搏斗的时候,也许有人想起过“夜莺”的警告。但是在一九三〇年那时候,却没有人操心这种事:反正从雅柯夫嘴里听不到什么好话。要说庄稼汉心里有什么不安的话,使他们感到不安的就是:拖拉机不是咱们的,是外国的,如那时候常说的,是“舶来品”,第一批集体农庄庄员们也很清楚,这拖拉机价钱十分昂贵。“美国佬会不会当真把咱们搞穷呢?会不会拿这些拖拉机像剥灰鼠皮一样剥光咱们的皮呢?”等到国产的拖拉机一台又一台地从涅瓦河边、随后又从伏尔加河边工厂的车间里开了出来,这种忧虑外国机器价钱昂贵的心情才最后消失。

不过，我要回过来讲讲我和万卡的操心事了。我们为了弄到足够的马鬃，可以一下子装备六根钓竿，就是说，每人三根，花了整整两个星期，——但这已经是了不起的胜利。只有你想到，跟我们一般大的孩子们谁都没有而且也不可能有这样的钓竿，才能充分估价这一胜利的意义。不错，马卡尔·巴甫洛维奇是有的（我们就是偷偷地在他那里看到的）。但是这个有名的钓鱼手不能算数，他不仅在我们镇上没有对手，也许在整个下伏尔加边区都没有对手，他在我们这种争强好胜的游戏中享有免赛的荣誉。诡计多端的马卡尔有自己的，跟别人的都不一样的钓竿，在巴兰达河、大熊河，在它们的老河道和小河汊上都有他自己精心考察过、经过实践检验过和收拾过的一些地方，他到那些地方钓鱼，没有哪一次不是满载而归的。

有几次，我们三个（万卡、格林卡和我）瞅准他回家去睡上一两个钟头的机会，一口气跑到他专用的地方，指望能有了不起的收获。但不知是鱼在这以前已经吃够了马卡尔的鱼食儿，这会儿学老钓鱼人的样儿，跑去休息了，还是我们的鱼食儿不合口味（除了蚯蚓，我们没有别的东西招待），也许鱼看到岸上晃动着的是生人，——我简直不知道为什么，反正鱼对我们的钓竿不理不睬，整整一个小时（更长时间的耐心我们也没有了）那浮子又灰心又丧气地动都不动；收场是万卡拿棍子朝浮子上一砸并且带头缠起自己的钓竿。有一次在回去的路上碰到马卡尔，他马上猜到我们是从哪里来的，问道："怎么样，打鱼的，钓了多少？""什么都没有钓到！"万卡代替我们大家回答，一面低下头，加快了步子。"当真一条都没有钓到？啊呀呀，这些该死的鱼，干吗就不上你们的钩？"

他在我们后面叫道，然后他继续往前走，他的眼睛里好一阵子带着笑，但是在胡子里笑的时间还要长些，一般地说，这种笑是好心的，没有恶意，但对于我们来说，却是难受的、刺心的：这是我们猜想的，猜想他在这时候一定要笑的。不过，我们几次到马卡尔钓鱼的地方出征失利，都是在我们还没有更完善的渔具的时候。

后来我们就再也不到那些地方去钓了，我们到鱼还没有吃好东西吃馋的地方去钓：这些地方的鱼既没有尝过泡胀的小麦粒，没有尝过荞麦煮的饭、和了大麻油发出扑鼻的油香的面团、磨碎的豆饼，更没有尝过钓鱼人想尽花样搞出的一些玩意儿，比如说，他们甚至发明了用一种暖箱培育肉芽子，——不知是为了好听，还是怕使自己和别人恶心和呕吐，他们把发着恶臭气味的蛆叫作肉芽子；他们放一条臭鱼，让老大的绿头苍蝇再在上面下子，在极短的时间内就能培育出大量的肉芽子。鲈鱼、棘鲈、红眼鱼、鮈鱼、狗鱼、鳊鱼和小品种鲈鱼，都是我们那毫无奥妙的钓竿首先寻找的对象，它们吃东西一点不挑剔，它们对于我们摔到它们鼻子跟前的东西，也就是上面说到的蚯蚓，非常满意。但是这些鱼也还是十分小心谨慎的，用本色麻线搓成的很粗的钓丝往往能把它们吓跑，只有它们饿得很了，才顾不得自己的害怕了。这会儿这又细、跟水又是同样颜色的钓丝，即使不能保证我们钓到许多许多，但总能钓到一些的，所以我和万卡巴不得快到河上去试试我们的钓竿，甚至还要再到马卡尔钓鱼的那些地方去看看。但是，我再说一遍，我们一直没有去成，因为从早到晚，从日出以前到日落以后，有时候还加上夜间，学生们都在田野里，跟杂草进行着一场寡不敌众的战斗，杂草就像挣脱了锁链的狗一样，疯狂地扑到了集体农庄的禾苗上面。我的手多次领教过的那些苦菜,以前在我们家的地里跟我们打交道一般都是在它们的幼年期,扎起人来还能叫人受得住,现在,它们利用队长们指挥不及时,已经长得非常魁伟,完全淹没了春播作物的苗儿,而且做好了防卫的准备,硬扎扎地刺向四面八方伸了开来,就像刺刀一样,——有些地方苦菜还跟田蓟联合起来,你就是戴着手套也不敢对田蓟碰一碰。这实际上是一场势必导致生死搏斗的敌人进攻,因为这使年轻、没有经验、还很不牢固的集体经济面临崩溃的危险。区教育局认识到这一点,并取得上级机关的同意,决定提前两个星期停课,让学生们能够走上田野去跟危险的敌人进行斗争。

老教师伊凡·巴甫洛维奇·纳乌莫夫和他那去年大学毕业、父亲希望他能接办新的七年制学校的儿子维克托尔·伊凡诺维奇带着所有的孩子参加,一个不缺,连一年级学生也不例外,这是十分自然的,别忘了在农村里人们几乎离开怀抱就要干庄稼活儿,六岁的孩子已经算干活的,已经是大人的好帮手了。更不用说学校里的学生,学生在进学校的时候已经满八岁,很多农活儿已经干得很熟了,而且干起来不比自己的父亲和哥哥们差。不管怎么说,向我们发出的、要我们各班一起去抢救庄稼的号召,没有使我们学生们吃惊,没有吓倒任何一个:我们闹闹哄哄、高高兴兴地投入战斗,高兴的是,我们终于自由了,秋天以前不用上学了,用不着背诗、做家庭作业、做算术题,用不着在锐利的"猫"眼睛跟前吓得打哆嗦,用不着在你没有做好功课,玛丽亚·伊凡诺芙娜不知怎的猜到这一点,只是因为心软没有叫你站起来,她把过失自己承担起来并且因此觉得十分难受的时候,看她那和善而悲伤的脸了，——现在这一切都被抛到了脑后，因此我们又兴奋又勇敢地同庄稼人世世代代的仇敌展开一场顽强的搏斗。不错，到傍晚我们的战斗情绪就要下降，士气有些低落，手也没有劲了，手上原来那种狠劲儿和麻利劲儿没有了，干上一整天，手掌和指头上出现不少血斑，血斑又疼，又痒得可怕，更是疼上加疼，好像我们不是光手拔的苦菜和大蓟，而是荨麻。长得不得了的一天干下来，我们可以拔干净五六公顷，——这太少了：农庄种的小麦和大麦有两千多公顷，用庄稼人的老习惯来说就是，两千多俄亩。种完了晚熟作物的大人们，其中也包括像我爷爷米哈伊尔那样的一些老头子，也一齐来到原野上，经过这种共同的联合作战，才把庄稼基本上抢救出来。不过高年级学生，也就是旧学校四年级的学生，还不能离开田野：在四面八方为他们设立了守望点，建立了“保丰收轻骑兵”队，先是看守黑麦，然后就看守小麦，时时提防那些“富农理发匠”——这是善于起这类绰号的沃罗宁给那些想歪点子、居然带剪刀到快成熟的麦地里去剪麦穗的人起的绰号。

我和万卡要求在大土包顶上的土地测量点上给我们修一个平台，站在上面瞭望原野可以望到四面很大一片地方。整个这段时间我们都不回家，夜晚都不离开自己的重要岗位，虽然我们不十分清楚，为什么要这样，谁要我们这样：夏天的夜晚即使有月亮也是很黑很黑的，没有月亮的夜晚就更黑了，所以，哪怕把眼睛睁破了，还是什么都望不到，什么样的“理发匠”都看不到。说实话，就是大白天，我们也只是看到和逮到过一次，而且使我们十分吃惊的是，这“富农理发匠”竟是列入沃罗宁的积极分子名单的卡尔普·科图诺夫。开头他还抵赖，对我们说，他是来剥几个麦穗，看看什么时候能收割,是区里要了解这方面的情况,但是他看到万卡正盯着放在一边的几乎装满了麦穗的口袋,便半路上停住说得很顺当的话,坦率地承认说:

“我认错儿,孩子们,我这是……剪了一点点儿。粮食不够吃,挨不到收割,家里没有东西吃,囤里一粒粮食都没有了。去年我差不多病了一个夏季,麦兰娅做的劳动日够可怜的,我们凭劳动日分到的粮食只有一点点儿!……所以你们可怜可怜我这个糊涂脑袋瓜,不要告诉沃罗宁。他这个野兽会把我送进监牢的,他心狠手辣!……”

我们把他放了,甚至都没有扣留他那一袋黑麦穗,只是劝他等到夜里再把这危险的东西带回家。我们感到得意的是,卡尔普当真害怕了,他怕得要死,既然大人这样怕我们,就是说,我们成了可怕的力量;卡尔普本来可以用别的方式对付的,比如说,万卡的爸爸或者我爸爸,在这种情况下就不会是这样,他们会狠狠揍我们一顿,叫我们别管闲事,而且还不准哭,要我们嘴巴闭得紧紧的,一个字不准露,——我们说不定也会照办,把事情瞒下来。可是现在他苦苦哀求我们不讲出去,——能欺负这样的人吗?!我们听他发誓保证今后不干这种事,觉得很满意,便带着忠实执行了任务的得意心情心安理得地回到测量点上,身子站得直直的,朝四面望着,自己觉得自己好像更高了,更重要了。我们凭很容易忘乎所以的头脑本来可以把自己想象成无敌的战士,但是我们想起,我们没有任何武器,随便哪一个“理发匠”,只要不客气的话,都可以用两只光手打败我们。在以前很多夜里我们不知为什么没有想到这一点,眼睛合都不合地坐在测量点上,一般来说,心里是很镇定的。可是今天，那橙红色的太阳一落山，黑夜刚刚朝我们爬来，我们忽然觉得又怕又冷。我们彼此靠得紧紧的，让身子暖和些，一面紧张地倾听着所有的沙沙声，那些沙沙声以前没有听到过，现在却又清晰又可怕。从我们身边飞过的一只夜猫子用它那无声的毛茸茸的翅膀的阴影在我们眼前划了一道线，使我们浑身一抖；“哎呀呀！”万卡叫了出来，他想掩饰他的恐惧，便很不自然地笑了起来。

约莫在半夜时候，也就是说，在最静的时候，我们觉得有一群狼来到大土包脚下，在我们下方闪动着的许多绿色光点好像就是狼的眼睛；在我们想起这不是什么狼，而是平平常常的萤火虫之前，我们真吓得够呛，过后身上的鸡皮疙瘩很久都退不下去。不知谁家的傍晚就跑出来的一头讨厌的牛闯进黑麦地里，我们把它当成了有组织地侵犯农庄田野的一大群“富农理发匠”；我们吓得发呆，心里在盘算着，我们该怎么办：是喊起来，让睡在普拉维克圹边拖拉机手小屋里的人听到我们的喊声呢，还是一声不响，装作此地根本没有人呢？终于，我们没经过商量，就一致决定发警报。万卡首先拼命喊了起来：

“叔叔大爷们，快来啊！黑麦地里有贼！……”

我也紧跟着我的好朋友喊了几声。

牛原来跟所有的贼一样，非常胆小；看样子，它在别人家院子里、地里和菜园里吃够了鞭子和棍子，所以变成了这样。它听了我们惊慌和不要命的喊声，知道这喊声是对它来的，吓得哞哞叫了起来，掉转身子，像个黑乎乎的巨怪一样从旁边飞驰而过，朝镇上跑去。

“咦嘿，是牛啊！”万卡惊叫道，一面用粗麻布褂的下摆擦了擦脸上出的汗，停了一下子，问道：“你怕了吗？……你说，怕了吧？……”“怎么能不怕！当然怕了，怕得不得了！”我承认说，我知道万卡需要我这样承认，可以多少冲淡他的不好意思。他嘿了一声，显然十分痛快地告诉我：“我呀，米沙，差点儿尿到裤子里……这该死的畜生，是从哪里跑来的呢？……你说，这是谁家的？”

“谁知道是谁家的……也许，是你家的大花牛。你家的牛跑出来了。你妈妈说过的。”

“不是的，我家的牛我能认出来，再说，它听我的声音也能认出我来。”

我们在猜那头捣蛋的、比想象中的“理发匠”害得我们更苦的牛是哪一家的，就暂时没有心思去听那些沙沙声和别的一些声音，在夜晚的草原上声音是不少的；等我们发现东方，恰达耶夫山背后，出现了红光，先是窄窄的一条，然后越来越宽，渐渐向四面扩展开去，我们振作起来，有了精神，等到天光大亮，我们彼此商量好，今天回镇上不光弄吃的，还一定要弄一件武器。当然，不可能指望有谁发给我们一件真正的武器，但是要找一样什么东西代替真正的武器，还是可能的。吓唬牛和吓唬夜间常常来吃农庄燕麦的野猪，我们有自制的呱嗒板，还有夜晚打更人在镇上巡逻时带的梆子，——我们都可以带上；至于对付“理发匠”，可以使用我们改做成马刀而且非常像工厂造的真正马刀的断镰刀。我想起我花了半个卢布在集市上买来、打了一枪就断成两截的那只倒霉的手枪，就背着万卡叹气，觉得真可惜：这会儿要是有手枪，多么有用啊！只要在黑地里放上一枪，所有的“理发匠”马上就会四散逃窜！……

不管怎么说，庄稼是保住了。我不认为，在这方面起了决定性作用的是我们的“轻骑兵”，但这支“轻骑兵”在那段时期表现确实是很英勇的。当地和区里的少先队组织都为此出过很多力。在我们孩子们怀着满腔热情参加的麦收结束的时候，在巴兰达镇举行了“轻骑兵”战士代表会（顺便说说，至今我不能理解，“轻骑兵”这一称号是从哪里来的——我们并没有马，也许，这指的是我们孩子们的腿，因为，论麻利劲儿，我们的腿仅仅比马腿差一点点儿）。

我生来第一次参加这样的盛会，参加这样热闹、五光十色、喜气洋洋的节日。区里许多领导人，其中包括最主要的领导人、区委第一书记，站在蒙了大红布的主席台上。有人已经给第一书记系了崭新的少先队红领巾，然后同样火红的领巾也出现在站在主席台上的其他人和镇中心广场上我们所有的人的脖子上；广场前面是符拉季米尔·伊里奇·列宁纪念像，是不久前刚刚竖立的。很多人在台上讲话，我差不多都没有听见，因为猛烈跳动着的心和涌到耳朵里的血使我什么都听不见了。大会以奖励少先队制服圆满结束（这种制服包括一件印了字的白汗衫和一条蓝斜纹布短裤）。奖品授给在保丰收活动中表现最出色的孩子。当喊到我和万卡的名字时，我们互相看了一眼并且脸红了，因为我们想起我们把卡尔普连同一口袋黑麦穗放掉了，还把一头牛当成了一群“富农理发匠”。我们手挽着手，朝放着一大堆小包的桌子走去，我感觉到万卡的手因为激动在我手里发烫和出汗了。

我不记得,是谁将小包交给我们以及在交给我们小包的时候说过什么话了,只记得,奔流在所有血管里的血一下子全涌到脸上;一颗心一直跳到喉咙眼上,使气都喘不上来;眼睛放射着从未有过、从未听说过的喜悦的光彩,那样的喜悦我在以前和以后任何时候都没有体验过。我感到这样幸福和美满,也许还因为,万卡也一起得奖和得到了荣誉,而且这一切发生在我们之间终于恢复了很好,和好送回了友情并且好像为我们展开了广阔而光明的远景的时候。在那个晴朗的秋日里,我们不知道也不可能知道,眼看就要到来的一九三三年已经给我们准备好新的磨难,这些磨难比我们已经经受过的更要严重得多。我们一直没有放开失而复得的朋友的手,不是走,而是跑完了区中心和我们镇之间的十七俄里。我们要是知道,一场新的战斗——一场保持自己幼小而脆弱的生命在可爱的大地上生存的战斗一旦开始,我们的手将是多么有用时,我们的手握得还要紧些、热烈些。但是我们一点不知道,也不想知道,因为我们心里充满了过节的感觉,很希望这种感觉在心里保留的时间尽量长些。

虽然傍晚时候是很凉的,等寺院镇的一些房屋一出现在我们面前,我们还是脱掉了原来的衣服,穿起了崭新的少先队制服。跟我妈妈用自织的粗麻布缝成的褂子和裤子相比,工厂出的衣服使我觉得非常轻,甚至觉得好像身上没有穿衣服,而且觉得身子也好像轻飘飘的,成仙了。我把粗麻布衣服卷成结结实实的一团,马马虎虎地夹到腋下,而且,我竟忘恩负义,准备干脆把它扔得远远的,忘记了它有多大的功劳。要知道,这结实得像锁子甲一样的褂子和裤子不论夏天、不论冬天都忠诚地为你服务;你爬到树上去掏白嘴鸦窝、喜鹊窝和红隼窝的时候，这衣服不破也不开绽；那一次你从树顶上摔下来，快到地面时衣襟挂在树枝上，在离悲惨的结局不到转瞬工夫时你在自己真正的坟墓上空停了下来，那是褂子救了你，你才没有死；你在露在外面的炕砖上蹭，夜晚在别人家的瓜园和菜园里爬，裤子既没有在膝盖上破，也没有在你最不希望破的地方破；褂子怀里可以为你揣随便什么东西——豌豆荚啦，苹果、梨子啦，甚至不太大的西瓜、香瓜啦，而且当你被看菜园、果园或瓜园的人撵得拼命逃窜，那非法的战利品像活物一样在你的光肚子上直蹦直跳的时候，褂子也不从裤腰里挣出来。

只有一次，家制的麻布衣服误了我的事，把我的屁股送到了荨麻秆底下，荨麻秆正是看守人用来教训像我这样的好汉的武器。在我准备跳过篱笆逃跑的紧急时刻，褂子挂到了橛子上，我们原来的主席米哈伊尔·索洛金的父亲斯皮里顿·索洛金毫不怠慢地利用了这一时机。当我在篱笆上又摇又摆，拼命想从橛子上挣脱的时候，看园人已经拔到一棵很老的、老了就特别扎人的荨麻，扯下我的裤子，拿荨麻秆狠狠地在我两边屁股上各擦了一下。但那是一次特殊事故，用我们现在的话来说，是"特例"，未必值得考虑在内。我的粗麻布衣服的功劳那是要大得多的：常常只有它来遮我的身体；应当指出，几乎所有像我和万卡这样年龄的乡下孩子，一年四季都没有衬里的褂子和裤头，更不用说长衬裤了；家制的麻布褂裤是我们唯一的衣服，从春天穿到秋末，穿到冬初，如我爷爷米哈伊尔常说的，直到白苍蝇纷纷飞来前；而且就是冬天来到后，我们身上也还是妈妈做的这一身格外经穿的衣服，只是上面蒙了一件破破烂烂的小皮袄或者用许多羊皮碎块拼凑成的一件杂色的皮筒子（皮筒子一般都是我妈妈苦苦央求拉弗切耶夫老汉给我缝的，拉弗切耶夫是我爸爸的远亲，是一位手艺很高的裁缝，到冬天常常寄居在我们家里，给人家做裁缝活儿）。关于我们的了不起的褂子和裤子是有很多好话要说的，可是当时我（好像万卡也是这样）还是毫不留恋地脱掉了，因为巴不得快点儿穿上新服装。

在进镇之前，我们转过身互相对着，端详一番，看看有没有毛病——他帮我看，我帮他看，把汗衫抻平展些，扯掉上面露出来的线头（工厂商标当然不能撕掉），抬高下巴，不约而同地拿鼻子用劲吸了一口气，得意非凡地向前走去。为了让没有得到这样的奖品和荣誉的别的一些孩子眼馋，特意选择了最远的回家的路。我们在镇上绕了两圈，让大家看饱了，然后才朝家里走。不过这时候我还是憋不住要到大伯佩特鲁哈家里去看看，在大伯一家人面前炫耀一番，——万卡对此心领神会，也跟着我这样做了。因此我也没有反对继续我们的游行，先是一块儿到万卡家，然后又一块儿到了我家：有什么办法，我们每个人都憋不住要穿着这身衣服在自己家里人和好朋友的家里人面前露一下子。

心里装都装不下的喜悦要求我们把它分给别人，我们在那一天和以后几天也都那样做了。我妈妈都掉了眼泪，一看到泪珠儿落到儿子的制服上，急得不得了，马上拿头巾的角儿将它吸干。爷爷在板凳上坐稳实些，把我唤到跟前，用两只手托住我的腰侧，把我转过来瞧，转过去瞧，一面十分满意地哼着；甚至还轻轻地扯了扯红领巾那火红的舌头，不知为什么还拿鼻子闻了闻。连卡从旧野上回来,妈妈干脆不准他接近我,怕他高兴极了跟我拥抱,弄脏了我的新衣服。

“瞧那副神气样子!哼,抖起来啦!”连卡冲我说,可是从他的声音,我感到他并不是生气,而是眼红。他还是灵活地躲开了妈妈,本想一把将我抱住的,可是这时候爷爷出面干涉,像一堵森严的、攻不破的墙一样站到连卡面前。

“鬼东西,你敢碰他一碰!”老人家并且威吓他说。

“看到没有,墙上是皮搭腰?……就是等着你的。我只要看到你挨他一挨,马上就收拾你一顿!……所以你给我离米沙远一点儿!……”连卡用顽皮的眼睛瞅了一下当真挂在墙上钉子上的皮搭腰,这才不敢“碰”了,转过身对妈妈说:

“妈妈,给我弄点什么吃的。饿得要死了。”

万卡是早就回家了,还是跑到涅波切托夫街上他的叔叔家去了,我不清楚,我没有去注意,因为我顾不上这些,我正准备到镇上去绕第三圈,去看看所有其他的朋友,当然,首先是去看看米沙·特维尔斯科夫,他会因为我得奖高兴得不得了的。接下来我就到扬卡·鲁勃佐夫家里去,主要是因为,这个小气鬼和胆小鬼死也不肯参加我们的“轻骑兵”,现在就让他看看,他为此受到多么大的损失。然后再去找科利卡·波利亚科夫,去找科利卡的邻居明卡·阿尔希波夫,去找淹死过的佩季卡·杰尼索夫,末了,再去找格林卡·穆兹金(为了奖励他在我们打架一开始就站在我这一边,我要给他几块带馅水果糖,水果糖我们是在小纸袋里发现的,那是区里工作人员连同少先队制服一起放在小包里的)。别的孩子我也要每人给一块,扬卡除外,决不给他,我还没有忘记我跟他一块儿钓鱼，那一次扬卡的小气表现得特别明显。

我这次出征，有“小滑头”陪同。“小滑头”跟爷爷一样，首先好好地闻了闻我的红领巾，为了闻红领巾，它两只后爪着地，两只前爪像往常那样趴在我的胸前。但是，这还不够，它又仔细闻了闻、观察了一番短裤和汗衫，然后这才跑到前面为我开路，而且，如果有必要，还要保卫我。

十一

伊凡·巴甫洛维奇和玛丽亚·伊凡诺芙娜在一所冷落的乡村小学里执教近半个世纪，退休对于他们来说，是顺理成章的事，是很自然的：根据伟大的造化——主宰一切时代的大自然所制定的不可逆转、不可违抗的“法则”，大地上所有的东西到了时候都要退下舞台，让位给新生的、未经消耗、充满生命力的力量。这是可以理解的，但是，不管怎么说，人却很不容易接受：对于一个人来说，这样的时刻是过分沉重的，是痛苦得可怕的，因为突然意识到，你多年来已经习惯了、因而以为不可能是别的样子的生活方式，马上就得发生彻底的变化，就要把你从习惯了的轨道中抛出去，而你周围所有的一切，你信奉的一切，你所从事的一切，你倾注了全部心血并且认为自己在这方面不是毫无作为的，所有这一切都要照常地进行下去，但只是没有你亲身参加了，——意识到这一点，不可能心里不翻腾，不可能没有许许多多、从此无尽头的不眠之夜。

七年制学校开学的日子，不管天气如何，都应当是明朗的，有节日气氛的，这一天也就是这个样子的，不过，对于学生们，当然，对于伊凡·巴甫洛维奇和他那忠实的、在繁重的工作中始终与共的老伴玛丽亚·伊凡诺芙娜，并不是这样的。不错，让他们坐在蒙了大红布的长台子前，跟区教育局的代表、新校长、当地领导人和其他贵宾在一起；他们听了很多赞誉他们的、大部分是出自内心的好话，在他们面前放着荣誉证书和崭新的听无线电广播的耳机，还有两个盒子，外面缠着天蓝色的绸带，里面不知装的是什么东西，但是，所有这一切，看样子不仅没有使两位老人家高兴和振奋，反而给他们增添了更多的痛苦；在他们的眼睛里始终闪现着在开学典礼之前就已经出现的那种深沉、强烈的悲伤神情。我记得，当时我很怕碰到这两双眼睛，好像这一切全怪我。有时我觉得，好像就是这么一回事儿，觉得这退休只是要伊凡·巴甫洛维奇和玛丽亚·伊凡诺芙娜离开学校的一种适当借口，而真正的原因却在别的方面，大概因为我们在校门口打架，这笔账算到了他们头上，还因为老师用“隔离”作为处分带头打架的学生的措施，还有动手打人；在我的脑子里翻滚起“社会民主党”这个词儿，并且在心里引起了疼痛感，这个词儿是不久前沃罗宁冲伊凡·巴甫洛维奇喊的，老师不知为什么事得罪了这个全镇的凶神；我当时看到，先是所有的血都冲到老教师的脸上，可是随后又一下子退去，脸色煞白，变得像刚刚漂过的麻布。他的圆眼睛冒起火，长胡子一撅一撅的，但是他控制住自己，没有作声，而这会儿他正跟沃罗宁并排坐着，那沃罗宁刚刚做完自己的报告，因为完全相信自己的报告是最精彩、最有分量的，所以他望着坐得满满的大厅，又得意又威严。

学生们最感兴趣的是新校长，说确切一点儿，就是我们的十分漂亮的新学校的第一任校长。对原来两位教师表示过感谢并且表彰了他们的功绩之后，紧接着就向大家介绍了新校长。这就是米哈伊尔·菲多托维奇·潘切欣。完全可能，用观望、戒备的眼睛盯着他的人们，不十分高兴他的来临：显然，他们觉得，如果伊凡·巴甫洛维奇和玛丽亚·伊凡诺芙娜的儿子、已经在为学校添置奇缺的教具方面出过不少力的维克托尔·伊凡诺维奇·纳乌莫夫来当校长，那更要好些。有一点使我觉得过得去的是，新校长和水磨承租人考弗曼一样，外貌出奇地像我十分喜欢的穆拉托夫。同样的大个头儿，同样的鹰眼睛，同样的大嗓门儿，只要潘切欣一张口，墙都要震得打哆嗦。在我的印象中，新校长是权力的化身，这权力是老天爷交给他的，也就是大自然交给他的，又是发现此人有管理新学校所特别需要的才能的区领导人交给他的，从各方面来看，这些领导人因为这所学校觉得十分荣耀，真的，怎么能不觉得荣耀呢！

等到主席团里的人全都讲过，轮到校长最后讲话了，米哈伊尔·菲多托维奇很不好意思地咯咯了两声，全场的人听了这两声震得打起哆嗦，使听众感到意外的是，他自己没有起来，而是叫他老婆起来讲话——那是一个跟他在一起显得非常瘦小、非常纤弱的女人，在那病态、苍白的脸上，一双眼睛显得格外大、格外有神。她讲的话异乎寻常地有条理和简短，大概就因为这样，我还记得很清楚。

“你们把这样漂亮的学校交给我们，米哈伊尔·菲多托维奇和我都觉得很荣幸。”她舒畅地笑了，用明亮的目光望了望大厅的墙壁、窗子和天花板，因为激动脸上微微泛起淡淡的红晕，又接着说下去，“我们明白，我们的担子，也像我们敬爱的前任的担子那样，是很不轻的，但是我们不认为这担子会由我们单独来承担。你们，家长们，还有你们的孩子们，我希望，你们会跟我们一起共同分尝学校的欢乐和苦楚的，我猜想，乐和苦都不会少的。这就是说，亲爱的同志们，我们非常期望你们的帮助……也非常期望你们的帮助！”她说着最后一句话，首先走到玛丽亚·伊凡诺芙娜跟前，然后走到伊凡·巴甫洛维奇跟前，同他们互吻，这使我们非常高兴。

当时我们就知道了，这个瘦小的女人叫纳杰日达·尼古拉耶芙娜。她将是我们的教务主任，同时担任五年级，也就是我们这一年级的俄语课和文学课。过后不久我们也清楚了，一切涉及教学问题的事情全靠她，全靠她一个人。那么，米哈伊尔·菲多托维奇又怎样呢？我们很快也清楚了，他当教师（他教历史），说客气一点儿，并不怎样，也许，根本不是当教师的材料，但是在做行政工作方面，哪怕在全区，哪怕在全边区，未必能找到比得上他的。上课没有几天，我们又发现了他的一点长处，这一点很不寻常、很圆满地补救了刚才说到的不足。但是，关于这一点，稍微往后一点儿再说。

纳杰日达·尼古拉耶芙娜姓奇任科娃，这使我十分惊奇：潘切欣的妻子吗，自然应该姓潘切欣娜，这好像是理所当然的嘛。对我的问题——为什么女老师不姓丈夫的姓，我爸爸不怎么有把握地回答说：

“孩子，谁知道她是怎么回事。根据法律，一个人有权随便姓什么姓。”

听了这样的回答，我还是莫名其妙。当时因事来到我家的我们的土哲学家菲多特卡·叶弗列莫夫看到我不怎么满意爸爸的回答，赶紧上前相助。他一面卷烟，用舌头往报纸片上抹唾沫，好把“金丝”裹住，一面不假思索地发表高见说：

“这个吗，米沙，她是有意的。看来，她是一个狡猾的女人，很有心计。是不是想扔掉这个‘切欣’……或者搞点别的什么名堂？你们瞧着吧，她说跑就跑，原来就姓娘家的姓，现在还姓娘家的姓。说来她也可怜，跟这样一个大个儿在一起，简直成了一个不折不扣的小孩子、小宝宝。怎么能想象，她会经得住他……”菲多特卡想起他这是在跟小孩子讲话，没有把自己的意思说到底，在最危险的地方把话煞住，赶紧又回到开头的地方：“这个‘乔欣’……咦，见鬼，他这个姓我怎么老是记不住！……不是今天，就是明天，他一定要当活光棍——这是毫无疑问的！她根本就瞧不上他！”

菲多特卡错了。潘切欣和奇任科娃是一对模范夫妻。过于自信的菲多特卡称之为“不折不扣的小孩子”的纳杰日达·尼古拉耶芙娜就在学生们眼前开始一天一天地变了。一双深思的大眼睛变得更有神、更深了，并且越来越多地不是望我们，而是转向自己的内里什么地方。有时候，女老师在教室中间，在桌子与桌子之间的通道上站住，呆呆的，不知在倾听什么，接着就很快地走出门去，弄得我们莫名其妙。过一会儿又回来，不好意思地笑着，满面喜气，腮上和睫毛上还带着泪痕；在这样的时刻她的两颊浮现出两朵红云，需要有一阵子，女老师才能压下激动，恢复常态，平静地把课上下去。一个半月之后，她干脆不到教室里来了，度起了我们不十分明白的、长达半个冬天的“产假”；后来我们听到校长宿舍里的小孩子哭声，又过了几天，卡佳·列斯诺娃钻到校长宿舍里，她出来时，我们看到她手上抱着一个可爱的小娃娃，那一对特别有趣的黑黑的小眼珠从镶了薄纱的小帽子底下朝我们瞪着。从此，每到课间休息时候，高年级的女孩子们都要去抱一抱和逗一下他们那不知为什么生得很晚的小宝宝：米哈伊尔·菲多托维奇和纳杰日达·尼古拉耶芙娜都已经三十出头了。

纳杰日达·尼古拉耶芙娜见了男学生觉得不好意思，只是偶尔地走出自己的宿舍，到大厅里去一下。他们住的是学校的一个隔间。穆拉托夫当时盖学校就是准备“再长大”的，甚至考虑到不是七个班，而是十个班，因此有几个隔间都空着，校长一家也就利用了这一点，跟教学用房同处在一个房顶底下。

还在上课前几天，米哈伊尔·菲多托维奇就领导了一项战斗行动，这一行动的结果是，整个学校内部装点成带有春夏气氛的、令人心旷神怡的一片翠绿色：到处是栽在大桶里的巨大的橡皮树和许许多多其他的观赏花草，那些花草栽在各种各样的瓦盆里、木箱里、用柳条和椴树皮编的筐子和篮子里。橡皮树和其他花草在我们镇上一律叫作“花”，不久以前还都是属于那些被划成富农的人家的，后来被那些没有遇到社会风暴因而没有离开自己的窝儿的人搬到了自己家里。给校长出主意收集“花”的是佩特尔·奥季诺科夫，奥季诺科夫依然在镇上担任两种职务：学校里的劳动指导教师和区财政局委任的收税员，他因为工作关系，几乎每天都要到镇上各家去跑跑，因此十分清楚，谁去逃走的人的家里捞了油水，谁不光偷了各种各样的家什，而且搬走了橡皮树或者乡下人平常用来装点房舍的别的什么花草。潘切欣仔细研究了奥季诺科夫放在他眼前的名单，将五年级的孩子们召集到教员室里，交给他们一项战斗任务：一天之内跑遍全镇，把抢走的花草收回来，送到学校里。

傍晚时，任务完成了——花草都来到了学校里。战士们在实现这一战斗行动中只蒙受了一些无足轻重的损失。比如说，扬卡·鲁勃佐夫和明卡·阿尔希波夫走到一户人家，各挨了一记响亮的耳光之后，就赶快离开战场，跑回家了；我和万卡（我们分到的是"卡季瓜"杜鲍芙卡家）只是遭到了怒气冲冲的女主人好一顿臭骂，骂的那些话我们生来都没有听到过，而且以后恐怕永远都不会听到；"卡季瓜"一面骂，一面声明说，橡皮树她是从雅沙·克鲁佳科夫家弄来的，是合法的，因为她年轻时一直在他家帮工，给他家喂牲口还被踢伤过，但是我们不听她这一套，因为我们必须执行命令；好在"卡季瓜"没有动手，不然的话我们也很糟。

我们呼哧呼哧、哼哼嗷嗷地喘着粗气，将栽在水桶里的一株相当沉重的橡皮树从她的屋子里抬到街上，放到等着我们的大车上（在圣诞节我们挨家挨户去唱赞美歌的时候，我们是在雅沙·克鲁佳科夫家里看到过这株橡皮树）；一个十分凶狠的婶婶扯掉了不甘心落在我们男孩子后面的卡佳·列斯诺娃一绺头发，还抓破了她的脸，但是她不动摇，不退却，从窗台上端起栽在铁罐里的一株盛开的天竺葵，带回学校，放在自己的教室里（顺便说一下，这是唯一面朝教堂广场的教室。这会儿学校刚刚开学，事情就清楚了：无神论者的担心完全是多余的，因为广场上只剩了教堂的地基，再就是一座围着栏杆的牧师娘子的坟墓，至于教堂，在今年夏天已经拆掉，全部材料都运到了巴兰达镇，用这些材料和另外几座得到同样遭遇的教堂的材料在巴兰达镇盖起全区第一座电影院）；格林卡·穆兹金只是被撕破了褂子，米沙·特维尔斯科夫被扯破了裤子。

损失也就仅限于此了，这样的损失当然不能与取得的胜利相比：那栽在木桶里的橡皮树竟搜集到十株，一齐摆在大厅里墙角下，使大厅显得分外壮观，甚至一度使学生们规矩起来，开学后的头几天在休息时间都不敢玩人摞人的游戏了。不过，这样的局面没有维持多久。过了个把礼拜，休息时间，不论大休息、小休息，又恢复了原样，大厅里一处一处的人摞人几乎可以抵到天花板，长长的走廊里甚至可以玩跳马和别的一些非常热闹的游戏；每株橡皮树都已经损失了几根树枝，跟树枝一起失去的是更多的沉甸甸、油光光的叶子，——到末了这些橡皮树被搬进了教员室和校长宿舍。

米哈伊尔·菲多托维奇的第一堂课是给五年级上的，这堂课揭开了校长为什么不肯在开学典礼上讲话的帷幕：潘切欣结巴得非常厉害，他跟学生讲话不知为什么用唱歌的腔调，脸憋得通红，汗珠子直往外冒，就好像在举沉重得不得了的东西。就由于这个原因，他在开学的第一天没有做报告，而且他一走进教室，向学生还过礼，就让我们打开历史课本，标出我们应当在家里读的页数，以便在下一堂课叙述所读的内容。这种情况使我们再高兴不过，因为人民教育委员部有人异想天开，要在所有的学校推行小组学习法，根据这种学习法，一个班分成两个到三个小组，每个组有组长。——一般都是由学习最好的学生担任组长,——组长准备所有的功课,组长得到的评分,也就是全组的分数。比如说,我就在我的表侄科利卡·马斯洛夫领导下,他在学习和淘气方面都是一个十分伶俐的孩子;只是由于出奇的意外,这小厮才没有参加打架,看样子,他那严厉的爸爸对儿子管得太紧了。现在全班三分之一的学生全靠科利卡过日子:万一他有什么不如意的事,没有准备好功课,全组就要"不及格"。不过,这种事一次也没有发生过:这个黑头发的小厮没有叫我们吃过亏。也许因为他非常要强,也许因为在我们的首都某人醒悟过来,明白了小组学习法未必能使苏维埃共和国变成人人有文化的国家,于是在第四学季即将到来的时候取消了这种学习法,这使那些躲在学习好的同学背后过得十分快活自在的学生们非常伤脑筋。

米哈伊尔·菲多托维奇用在家庭作业上的时间不超过五分钟,其余的时间就让我们学革命歌曲,好在我们的教室在镇外,所以我们学唱歌并不影响别人。潘切欣唱起歌不结巴了(所以他平时讲话也用唱歌的腔调),他那浑厚的男低音震荡着我们的耳朵,震荡着墙壁、窗子、天花板,震荡着吓得直打战的天竺葵,而男孩子和女孩子们的尖细的童声开头很没有信心、很羞怯地断断续续地响着,等到胆壮起来,便在空中缭绕回荡,使我们的劲头儿越来越大。在四分之三的时间用于唱歌的第一堂课结束的时候,就发现了独唱人才。在男孩子当中是格林卡·穆兹金,在女孩子当中是舒尔卡·奥季诺科娃。到第二天,潘切欣就叫格林卡跟自己并排站到一起。潘切欣用大嗓门儿说:

"开……开……开始,格……格……林卡,你……你……你领……领唱！”

格林卡的脸上凸出了青筋，一张脸不知为什么拉得很长，本来就朝外凸、带点儿凶相的虾眼睛朝外凸得更厉害了，眼泪都出来了，但是他唱不出来，只有内心因为激动得厉害迸发的火焰烧热了的嘴唇无声地、无可奈何地蠕动着。格林卡显然很需要鼓劲。潘切欣看出这一点，使用粗嗓门儿唱道：

广大的世界洒遍了眼泪
……

格林卡用清脆的、若断若续的、正因为若断若续很像羊叫的童音接唱下去。在他那细细的脖子上，一道道的青筋就像三弦琴上的弦一样，绷得紧紧的，不住地哆嗦着、颤动着，好像眼看着就要绷断，里面的血就要涌了出来。一遇到重唱句，全班一齐接唱，我们特别喜欢这重唱句，可以让小歌手多少喘口气。这时候我们放开喉咙、用出胸中所有的气力唱起来：

我们的歌声，你远远地飞，
用劲飞，到处飞！
我们的红旗在全世界飘扬，——

唱到这里，要想把底下一句唱上去，我们的气力不够了，但是时时准备接唱的潘切欣的男低音马上出来给我们支援：

它是在燃烧，在发红光，
那是我们的血化成了火

……

我们得到有力的支援，便把底下一句唱得高到不能再高：

是工人的血洒在战旗上！

我们自己也已经被这火包围起来，几乎被烧到了沸点，竟没有发觉，在我们教室的几个大窗子外面，在大街上，已经站了一大堆男子汉、婆娘和姑娘，看样子，因为教堂已经拆掉，集合了全镇所有的好嗓子的教堂合唱现在也听不到了，所以都觉得寂寞起来。在人群中最惹眼的是费奥多尔·雅容科夫，论个头儿，论外貌，尤其是论嗓子，他都很像也是伏尔加河边人的他那鼎鼎大名的同名者[①]。费奥多尔和他的已是老头子的父亲常常在台阶上唱歌，全镇的人都一齐来听他们、还要听天生一副好嗓子的玛丽亚·斯克沃尔佐娃唱歌；对于我们镇上大多数人来说，教堂不是别的什么，正是一座乡村剧院，虽然他们自己都意识不到这一点。只要雅容科夫父子那张得大大的嘴里一涌出"海浪呀海浪"，行人都会又喜悦又紧张地呆住，头脑晕乎乎的，浑身麻酥酥的；在这样的时刻，人们觉得背上长起翅膀，就像用蓝色加金色画在高高的天花板上的那些天使一样，觉得自己就要离开地面，飞向云端，去找那些天使和神灵做伴儿；很多人都要被美妙的歌声感动得涌出泪水。

这会儿，当潘切欣第四次（为了让我们练熟）唱起"广大的世界洒遍了眼泪"的时候，迎着他的声音从街上传来了费奥多尔·雅

①此处指的是注明的俄国演员菲奥多尔·沙利亚宾。

容科夫那铜钟般的男低音："我们的歌声，你远远地飞，用劲飞，到处飞！"一向总是跟雅容科夫父子一起站在台阶上唱歌的玛丽亚·斯克沃尔佐娃这会儿也跟费奥多尔站在一起。她那像夜莺一样的银嗓子也放了开来，跳荡起来，颤动起来；那甜美、动人的声音向我们涌来：

我们的红旗在全世界飘扬，——
它是在燃烧，在发红光，

等我们全班依仗着校长那雄浑的男低音作可靠的后盾，又一次接唱下去的时候，所有的窗子都吓得发出声音，哆嗦起来：

那是我们的血化成了火，——
是工人的血洒在战旗上！

一个一个的童音淹没在齐声合唱中。只有格林卡的声音不知为什么还冲了出来，就像一股活泼的小小泉水奔驰在平稳的、朝同一方向流动的流水之上，再就是潘切欣和雅容科夫那洪钟般的男低音嗡嗡响着，还有玛丽亚·斯克沃尔佐娃那高入云天的女音像燕子一样绕着他们的声音盘旋飞舞。

下一堂历史课我们同样带劲地学会了不停地向前飞奔、直到进入公社才会停止的火车头之歌；然后又学了肖尔斯之歌，那支歌中提到他的队伍，提到这位红军指挥员怎样负伤，士兵们怎样用手抬着他；后来有一次，潘切欣匆匆在课本上标出家庭作业，他因为摆脱了虽然必要可是他感到十分乏味的事情显然十分高兴，马上就大声唱了起来：

我们红色的骑兵！
多少壮美的篇章，
多少豪情的歌曲，
将我们颂扬、歌唱！

这支歌我们喜欢得不得了，于是这支歌也跟别的歌一起被我们唱到了大街上，从这头唱到那头，让我们镇上的人都听一听。潘切欣的歌是无穷无尽的，对于我们来说，这已经不是一个人，而是一个人形的歌本。《布琼尼军中有一百名少年兵》我们也是从他那里学来的，这支歌也跟其他很多歌一样，后来在我们走上艰难困苦道路的时候，给我们增添过不少信心和力量，伟大革命期间和紧跟在这一崭新的历史时期之后出生的我们这些人，是走过极其艰苦的道路的。至于古代和近代历史，我们也在潘切欣放手大胆地让我们这些学生自学的课本中学到了有关这些历史的最必要的东西。

十二

这一年冬天，老天爷没有吝惜冰雪和寒冷，很快就给全镇披上一身银鼠皮袄；冬天只用了一个星期的工夫，就使一切变得认不出了。那些麦秸屋顶，昨天还是褐色的，又不洁净，又散乱、不平整，到处是麻雀窝和猫趴的窟窿，一下子就变得十分平整，一溜斜坡，很像一个一个的大糖块，叫人真想舔上几口。在没有风的时候，早上和傍晚各家烟囱里冒出来的炊烟，在上面投下青色的阴影，一缕缕的炊烟好像不愿意离开人类生活的地方，缓缓地上升着,缭绕着,到后来彼此连到一起,很像森林里刚刚伸开枝叶的树木的树顶。牛、羊或别的牲畜从栏里出来,到院心里去吃雪橇拉来的干草和谷糠,脊背很快就变成白的,甚至走出屋门的年轻汉子的胡子也是这样。

大道和林中道路上不平的地方也都平了,一个一个的土疙瘩和坑洼先是冻住,后来就淹没到雪里,不妨碍雪橇滑行了。但这是在无风的天气。等到加耶夫山或恰达耶夫山上吹来的北风或东北风把地上的雪吹起,把房顶、仓库顶和牲口棚、柴火棚顶上的雪吹得团团飞舞,那炊烟也片刻不肯安宁,在烟囱之上和烟囱周围乱窜乱闯,盘成一条条的长卷儿,朝下冲去,跟风雪扫帚一起在院子里来回奔窜,就像挥舞着扫帚的女妖。谁要是在这样的天气走在草原路上,那是很糟的:他一定会迷路,不辨东西南北,并且很快就会跟自己的车马一起蒙上一层白色的尸衣(难得有哪个冬天不出这种事),除非车拱木有一部分露在外面,可以让寻找的人知道那就是不幸的行人和马死去的地点。

往年冬天暴风雪来时,所有的教堂里都要鸣钟,那钟声好比指路的灯塔,可以指引人们向最近的村庄走。伊凡舅舅过去在钟楼上常常一连几天几夜不离自己的岗位,过一定的时间就要把那口最大的钟的鸣声送向四面八方。现在镇上没有了钟声,暴风雪在发狂,在烟囱上呼啸,在护窗板缝里,在篱笆、板墙、大门缝里尖叫,在狭窄的小巷子里唱着各种各样的怪调,在田野里更是为所欲为,将雪卷成一根根巨大的旋风柱,直伸到九霄云外;不论道路、山沟,不论禾棚、草垛、原野上的灌木丛——什么都叫你看不见,只能看到大片大片白色的雪花在你眼前亮晶晶地闪烁着,就好像眼睛忽然蒙上了一层白翳，将万物遮了起来；什么黑夜，什么白天，全是一样，反正什么都看不见。

在这种极坏的天气，伊凡舅舅躺在炕上，焦急不安地来回翻着身，哼哧着，叹着气，觉得毫无办法可想，便自言自语地嘟哝着："该死的风雪，发疯啦！东西南北都看不清了。路上、田野上这会儿要是有人，又该怎么办啊！"也许，不久前拆钟时打头儿的潘齐列夫村祖巴诺夫家的基里尔和阿列克赛弟兄两个这会儿该一个劲儿地打嗝了：恼得直冒火的看钟人正拼命咒他们呢。伊凡舅舅在心里说，要是依着他们，别说拆钟，连你的脑袋都要拆下来，他们什么事都能干得出来，想干什么就干什么！天晓得这些狗崽子会干些什么样乱七八糟的情！……

因为大风雪，学校里三天没有上课，学生们都待在家里。后来大风雪停了，一切恢复正常：阳光和雪不多不少，正合人的心意。五年级上的第一堂课是文学课。如果有谁从我们的窗外走，一定会对学校里的哈哈大笑声感到吃惊。纳杰日达·尼古拉耶芙娜把书本合上，把一个指头放在嘴唇上，要我们安静，可是怎么都不能使我们安静下来，——这不安静正是她读一本很有趣的书惹起的。而且，如果她自己的眼睛不笑的话，我们也许不会笑得这样响。一向庄重、矜持的女老师很少笑，可是这会儿她喜笑颜开，这就对我们起了鼓励作用。经常笑的人的笑并不值钱；难得见到的笑才是宝贝，这样的笑就像长期阴雨之后忽然从云丛里露出来的太阳。纳杰日达一面擦眼泪，极力拿出严肃的样子，一面继续往下念：

"端来一碗煮梨汤。没有人讲话了。只听到吧嗒嘴的声音和木汤匙刮碗底的声音,只是在一个小家伙拿汤匙在碗里划来划去想捞煮烂的梨的时候,才有人讲话了。这时候阿基姆老爹舔了舔自己的汤匙,拿汤匙朝捞迟了的小家伙头上清脆地敲了一下,提醒他说:

——用不着你捞了! ……”

于是又爆发了一阵哄堂大笑,纳杰日达·尼古拉耶芙娜也没有落在我们这些学生后面,也笑了。我和万卡(而且何止我和万卡!)不由地摸了摸自己的脑门,好像阿基姆老爹拿已经舔得干干净净的木汤匙敲的不是别的什么人,不是别的小家伙,而是我们:因为我们的脑门十分熟悉这种方式的训诫。比如说,万卡在今天吃早饭的时候就领教过:万卡做了一次无效的尝试,要抢先从大盘子里捞一块兔肉,于是他的爸爸,也就是格利戈里叔叔,用长把木勺朝他的头叭地敲了一下。因为必须等下命令才能吃肉,命令一般是由饭桌上最年长的人,比如说,由爸爸或爷爷来下。这种训诫方式未必合乎教育原理,不过往往十分有效:谁要是领教过,很久都不会忘记,而且自己会做出相应的结论。

这一切倒也罢了,只是有一点我怎么都弄不明白,我心想:这究竟是怎么回事呢,作家又是在哪里看到这种情形的呢? 书是在大城市里写的,在城市里是不用汤匙敲小孩子脑袋瓜的呀。

这时老师还在读着。她读的是,一心要甩脱自己所痛恨的私有财产的马卡尔·纳古尔诺夫“将他那长长的手掌按在勋章上,语重心长地”说:

“大嫂们,我的好姐妹们! 你们不要跟着鸡呀、鹅呀转了! ……要么它,也就是鸡,跑到菜园里去啄菜苗,要么这该死的东西把蛋下到谷仓底下，要么叫黄鼬揪掉脑壳……什么麻烦事它惹不出来？而且每天你们都得爬到鸡窝里，摸一摸，哪一只鸡有蛋，哪一只没有蛋。只要往里面一爬，就要沾一身鸡虱子，染上传染病。”①

我听到这番话，当然完全站在马卡尔一边，因为我自己就不止一次遵奉妈妈的命令，爬到谷仓库底下去捡鸡下的鸡蛋，过后很久都被鸡虱子咬得非常难受，——就是现在，只要一想起来，皮肤都觉得奇痒难搔……

老师读给我们听的书中那些事情，非常像我们这里的事情，使人不由地想：作家所写的就是我们，就是我们镇上的事情。比如说，我就很容易猜出，书中这个或那个人物写的是我们镇上什么人。就拿休卡尔来说吧，那就是我们的卡尔普·科图诺夫，穷得可怜，却还要拼命地吹牛。至于达维多夫，更不用说了：任何人都会说，那就是泽林斯基，也是农庄主席、二万五千人队队员，而且看样子也是逮鱼的好手。至于纳古尔诺夫，在我们镇和潘齐列夫村能找到十来个，只是姓名不同罢了：那就是在不久前一个暴风雪之夜伊凡舅舅咒骂过的祖巴诺夫家的基里尔和阿列克赛，还有佩特鲁哈大伯的大儿子、我的堂兄伊凡，还有他的好朋友和同一个共青团支部的战友米佳·克鲁佳科夫，还有不知在什么情况下瞎掉一只眼睛、因此外号叫“独眼龙”的米沙·泽姆斯科夫，还有连卡·利亚欣以及别的一些一心想搞世界革命的同龄人——其实，我们这些弟弟妹妹们也都是这样。他们都跟纳古尔诺夫一样过激，不过也都跟纳古尔诺夫一样无限忠于苏维埃政权，只是饶

①这是肖洛霍夫《新垦地》中的一段。

幸没有分担纳古尔诺夫和达维多夫的遭遇——比如说，富农的子弹有两次或三次从祖巴诺夫兄弟的身边飞过，却没有打中他们那狂热的头。我们也有自己的康得拉特·梅谭尼科夫（万卡的爸爸就非常像），也有雅柯夫·卢基奇，甚至也有阿尔卡什卡·缅卡——全都有，虽然姓名不是一样的。

那一天，我们五年级学生可是笑够了。也许（如果相信民间谶语的话），笑得太多了，就该乐极生悲。

我们第一次要求老师，课后让我们留在学校里，继续听她读。等我们听完了，天已经很晚了，所以有些家长已经来到学校，以便护送自己的孩子回家。万卡本来想送我回家的，可是我要充好汉，拒绝了，过了一会儿，我就后悔莫及了：那一夜月光明亮，月光在一片片的雪地上撒下无数晶莹的光斑，因此我在离自己家门大约一百五十公尺的地方看到了一群狼。起初我并不以为是狼群，我以为是狗在交尾，狗的交尾期和狼的交尾期论时间都是一致的。但是那呜噜声和错牙的声音我觉得比狗的声音大，大得令人生疑，而且也凶狠得多；狗应该冲我叫的，狗在深夜里见到任何过路人都要叫，现在不知为什么却没有叫。等我看出这些“狗”一律是灰色的，我才骇然清醒过来。不过我的心发现这一点还要稍微早些，因为我的帽子，也就是我的兔皮帽，吓得跳到了头顶上，帽子底下的头发竖了起来，不住地抖动。我站住了，就像有人把我钉在了地上。怎么办？往前走——不行，而且我也没有勇气；往后跑——那你就完蛋，你是跑不掉的，狼就希望你害怕，就希望你跑：只要蹦上三下五下，就能追上你……

不过我十分走运。鞋匠的小屋就在村边，鞋匠常常通夜干活儿，这时这个瘦小的男子走了出来。不知他是出来撒尿，还是从窗子里看到了我，反正他走了出来，并且跟我打招呼：

“怎么，小南方佬，是你吗？”

“米佳叔叔，是我！那边有狼！……”

“你怎么啦？！得了吧，坏东西，你在扯谎！……”可是，等他跑到我跟前，他自己也看到了狼。他飞快地跑回屋里，又拿着一支单打一步枪跑了出来。

枪响了一声，在又冷又明亮的静夜里，这一声特别响亮，特别震耳。等硝烟在寒冷的、虚幻缥缈的夜空散开和隐去，我看到，狼群也散开，也好像隐去了。

“走吧，孩子。这会儿狼已经在大麻地那边，在荒野里咬尾巴了。狼虽然是不安分的畜生，但是胆子也不大。你问问你表舅谢尔盖·兹沃纳廖夫，他就十分了解狼这种畜生。走吧，不用怕。”

“你在这儿站一会儿，好吗，米佳叔叔？”我要求说。

“好的，好的。快跑吧。”

我撒腿就跑，就好像有人射出子弹在后面追赶我似的，而且就连子弹也未必追得上我。我在院子里一刻都没有停，虽然很想在院子里撒泡尿，我一下子就撞开了过道的门。不过“小滑头”比我还要麻利些，已经抢先跑进了过道，就要往屋里跑了，但是我一脚把它踢开，这时我没有想到，狗受的惊吓，一点不比我小：狼群在打食儿的时候，并不嫌狗肉难吃，我是有根据相信这一点的，因为“小滑头”的两位前辈，一位叫“小老虎”，一位叫“小不点儿”，就是在墙根下被狼拖走的，狼群就在我家后院里把狗吃掉了，只留下一块块的碎皮给我做纪念。

一进屋,我就不得不在门口站住了,因为我看到,不仅妈妈没有睡(这是不用说的),而且我的两个哥哥和爷爷都没有睡。他们都耷拉着头坐在桌边,没有去动刚从炉膛里掏出来的一铁罐土豆。我惊慌起来,拿眼睛瞅了这个,又瞅那个,想快点弄明白,在我回来之前,家里出了什么事。

妈妈首先开言了:

"把衣服脱了,孩子,坐下吃饭吧。你到哪里去的?"

"在学校里。"

"嘿,你真行!"

"纳杰日达·尼古拉耶芙娜在读一本书。我们要她读的。"

"好啦,把皮袄脱掉吧,书迷。你爸爸等你没有等到。姐姐也没有再等。他们到巴兰达镇去了。姐姐要去格多夫市,去找你叔叔巴什卡,你爸爸好像是调到小叶卡捷林诺夫卡工作了。他跟沃罗宁闹翻了,真是的……"

她没有再说下去,觉得有一团又热又干的东西朝喉咙涌来,眼看着就要使她喘不上气来。在妈妈的声音中,尤其在她的眼神中,有一种东西甚至已经不是悲伤,而是一种揪心的、痛苦的东西,这种东西我只是在我们共同袭击"酸肉娘子"的那个难忘的夜里听到和看到过一次。我脱掉皮袄,坐到饭桌上,但是我也不想吃。我没精打采地剥掉一个土豆的"外衣",为了让土豆凉一凉,在两个手心里来回倒换了好几次,但是一直没有放进嘴里。等我们睡下,睡到前面提到过的妈妈的皮袄里,萨沙才对我讲了爸爸跟主席的争吵,这一吵,爸爸才决定离开我们镇,到小叶卡捷林诺夫卡去担任同样的职务(那里的镇苏维埃主席科科季耶夫是民警扎夫戈罗得涅夫的朋友,好像他早就要爸爸到那里去工作了)。

爸爸平时对家里人不说,但是我们早就听斯捷潘诺夫说了不少,知道爸爸跟沃罗宁合不来,沃罗宁常常因为一点点小事找爸爸的茬儿,我们知道,他们是一定要决裂的,决裂得越早,对我爸爸越好。

最后一次争吵特别激烈,特别厉害。沃罗宁不知是心里有气,还是有人挑唆,他刚跨过办公室的门槛,就冲着秘书叫起来:

"贷款表册等着我来替你造吗?"

"这表册已经造好了。等着你签字呢。"爸爸十分镇定地回答说,虽然他那刮得光光的两腮已经在哆嗦。

"征税表册造好了吗?"

"这还没造好。"

"为什么?"沃罗宁听到爸爸这样回答,好像非常高兴,于是他尖叫起来:"我问您……问你,为什么?!"

"沃罗宁,你放明白点儿。"爸爸没有回答,而是在桌旁欠起身来说;他头顶上一绺棕黄色的头发撅了起来。"你放明白点儿……是谁给你权力,让你冲我……冲别人喊叫?是谁?……嗯?……"

"看见没有,好一个娇宝宝!还不能冲他叫哩!"沃罗宁龇了龇牙,他那翻开的嘴唇上掠过一丝奸笑。"自以为了不起,好像成了贵族老爷啦!……你还是老实告诉我:为什么你没有送出征税表册?"

"你去问问奥季诺科夫,还能不能收税,然后你再向区执委会报告去。沃罗宁,你最好还是跟集体农庄主席一块儿想一想,到冬天大家怎么过。粮食全都弄走了，一个劳动日摊不到一点点儿，马的日子也不好过，饲料粮给搞得一粒不剩，麦秸和干草连圣诞节都吃不到……”

“嘿，你这是什么话！”沃罗宁更高兴了，高兴得简直要疯了。“镇苏维埃秘书同志，你这是富农的声音。这政权要是你们的，你们要让工人阶级饿死，什么德聂伯水电站，什么斯大林格勒拖拉机厂，什么马格尼特联合企业，靠你们这样的人，全部建设不起来……”

“我们要是把养活城里人的庄稼汉折腾死，工人阶级饿死得还要快些。”爸爸反驳说。

“啊……啊！”沃罗宁又兴奋起来，“‘养活城里人’！这话我已经听……‘夜莺’雅柯夫讲过。不过，拿他有什么办法，他又不是镇苏维埃工作人员，可是你……只怪我糊涂，当初没有信茹科夫的话，这么看，他说的是实话，你是有意拿小马驹喂狼的……有意让狼把一匹良种的马驹吃掉，为的是不交给集体农庄！……是这样的，是这样……现在又把你弟弟打发得远远的，打发到爱沙尼亚边境上去了……我还要追查，你是从哪里弄到公章，给他开证明的……关于那个变戏法的，我也要查一查，要查清楚，你是从哪里弄来这个坏蛋！……”

“关于小马驹……”爸爸走到窗前，将滚热的额头抵在玻璃上，无目的地朝面前望着。“你把格利戈里·茹科夫叫来，他会承认，他是栽诬我，因为我们当时正为两个孩子，两个该死的鬼东西的事闹得不可开交。至于那个变戏法的，你自己很清楚，那是区文化站推荐给咱们两个的。我的过错只是，我用自己的大车把他带到了这里。”

“会查清楚的,会查清楚的。”

“你就查去吧,不过,我不再奉陪了。”

“你要逃跑?”

“你以为,我一辈子都得扯住你的裤腿过日子?天啊,可别这样!”爸爸因为决心下定,脸色煞白,他快步回到自己的办公桌前,拉开所有的抽屉,拿出一沓的文件,放到多少有些惊慌失措的沃罗宁面前,堆成高高的一摞。“尊敬的主席,把这些家当拿去,你一个人在这里发号施令吧。我看,你比我们所有的人都高明。再见吧!多多包涵!”

沃罗宁还是发狠说:

“跑吧,跑吧,想脱离苏维埃政权,你是跑不掉的。”

爸爸在门口停住,就在门口高声回答说:

“可是我并不想脱离苏维埃政权。苏维埃政权也许并不讨厌我。沃罗宁,我是要离开你,能够离开你,我非常非常高兴。够了!”

沃罗宁像鱼一样将嘴巴张得圆圆的,不住地眨巴眼睛,很想对我爸爸再说点什么,但是我爸爸既不愿意,也没有时间再听他的,跟他继续争吵了。爸爸跨着大步朝家里奔,像个小孩子一样不时地由急促、快速的步行干脆换成跑步,从自家窗子里朝外望的妇女们看着他,心里纳闷:这人是怎么回事,有人追赶他,是不是?

爸爸急着要回家。他要快点儿带着女儿动身,先去巴兰达镇,让女儿坐上火车,然后自己去小叶卡捷林诺夫卡,到又年轻又有魄力的主席科科季耶夫手下干去。爸爸一面朝家走,心里一面在说:“我看出,科科季耶夫不喜欢沃罗宁,在区执委会跟他吵过不止一次。所以,科科季耶夫不会出卖我的,不会让这个魔鬼把我害死!”

爸爸对于自己跟沃罗宁的这场争吵十分满意,他在心中称赞自己的胆量,过去他跟主席说话时总感到胆量不够,现在可够了,而且好像还有得多,有点过剩呢。要是说,心里多多少少还有点不踏实的话,那就是因为那个变戏法的浑蛋,就是凡事都不肯放过的沃罗宁刚才提到的。

那个变戏法的一来到镇上,首先就要求给他挑选三个大小不同的木桶。我爸爸丝毫没考虑他要木桶干什么用,丝毫没有怀疑,就指派卡尔普·科图诺夫和菲多特卡·叶弗列莫夫去弄。到傍晚时候,演出前一小时,他们两个人把木桶弄到了群众文化馆,花了不小的力气拖进了后台。那个变戏法的向他们道过谢,请他们离开,便开始摆弄三个木桶,就在箍着宽宽的、生锈的铁箍,好像束着士兵皮带似的凸出的桶腰上涂了起来。等到他出场,他将木桶一个一个地推到前台。这时大家看到,在最小的一个桶上用大字写了“富农”这个词儿,在另一个稍微大一点的桶上写了“中农”这个词儿,在第三个、也就是最大的一个桶上,用同样大小、然而故意写得东倒西歪的笔迹写着:“贫农”。

底下情形是这样的:

那个变戏法的用两只手撑住第一个、也就是装着富农的那一个桶,将桶滚到戏台上最远的角落里。

“把这些家伙送到索洛夫卡!”他在全场一致的、但不是非常开心的哄笑声中解释说。

他把第二个桶多少朝旁边推了推，不加解释。

“好啦，还有这些，”他把两只手放在写着“贫农”的桶上，“这些咱们来就地滚吧！”他使出力气，满脸通红，呼哧呼哧地喘着粗气，当真就在戏台正中滚起了木桶，而且不光是滚，还千方百计地折腾，颠过来，倒过去，用靴尖踢，后来搞得实在不像话，以至于大家都不想笑了。看戏法的人们大惑不解地你看我、我看你，不住地耸肩膀；有些人已经在用眼睛寻找地方政权的头头们，那意思是说：头头们怎么能容忍这样来嘲笑集体化呢？终于弄清了变戏法的人的矛头所指，首先从大厅里径自跑上戏台的是我的堂哥伊凡和米佳·克鲁佳科夫，紧跟着他们上去的是祖巴诺夫家的基里尔和阿列克赛、“独眼龙”米沙·泽姆斯科夫，然后就是沃罗宁和我爸爸。变戏法的被很多的手抓住，被举得高高的，并且在全场快活的哄笑声中被送到了大街上。但是到了大街上还是没有落地，而是不知为什么再一次在文化馆旁边被团团围住，被围观了一阵之后，才被痛快淋漓地摔到踩得十分结实的雪地上。不到两个钟头之后，沃罗宁就郑重地将他交给了从区里招来的扎夫戈罗得涅夫。大概这是不知从何处来到我们这里的这个变戏法的人的最后一场演出和最后一次笑。这事就发生在建立集体农庄的第一次庄员大会之后不久。

“他的事竟弄到我头上。”爸爸在去巴兰达镇的路上很不痛快地想到，“我跟变戏法的，跟那个狗崽子有什么关系？可是竟成了我的把柄。沃罗宁说不定会栽诬我跟他是一伙儿的，要是那样，就……”

这样推想下去是看不到可喜的结尾的，爸爸没有推想到底，半路上把自己的思想煞住，把火气发泄到大棕马身上。大棕马是他从公共场院里牵来的，大棕马就像涅克拉索夫在《严寒，红鼻子》里写的黑鬃黄褐马那样，是最后一次报效他了。不错，大棕马后来比自己的旧主人死得多少还要早一点，但是，在那个夜晚，当雪橇滑行在洒满柔和的淡绿色月光的冬日路上的时候，不论是大棕马，不论是它的旧主人，不论坐在爸爸背后一声不响的姑娘，都还不知道这一点，各想各的心事。爸爸想的是，现在他该怎么办，家里人该怎么办，一定会跟他来小叶卡捷林诺夫卡的那个女人又该怎么办，报复心重、心怀叵测的沃罗宁会想出什么样的坏点子来害他，结局又会怎样。姐姐想到前途茫茫，一颗心缩成一团，她不知那些山、那些森林后面又是什么，一到那里，就看也看不见、摸也摸不着、走也走不到自己的窝儿了（她还是第一次离窝儿，翅膀还没有完全长硬呢）。大棕马大概在想：还不错，旧主人总算想起了它，它又能听到熟悉的声音了，又能听到熟悉的咳嗽声和催赶它时吧嗒嘴的声音了。主人在吧嗒嘴、打口哨和扯缰绳的同时，还要用鞭子打，大棕马对此也不十分计较，虽然它不明白主人为什么要这样，我大棕马使出所有的力气了啊！……

十三

伏尔加原野自古以来就要当地的庄稼人习惯于同时使用三个词儿："干旱""歉收""饥馑"，这三个词儿总是不可抗拒地接踵而来。常常会有这样的情形：庄稼人看到明丽的朝霞不再觉得高兴;人们在炙热的、热得发白的天空反复搜寻,却连一小片云彩都找不到;普天下诗人齐声歌颂的太阳竟成为咒骂的对象。在迅速转暖的春天里,积雪在几天之内就化得干干净净。露出来的土地里刚刚播进种子,地面就开始干裂。然后就天天焦急地盼雨。五月过去,六月来临,雨还是没有。过早衰老的树木花草渐渐瘪下去,叶子越来越尖细,而且明显地开始枯黄。这时候信神的和不信神的都不由地将目光转向青天;人们无计可施,便请来教士,让他祈求苍天普降甘霖,大家一齐跟着教士祈祷,那声音更像哀号:"救世主啊,给干渴的土地祈雨吧!……"没见过什么场面,比为干渴的土地祈雨的场面更悲痛、更凄惨的……

可是,苍天也许是听了庄稼人殷切的祷告无动于衷,也许没有听到祷告(因为苍天太高,离地面太远了!),于是饿鬼来到庄稼人的门前。这位可怕的客人来得非常勤,好像是不能拒绝的,就像命运一样。在我的记忆中,饿鬼第一次来临是在一九二一年。就在国家经历了第一次世界大战和国内战争的艰苦岁月衰弱已极的时候,这位不速之客来叩庄稼汉的门了。

我记得,有一天我光着屁股坐在炕上,就像没长翅膀也没长毛的小鹰待在窝儿里,肚子觉得很饿,这时候菲尼娅婶婶——也就是巴什卡叔叔的老婆,她当时十分年轻,高高的个子,非常漂亮,——朝两边瞅了瞅,但没有避着我这个不懂事的孩子,就把一大块黑黑的、油光光、香喷喷的黑麦面包藏到枕头底下。她藏面包是防备谁的,是防备我家一打以上的我们这些孩子,防备武装征粮队,还是防备走村串户像溃军散兵似的一群一群的讨饭的,这我不知道,但是我清楚地记得,一看到面包,一闻到那香喷喷的气味，我好一阵子喘不上气来，然后我就不要命地高声叫了起来，吓得妈妈从正屋里跑了过来，赶紧把我抱起来，一面哄着，把我抱到自己房里。可是直到现在，我耳朵里仿佛还响着我那饥饿的尖叫声："菲尼娅婶婶！我要吃！……"

一九三三年是我记忆中的第二个饥馑年，这次饥馑也许比上一次还要可怕，虽然这次饥馑并不是干旱，不是这位狠毒的世世代代土地的后娘引起的。说实话，至今我还在思索这次饥馑的来历。一九三二年的收成，如果算不上大丰收的话，那么，不管怎么说，也算是很不坏的。我们镇上的庄员们按每个劳动日预分了一百公分粮食，还指望在跟国家最后算过账以后每个劳动日再分一公斤。可是，这一指望落空了，因为意想不到地出现了收购粮食的"响应计划"，这一计划靠着地方领导和没有知识的积极分子的过分热心，把农庄的底子扫得一粒不剩，既没有给人留粮食，也没有给农庄的马留饲料。

一九三三年在我的记忆中永远是一个最可怕的标志。回溯这一年不论有多么难受，多么沉痛，但是，为了我的乡亲们，我还是必须回溯一番往事。回溯往事是为了纪念死去的那些人，那些人虽然不是牺牲在伟大的卫国战争的各条战线上，但也做了足够的贡献，那就是他们在最艰苦的岁月里，至死都没有失去对苏维埃政权的信任，没有改变信仰，没有诅咒，并将这种神圣的信念传给幸存的人的，鼓舞人们去战斗、前进并在重大的历史关头履行自己的职责。

十四

死神探访的第一家，就是涅波切托夫街上我的小伙伴科利卡·波利亚科夫的家。死神好像是要人们相信，它此行是有重大意图的，所以一进门就找到了一家之长。科利卡的爸爸、又温顺又老实的尼古拉·费奥多罗维奇的眼睛跟孩子们那饥饿的眼睛相遇一两次之后，他便坐到打开的炉口旁边，往炉子里添麦秸把，火越烧越旺，不时地吐出长舌，有时还舔着他那稀稀拉拉的白胡子尖，但是他全没有理会，因为他操心的不是这样的事。老婆叫他吃晚饭，他好像也没有听到。半个南瓜在桌子上冒着热气，孩子们正眼巴巴地瞅着南瓜，等着爸爸走上饭桌下命令吃饭呢。家里人——老婆、两个儿子和三个女儿——都还不知道，他已经夹着口袋跑遍了整个涅波切托夫街，并且两手空空地回来了：有些人家，比如阿尔希波夫家，显然还有一点粮食，但绝不是很充裕的；还有些人家听说沃罗宁不是今天就是明天安派积极分子挨门逐户搜寻“余粮”，便赶紧把小麦或黑麦藏起，藏得远远的、深深的，连自己都不敢去动，不敢去挖，所以跟大家一样，过着半饥半饱的日子；而大多数人家和波利亚科夫家一样，暂时还有一些土豆、南瓜和甜菜根的时候，就靠这些东西过日子。到谢肉节，连这些东西也吃光了。比如说，波利亚科夫家地窖里只剩了十来块甜菜根，今天早晨尼古拉·费奥多罗维奇朝地板底下瞅了瞅，地板底下只剩了三个南瓜，而且这三个南瓜还不是个个都完整，有一个的一半已经被兔子的尖牙齿啃得窟窿累累（现在连兔子都没有了，上个星期已经杀掉了最后一只)。

地窖里原来还挂着三分之一的羊胴子,逢年过节科利卡的妈妈便从上面削下一小片,放到汤里调调口味。尼古拉·费奥多罗维奇夹着空空的口袋回到家里,下到地窖里一看,就发现了最最痛心的事:那三分之一的羊胴子不见了,家里人忘记关地窖的门,饿狗马上就利用了这一时机。这时候有无数的饿狗,这些狗天天在挨门逐户地找东西吃。至于这是狗干的事,那是毫无疑问的,因为狗在获得羊肉之后,还在“来访”前不久新下的雪上留下一个一个的爪印,算是来访投下的名片。老婆和家里其他人都还不知道出了这样倒霉的事,这位家长不知为什么也不敢对家里人说穿这件事,可是他想到,这桩祸事还是非说出来不可,同时还得说一说,他一粒粮食都没有弄到,说一说,除了一撮两撮土烟,谁也不能给他别的什么,一想到这些,他就非常难受。他出了涅波切多夫街又去的最后一家是菲多特卡·叶弗列莫夫的家,但是米沙·特维尔斯科夫的爸爸斯捷潘刚才已经去过了。他们俩在路上碰到,斯捷潘用左胳膊夹着麻布袋,那麻布袋还是空空的,菲多特卡连自己那有名的“金丝”都没有拿出来招待他,因为他不抽烟。可是尼古拉·费奥多罗维奇抽烟却抽足了,直抽得两眼起雾,觉得恶心:看样子,他用劲吸进去的烟气不光到了肺里,而且钻到了所有的空肠子里,所以头晕乎乎的,周围的一切都模糊起来。尼古拉·费奥多罗维奇碰到斯捷潘之后马上就把口袋藏到怀里,见到菲多特卡并没有拿出来,因为拿出来也没有用。然而菲多特卡还是问道:

“你是想向我借麦子的吧? 是这么回事,对不对?”

“是想借啊。”尼古拉·费奥多罗维奇叹口气说。

“单是今天一天,你是第四个了。斯捷潘你也许碰到了吧?”

“碰到的。”

“在他以前是格利戈里·茹科夫和达吉雅娜·穆兹金娜。到傍晚,你瞧着吧,‘卡季瓜’杜鲍芙卡也会来的,这是肯定的。这烟你抽好啦,尼古拉,抽吧!……这种东西要多少我有多少。本来嘛,聪明人有的是钱,糊涂人有的是黄烟。抽嘛,老哥,要怎么抽就怎么抽!”

“不能再抽了,眼里都呛出泪来了。”

“好吧,歇一会儿再抽。咱们来说说话好啦。除了话,空肚子里什么都没有留下。我对你说实话:粮食吗,前年分到的我还有,而且,老实说,还不少。可是早在秋天,我就感觉出来——风声不对嘛!——就是说,我感觉出来,今年咱们连屁都分不到,我就把粮食弄得远远的,藏起来了。这会儿地上雪这么深,想去弄也去不成了,而且也不能去。沃罗宁一下子就能发觉,那我菲多特卡·叶弗列莫大就完了!

要是把我往牢房里一关,我连‘金丝’都不能安安稳稳地抽了!他,也就是沃罗宁,在今天午后,就在斯捷潘以前,到我家里来过。他带了一根铁棍,拿铁棍在各个角落里捣,地窖里、炕底下、地下室里——到处钻,牲口棚里也搜索过,不用说,是搜查余粮的,可是,两手空空地走掉了!”

菲多特卡说的是实话。主席亲自发明了一种探测埋藏的粮食的武器,并决定试验这种武器,菲多特卡的院子就成了第一个试验场。这项发明很快就获得一个十分确切的名字——“探粮棍”,这名字不知是沃罗宁自己想出的,还是别人想出的。一切了不起的东西都十分简单,这是一位哲学家说过的。沃罗宁的发明完全可以证实这一学说。他的武器只是一根小指头一般粗的长长的铁条,很像阔气人的手杖,上端弯成一个圈儿,下端尖尖的。尖头儿稍微靠上的地方,用冲子或者别的东西(那是铁匠克利莫夫的事)斜斜地打了一个小小的、像顶小的顶针那样大的缺口,这便是这根看来十分平常的铁棍最奥妙、最灵巧之处。探粮棍朝土里、谷糠里或者麦秸里一插,等拔出来时,如果缺口里带出几粒粮食,藏粮的主人就永远别想要粮食了,另外还要因为藏匿粮食受到严厉的惩处。

但是,如上所述,使“金丝”大老板感到格外得意的是,主席的探粮棍在菲多特卡的院子里什么都没有探到。

“我冲着沃罗宁背后喊,你再到我家后院里戳戳看,也许能找到一点什么的!”十分开心的菲多特卡把这件事讲完了。

“就是说,他什么也没有找到?”

“没有找到,”菲多特卡颇有点儿得意地说,“今后也不会找到。尼古拉,你等一等,等到春天。等雪化了,我去把粮食挖出来,咱们一块儿吃。”

“老弟,到春天还早着呢。肚子等不及啊。”

“挨得过去的。苏维埃政权不允许饿死人。我们的政府跟我们肉连着肉,心连着心。”

“怎么说好呢,老弟……天高皇帝远啊,可是沃罗宁,还有祖巴诺夫兄弟,就在跟前。今天他们有一根探粮棍,到明天就会有一千根。他们会像端着枪的大兵,带着探粮棍挨门逐户地搜查……”

“上面会有人来管他们的。我是这样想的。”

“我也这样想。大家都这样想。但是这要等到哪一天呢？目下可不是那么回事儿……”

“过得去的。将来咱们自能看到结果。”

“说说倒容易——过得去的！”尼古拉·费奥多罗维奇叹了口气，叹得那样沉重、那样有气无力，使得菲多特卡看了他好一阵子，摇了摇头：

“老哥，你气色很不好。你怎么不去找尼基达·鲁勃佐夫？他也许还留着度荒的粮食：他是个有粮食、也存得住粮食的人。”

“你怎么，老弟，拿我开心是不是？……尼基达吗，你向他要一粒雪子儿都要不出来。”

“你跟他是朋友嘛。一块儿在佩列梅什城打过仗，后来又在察里津一块儿打过仗……”

“菲多特卡，还是你来交这个朋友吧！我们两个可是屁股对屁股，看谁跳得更远！……我们就是这样的朋友！”

菲多特卡笑起来。可是他发现客人不仅没有跟着他笑，而且眉头皱得更紧，脸色更阴沉了，便赶紧纠正了自己的失误：

“那么，老哥，你今天有没有吃点儿什么？”

“今天没吃，昨天没吃，前天也没有吃……老弟啊，我已经有四天没吃一口东西了。光抽烟是抽不饱的……”

菲多特卡听到这话，才着起急来：

“哎呀，老哥，你怎么不说呢？你这是怎么啦？……怎么能这样呢？这样会叫孩子们成为孤儿的……我也真糊涂，光跟你说闲话。现在咱们来想想法子……孩子的妈！孩子的妈！”他从正屋里喊来了自己的老婆，“孩子的妈，到灶上去看看，弄点什么给老哥吃。瞧他这样子——一点气力都没有了。真不得了！弄到了这一步！……把皮袄脱了，老哥，坐下来吃点儿吧！”

“不吃，不吃，你不要麻烦了。”尼古拉·费奥多罗维奇绝望地摇摇手说，“老弟，我哪里吃得下啊！家里六口人张着嘴等我呢，所以我得赶快走……也许，有的地方还能想到一点办法……愿耶稣保佑你，老弟，谢谢你对我一片好心！……下一次我再来，咱们好好地聊一聊，好好地喝几杯。现在可是没有工夫。”于是尼古拉·费奥多罗维奇很不灵活地、磕磕绊绊地跨过房门的门槛，然后又跨过过道的门槛，几乎是跑到了大街上……

现在他坐在打开的炉门前，不住地往炉子里添麦秸把，这样来维持自己生命的微弱火焰，等他终于听见喊他吃饭，他本想支撑起忽然软下来的身子，但是撑不起来。他将右手朝饭桌伸了伸，好像是要别人搀扶，但是，看样子谁也没有发觉这一动作。他无可奈何、歉疚地皱了皱眉头，先是笨拙地朝后仰了仰，然后又朝前晃了晃，好像拼命要从地上爬起来；他又仰面朝天倒了下来，这时候家里人才看到，他那朝上撅着的稀稀拉拉的山羊胡子抖了起来，一双蓝眼睛张大到吓人的程度，并且愣愣地寂然不动了，看样子，是眼睛首先觉察出死亡时刻已经来临。

安葬科利卡的爸爸还是按照古老的宗教仪式。达莉娅·阿尔希波娃和另外几个妇女帮助死者家属洗净了那又长又干瘪的身子，给死者穿上早就准备好、一直放在全家用的一个大柜子底层的寿衣，男子汉们将他装进棺材，棺材是我爷爷做的，用的木板本来是爷爷为自己准备的。甚至于还从各家搜集了一些东西举办丧宴。不过,坐上丧宴席的只是一些掘坟的人,他们挖掘冻到半俄丈深的黄土地实在累得够呛。我们这些孩子们,以往在这种场合下一般是不会被忘掉的,虽然都是把我们排在最后,但总要让我们喝一些浮着一层油并且散发着桂树叶香气的肉汤和雪白的甜羹,甜羹里还放了褐色的甜得不得了的葡萄干,——这一次我们也在科利卡家院子里转悠着,可是谁也没有喊我们上桌子。

尼古拉·费奥多罗维奇·波利亚科夫的死不仅使一大家人失去了依靠,而且也吓坏了我们这些科利卡的伙伴们,并且我们好像受到良心的谴责,觉得好像做了不应该做的事,对不住科利卡,对不住他的哥哥和姐妹,对不住在这样的不幸面前尤其悲痛难支的科利卡的妈妈。我们不约而同地决定尽自己的力量帮助科利卡一家。一出过殡,我就回到家里,妈妈正在院子里忙活着,我从她身后溜到了屋里,抓起搁板上用毛巾盖着的半块黑面包,那面包还是热烘烘的,所以也香喷喷的,几分钟之后我又来到科利卡家院子里:"给你,科利卡,吃吧!"——我急急忙忙地说,并且在上气不接下气地喘着,一方面是因为跑得太快,一方面是因为过分激动。明卡·阿尔希波夫用书包送来不少面粉,而且还不是别的什么面粉,是小麦面粉。"给你家做面包吃。"明卡一面把书包里的面粉往饭桌上倒,一面小声嘟哝说,他不敢抬眼睛看科利卡的妈妈,科利卡的妈妈已经抓起头巾的角在揩眼泪了。连扬卡·鲁勃佐夫都没有冷眼旁观,他也来到科利卡家里,咕咚一声把老重的一块像石碑一样的方形大面包放到桌子上,不仅科利卡家一家人马上一齐奔了上去,而且当时来到不幸的伙伴家里的我们这些孩子全部奔了上去。但是最使我惊讶的不是扬卡，虽然在他来说毫无疑问这是空前的义举，最使我惊讶的是万卡，因为万卡家里（这是大家都十分清楚的）实在一无所有，万卡的妈妈，也就是维鲁哈婶婶，已经背着丈夫和孩子们到附近几个村子去讨过饭，格利戈里叔叔看出自己对家里的事无能为力，十分消沉，灰心丧气，对一切漠不关心，不闻不问，有时在长凳上一连坐几个钟头，眼睛呆呆地望着不声不响、已经很久没有冒热气的炉灶，——虽然这样，万卡到科利卡家里来也没有空着手。他找到跟他坐同桌的科利卡的姐姐波莉娅，向她招了招手，将她喊到过道里，翻开破皮袄的口袋，把几块土豆倒到波莉娅的衣襟里。很不好意思地嘟哝说："收下吧，波利娅！"看到她迟疑不决，露出不好意思的脸色，便赶紧说："收下吧，收下吧，我家里还有呢！"

万卡家里什么都没有，也没有土豆，但是有些人家的地窖里还有，于是我这个胆子很大、谁都不怕、什么都不怕的朋友便到别人家的地窖里去弄。不过前天，万卡告诉我，他在一个地窖里被逮住了。地窖的主人原来是"夜莺"雅柯夫，雅柯夫将沉甸甸的地窖的盖儿一关，又上了锁，将他关了三天三夜，然后才放了出来，并且吓唬他说，如果下一次再来，就把他活埋在里面。万卡自然做出相应的结论，再也不到"夜莺"家院子里去冒第二次险，好在万卡还没有去过的地窖还不少。我劝阻他，请求他、央求他别再干这种事，一再警告他说，到别人家地窖里和粮仓里去干这种事情，或早或晚要倒霉的。对于我多次的规劝和告诫，万卡的回答都是一样的：

"反正不过是死。说说倒容易：你们家一屋子南瓜，像你们园子里的南瓜，我们有十来个就行了。”

这话我听了一两次之后，便热心起来，每天夜里从家里偷一个小南瓜给万卡家。说实话，去年夏天我家南瓜结得非常多。因为园子常遭水淹，每年春天春水都要冲来厚厚的一层松松的、像黑奶酪一样的淤泥，所以不论南瓜、食用和饲用甜菜，不论黄瓜、萝卜、大白菜，都长得很肥。到秋天，那些被叫作俄国南瓜的白南瓜十分好看，因为妈妈似乎为了美观，在白南瓜的间隙里插种了黄澄澄的美国南瓜，黄南瓜跟乳白色的俄国南瓜互相映衬，就使整个园子显得喜气洋洋，格外漂亮，所以路过的人没有哪一个不停下来，带着艳羡、喜爱和使我们听了十分高兴的啧啧声说一句："咿呀，真好看！"白南瓜有时候长得非常大，不论多么有力气的男子汉，一个人抱都抱不动。收南瓜的时候通常要请人帮忙，收完了，照例要痛痛快快地喝一顿。爸爸为此还发明了特有的仪式：将最大的南瓜放到桌子当中，将酒瓶放在南瓜上，向恩赐丰收的上天祝酒，许多只伸出来的手握着酒杯凑到一起，碰杯，而这一切全都紧紧伴随着又和谐又响亮的呷酒声。饮酒的人们的脸多多少少有点儿起皱，映在南瓜那陡斜的、分成许多均匀的油光光的棱的侧面上，就不是多多少少，而是歪曲得难以辨认了。

这一年秋天没有请人帮忙，虽然我们家园子里的瓜菜一点也不比往年少：我爸爸不在家，没有他这个带头玩乐的人，即使很多男子汉和妇女集合在一块儿，也热闹不起来，再说，也很难请到人，因为各人家里都有够多的事情，都忙得团团转。南瓜全是我们自己收的，其中主要的劳动力、家中这一套人马的辕马是我爷爷米哈伊尔，他早就把自己的房子钉上，搬到自己的二儿子尼古拉家，也就是我们家住了。他的最可靠的帮手当然是我的妈妈；她凭一颗慈母的心，一颗时时提防、时时担心孩子们会遇到危险的心，第一个觉察出灾祸就要来临，她毫不怠慢，做了一切准备，好让这一灾祸给我们家造成的后果不至于多么可怕，不至于是毁灭性的。还在夏天，她就劝公公把积的一大堆粪在院子里摊成圆圆的一大片，并在公公的帮助下汲尽井里的水，浇到粪上，让我家的大黄牛（说确切一点，她是凭她那和蔼、亲热的声音说动了大黄牛）执行大棕马的任务，在泡透了水的粪上走来走去，拼命踩，拼命搅和，使粪能够放进粪模子，变成粪块；如果干粪块在往年只是木柴的辅助品的话，那么，在一九三二年末和一九三三年初的那个冬天，干粪块便成了唯一的燃料：森林被严密地、结结实实地封了起来，镇上的人都不能去了，再说，也没有拉车的牲口，木柴运不回来，至于人自己挑，用手推雪橇运，是运不了多少的。

别的许多人家没有想到在夏天及时准备干粪块，在那个饥馑而酷寒的冬天因此受了大罪。干粪块维持着我们家的温暖。南瓜和其他一些瓜菜维持着生命。至于粮食，我们是在四月末，在复活节前夕吃完的：不错，我妈妈还留着一把小麦，藏得非常严实（我们孩子们都不知道藏在哪里），大概，那是准备在万万不得已的时候吃的，但是她一直没有动过——她希望一家人靠瓜菜至少可维持到五月，这种希望不是无根据的。她常对我们说：

"孩子们，多少忍一忍吧。大黄牛很快就下犊了，就要有牛奶喝了。马马虎虎能对付过去的。别人家还连这都没有呢。也许你爸爸还能弄三两普特面粉回来。这个该死的快点离开咱们这里就好了！……"

妈妈说的“该死的”当然指的是沃罗宁：到处在传说，区里以至更往上有些人对他的所作所为越来越不满，他在寺院镇上作威作福不会太久了。“作威作福”这个古老的成语是不久前菲多特卡嘴里说出来的，菲多特卡一直深信不疑：沃罗宁的好日子很快就要过去，并且会因为横行霸道受到苏维埃政权的惩处。

妈妈认为，爸爸老是不回镇上来，只是因为怕沃罗宁收拾他。我们孩子们也都是这样想的。我爷爷对情况的估计有些不一样。有一次他去看饿得难受的大儿子那一大家人，回来的路上多少打了个弯儿，去看了看不正经的“酸肉娘子”的房子，便发现那房子所有的门窗都钉得死死的。“跟着尼古拉走了，烂货！”爷爷叹了一口气。“我知道就是这么回事嘛。简直是个活妖精！就是她不叫狗崽子回家的！……”

他发现了这一点，甚至不是发现，而只是证实了自己的猜测之后，就好像裹进了一种穿不透的甲胄，变得闷闷不乐，不言不语，双眉紧锁，心事重重，为了不看到也许装作什么都不知道的儿媳妇的眼睛。他有时觉得还有力气，便到菜园里挖沟，有时就到果园里去，那果园已经不是他的，而是大家的，确切一点儿说，是没主儿的，因而注定是要完蛋的了。到傍晚他愁眉苦脸地回到家来，一句话不说，就躲到自己的小屋里，小屋里专门给他放了一张大木床，那大木床还是他当年亲手为新婚夫妻，也就是为我的爸爸妈妈做的。他越来越难得上饭桌。到六月末，就一点东西也不肯吃了。妈妈请他吃饭，催上多少遍，他总是避而不答，有一天，他瞅准家里就她一个人，便把她唤到面前，哼哧哼哧地吸了一大口气，又一小口一小口地朝外吐着，对妈妈说：

“不要管我了。我活到时候了。你照应好自己和孩子们吧。我……我,孩子呀,说不定明天就要死。你还是去新伊凡诺夫镇,把神父请来。让他帮我行涂油礼……你别哭,孩子。有什么好哭的!……去吧,找神父去……也许……”

他没有说完,看样子,他气力不够了。先是闭上眼睛,闭得很紧,就这样躺了一会儿,然后好不容易把眼睛睁开,很不放心地拿眼睛找了一阵子,使出最后的气力,不像是在问话,而是像呻吟了:

“米沙在哪里?”

“到森林里,到臭林坡摘酸模去了。草甸子上已经没有了。全摘光了。”

爷爷听了这话什么都没有说,只是很难受地皱了皱眉头。他的眼睛慢慢地合上。妈妈以为他睡着了,便轻轻走出门来。到了院子里,没看到一个孩子,她很快就走上了通向新伊凡诺夫镇的大路,在我们这一带唯一的没有被拆掉而且还有人主持的教堂就在新伊凡诺夫镇上。

晌午时候,我妈妈把神父请来了。但是神父已经不必为我爷爷行死前涂油礼,而是为他举行葬礼了。

十五

最艰难的时期并不是在六月,而是在春天的头两个月——三月和四月,这时候所有的地窖和所有的粮囤已经完全空了,大地还被积雪覆盖着,人和牲口都不能出去“打食儿”。牲口几乎没有了(除非有的地方几户人家当中还有一条瘦牛),至于人,那些勉强还能走得动的,跑遍了附近的村镇去讨东西吃,别说一块两块面包,就连一块两块土豆、豆饼,一把两把麸子也是好的,麸子掺上土豆皮或南瓜皮就可以烙饼子。每到夜里,饥饿的人走出来,到处听听:有谁家的磨盘响了?是不是有人在偷偷地磨粉?是不是有人躲过了无孔不入的探粮棍?

整个镇上无声无息。镇上那些还留着一两普特小麦或黑麦的人更是格外谨慎,他们将石磨弄到地下去磨粉,有些人为了磨粉,将已经很深的地窖再挖深些,在地窖里打侧洞,点起一盏小小的油灯,在里面磨粉,在这种情况下,石磨的声音是不会传到外面来的。有一个人(据说是卡尔普)在巴兰达镇酒厂旁边发现了一个老大的坑,先是用鼻子闻到的,饥饿的人总是将鼻孔张得很大而且总是忽闪忽闪的。那浓烈的气味冲进鼻子,直冲得他头晕起来。然而他伸了伸头,像狗那样长长地吸了一口气,鼓了鼓劲,几分钟工夫就来到大坑边上:原来坑里有很多酒糟。有十来个男人、女人和半大孩子正在拥拥挤挤地挖里面的酒糟(有的用桶,有的用大木勺,有的用别的东西)往麻袋里装。卡尔普也装了满满的一麻袋,放到人拉的两轮车上(现在我们镇上全是用这样的车子),画了一个十字,便从十五俄里外的巴兰达镇拉着车子回家。那麻袋好像是个活物,在两手抓着两根细细的辕杆的卡尔普背后噗噗地喘着,不住地朝外放气,给后面留下十分难闻的气味。不知是因为这一路的气味,还是由于经同样的途径传到了镇上的消息,到第二天,长长的一队人拉两轮车就向巴兰达镇进发了,一个星期之后,谁要是想从这条路上走过,只有紧紧地捂住鼻子才行。斯捷潘·特维尔斯科夫拉不动车子,死在回寺院镇的半路上,不过他还来得及将水漉漉并且像枕头一样鼓泡泡的装酒糟的麻袋放在头下面,看样子,是想歇一歇,他躺了下去,但是再也没有起来。菲多特卡在回来的路上将他放到自己车上,连同自己的麻袋一起拉回寺院镇。他将车子拉到镇苏维埃门口,大声叫了起来,好让敞开着的门里面的人听到:

“沃罗宁,看看你干的好事!真该把你推到巴兰达镇的大坑里去淹一淹,不过,拿你没办法:癞蛤蟆在臭水里淹不死!”

菲多特卡自己也不知道,是什么鬼扯住他的舌头,让他说出这些不要脑袋的话;算他幸运,沃罗宁不在办公室里:区里要他立即去,他于是去了,这次要他去,为的是让他永远不再到我们镇上来。斯捷潘·斯捷潘诺夫(这只狡猾的两条腿的狐狸竟有本事在沃罗宁的淫威下保住了自己)跑到街上,十分高兴地向菲多特卡报告了这个消息。

“这么说,把该死的东西……抓起来啦?!早就该有这一天!”

“是的,菲多特卡,早该有这一天了!……他,也就是沃罗宁,还害你大哥叶戈尔。他说你大哥是富农爪牙。撤掉你大哥的队长职务,又是谁的主张?……你不知道吧?”

“这么说,也是沃罗宁干的?”

“就是他!……”斯捷潘诺夫高高兴兴地证实说,而这时他才看到已死的斯捷潘。他觉得不好意思,有些话就没有再说了。“你从哪里拉来的?”

“从巴兰达回来的路上。老弟,现在大路上死人有的是!”

“现在你把他拉到哪里去?”秘书指了指死者。

“送给他老婆阿克西尼娅。就让他老婆和孩子们好好地‘高兴高兴’……”

“唉……”斯捷潘诺夫长叹一声。他本来计划跟定了菲多特卡,凭着几分钟前向这位“金丝”发明家报告的好消息获取一点奖励,现在他明白,菲多特卡这会儿没有工夫招待客人,便赶紧说:“我本来可以帮你一下的,不过这会儿我没有工夫:区里随时都可能喊我去作证。”

“好吧,好吧。”菲多特卡好像是表示赞同,可是心里却在说:你滑头,你是怕阿克西尼娅哭叫,所以才像一只见不得人的土拨鼠,一下子就钻到自己的洞里。区里不妨把你也扣起来,查查你的毛病。我要是有这个权,我把你们……

他想到这里,想不下去了,因为他自己也不知道,该怎样处置违犯苏维埃法律的人,该判他们什么刑。他来到死者斯捷潘家的门前,用两只手托起几乎轻如无物的尸体,躲着许多盯着他并且吓得瞪得老大的眼睛,把尸体直接放到圣像前的供桌上。他匆匆地画了个十字,就跑到街上,头也不回地拉着车子朝自己家里走去。他既没有听到死者家里传出来的号哭声,没有听到米沙想问问菲多特卡是从哪里拉回他的不幸的爸爸的叫声,也没有感觉到,那燃到了头的烟卷儿早就烧着自己的嘴了。他凭着仅有的体力和精神力量,把可怕的乘客拉到镇上,将突然消失了的沃罗宁骂了一顿,跟斯捷潘诺夫说了十来句话,然后又干了也许是最难、最叫人受不了的事——把斯捷潘送到家里,再往下,他就支持不住了。所以他没有回答米沙的叫喊,没有回头。“孩子,不要怪,我撑不住了。没有气力了!”他在心里说。

我不记得,酒糟救活过什么人。第一个发现酒糟的卡尔普是活下来了,但那仅仅是因为,如他自己说的,“心里十分厌恶”这种恶臭的东西,心“都要翻出来了”:人的心知道好坏,没说的;假如什么东西都吃,他卡尔普早就躺在“死路”上了,——过了不久,人们就把寺院镇到巴兰达镇的大路叫作“死路”了。

菲多特卡也和卡尔普一样,活下来了。他把一汤匙酒糟放到嘴里,马上就吐了出来,擦了擦涌出泪水的眼睛,发狠说:

“死就死吧,等我死了,让蛆从外面吃我,也不能活着……就让肚子里装蛆……”

他把麻袋从过道里搬出来,搬到后院里,挖了个坑,将酒糟埋起来。他用脚将土踩实后,对着埋在土里的酒糟说:

“让你永生永世不再发臭味!”

但是那酒糟气味是那样顽固,那样执拗,很久不肯罢休,一阵一阵地从地里往外冲,只要菲多特卡自己、他的老婆或女儿往菜园里去,就跟踪他们的鼻子。

菲多特卡也没有享用到埋藏的粮食:镇上有人“偶然”发现了埋藏的宝物,因为现在已经不怕沃罗宁了,便赶在菲多特卡前面一夜,把粮食弄回自己家里。别人如果处在菲多特卡的情况下,会绝望,会上吊,会完全失常,但那是别的随便什么人,菲多特卡可不是这样。他发现被偷以后,心平气和地回到家里,像个外来人一样在自家门槛旁边坐下来,将一条腿盘到又瘦又尖的屁股底下,不慌不忙地卷一只大得不得了的烟卷。他大概用了十来分钟将“金丝”填进去,又用指头加舌头仔细粘好。终于,他抽起烟来,深深地、深到憋得咳嗽地吸了一口之后,忽然哈哈大笑起来。

老婆和两个女儿不明白是怎么一回事，十分惶恐地望着一家之主。

“你怎么啦。孩子的爹？……你是不是……傻了？”老婆一面用惊恐的眼睛望着丈夫的脸，一面问。

“孩子的娘，我没有，”还没有收起笑容的菲多特卡回答说，“不但没有傻，还变聪明了呢。人家把我这个浑蛋教训好了！……”

“天啊，人家拿你怎么啦？……是谁？”

但是，除了已经说的，菲多特卡什么都不想说了。

老婆十分担心，她大惑不解地耸着肩膀，走到灶屋里，到她那炉叉和铁锅、铁罐跟前去了，她那些东西有很多好像成了失业闲人，早就待在角落里、锅台上无事可干，没有用场了。在最大的一个铁罐里还烧着泔水，泔水里加了土豆皮，——那是给牛喝的，那头牛不仅是菲多特卡一家，而且是他们家很多亲戚唯一的供奶牛。“它是我们的救命恩主！”后来在一九三四年初菲多特卡说。到一九三四年已经制止了人为的灾祸，已经在大力医治创伤，大力消除可怖的一九三三年留下的后患了。

这会儿菲多特卡的小女儿巴尼娅坐在炕上，紧紧靠着像妈妈一样对她百般照应的十岁的姐姐维拉，维拉像个大人一样抚摩着她的头，那神态就跟大人一模一样。维拉一面抚摩，一面在哼一支歌，简直就好像在唱摇篮曲。巴尼娅听着她的歌声觉得昏昏欲睡，一时忘记了咕噜咕噜直叫的肚子，慢慢睡着了。维拉从她那沉甸甸、热乎乎的头底下小心翼翼地抽出两腿，爬下炕来：她要帮妈妈找点什么吃的，要跑到草甸子上或臭林坡上去采酸模、蓬菜，去挖各种各样的根，这些东西妈妈都可以拿来做吃的东西。

“孩子，小心点儿，”她要出门时，妈妈对她说，“很多人说，咱们这森林里有土匪，千万别出事……”

“妈妈，要去的一定不是我一个，还有别的女孩子呢！”

“好吧，好吧，你去，你去吧，我的宝贝儿。小心点儿就是……”

维拉到草甸子上、森林里、林中旷地上，到一切有可吃的野菜的地方去，确实不是一个人去的。她有很多女伴：堂姐妹玛尔法和娜佳、出了名的最大胆的小姑娘卡佳·列斯诺娃、波莉娅·波利亚科娃、米沙·特维尔斯科夫的一个姐姐，还有村子里和涅波切托夫街上另外十来个女孩子。但是，女孩子们即使结成一大帮，如果没有我们仗义掩护，也未必敢去“打食儿”。跟我们男孩子在一起，她们可以到林中最荒凉的角落、最偏远的林中旷地去，那些地方还没有一只饥饿的手伸到过，那些地方的酸模、蓬菜、独活菜、野甜菜都还没有人动过，我们可以把提包装得满满的。

除了这些一向被当作食品的野菜以外，我们还补充了许许多多一九三三年以前都认为不能吃的东西，如滨藜（采滨藜我们不必走很远，有一种变种滨藜，叶子上红白二色相间，十分好看，因而叫作茨冈滨藜的，在空旷、荒芜的院子和菜园里到处都有），滨藜之外又有欧莞根，欧莞根晒干了，经石磨一磨，就很像小麦面粉，不过论味道一点都不像，因为没有一点小麦粉的香味；但是我们的妈妈们却想出办法，把这种“面粉”跟蒸过的滨藜和酸模掺到一起，给我们烙出创造性的不是面饼的面饼。肚子没本事消化实在不能消化的东西，很多孩子拉不出屎，有些孩子甚至肚子胀得要死，因为不知道有什么野草可以当泻药吃。我和万卡想起了香蒲(可以说,再及时没有了!),香蒲不仅汁水多、好吃,而且可以帮助我们的肚子制服我们填进肚子里的任何东西:不管是上面说的用红红的、论实质和外形都很像乡下木匠的锯末的“面粉”做的饼子,不管是用去年的、冬天上过冻、现在在锅里炕干的土豆磨成的淀粉做的小面包,不管是野葱和野蒜,——挖野葱、野蒜我们甚至得跑出十来俄里,到椴树沟去,有时还要到萨方诺夫沟,那更要远些;我们还常常像小猪一样在我们记得去年秋天曾经种过萝卜的地方刨,希望碰运气能找到剩下的萝卜,哪怕一小截,哪怕已经变味了,对于我们都是天赐的宝贝,一旦发现,马上就送进嘴里。至于我们叫作香蒲的东西,那是从一种特别的、跟一般品种不同的苔的最里面剥出来的;剥光了外面的皮和丝,你那高兴得发亮的眼睛便看到这白得刺眼的东西,上面还沾满了无数晶莹的小水珠儿,你只要咬上一口,那水珠儿就会使你那又干渴又幸运的嘴里充满甜丝丝、酸溜溜的津液。我们以前也尝过香蒲的美味,可是后来不知为什么竟一直没有想到,也许因为孩子间的许多别的事分了心。也许,那时候我们觉得香蒲没有这样好吃,谁知道呢。现在我们可懂得了香蒲的真正价值!

在往年,很多孩子不自觉地用富有诗意的心情对待周围的一切。比如说,米沙·特维尔斯科夫就是这样的,他可以在林中旷地上突然站住,无声地笑起来,裂开嘴唇,嘴巴半张着,听鸟的叫声,听很久,还要猜一猜,这种或那种声音是哪一种鸟的,或者跟在看不见的布谷鸟后面数自己未来的年岁;要是一个女孩子,发现一朵花儿,一定要在旁边蹲下来,并且要召唤自己的女伴们,让她们也来惊叹一下这露珠晶莹的花瓣的绚丽夺目的色彩;她们采到一抱一抱的泪花，不等欣赏够了，看饱了那带有金丝的紫红色的毛茸茸的花儿，是决不会吃的，要不然就根本不吃，拿来做成十分好看的花环。

如今我们对野花野草是不是感兴趣，全看能不能吃：不论是那一株株躲藏在林中阴暗、潮湿、僻静的角落里，发出阵阵幽香、常常使鼻子舒适得发痒的铃兰，不论是橙黄色的睡莲，不论是一朵朵像白色的小小天鹅妩媚地伫立在美丽的巴兰达河中不声不响、总是显得神秘莫测的水潭那平平的水面上的百合花，不论是一株株将绿色的长发垂到河里、在河水中濯洗长发的垂柳，不论是如今只有叶子的轮廓还像自己高大的远祖、我们常常拿来陪衬在林中采集的花束的蕨，就连那已经长出茸毛、准备等轻风一吹、就要放出轻飘飘的透明的伞、将自己的子孙送向四面八方的蒲公英，——所有这一切如今全都不能吸引我们那到处搜索的眼睛，因为全都不能吃。因为我们出去都是带着最迫切的实用目的，所以过去喜欢美、容易为美感动的心中对周围一切的那股着迷劲儿渐渐没有了，不管是多么迷人的景象，不管是什么声音、色彩，都不能使我们入迷了。我们在森林里、草甸子上、林中旷地上、田野里、河边以及河里，寻找的只是能够吃的东西，有时候可吃的野菜或者活物不能在此时此刻立即就吃，还需要一点时间，好把里面某种汁水去掉，这时候甚至都感到有点失望。

十六

大人们找东西吃的路子跟我们孩子不一样。大人们知道，单是靠野菜,不管往肚子里塞多少,都解不了饿,吃不饱,所以,不用说,他们在找更实惠些的东西。酒糟现在已经没有人去弄了,因为,第一,人们已经明白,酒糟是个心地不良的伙伴,只能让人死得快些,而不能救人的命;第二,那个可怕的大坑现在已经围上了铁蒺藜,封起来了。越来越难熬的饥饿迫使失去理性的人们到任何地方去找救命的东西,只要他们觉得那地方能找到救命的东西的话。

在我们镇上,这样的地方就是大土坑——一个长方形大坑,是取沙和取土挖成的,现在里面扔了一些由于无人喂养而死去的农庄的马的尸体,支撑得最久的,大概是吃东西不太挑剔的我们的大棕马。在一九三二年大棕马还下了驹,给公共场院添了一匹"小星星","小星星"奇迹般地活了下来,继承了妈妈少有的坚韧性,据说一直活到战争时期,熬过了整个战争时期,给人留下很好的印象,因为它和妇女、半大孩子、老头子分担了一切后方的事情。据说,"小星星"在对人尽到自己的职责以后,死于一九四五年夏天。

我最后一次看到"小星星"的妈妈大棕马是在一九三三年春天,在大土坑里,这时候万卡带着前面提到过的他那小斧子到大土坑里来了,在我们这些孩子当中,他是唯一敢干这种事情的。我认出大棕马,是因为我看到了一个磨损的大马掌,那马掌是我有一次在大路上捡到,后来请铁匠克利莫夫钉到大棕马一只磨扁了而且开了裂的蹄子上的。当我看到比自己的小儿子下到坑里稍微早一点的格利戈里叔伸出枯瘦的、青筋嶙嶙的手,抓起马的一条腿,要用斧头把一条腿齐根砍下来的时候,泪水不由地从我眼里滚了出来。

“格利戈里叔叔,别砍! ……”我不要命地叫起来,可是格利戈里叔连头都没有抬。他把马肉塞到麻袋里,并在万卡的帮助下放到背上,弯着腰,弯得低低的,慢慢地、带走带停地向上爬。

到四月末,能走得动的男子汉一齐涌到田野上去播种。他们的想法是不难理解的,甚至可以说,再清楚不过了:盼了很久的机会到了,可以弄一点种子粮,弄一点麦种吃了;不管怎样提防,不管队长怎样照看,试问,一个饿肚子的播种的人什么时候往自己嘴里放一撮,什么时候往口袋里装一把,你能注意得到,你能看得到吗?! 即使看到了,你忍心不准人往嘴里放,忍心抓住他的手并且进行处罚吗? ……

白嘴鸦飞来,跟椋鸟和百灵鸟飞来一样,总是带来振奋人心、使人心花怒放的节日气氛;听到它们那叽叽喳喳的叫声,看到它们在旧巢上面盘旋,在化了冻的道路上空神气活现地来回飞翔,在各家院子里往年堆的粪堆里乱翻,就觉得好像生活的新的一轮开始了,血管里的血好像都换成了新的,流得也快了。

“白嘴鸦飞来啦!”最先看到白嘴鸦的人会十分高兴地说。

听到这话的人一定会笑,会笑得十分舒畅,十分开心。

在这可悲的篇章提到的那一年,白嘴鸦飞来遇到的是另外一种对待。人们很快就想到,白嘴鸦的肉可以使人饿不死。所有的鸽子经过一个漫长的冬天全部被用枪打光、逮光、吃光了。现在可以逮白嘴鸦来吃了:不过,谁也没有火药和子弹了,全都打光了。当然,子弹好说,将粗铁丝剁成一小截一小截的,放到两块砂石中间磨磨就是,可是,弄不到火药,光子弹有什么用呢?! 还是得想别的办法。

教我点子的是当年的打狼猎手、如今已经有气无力、好像在静待死亡来临的谢尔盖·兹沃纳廖夫，也就是我的表舅。他在门口喘了一阵之后，走进房来，抬起眼睛，看到我在炕上，就对我说：

“去，米沙，到院子里，去弄两根粗点儿的麦秸来。”

“舅舅，你要麦秸干什么用？”

“你别问。叫你干啥，你就干啥！”老人家用嘶哑的喉咙生气地说。

他吩咐的事在一分钟之内就办好了。现在两根粗粗的带节的麦秸在出名的猎人手里了。他把麦秸转来转去地看了看，好像是在估量行不行；他觉得满意了，自己小声嘟哝了一句什么，又转身对我妈妈说：

“弗罗西尼娅，从线团上解一根本色的线来，要长一点儿。”

线也拿来了，于是谢尔盖表舅做起套索。他在做套索的时候，要我看着他，好学会这套不算奥妙的“手艺”。老人家首先把两根麦秸弄齐，让两根麦秸的长短丝毫不差；随即将两根麦秸交叉成十字，然后就在交叉的地方向上折弯，折到锐角的角度，并让四端彼此距离相等；为了不叫麦秸滑脱，在交叉的地方用线把麦秸捆住。老人家用铅笔刀在麦秸的四端轻轻地各劈了一个小口，让线从口子里穿过，做成一个大活结，不管从下面朝上顶一顶线的任何地方，那结都极容易收起。

“好啦，现在，弗罗西尼娅，你去找找看：有没有面包渣……没有，是吗？……这我明白……现在谁家都没有这玩意儿！……好吧，煮熟的土豆也许有吧？……这玩意儿也没有？……那就糟了！……好吧，你就切一块甜菜根拿来，”

谢尔盖表舅用宽宽的、像压扁的黑李子干似的黑紫色的鼻子吸了一口气，“我闻到啦，甜菜根你家还有。你要是不信，我可以告诉你，甜菜根在哪里。也许，你自己都忘啦……拿来吧，不要舍不得。可以换到‘鸡肉’吃！……”

切下来的一小块甜菜根捆在折弯的地方。谢尔盖表舅看到灶门口有一根一半已经烧焦的炉钩把子，便把活结上牵出来的线的一头拴到了上面。

“走吧，孩子，到院子里去。”他召唤我说。

到了院子里，他叫我爬到棚子顶上，把套鸟的小玩意儿放好，让四个角跟棚顶上的麦秸混杂在一起，只能看到上面的食儿。

“偏一点儿，偏一点儿放！”他在下面指挥说。

等我完全按照他说的那样放好了，便爬了下来，一同回到过道里，透过墙上的窟窿眼儿开始观察。

白嘴鸦很快就来了。有几只在院子里到处跑，不知是在找什么；还有几只在翻那不大的粪堆，那粪堆是现在我家唯一的牲口——叫作大黄牛的老黄牛积的，使我们不遂心的是，大黄牛怀犊有点儿晚，所以要到夏天，大概到六月底才能下犊。有一只白嘴鸦，看样子在空中就发现了棚子上那一小块甜菜根，好像怕伙伴们抢在前头，几乎像块石头一样直落到食儿上，一落到上面就被活结套住，乱扑腾起来。

“懂了吗？”老人家一面从过道里朝外走，一面笑着说。“现在你自己可以逮了。你爸爸看样子把你们全忘啦，两个哥哥没有工夫逮白嘴鸦，他们要挣劳动日，给你们挣铅笔杠杠。靠杠杠是吃不饱的。所以你就干吧，逮这些叫喳喳的天上飞的玩意儿，这种玩意儿有的是！……”

谢尔盖表舅说过这话，又拍了拍我的脸颊，就走了。我把鸟从套结里解出来，扭下头，藏到过去装面粉的木柜里，就撒开两腿，朝万卡家跑去，也要用麦秸给他做几个套索。从那一天起，我们就一块儿逮起白嘴鸦，逮得非常起劲儿，简直把世上的一切都忘了，就连平时叫人一分钟都不能忘记的饿得直叫的肚子都忘了。

他教会了我们新的办法，这办法真不坏，给寒碜已极的伙食增添了美味，但是这位老猎人不知为什么自己却没有运用。是不是因为他对生活失去了一切兴趣？真的，如果一个人失去了他主要的东西——不能在风雪交加的时候踏着他那宽宽的滑雪板到原野上去，在原野上到处奔跑，一面跟刺骨的风雪进行激烈的搏斗，一面跟踪野兽，终于，就好像奖励他的勇敢和毅力，他的两只眼睛对直地碰到了壮大的狼那冷冷的、穿透人心的、逼人的眼光，因而感到无比的兴奋，——如果不能这样，活下去还有什么味道呢？……一个人要是再也不能干他一生中最要紧的事情，那他马上就会垮下来，先是精神上垮下来，然后身体也垮下来。这已经是谁都知道的事了。

谢尔盖表舅教会了我——我又教会了万卡——用那不难做的玩意儿逮白嘴鸦之后，过了几天就死了。他死，和别的很多人死一样，没有多少人知道。

一个人自己求生的心情往往胜过任何别的感情，但是在我们孩子们之间，自己求生的心情并没有冲淡和减弱互相援救的心情。正因为这样，我们在极短的时间内把用麦秸做套索逮白嘴鸦的巧妙办法教给了格林卡·穆兹金、科利卡·波利亚科夫、淹死过的佩季卡·杰尼索夫，也教给了扬卡·鲁勃佐夫、明卡·阿尔希波夫、瓦西卡·米亚赫科夫、菲季卡·普切林采夫，至于已经成为多口之家家主的米沙·特维尔斯科夫，不用说，我们是首先把他教会的。他为了养活妈妈和姐妹们，什么没有干过，哪个角落里没有去过啊！在一个又一个漫长的冬夜里，他冻得发僵，整夜地在菜园里逮兔子，在自家地板底下安放小夹子逮狷鼠；逮不到狷鼠就逮家鼠，然后剥掉家鼠的皮冒充“储粮鼠”，也就是冒充狷鼠；还用弹弓打鸽子、喜鹊和麻雀；乌鸦不管多么狡猾，也还是常常被米沙的弹弓打中。春天，田野上的雪刚刚融化，米沙就整天待在田野上，因为在田野的边缘上，就在那早已不摇动破烂翅膀的风磨后面，冬眠醒来的黄花鼠已经开始成群成群地出现：米沙用水把黄花鼠从窝里灌出来，放到书包里带回家。黄花鼠的肉可以吃，趁热剥下的皮用木架撑开，晾干，米沙自己再把皮子硝过，然后拿来跟外来的鞑靼人换各种各样家里需要的小东西，主要的是换钓鱼钩。米沙也是第一个开始钓鱼的，但是，水还太浑，跟谚语说的正相反，在浑水里逮不到鱼，因为鱼看不到食儿；“浑水里好逮鱼”那句有名的谚语说的是用别的渔具，用拉网或者抄网捕鱼，而不是用钓竿钓鱼。

另一种水下行当也是米沙第一个开始干的，他用这种办法好歹救活了他的妹妹拉尼娅和他的妈妈，但不幸的是，没有救活他自己。如今已死的斯捷潘这个唯一的儿子，等河水在阳光里晒得刚刚有点暖意，就跑到巴兰达河里、老河道上、白嘴鸦河里甚至大熊河里去捞河蚌。河蚌的肉拿来做汤，也生吃，吃活的（“吃起来就是有点嘎吱嘎吱响，”米沙遗憾地说），蚌壳就堆在房前窗下。没有过好久，不仅米沙家窗下，很多人家窗下很快就堆起了山一样的蚌壳。现在一切能捞河蚌的人，都在用湿漉漉的麻袋往家弄河蚌。到六月中旬，河里水干了。像米沙那样十分卖力地捞上一天，至多能捞到十只河蚌，回家时又饿又冷，浑身发青，麻袋几乎是空的。他回到家里，常常看到小杜尼娅在山一样的蚌壳堆顶上。她在用肮脏的小手指甲挖蚌壳里还没有挖净的肉。米沙用手将小妹妹抱起，将又哭又叫又咬他的手的小妹妹抱进房里，自己就一下子趴倒在地上，为了憋住哭，憋得浑身直打哆嗦。几个姐姐都在田野上，在农庄的地里拔草，那里有黑麦粗面疙瘩给她们吃，可以不必替她们担心。可是妈妈，可是小杜尼娅，无论如何得给她们弄吃的，于是米沙就好像挨了一鞭似的，一下子跳起来，又跑到河里去了。

我和万卡也一起捞过河蚌，但是他不知为什么很快就不干了：也许，别人家的贮藏室和地窖对于他来说，还是比河、比草甸子和森林更有吸引力，他看出，干这种危险的行当我是个很不够格的伙伴，便找到格林卡·穆兹金这个非常合把子的配手，于是他们很快地、很自然地跟我们疏远了，所以我跟万卡见面的机会越来越少了。

我最后一次看到万卡和格林卡是在我家门口，在我爷爷出殡以后，当时大家听说我爸爸从小叶卡捷林诺夫卡回来，带回“简直满满一车”面粉和肉，要给老人家办一场像样的丧宴，镇上差不多有一半的人来到我家。本来十分熟悉的脸现在彼此都认不出了：饿鬼已经十分卖力地在人的脸上做了“整形手术”。我本来可以在坟地上看到万卡的，可是妈妈叫我留在家里看守已经做好的丧宴的饭菜。后来我听说，因为我爷爷的坟坑掘得深，许多拉着死人的车子从四面八方赶来。很多人连掘浅坑的力气都没有，所以向我爸爸哀求，让他们把死者葬到我爷爷的坟坑里。封坟的人正准备封坟，站在边上的一些人已经每人向坟里撒过一捧土，这时候茹科夫家的费佳和万卡两弟兄用人拉两轮车拉着格利戈里·茹科夫来了。格利戈里叔还是穿着那身破烂衣服，占了最上层一块不大的地方。黑乎乎的、像一段烧焦的木头一样的我大伯佩特鲁哈望了望格利戈里叔的脸，深深地吸了一口气，又呼呼噜噜地吐了出来，用勉强能听到的小声说：

“格利戈里啊，就这样完了……可是咱们真糊涂，还吵、还闹哩。也许，咱们还要躺到一块儿呢……咳，打架，打呀，打呀！”

站在他背后的菲多特卡接着他的话说：

“到那时候你们就一点也不吵不闹了，你们就聊个够，谁也不会打扰你们。你们要不要我加入你们一伙儿，啊？”

“你这个废话大王，他们才不要你哩！”卡尔普也插嘴了。

“偏偏你不是废话大王，”菲多特卡生气了，“一说起废话就像泻肚子，拿什么都堵不住！”

“你们两个算了吧！偏偏找到这个时候来磨舌头。大家把泪都流干了，你们还有心思笑！”我妈妈责备他们说。

“弗罗西尼娅，不要生气，”菲多特卡一面在口袋里摸索烟荷包，一面回答妈妈说，“我们的笑是拿野蒿拌过的！”

佩特鲁哈大伯对着格利戈里叔说的话,一点没有说错。没有过三天,他的儿子伊凡和叶戈尔也用人拉两轮车拉着我们共同的“爹爹”到这地方来了。他们用锹挖开坟上的土,把完全干瘪、因此一点都没有腐烂的格利戈里叔的尸首多少朝旁边推了推,把也没有棺材的自己的父亲肩挨肩地并排放了进去。他们重新把土堆好,摆正了很大的橡木十字架,那十字架是用爷爷房门上的旧门框钉成的,本来这十字架是为我爷爷一个人做的,可是现在这坟好像成了公墓,这十字架也就成为公共的了。

我大娘达莉娅和小女儿菲尼娅不久也死了,可是大伯身边已经没有地方容纳自己的妻子和女儿了:只好给她们两个挖了一个不深的坑,就在旁边。

十七

不错,爸爸是从小叶卡捷林诺夫卡带回了跟麸子混在一起的黑麦面粉,但总共只有一袋半,另外就是一个不大的羊胴子。为了提防在大路上被人截去,他回来是绕路走的,大部分走的是远离村镇的山沟和林间路,三十俄里的路变成了足足一百俄里,走这条路他用了三天三夜(爷爷死的时候,爸爸的车子刚刚出了萨尔德柯夫森林,来到小草甸子上,爸爸就在小草甸子上听到了噩耗,是米沙·特维尔斯科夫告诉他的,这时候米沙又一次出来捞河蚌,现在他是到春天跟巴兰达河连在一起的大湖卡别利湖上去的)。爸爸当天就把半袋粗面粉交给了佩特鲁哈大伯,可是,看样子,这援助已经来迟了。带回的另外一些东西全在丧宴上吃掉了——爷爷出殡后的第二天早晨反正妈妈是这样说的。可是我相信，她还是多多少少藏起了一些，准备在万万不得已的时候吃的，但是我这种想法没有说出来，因为我知道，妈妈不管干什么事，全是为了我们，为了她的几个孩子。

"要不是有你们，"那时候她常常说，"我自己会跪倒在上帝脚下。让我死吧，主啊，把你的奴仆叫去吧。可是，我怎么能离开你们，丢下你们啊?！萨沙和连卡大了，也许不会有什么事，米沙没有妈妈怎么行啊！"所以，即使不为两个大儿子，为了我她无论如何也要抓出几把面粉，留出一小块羊肉，腌起来藏到僻静的角落里。

我们还知道，不知什么地方妈妈还收藏着黑面包干，那是连卡和萨沙在拖拉机队里领到的口粮留下来的。萨沙已经担任了这个队的计工员，是在最艰苦的时候接替二万五千人队队员泽林斯基担任农庄主席的瓦西里·德米特利耶维奇·马斯洛夫派他干的。妈妈时不时地给我们每人一小块面包干，面包干的苦味和野蒿气味用锅炕都去不掉。假如这是在我们这几个孩子都还不懂事的时候，妈妈会说，这苦面包干是狐狸送来的，我们就会吃得津津有味。现在萨沙、连卡和我都用不着妈妈哄了，不用妈妈添油加醋，我们就向面包干扑去，那苦味和野蒿气味好像还能增加食欲呢。

爸爸明白，家庭再没有存粮，储存的别的东西也都已经吃光，忽然提出：

"米沙，你跟我到小叶卡捷林诺夫卡去吧。妈妈总可以多少轻快一点儿。这么着，明天早晨咱们就走。"

在往年，没有什么事比爸爸带我出去更使我高兴的了，不管到哪里去都好：到田野上去看庄稼，去赶集，到森林里去打柴，或者到附近的瓦尔瓦尔村去走亲戚，特别是到又善良又和气的奥里娜姑姑家里去，奥里娜姑姑是我爸爸的堂姐，有一次她还给了我一只老大的白兔；或者到列别特卡的瓜园里去，到那里可以把西瓜吃个饱，把西瓜水喝个够；或者到水磨上去，到那里可以把面粉灰吸个足，可以听够男子汉俏皮、有趣的说笑和水磨木轮与齿轮的轧轧声，还可以看看流水怎样在水磨下面翻腾，那活泼的、什么都不怕的小鱼儿还时不时地从水里跳出来，在阳光中亮闪闪的。

可是现在听到爸爸叫我跟他去，我并没有觉得高兴，倒是害怕起来，妈妈看出这一点，赶紧说：

“去吧，去吧，孩子！去吧，好孩子！……没有粮食吃，你在家里会饿死的！……”

她的声音和眼睛里流露出急切的恳求和揪心的痛苦意味，使我的心都碎了，我为了不哭出来，赶紧安慰她说：

“好的，妈妈，我去。”

“这才是乖孩子，愿耶稣保佑你！到了那里，可不要忘了自己的妈妈!”她好像有所指地说，接着就像往常一样，拿头巾擦起自己的眼睛。

只是到现在我才明白，妈妈不是因为怕饥饿，才那样急切地要我跟爸爸走，她是派我去侦察的：妇女们早就悄悄告诉她，“酸肉娘子”跟她丈夫过呢，“酸肉娘子”就在小叶卡捷林诺夫卡；现在机会终于来了，可以彻底弄个明白了。另外，妈妈还有一点用心：她想，“这个老不要脸的”有儿子在身边也许会觉得丑，会把那个骚货赶得远远的。

她对爸爸说：

“到了那里，你把孩子照看好。不要让人家折腾他。如今这年头不对啊！”

爸爸非常明白，她说的“人家”指的是哪一个，脸红了一下，咬了咬一向像军士胡子一样向上翘着的右边的黄胡子，将眼睛转向一边不看妈妈，不以为然地嘟哝说：

“你这样说，好像他不是十四岁，而是五岁。”

“是五岁不是五岁，反正他在妈妈眼里永远是小孩子。”

“好啦，保你的孩子平安无事！”爸爸说过这话，快步向院子里走去。他高兴的是，两个大儿子不在家，夜里也不会回来，因为连卡和萨沙在田野上、在拖拉机房里过夜，跟一些拖拉机手和助手们睡在一起：爸爸有点怕我两个哥哥。

看样子，那一夜爸爸一直没有睡着。他又翻身，又哼哧，又咳嗽，不时地坐起来抽烟。鸡叫两遍，天还不亮，他就叫醒了我：

“起来吧，孩子。该动身了。”

我还睡意蒙眬，糊里糊涂的，就跟爸爸来到院子里。花斑马不住地摆动着白尾巴，抖动着也是白色的鬣毛，已经上了套。

“真该扯根马尾做钓丝。”我想道。我的睡意一下子没有了。我的思想顺着马尾跑去，很快地就碰上了万卡，于是我心里难受起来：“难道我们再也见不到了吗？”

妈妈跟着我们走了出来，往车上的干草底下塞了一点什么，把垫布的边儿朝干草底下掖了掖，同时用干涩的、疲惫无力地笑着的眼睛鼓励我。“就应该这样，孩子。”她那双悲痛地笑着的眼睛对我这样说。

“小滑头”焦急不安地在旁边转悠着。它觉察出，就要把我带走，马上就拿定主意要跟着我，这会儿，为了讨取老主人的欢心，在他周围蹦跳着，想去舔他的脸，不住地摇尾巴，带有恳求意味地叫着，拼命要打动老主人。“小滑头”知道，它跟我们是跟定了，但是，如果主人自己喊它，带它走，而不是喝它，故意吓唬它，要它离车子远一点，要它回家，别跟着，那要更好些，所以它这会儿拼命撒娇，并且用祈求的目光一会儿看看我的眼睛，一会儿看看我爸爸的眼睛，同时想弄清我们的意图。

“小滑头”在天亮前到大土坑里去过，吃死牲口肉已经吃饱了。也许，只有狗没有挨饿，而且，如果不是它们本身常常被外人逮去吃掉的话，狗对现有的状况会是非常满意的。我不知道别人有没有发现，反正我发现，不仅马匹很少了，镇上的狗也少了很多。我猜到了狗减少的原因，白天就把“小滑头”锁起来，到夜里才放开，让它出去打食儿。

“小滑头”吃饱了，这会儿无忧无虑，它操心的只是，怎样才能跟我们一块儿出去跑跑。至于跑出去干什么，它并不计较：只要能到外面跑，狗都是高兴的。

“爸爸，咱们带着它吧。”我要求说。我实在经受不住狗眼睛的恳求，那眼睛流露着信任和指望的神情，现在已经是单单看着我了。

“到小叶卡捷林诺夫卡会叫公狗撕掉的，那里公狗多得不得了，一个个都像狼那么大。再说，路上也会有公狗扑上来。你自己想想看。”

我沉思起来。看样子，我的惶惶不安传给了狗。“小滑头”哆嗦起来，伤心地叫了起来。

“咱们经过潘齐列夫村、什克洛夫村和烂泥村的时候，就把狗弄到车上好啦。”我一下子想到这个好主意，不禁眉开眼笑，便说了出来。

“也好。就这样吧。”

从说这话的语调，“小滑头”马上就明白，它的事情已经说妥，于是，不等我们动身，就第一个跑出大门，急急忙忙地跑了几个来回。向前跑上百十米，又跑回来，并且在叫着，以便为我们鸣锣开道，同时也为了催促我们，因为不知为什么我们迟迟没有动身，虽然好像早就准备好要动身了。我们迟迟没有动身，是因为妈妈忘记了从柜子里拿出我的少先队制服，我很想到没有去过的小叶卡捷林诺夫卡穿一穿，在那里的孩子们面前炫耀一番。妈妈很快走了回来，把制服塞到我的腋下，马上就转过脸去，不让我看到她的泪眼。

正如所预料的，一到潘齐列夫村，很多狗便对“小滑头”发动了第一次进攻。好像从所有的院子里同时奔出了毛色不同、大小不同的许多狗，一齐怒气冲冲、声嘶力竭地叫着，并且气势汹汹地呼噜着朝我们的车子扑来，进攻的主要目标是我的忠实的伙伴。不过，“小滑头”久经战阵，很能随机应变，及时采取了万无一失的防范措施：我们的车子一进村，它就钻到了车子底下，在车子底下跑，已经无可奈何、恶狠狠地尖叫着的进攻者就扑不到它了；甚至都不用我们把它弄到车上。出了潘齐列夫村，敌方的主力部队不再追赶了，只有一只小黄狗还跟在车子后面跑，但是它受到胆子壮了起来的“小滑头”狠狠地回击,也带着哭腔尖叫着跑走了;为了逞余威,“小滑头”还跟在后面撵了一阵,然后才回来,得意地扬起尾巴,将尾巴卷得像一个大面包圈,朝我们望了望,看样子,是想得到我们的夸奖。在什克洛夫村和烂泥村遇到的情形也跟在潘齐列夫村一样,但是“小滑头”也都胜利地通过了考验,现在它已经一会儿去撵惊起的小鸨,一会儿去撵大鸨,一会儿去撵鹌鹑了。这些草原鸟十分小心,不让狗离得太近。大概,人没有力气远远地跑到草原上来逮鸟。也许由于同样的原因,这里还有许许多多的黄花鼠。那一群一群好看的黄花鼠时而在大路的右边,时而在左边出现又立即消失,到处传来黄花鼠报警的尖叫声。我听着黄花鼠的叫声,心想:“我们真该带一只大水桶!我们能灌上满满一车子!”同时我想起,校长潘切欣曾经将我们组织成很大的一支队伍,带领我们将农庄田地上和牧场上的黄花鼠逮得干干净净,拿这些小野物的肉救了几十个男孩子和女孩子的命;不错,女孩子们先是扭开她们的小脸,厌恶地吐两口唾沫,怎么都不肯吃黄花鼠的肉,但是,饥饿是无情的,饥饿叫人也要尝尝不太好吃的东西,比如,青蛙肉啦,狗肉啦。万卡说(他是在一本小书上看到的),在法国,青蛙肉是上等佳品,而对于朝鲜人和中国人来说,狗肉是“杰里卡捷斯”[1]。“杰里卡捷斯”这个词儿万卡当然说不准,说走了音,但是他不愿换成意思相近的俄语词儿:很多文化不太高的人都有一种不可理解的癖好——讲话时一定要引用几个外来的、不太熟悉的词儿。

“现在万卡在哪儿呢?”就像当年我们打过架以后那样,我自

①系外来语,意译即“美味”。

己问自己。“他在干什么呢？为什么我没有跑去跟他告个别？”

“你怎么，孩子，发起愁来啦？”爸爸发现我耷拉着头，闷闷不乐，便问道。

“没什么。”我小声回答说。

“咱们马上就到啦。过了那座山，就是小叶卡捷林诺夫卡了。”

“为什么叫小叶卡捷林诺夫卡？”我问道，“这个镇是不是真的很小？”

“不是的，这个镇很大。甚至可以说，在我们这一带是一个很大很大的镇。”

“那又为什么叫小叶卡捷林诺夫卡呢？”我追问道。

“天晓得为什么。在我们区里还有一个不带‘大’也不带‘小’的叶卡捷林诺夫卡。也许，那一个比这一个古老些，大一些。”

几乎一路上我们都一言不发，现在我们都高兴起来，因为我们说起话来了，因为终于找到了说话的题目，撵走了好像一直待在车里的第三个乘客似的、使我们难以忍受的不自在。我爸爸跟以往大不一样，今天格外温和，本想得到我的良好反应，谁知得到的结果却恰恰相反：我一个劲儿地想着自己的心事，小心翼翼，一言不发，摆出一副虽说无形、但爸爸能清楚地感到的不可接近的架势。但这是在这会儿以前，现在我也兴奋起来了；我在心里骂自己，真不该一路上不声不响，不以好心回答爸爸的好心。现在我已经完全明白了，他回寺院镇不是为了参加爷爷的丧礼（爸爸是后来才知道爷爷死的），而是为了把我这个小儿子、把妈妈常叫的“命根子”带出，不让我饿死。

“小叶卡捷林诺夫卡的人也挨饿吧？”

“是的，孩子，那里的人也挨饿。但不像我们那里那样厉害。”

“也死人吗？”

“有时候也死人。但比寺院镇死得少些。”

“那为什么？”

“孩子，这很难说。也许，那里的人心齐些，也许，像祖巴诺夫兄弟那样的浑人要少些，或者像沃罗宁那样的坏蛋和狗崽子也要少些，米沙，我不知道为什么，反正在小叶卡捷林诺夫卡日子多少好过些。”

来到山顶上，我们停了下来，爸爸要把车轮楔紧。在山顶可以看到下面有一个大镇，那个大镇分布在一条宽宽的山沟的两边，好像被这条山沟分成了完全相等的两半。我们现在停在上面的这条大路陡斜地向山下伸去，到山脚下跟一座搭在山沟上的没有栏杆的木桥相接。如果从我们的车子所在的这地方望去，那木桥显得非常狭窄，真不能相信我们的车子能够通过。可是等到我们小心翼翼地下山（爸爸紧紧抓着花斑马的缰绳，虽然车轮已经不是在转动，而是在地上拖了）的时候，那桥在我眼前渐渐宽了起来，原来那桥非常宽，三辆大车可以并排同时通过。

我看到桥那边有一群狗，便唤了唤“小滑头”，“小滑头”跑了几步，就跳到车子上，躲到了我的背后。显然，我的背对于它来说，成了铜墙铁壁，躲在后面可以感到安然无恙，因此“小滑头”马上就勇敢地叫了起来。小叶卡捷林诺夫卡的狗回答它的是嘈杂的叫声,但是一想到奈何不得外来的狗,很快就不叫了,一个个打起呵欠,伸出尺把长的舌头,懒洋洋地各自朝家里走去。

过了桥,爸爸便放开马缰,几分钟之后,我们便来到一座铁皮房顶的大房子跟前,大概这原来是富农的房子。

老远我就看到台阶上有一个胖乎乎的年轻女人,两手交叉着按在白围裙上,朝我们这边望着。"是她!"我脑子里闪过这个念头,这是最后一个表现得十分明确、十分清晰的念头了,而别的念头,一个接着一个,全都是在恍恍惚惚、好像是热病状态中出现,直到冒出一个很突出的念头,这个念头马上成为主要的、对我有绝对支配权的念头,虽然这念头可以表现为极短的一句话:"我要跑。"我拿定主意,到夜里就跑,一定要跑!从这时起,我心里只想着这一点,干别的一切事情,都是心不在焉的了。不记得我们怎样进屋,怎样一下子就到了摆满饭菜的桌前,我又怎样坐到上座,就是说,坐到贵宾席位上。

我匆匆朝那个女人看了一眼,就看出,她为了迎接这次使她很不舒服的见面,在她那透出古铜颜色的满满的脸上早就堆起了也是满满的、装得很不自然的笑。她的眼睛好像没有参加这次笑,仿佛她的脸上根本就没有眼睛。"酸肉娘子"(是她,当然是她!)在我跟前转来转去,给我弄吃的,嘴里还不住地唠叨着,把一片片小麦面白面包塞到我鼻子底下,面包是在肉汤里泡过的,所以散发着香喷喷的羊肉味,还有烙得焦黄的葱花鸡蛋饼,——怎么,这个坏女人知道我特别爱吃这种东西?!这一切使我眼花缭乱,头脑晕乎乎的,饿得咕噜咕噜直叫的肚子要我快点扑上去,饱饱地吃一顿。

“吃,吃,米沙。”那女人说着,轻轻摸了摸我的微微上翘的、像小狼的毛一样的头发。我听到她的说话声,觉得好像是蛇的咝咝声。

爸爸低着头在喝汤,只是偶尔偷偷地瞧瞧我,有时瞧瞧他的姘头。我想,他所看到的情形,没有什么可高兴的:我头顶上竖起的一绺毛,清楚不过地表明了我心里的变化,而“酸肉娘子”那一阵红一阵白的脸上的茫然失措的笑,她那时而带着讨好意味(她在对我看的时候)、时而露出恶狠狠的责备神情(她在对爸爸看的时候)的目光,都说明情况不妙。

“把饼子带着,换上少先队制服,咱们到镇苏维埃去。”爸爸看到我已经离开饭桌,在门口徘徊起来,便这样说。

“我吃饱了。”我回答说。而关于制服,我什么都没有说:这会儿我哪里有心思穿制服!

我们在“小滑头”的陪同下(它现在跟我寸步不离)来到镇苏维埃,一向喜欢夸口的我的爸爸,就在镇苏维埃对着一个年轻人夸起我来,那个年轻人原来就是镇苏维埃主席科科季耶夫。我对周围的一切毫不关心,什么都不去理会,但是,一看到这个人的脑袋,却吃惊起来。他的脑袋大得出奇,就像是从巨人院子上割下来,安到小矮子脖子上了:科科季耶夫个头儿又小又瘦,使我不由地想,这么重的脑袋会把他压垮的。但是他在短短的脖子上转动起他的脑袋显得十分轻松,十分随便,一面还用灵活的、眉毛很浓的黑眼睛上下左右地打量着我。

“我这孩子是好样的,”爸爸这时候一面说着,一面朝走进办公室的另外几个人转过脸去,“去年夏天因为护庄稼有功,区里还奖给他一套少先队制服呢。这鬼东西就是不愿意穿出来。看样子是不好意思。这孩子脸皮太薄了。”

“看来,这一点可不像爸爸。”有一个人接腔说。

办公室里的人都有分寸地笑了。我心里却还是只有一个念头,这个念头越来越顽强,越来越猛烈:“天快黑吧,快一点吧!”

晚饭时候,“我家”来了一些客人:有科科季耶夫,还有另外几个人,不知为什么全是男人。爸爸本来要我坐在桌子上的,但我很快就离开桌子,朝另一间屋走去,那间屋在我们那地方叫作后屋,虽然是一进房门第一间屋子。正屋叫作前屋或者上房,也就是客人们现在坐的地方。

“孩子,你要到哪里去?”爸爸担心起来。他在向客人们敬酒,自己不知为什么却不喝。

“我累了。要到炕上躺一会儿。”我嘟哝说,一面朝门外走。

“好吧,好吧,歇会儿去吧。今天我带你跑累了,够呛的。”这些话我已经听不到了,因为我首先走到院子里,看看“小滑头”在不在,给了它一块我故意没有啃光的老大的肉骨头,要它别跑开,等着我,虽然我知道,它是根本不会跑开的:“小滑头”这会儿怎么都不肯离开门口了。

我爬到炕上,自然是不准备睡的,如果说,过了一阵子我就鼾声如雷的话,那只是为了麻痹我爸爸,我爸爸已经来过后屋里并且向炕上望过好几次了。我没有回答他的呼唤,只是细心地倾听着正屋里饭桌上的动静,最怕的是爸爸的客人坐到天亮:夏夜实在太短,晚霞刚刚消失,早霞就开始发红了。

科科季耶夫是在鸡叫头遍的时候最后一个走的。他最后一个走，为的是跟自己的秘书商量镇苏维埃的一些特别重要的事情，因为他最信得过我爸爸，每次因公到区里去，都把带徽章的圆形公章交给他。我爸爸还照他在寺院镇的老习惯利用过两次或者三次，给小叶卡捷林诺夫卡镇上特别需要离开本镇到城里去的人开了必要的证明。有人告发了我爸爸，科科季耶夫想尽了办法，都没有帮上忙。但这要多少晚一些，是第二年，也就是一九三四年年初的事。而这会儿主席已经来到后屋里，利用“酸肉娘子”留在前屋里收拾碗碟的机会，跟我爸爸小声交谈着。

“好，我走啦！”科科季耶夫终于低声说，“我看，你儿子睡着啦。”

“他累坏了。”爸爸又朝炕上望了望，用肯定的口气说。

爸爸送走了要客，跟“小滑头”亲热地说了点什么，便回到房子里，从里面扣上门钩，踮着脚走进了正屋。

我等到正屋里完全静下来，门缝里透出来的那一道细细的灯光也不见了，便把我的少先队制服揣到怀里，轻轻地下了炕。先是小心翼翼地摘下房门的门钩，然后又摘下过道门的门钩，来到台阶上，“小滑头”已经在这里等着我了。它好像知道我暗中的意图，因为它在黑暗中心领神会地闪了一下它那快活的眼睛，还准备高兴地叫上几声，可是我用命令的口气小声警告它：“‘小滑头’，别嚷嚷！”

现在我才真正明白，我没有将“小滑头”留在家里，没有让它留在寺院镇，这件事我算做对了！我无法控制对四条腿伙伴的感激心情，心里十分激动，吧地在又凉又湿的狗鼻子上亲了一下，“小滑头”为了答谢我的盛情，在我的腮上和眼睛上舔了几下，然后我们就来到漆黑的大街上。

等我们过了桥并且跑上了山，小叶卡捷林诺夫卡的狗才叫了起来；在没有月亮的黑夜里有一条看不见的狗本来想追赶我们的，但是在后面远远地最后叫了几声之后，也不追了。

如果没有“小滑头”，也许我真不敢跑：到烂泥村，要在森林里走三四俄里，那一年听说森林里出过不少事情。

我和“小滑头”已经快到森林中央了，这时从后面我们走过的路上远远地传来马蹄声，那声音急促地径直朝我们奔来。一股透心的凉气像蛇一样钻进我的怀里，紧紧箍住我的心，帽子也像活的一样，被头上吓得竖了起来的头发顶了起来。如果我当时能注意一下我的同伴和卫士“小滑头”的表情，也许不会吓成这样，不会吓得发蒙的。“小滑头”也应该竖起它那脖子上的毛，应该朝后面追来的骑马人吠叫的，但是它一声不响。不但如此，它还摇起尾巴，尾巴尖打在从春天起就皴裂了的我的光手背上，打得我生疼。

骑马人来到我们跟前，勒住了马，这时候我才看清，那马是花斑马，并且马上就听出了爸爸的声音：

“你干什么，坏蛋！嗯？……你疯啦！为什么你要这样，嗯？……”我一声不响，紧紧靠在一棵树上，好像希望树来保护我。

爸爸下了马，走到我跟前：

“好啦，快上马！快点儿！”

“我不上！”我直冲着他的脸叫道，我不顾死活地叫，叫得我爸爸都怕了，看样子他明白了，他想把我弄回小叶卡捷林诺夫卡是办不到的，即使弄回去，我今天夜里不跑，明天夜里还是要跑的。

“孩子，你叫我怎么办？”他差点儿是哭着说，“哪怕等到天亮也好。夜里你在路上会出事的。这地方的情形，你没有听人说吗？……是不是还是跟我回去？”

“不回去，爸爸。我怎么也不回去！……”

“好吧，好吧……干吗要这样叫！……随你好啦，你现在也不小了。走吧，孩子。只不过，你要知道……”他顿了一下，艰难地喘着气，低声下气地求我：“不要告诉妈妈……你管不了我们的事，反而叫她难受，把她毁了。所以……”

“我不说。”我答应得很干脆。

“谢谢，孩子，”爸爸把几张纸币塞到我仅有的一个口袋里，“交给妈妈。现在你还是骑到马上，我哪怕把你送出森林……”

“不用。我自己行……”

我怕爸爸骗我：把我弄上马，就带我朝小叶卡捷林诺夫卡跑。

“那就再见吧，米沙，不要过分责怪爸爸。”爸爸将我紧紧抱在胸前，用他那硬扎扎、湿漉漉的胡子在我脸上亲了好几次，然后轻轻推了一下我的背：“走吧。”

不管是我，不管是他，当时都不知道，这是我们最后一次见面了。

十八

妈妈使我免除了必须说谎的痛苦：她在我推开板门，走进院子之前,什么都明白了,——我和“小滑头”出现在从牧场通向我家的小道上的时候,她在窗户里就看到了。她一看到,顿时脸色煞白,重重地坐到板凳上,两手耷拉到膝盖上。等我进了门,在门口站住,正不知道从哪里说起,是她解救了我:

“孩子,别说了!……不用说……什么都不要说。我……我全知道……好孩子,快到学校里去吧。校长不知为什么事要叫你们高年级学生到学校里去。去吧,去吧!”

虽然因为走路,因为一夜没有睡,因为在这长长的、长得就像度过了一生似的两天中感受太多,而觉得十分疲乏,但我还是毫不怠慢地利用这个机会离开了家,这样就可以不为妈妈那种悲伤的、因痛苦、但更因受欺而憔悴不堪的样子心里难受了。在去学校的路上,我碰上了大哥萨沙,他是交过计工表刚从农庄管委会出来的,他一下子就从我嘴里知道了可恼的消息。

“这么说,那个臭婊子在那里了。我知道是这么回事嘛……哼,等着瞧吧,下流货,看我收拾你!”于是头发黄黄的、又瘦又小、大家都唤作“瘦鬼萨沙”的我大哥威风凛凛地攥起拳头,晃了晃,像好斗的麻雀一样抖着乱蓬蓬的头发,朝家里走去,一面在寻思哪怕多少能安慰一下妈妈的话:不仅母子感情,而且他现在在家里所处的家长地位也使他必须这样做。

在学校门口我首先看到的是卡佳·列斯诺娃,她搂着正在抽抽搭搭地哭的玛尔法·叶弗列莫娃,在安慰她。

“出了什么事,卡佳?”我老远就喊道。

“怎么,你妈妈没告诉你?……我跑去找了你两趟。”卡佳将愤恨的、一片泪痕的脸对着我,回答说,“斯捷潘家的米沙死了?”

“你说的是米沙·特维尔斯科夫!”

“就是他。”

“怎么……死了?”我倒吸了一口气,但是这口气没有进肺,只是把嘴里的一切都烤干了,所以忽然肿胀起来和变僵了的舌头紧紧地贴到了上颚上。

我好像有罪似的。悄悄溜进了大开着的校门,听到那声声撞打在我心上的哀乐,便在长长的走廊进口处停了下来。有三个陌生的小伙子和一个小姑娘站在原来放橡皮树的宽宽的木凳上,鼓起腮帮子在吹着弯弯的、亮闪闪的铜喇叭;在走廊中间,离教员室不远处,长长的、蒙了红布的台子上停放着一具不大的新棺材,米沙那蜡黄色的、尖细得像鸟嘴样的鼻子向上翘着,也是尖尖的下巴伸在火红的少先队领巾上面;有二十几个学生,主要是高年级的,十分惊恐地紧紧靠在走廊的墙上,不敢到死者跟前去。不过,台子的四个角边还是站着四个同学:两个在前头,两个在米沙的脚边。“这是守灵的,”跟我进来的无所不知的卡佳小声对我说。她还拉着玛尔法的手,玛尔法还在抽抽搭搭地哭着,并且把哭得通红的脸藏在卡佳的背后。

最后守灵的是老师们——校长米哈伊尔·潘切欣、他的妻子、他的弟弟尼古拉·潘切欣、他的瘸腿的妹妹尼娜·潘切欣以及唯一不是潘切欣家的人的维克托尔·伊凡诺维奇·纳乌莫夫(他的父亲和母亲已经退休,搬到巴兰达镇,到那里度晚年去了)。校长身后还站着他的一个亲属,那是一个蓝眼睛、粉红面颊的姑娘,在脸色苍白、带灰土色的其他几个人中间十分显眼。不难猜想,在未来的秋天,她也要在我们的新学校里得到一席职位:如我们所看到的，米哈伊尔·潘切欣在挑选师资问题上不是十分严肃的。

米沙·特维尔斯科夫是班上唯一的全优学生，大概因为这样，校长决定为他举行隆重的葬礼。棺材是佩特尔·奥季诺科夫在学校的工房里做的；菲季卡·普切林采夫还在棺材盖上画了一个红五角星，好像到了地下会有人看到似的；这一切都做得非常快：米沙死在昨天中午，就在我和爸爸快到小叶卡捷林诺夫卡的时候。这一天他捞河蚌格外顺手，捞够了，便背着半麻袋河蚌回家，每走百十公尺，就停下来多少歇一歇，只要再走最后十来步，就可以走进自家的过道了，但是这十来步他没有走完：他被湿漉漉、沉甸甸的麻袋压倒在地上，就倒在边儿已经快要抵到窗户根的蚌壳堆的脚下。妈妈看到了他，想把儿子抱进房里，但是她没有力气抱。奇怪的是，她都没有哭。也许是连哭的力气都没有了，也许是眼泪已经没有了，哭尽了最后一滴，哭干了。等瓦西卡·米亚赫科夫和菲季卡·普切林采夫遵照校长命令，拉着小车来到特维尔斯科夫家院子里，把米沙抬到车上，朝学校里拉去的时候，她一句话都没有说，没有表示反对。她本来想跟着他们走的，但是两条腿不听使唤，刚刚迈出两三步，就好像断了：阿克西尼娅咕咚一声倒在路上，幸好两个邻居妇女看到，她们把骨头上没有了肉甚至也沉甸甸的阿克西尼娅婶婶拖回屋里。

追悼大会开始，校长在大会上发表了唯一的讲话，他讲得我们个个心酸，走廊里到处都响起抽抽搭搭的哭声，有的干脆放声大哭起来；每个人都看到过多次死人，人们早就不再哭死者了，可是现在放开了眼泪的闸，溶解了曾经变成石头的心，——也许，是想为一切的一切尽情地痛哭一场，谁知道呢？

棺材放到几块长长的木板上，几个大人握住木板的两头，将米沙的棺材抬起，朝大门口走去。喇叭更高亢地叫了起来，但是校长那洪钟般的声音却更是震撼我们的心灵。脸色煞白、满脸都是汗珠儿的校长唱起了革命歌曲。此时此刻唱革命歌曲是否适宜，我们不知道；最可能是因为潘切欣不会干别的事，唱歌是他最习惯的。有几个女孩子那尖细的、时时为抽搭声打断的歌声冲破校长的男低音，在空中缭绕着；特别突出的是舒尔卡·奥季诺科娃的歌声，她的声音在我们班里也许是最响亮的；卡佳·列斯诺娃的嗓子虽然差一点儿，但是论用劲，卡佳并不次于舒尔卡。别的女孩子也都在唱，不唱的只有玛尔法·叶弗列莫娃，看样子，她悲痛得心完全碎了。

“她是怎么回事儿？”我悄悄地问卡佳。

“你还不知道吗？”她又像以前那样说，“玛尔法一直在爱米沙。”

“什么？ 什么？”我不懂了。

卡佳老气横秋地朝我看了一眼：

“你真傻。”

她说过这话，又唱了起来，可是我还在琢磨卡佳告诉我的话，不过，怎么都琢磨不透，大概我的脑袋确实太傻了。

在坟地上，为米沙掘的坟坑由一些共青团员把守着，要不然的话，在我们的送殡队伍到达以前，早就填进了许多别的尸体。已经从四面八方抬来和拉来不少死者，现在亲属们只有等着什么时候允许他们将死者放到新坟坑里了。

最上面放的是米卡莱·泽姆斯科夫。人们发现他死在坟地周围的沟里。不知为什么使人不由地想:他是不是为了不麻烦别人,自己爬到了这里,并且像平时那样,温顺地、毫无二话地将自己纯真无邪、无罪的灵魂交给了上帝(一个月以前,人们也是在这条沟里发现了米卡莱那个不会说话的朋友巴尼亚·卡梅绍夫,也把他埋在这样的公墓里)。

在坟地上,就像在学校里那样,我用眼睛到处找万卡,但是没有找到。我慌了,便问跟万卡家住在一起的瓦西卡·米亚赫科夫:

“万卡哪里去了?”

“谁知道他。昨天他们把妈妈,把维鲁哈婶婶送到这里。以后就再也没有看到他们的影子。有人看到费佳钉门窗。看样子,是跑到什么地方去了……”

一块又一块石头压到我心上,我觉得,我经受不住这样的重压,会倒下,会死去的。

“你怎么啦,米沙?”瓦西卡怕了。

“我怎么?”

“你脸色不对!”

“哪儿话?”我勉强笑了笑,但那不是笑,是揪心的剧烈痛苦的变形。

送过殡以后,校长还不叫我们回家,又把我们带回学校,到了学校里,他宣布:我们又要建立护庄稼的轻骑兵队,因为黑麦穗已经开始变褐色,很明显,不是今天就是明天,饥饿的手就要带着剪刀伸过来了。这些手不会是“富农理发匠”的,就像以前也不是的一样,但是庄稼地不会因此受害就小些。校长发现,学生们听到这个通知并不多么高兴,便解释说:

“你们只是白天看，到夜……夜里，”头一句话他说得很急促，所以没有结巴，后面的话就说得十分吃力了，“到夜……夜里，”他又用唱歌的调子说话了，“由共……共青……团……团员……员接……接替……替你……你们！”

和他站在一起的纳杰日达·奇任科娃告诉我们一个更为可喜的消息：原来区里正在建立一些由共产党员和共青团员组成的抢救队，抢救挨饿的人，首先是抢救孩子们。他们教师们也要参加即将来寺院镇的抢救队。

“校长……”她望了望丈夫，“就担任抢救队队长。孩子们，我希望你们协助他。现在就需要到各家去看看，把需要尽先抢救的孩子登记一下。我的意思你们明白了吗？”

我们憔悴不堪的脸上泛起微弱的笑，这一笑，牙齿露出的更多了，——好像除了这些牙齿，我们的脸上什么都没有了。

前来参加我们的大会的农庄新任主席瓦西里·德米特利耶维奇·马斯洛夫建议说：

“小家伙到庄稼地里去，你们不要撵。他们能剪多少呢？……所以就让他们吃点儿吧。农庄损失不大，可是孩子们也许就能活下来。”他停了一会儿，脸色微微亮了起来，犹豫了一下之后，又告诉我们一个最重要的、看样子是为大人们准备的消息，他打算今天傍晚也在这学校走廊里召集大人们开会。“收到一个指示：头茬庄稼一收下来，我们就按每个劳动日一公斤分下去……听着，孩子们！……每个劳动日整整一公斤！而且这暂时还是预分！……所以……”马斯洛夫忽然不说了，眨巴起红了的眼睛，赶紧转过脸去，不想叫我们看到他的脆弱，“所以……我这算什么……"

现在我好像才开始明白:为米沙隆重地举行葬礼,不仅是因为,甚至主要的不是因为他是我们中间唯一的全优学生和当之无愧的模范学生,而是潘切欣想做个样子给活着的、像在可怕的梦里似的惶惶然不知所措的镇上人看看,让他们知道,镇上有人开始行动了,这些人可以依靠,不应灰心丧气,苏维埃政权还存在,只要再多少忍一忍,不用多久,就会好起来的。

我们分成几个不大的小组,在老师和少先队辅导员率领下在全镇到处查访,到傍晚每个小组都领着或抱着几个小家伙回到学校,这些小家伙是在没有了大人的房子里、在荒凉的院子里和菜园里捡到的;其中有几个是在密密的滨藜、荨麻和苦牛蒡丛里找到的,因为听到了他们微弱的叫声。我正是这样在大伯佩特鲁哈家院子里找到了跟我同名的最小的堂弟,他是当初这个多口之家仅剩的一个了。不错,这一家并没有全饿死:还在开始挨饿以前,玛莎就出嫁了并且跟丈夫一起应招到我不知道的乌里阿图一个工地上去了;叶戈尔参加了红军,可是,在镇上已经悄悄接近了他的死神,还是在部队里找到了他:叶戈尔死在萨拉托夫军医院里。做过共青团干部的他的大哥伊凡害了肺结核,也被送到了萨拉托夫医院里,至于他在那里怎样,遭遇如何,我不知道。而最小的一个米沙,就在这一天傍晚由我领到了学校;第二天马斯洛夫就用几辆大车把他们送到巴兰达镇,送进了幼儿园,到第二年,也就是一九三四年五月底,小米沙干干净净,脸蛋儿红红的,就像爷爷园子里的茴香苹果,从幼儿园里跑回来找到也成了家里仅剩一个的我,我们就一块儿唱起刚编出不久、他从幼儿园直接带到寺院镇来的一支新歌。这支歌用它那矫健的翅膀，载着我们飞遍了全镇：

越过平地，跨过山岗，
我们的师向前，向前！
我们要夺取滨海地方，
把白军巢穴彻底捣烂！

特别使我们喜欢、特别使我们激动的是下面的一段：

英雄的战旗上红云片片，
那是战士们最后流的血；
勇猛的游击队骑兵连
从黑龙江畔赶来参战。

不错，后来不管潘切欣怎样给我们纠正，让我们不要把“最后流的血”唱成“最后一滴血”，但总是纠正不过来。最后他妥协、让步、不再坚持自己的主张，而且就连他自己也用他那动人的、洪钟般的嗓门儿唱着：

英雄的战旗上红云片片，
那是战士们最后一滴血
……

唱完这支歌，校长又唱起另外一支，我们十分振奋，含泪的眼睛里放着光彩，又跟着他一齐唱了起来：

要是再有新的战争
带着倾盆似的弹雨
涌到我们宁静的家乡，
我们就沿着熟悉的路
跟着亲爱的人民委员
催动战马奔向疆场。

不过，这些慷慨激昂、振奋人心、激励人心的歌子，跟以前我们在我们的“歌本”潘切欣指导下学会、已经很久没有再唱的那些歌子一样，只是到下一年的春天我们才大唱起来，而当时，除了在镇上搜寻到的、好像从坟墓里拖出来的一些小家伙以外，我们还带回了一项数字，这项数字使当时所有在学校里的人像挨了一闷棍似的，目瞪口呆，十分惶恐：六百户人家的一个大镇，只剩了一百五十户。有一部分房子早在一九三〇年就烧掉了，但那总是很小的一部分，而大部分是去年冬天生炉子烧掉的，因为人们没有力气也不愿意用雪橇到森林里去弄木柴；再说，如果没有酒去巴结看林子的，看林子的也不准去打柴。可是，你瞧，房料就在跟前，在手底下，焦干焦干的，用斧子一劈当当响，你就从没人住的、已经钉了门窗的房子上拆好啦，先拆窗台、橡木窗框，然后拆别的一切，直到房顶塌倒在墙根土台上、墙根石上，连房顶也被送进永远吃不饱的炉口。我们的邻居瓦西里神父那高大的房子也落得了这样的下场：在这方面我和我二哥连卡是出了不少力气的。饿和冷——是我的乡亲们的两大死敌；每个人都尽力在跟这两个仇敌拼搏，但遗憾的是，不是每个人都能取胜。

至于我们家，还有一杯最苦的酒等着我们去喝。

十九

打从我跟“小滑头”从小叶卡捷林诺夫卡回来的那一天起，我妈妈不知为什么一下子就没有神了；她越来越多地坐在板凳上，两手无力地耷拉在自己的膝盖上；她的眼睛好像被挖掉了一样，深深地陷到眼眶里，干干的，常常愁惨惨地望着面前一点，动都不动；每天早晨她生炉子的时候，她的眼睛闪动着火焰的反光，这时候她的眼睛就像害热病的人的眼睛。她给我们做好什么吃的，自己却不上饭桌，往嘴里随便放一点，无可奈何地嚼几下，动几下皱皱巴巴的嘴唇，又是一动不动地坐着，两只无力的手又耷拉到膝盖上——这两只手可是从来没有闲过，就连梦里都在动、都在做事情的；这会儿，从两只手摊在那里的情形来看，这双手什么都不想做了，如果还在做一些事情的话，那也是十分勉强的，——这双手既没有了过去那种敏捷、那种灵巧，更没有了过去那种勤快劲儿。我看到这种情形，觉得很害怕，便想要她打起精神：

“妈妈，你怎么啦？”

“啊？”她抖了一下，好像有人把她推醒了似的，用询问的目光望着我。

“你为什么不上桌子？”

“我已经吃过了，孩子。你吃，好孩子，你吃吧。”

我听说，妈妈对我们的邻居、和善的安娜大婶诉过自己的痛苦。安娜大婶到我家来的最多，因为妈妈不是往她的围裙里塞半

个南瓜,就是一块甜菜棍,或者两个土豆,等到大黄牛下了犊,就给她一茶缸牛奶。妈妈对她说:

“嫂子,我心口有些疼。”

“弗罗西尼娅,你跟你那不要脸的受罪、受气受够了,好嫂子,人的心又不是石头。你不要把他放在心上,不值得为他难受。你把顶小的一个照应好,不要让人家把他从守望台上拖下来,像掐小狗一样把他掐死。这些头头们真是活见鬼,偏偏叫这样一些孩子去看庄稼!”安娜大婶对着窗外晃了晃拳头,不知是吓唬哪一个。“尼古拉的事,弗罗西尼娅,你不要去理睬!”

“能不理睬当然很好,可是我做不到。”妈妈坦率地说。

“别理睬,别理睬!”安娜大婶更决绝地说。

妈妈本来也很愿意听从她的劝告,但这不是她所能做到的。我们眼睁睁地看着她先是很快地消瘦、干瘪下来,然后我们看到,妈妈的两腿开始水肿,走路非常吃力;随后脸也水肿了,脸上青青的,皱纹都没有了,但是她的脸并没有因此就显得好看和年轻些。到后来我妈妈连挤牛奶都不能挤了,安娜大婶就替她挤;应当说,安娜大婶是很乐意干的,因为以前她也是天天要端走的那一茶缸牛奶,如今是挣来的了,她也就觉得不像过去那样难受了,过去她觉得那牛奶好像是施舍的。

就在这时候,我们听说,爸爸被抓起来并且带到巴兰达镇去了,要在巴兰达镇进行审判。我们不放心病弱的妈妈,我和萨沙就留在家里,连卡一个人到区里去了。他回来时脸色十分阴沉,就像讲不相干的什么人的事情一样,对我们说:

“判了三年。”他马上爬到炕上,为的是躲开妈妈的眼睛。

不过，妈妈的床上没有声音：她听到这个消息心完全碎了，一句话都说不出来。

除夕那一天，三辆大车进了我家院子，叶弗列莫夫家的叫戈尔和菲多特卡兄弟两个帮助萨沙和连卡把十几麻袋小麦和黑麦抬进了过道和后屋：这是萨沙和连卡按劳动日（他们做的劳动日是不少的）分到的，每个劳动日真不得了！——一下子就是三公斤，而且以前早就预分过一公斤了。

“妈妈，妈妈！”我叫了起来，跑进屋里，“妈妈，你可瞧瞧！”

妈妈躺在她已经离不开的床上，睁开眼睛，拿眼睛扫了扫，皱了皱眉头，虽然看样子她是想笑的。她小声地、但是十分清楚地说：

“谢天谢地，现在咱们能活下去了。”

她抬起两条胳膊，朝上举着，我明白，我该把头放到她的两条胳膊当中了：妈妈想亲一亲我、疼一疼我了。她是拿“疼”这个词儿当“爱抚”用的，在我爸爸心好起来、不到外面胡混、跟我妈妈处得十分融洽的难得时刻，我妈妈总是面带安详而幸福的微笑，对自己的好朋友和贴心人安娜大婶夸口说：“我那一口子疼我了。”

现在她想疼一疼我了。我怕我大哭起来，赶紧将头紧紧贴在她的胸膛上，我的后脑勺抵在她的下巴上。

“我的可怜的孩子。”我听到她炽热的、和着眼泪的声音。

“妈妈，不要这样！好妈妈，不要这样！……我很快就要长大了，我会学到本事，成为一个全面发展的人！”我嘟哝说。我不知道，我在学校里多次听到的陌生字眼儿“全面发展的人”是怎样冲出口来的。“妈妈，不要哭！……”

新年送来了严寒，一个星期之内，家家院子里的积雪就跟篱笆平了，只有篱笆上的木桩头儿还露在外面。妈妈精神越来越不行了，有人（不知是不是安娜大婶，她是镇上有名的巫婆）劝妈妈吃点黄鼠狼肉试一试；好像她对妈妈说，这种肉虽然腥臭，可是，你听我的，这种肉能治病。妈妈信以为真，就叫我逮黄鼠狼烧给她吃。我一想到黄鼠狼肉就恶心，甚至要呕吐。妈妈看出这一点，哭了起来：

“就是说，你不心疼妈妈啊。”

“我去给你逮。一定去逮。妈妈，不要哭！”

“好孩子，耶稣保佑你……说不定你会给我治好病，我也许会完全好起来的……”

她得到安慰，不哭了。

傍晚又落起了雪，但是后来完全停了。第二天早晨，我踏着得自狼猎手谢尔盖表舅的特制的宽滑雪板，朝只剩了几座幸存的禾棚的小打谷场奔去。我非常走运：在离家半俄里处，在白皑皑、亮晶晶、在阳光中不停地闪烁、耀眼欲花的雪地上一下子就发现了黄鼠狼的爪印；那新鲜的爪印清清楚楚地印在松软的雪上，印成长长的一行，向前伸去，越伸越远，但是根据以往的经验，我十分清楚，这行爪印反正不会跑太远，很快就会断在先是斜斜地钻进积雪、然后就钻进土里的新洞穴旁。果然，这洞穴就在我家原来的禾棚旁边。我看到，这行爪印就在这里断了，再没有从这里往别处去，我就把兔夹子安放在洞口：黄鼠狼要是夜里出来打食儿，任凭它怎么绕，都绕不过去。我回到家里，很有把握地对妈妈说：

“妈妈，明天早晨我就把黄鼠狼带回家。”

妈妈又流泪了，但可以看得出，那是高兴的泪、感动的泪。她说：

“好孩子，耶稣保佑你。”

第二天一大早，我就带上“小滑头”出了门；头一天早晨狗也要跟我去的，但是我很不客气地把它撵开了，因为狗的过分热心会坏事的。这会儿我用得着它了：黄鼠狼是个小野物，但是非常凶，不会随随便便就落入我的手的，可能会把我的手咬伤；我想，就让“小滑头”去开开心好啦，让它跟黄鼠狼干一阵子，逞一逞勇气和本领。

被夹住的黄鼠狼就在离洞穴几俄寸的地方；它看到朝它扑去的狗，猛地一蹦，弓起背，抬起头，露出白白的胸脯，竖着小小的、像剪断了的两只耳朵，龇着牙，嗞嗞地叫了起来，并且朝着发了呆而且显然怕了起来的“小滑头”一冲一冲地跳着。

“去逮它，‘小滑头’，快去逮！”我用命令的口气给狗打气。

狗在我的督促下，上前去逮黄鼠狼，但是黄鼠狼灵活地一闪，狠狠地咬住了狗的鼻子。狗尖叫一声，往后一跳，便带着哭腔嗷嗷叫了起来，一面拿眼睛一会儿望望我，一会儿望望黄鼠狼。我只好上前助战：扬起专为此种场合用的棍子，对直地打在黄鼠狼的头上，黄鼠狼伸直了身子，于是“小滑头”勇敢起来，一口就咬住黄鼠狼那软绵绵、热乎乎的身子：“小滑头”很想在我面前露一手，为自己一时惊慌失措和怕得嗷嗷直叫挽回印象。

我回到家里，将打死的黄鼠狼给妈妈看过，然后把皮剥了，把剥出来的黄鼠狼胴子远远地扔到后院里,把躲在谷仓底下的那只我留着传种的母兔宰了炖给妈妈吃。但是妈妈也没有尝到兔子肉:她叉起一块刚送到嘴边,兔子肉就掉到了地上。

夜里,妈妈死了。

我喊来安娜大婶,她叫我们到前屋里去,她自己烧了热水,将又变得轻如无物的我妈妈的身体上上下下擦洗一遍,然后也来到前屋,打开我妈妈那只裹了铁皮的蓝色大柜子,在柜底找到了死者应穿戴的一切(身患重病的妈妈已经告诉过她,"寿衣"收藏在哪里),她将这套衣服拿出来,给我妈妈穿好,然后在萨沙和连卡帮助下将我妈妈抬起,头朝圣像放到台子上。

当时他们做这些事,我都没有看到,因为我躲在炕上最里面的角落里,悲痛在心,哭都哭不出来,憋得抽搐着,拿头直碰墙,并不觉得疼。

一个钟头之后我叫来了劳动教员奥季诺科夫,他用收藏在马棚里的木料赶做了一副棺材。

严寒将土地封冻得非常结实,菲多特卡和我们兄弟三个用斧头和铁棍只是在地上挖了一个不深的小坑;到春天我去看妈妈的坟,看到妈妈的棺材的四个角都从土里露了出来。我满脸流着不知是汗,还是眼泪,也许有汗也有泪,挖了一些土,堆了一个不高的坟包,上下周围都放了草根土块;又在坟前插了一根活柳树桩,这根柳树桩很快就吐出新芽,如今,过了很多年之后,我看到这棵向四面八方宽宽地伸展着枝杈、遮护着如今勉强能看得出的土包的老柳树,就找到了妈妈的坟,我就深深地垂下头,默念道:

"亲爱的妈妈,请你原谅,当时你的儿子们没有力气,没有把你最后安息的地方挖深些、宽敞些。”

坟包上灰色的野蒿散发着细细的、钻鼻子也钻眼睛的气息，跟红头的田蓟悄悄地低语着。小小的野蜂在田蓟那深红色的花上嗡嗡直叫，正想把它那毛茸茸的身子停到柔软的、散发着蜜香的花瓣上。有一只红隼在空中，就在我的头顶上，盘旋着，晃动着斑斓的翅膀，将我带进一去不返的、甜蜜醉人的童年时代，使我想起万卡，想起当时他的一切和我的一切——那永远不会再有的一切。

二十

一九三四年春天，萨沙应召参加了红军，连卡去萨拉托夫进了拖拉机技术人员训练班，我一个人留在家里，很快也就学会了做过去妈妈常做的事情：挤牛奶（开头不知为什么牛奶老是喷到我的衬衣袖子上），烤面包，烙饼，自己挖菜园，为了松土，我请铁匠克利莫夫给我打了一架小小的铁耙，路过的人都要停下来，看着这匹小小的两条腿的马怎样抱着铁耙在泛着青光的黑土垄上走；我自己种土豆、南瓜、黄瓜、大白菜，到秋天就忙活起这些东西——要下地窖，还要腌制。因为我要忙许许多多事情，起初一段时间我都没有工夫愁闷了，但后来愁闷还是悄悄地来到我的心中，于是我又开始找人玩。

我有时到村子里，到也失去了父母的瓦西卡·米亚赫科夫家去，到早在一九三三年以前很久就失去了父亲的菲季卡·普切林采夫家去。我们还一起到还没有被邻居烧掉的万卡家荒凉的院子里去过。我不知为什么走进了万卡家的棚子并且一进棚子就站住了:我似乎看到万卡的狗“波尔坎”在顶里面黑暗的角落里,我唤了一声,但是好像蜷成一团的狗没有反应。我朝棚子里面走了几步,等我习惯了黑暗,我才明白,那不是“波尔坎”,而是“波尔坎”的皮。

我猛地从棚子里跑了出来,什么都没有对两个伙伴说,就从万卡家里跑出来,跑开了,弄得瓦西卡和菲季卡莫名其妙。

“米沙,你往哪儿去?”他们之中不知是哪一个在我后面喊,但是我没有回头。

可是这一下子我明白了,我一个人在家里是不能呆的,于是我全心全力地干起了在那不安宁的年月里由孩子们担负起来的全部活儿。

一九三四年到一九三五年在我脑海里留下深刻印象的,是保尔·柯察金、恰巴耶夫、“契留斯金号”遇险者及其救援者的名字所卷起的三股热潮。

我们,也就是我、瓦西卡·米亚赫科夫、菲季卡·普切林采夫、明卡·阿尔希波夫、科利卡·马斯洛夫、淹死过的佩季卡·杰尼索夫(格林卡·穆兹金已经不跟我们在一起了,他不知跟着万卡、费佳弟兄两个跑到哪里去了),从天黑到天亮,一连几夜坐在我家大桌子旁,轮流地念一本非常有意思的书;有些章节我们反复念上好几遍,都能背得出来,现在我们也明白了,人最宝贵的是生命,人的一生应当这样度过:当回忆往事的时候,不会因为虚度年华而悔恨,不会因为碌碌无为而羞愧,在临死的时候,能够说:整个生命和全部精力都献给了世界上最壮丽的事业——解放人类的战斗……

念到这样的地方，性急的菲季卡·普切林采夫往往要打断念的人：

"那我们呢……像我，像你瓦西卡，我们大家——是不是虚度年华？"

我们被这个问题难住，都不作声，不知道该怎样回答，就一齐嘘他：

"菲季卡，别打岔！……你老是东扯西拉的……"

"真的，菲季卡，顶好别作声。这本书纳杰日达·尼古拉耶夫娜只给我们看三天，明天就要拿走了。全镇上就这一本。"

关于"契留斯金号"遇险者及其救援者的事，我们是在田野里，在拔苦菜、大戟和别的一些扎人的杂草的时候听到的，当我们听到最后一个遇险者不知是被沃多皮亚诺夫，还是被列瓦涅夫斯基，或者卡马宁、利亚皮杰夫斯基、莫洛科夫从浮冰上救起并且带到"大片土地"上的时候，我们喊"乌拉"喊得嗓子都哑了。因为格外高兴，我们的手不觉得痒，也不感到劳累，我们要求队长夜里也让我们留在田野上。到深秋时候，"疙瘩滩"上结起够结实的冰，我们就在上面建立野营，并且称作契留斯金营；我们一天到晚在抢救依照我们的主张充当"沉船"乘务人员的女孩子们，——男孩子们当然是飞行员；因为这项了不起的游戏是我想出来的，所以我有权优先为自己选取英雄飞行员的名字。不知为什么我选了沃多皮亚诺夫——也许因为他的名字和我一样，也叫米沙。

然后是瓦西里·伊凡诺维奇·恰巴耶夫穿着他那"像恶魔的翅膀一样迎风飘舞的"黑斗篷闯入了我们的心灵，并且翻底征服了我们的心灵。为了看有关恰巴耶夫及其英雄部队的电影，我们所有各班的学生都在校长率领下来到区里，并且在电影院对面的广场上露宿。电影院是新建的，暂时也是唯一的一座，是用几座拆掉的教堂，其中也包括我们寺院镇的教堂的材料修建起来的。电影白天黑夜都在放，停歇的时间非常短，只是为了让一批观众出来，另一批观众闹哄哄地拥进去，也为了多多少少换一换电影院里的空气。我们全校师生就在广场上等了一下午，又等了整整一夜，好在已经是五月，外面已经很暖和了。

第二天中午我们才动身回家。有些男孩子群和女孩子群里传来短促的啜泣声，几乎所有的人都在抽搭鼻子。跟我走在一起、和我年纪相仿的我的表侄科利卡·马斯洛夫对着我的耳朵小声说：

"咱们回去！"

"干什么？"

"咱们再去看一遍。也许，他到底没有淹死呢。"

我们走到路边，让过所有的人，我们离开大家，谁也没有发觉，就一口气朝后面，朝巴兰达镇跑去。"也许，当真没有淹死呢。"我怀着殷切的希望在想。

尾　声

一九八〇年六月，一个很暖和的晴天。我在一条大街上慢慢走着，这条大街显然应该叫作中心大街的，但是它却跟别的几条街道一样，没有名：旧的街名在我的乡亲们的记忆中消失了，新的街名还没有想出来。穿过镇中心的街道就这一条，其余的都离这条街相当远，有的在河的两岸上，顺着河的弯度而弯，有的还伸进森林和草甸子，这些地方紧靠各家宅院的菜园每年春天都灌满春水，就以冲来的黑土和杂质作肥料。麦秸房顶已经没有了，只有牲口棚和鸡窝才用麦秸盖顶；房顶或者盖的是石板瓦，或者是镀锌铁皮。在新盖的、镶了白色石板的镇苏维埃大楼顶上，照例飘扬着红旗，那红旗还没有被风吹破边儿，没有褪色；再多少过去一点儿，在我们的学校和俱乐部之间，在三十年代消失的许多房屋留下的一个十分宽阔的广场上，耸立着一座方尖碑，那高高的碑尖直指蓝天。我加快步子，朝方尖碑走去。

我径直走到跟前，站了下来，摘下帽子，——是我的手自动这样做，我甚至都没有觉察是怎样摘下来的。我从上到下念着碑上长长的名单，特别留意那些撞击着我的心的名字：

А.Н.阿列克谢耶夫	Ф.В.科罗京
П.А.阿尔希波夫	Д.О.克鲁佳科夫
М.П.阿尔希波夫	И.О.克鲁佳科夫
М.М.巴尔马索夫	Ф.Н.克鲁佳科夫
С.Н.布奇科夫	Н.Н.克鲁佳科夫
Ф.Ф.戈罗霍夫	М.И.科兹洛夫
П.Ф.戈罗霍夫	В.Н.科兹洛夫
И.С.戈罗霍夫	Н.В.马斯洛夫
Н.С.戈罗霍夫	И.М.米亚赫科夫
П.С.戈罗霍夫	И.Ф.马奇利斯基
П.П.戈罗霍夫	Ф.М.普切林采夫
Н.А.戈罗霍夫	П.И.帕霍莫夫
Г.К.德米特里耶夫	М.Г.佩特罗夫
Е.К.德米特里耶夫	В.В.波列扎耶夫
И.И.德米特里耶夫	Н.Н.普拉维科夫
А.М.杰尼索夫	К.А.普拉维科夫
Н.В.杰尼索夫	В.А.普拉维科夫
А.В.杰尼索夫	П.И.梁津
Г.Н.杰尼索夫	Г.Я.雷奇科夫
И.М.杜尔诺夫	И.З.鲁热伊尼科夫
Н.Ф.泽姆斯科夫	С.С.特维尔斯科夫
Г.И.克利莫夫	К.Я.特维尔斯科夫
Я.И.科罗京	П.В.费奥多罗夫

我此时特别留意的，只是本书中或这样或那样出现过的一些名字。

长眠在斯摩棱省叶尔尼亚市附近列昂诺夫村边公墓里的我二哥连卡，请你多多原谅：我走遍了半个世界，竟没有找到时间到这个村子去拜谒你的遗骸；明卡·阿尔希波夫在这悲壮的行列中跟自己的父亲排在一起，他的妈妈——漂亮的达莉娅婶婶在收到丈夫的噩耗后总算勉强撑住了，但是没有经受住报告她唯一的儿子明卡阵亡消息的第二张死亡通知书的打击：可怜的达莉娅婶婶悲痛欲绝，疯了，战后很长时间还在镇上到处跑，呆呆的脸上带着无表情的傻笑；碑上有格里沙·德米特里耶夫，虽然在本书中没有提到，但他也是我的好朋友，是一个到处受欢迎的三弦琴手，因为他那天蓝色的眼睛，还因为他的瘦脸上那透明的、好像也微微带点儿蓝色的皮肤，我们都叫他“蓝色的格里沙”；碑上有科利卡·马斯洛夫，我曾经和他一起躲在电影院的椅子底下，一遍又一遍地看《恰巴耶夫》，怀着殷切的希望等待着恰巴耶夫说过“瞎说……没事儿……”那句话之后，终于又爬上乌拉尔河对岸，再给白匪以狠狠的打击；还有伊凡·米亚赫科夫，他是我二哥连卡的好朋友，是我们镇上最早的拖拉机手之一，他的足迹是在哪里中断的，是在故乡还是异乡，只有埋他的土地最清楚；还有菲季卡·普切林采夫，现在谁也不敢说你虚度年华了，你没有白白地度过你那不长的一生，连保尔·柯察金都会对你表示满意的；戈罗霍夫家两辈人，请你们回答，说一说自己的遭遇，告诉我们活着的人，你们将自己的生命播种在哪里的土地上，什么时候、在什么地方、向谁来收获？……

我一次又一次用眼睛在阵亡者名字中间寻找——我是不是看漏了万卡·茹科夫的名字,我能不能终于找到?

没有,没有万卡的名字。我的好朋友在战前就失去了音信。莫不是被活埋在人家的地窖里,——因为在那艰难的饥馑年月,他爱钻进别人家的院子……

有一团老大的毛茸茸、热乎乎的东西好像从心底下朝上涌,使我气都喘不上来。我默默地站着,听到远处传来万卡那激动的、不相连贯的声音:

“米沙……米沙……米哈伊尔!……人究竟为什么要打架呢?……咱们今后永远……永远,一辈子不再打架!”

我觉得我的泪水就要涌出来,可是眼睛还是一遍又一遍在长长的名单中寻找。我的眼睛现在在寻找米哈伊尔·菲多托维奇·潘切欣,看了一遍又一遍,直到我猛醒过来,我忽然想起,一九四七年我战后第一次回家乡,曾经在巴兰达镇集市上看到他一闪而过;我好不容易认出,那个满脸黑胡子、用双手撑扶着右肋的残疾人就是我们当年的“歌本”校长,他的容貌的变化使我感到惊骇,就没有敢走近他;过后有一个很了解潘切欣的情况的人告诉我,德寇的一块炮弹皮一下子打掉了他右侧好几根肋骨,本来十分英俊、体格健美、很有天赋、气度不凡、自信心很强的一个人就变得非常难看,叫人认不出了。

这时候,从遥远的年代涌来潘切欣那洪亮的歌声荡起的另一股热流,这股热流代替了悲伤的热流,冲打着我的心灵:

我们的歌声,你远远地飞,

用劲飞,到处飞!

我们的红旗在全世界飘扬,——

它是在燃烧,在发红光,

那是我们的血化成了火

……

不记得我是怎样离开方尖碑,又怎样走过一座混凝土结构的新桥,走上去森林的道路,来到我爷爷果园所在地的,果园早就没有了,只是看到生命力极强、善于保存自己、永远消灭不掉的刺花李子丛,我才猜出这是爷爷果园的旧址。夜莺不知在哪里唱着自己的婚曲,为的是在大白天就干传宗接代的事;樱花潭里的青蛙在咯咯叫着;在我的脚下有一条蛇,高高地昂着金黄色的头,吐着两个尖的舌头,正心事重重地慌着不知要到哪里去;上面不知什么地方有一只斑鸠正在哭;有一只戴胜鸟好像在安慰它,正在快活、响亮地叫着"好极了,好极了!";有两只带黑斑的白蝴蝶就在我眼前翩翩飞舞,嬉戏,常常碰着我的鼻子尖,使我的鼻子痒痒的;水上有一只蜻蜓,一动不动地停在一棵水薹尖上;蜻蜓下方,水蜘蛛在水面上来回奔窜;一只绿色的青蛙停止了叫声,躲藏在也是绿色的、将它掩护得很好的一片老大的睡莲叶子底下,等着蜘蛛来到跟前,好一口吞掉;有一只乌鸦从潘齐列夫村打食儿胜利归来,嘴里衔着一个鸡蛋……

巴兰达河对岸有一只晶体管收音机播放着轻音乐,收音机在一个淡黄头发小伙子的光肚子上轻轻抖动着,那小伙子和着音乐的节拍跳起舞来。后来小伙子停止跳舞,因为收音机里开始播送新闻了。一位熟悉的广播员又讲起了缓和，讲起了裁军，讲起了反对这一切的帝国主义；最后又报告科学新闻，报告了又一次科学实验失败的消息：科学家们从地球上许多不同点发射出超短电波，希望借助这种电波发现另外的世界，发现有另外一些有理性的生物的外星文明社会，——可是，宇宙没有回答，不知是宇宙不愿意向人类公开自己的秘密，还是根本就没有别的文明社会。

小伙子这时候转动起收音机的旋钮，寻找他喜欢听的音乐节目，等他找到了，又高高兴兴地跳起舞来，又蹦，又跳，又扭，又扮滑稽相，做鬼脸，摆动那穿着绷紧的、磨得发亮的绿色牛仔裤的屁股。

这个小伙子照看的农庄的一群牛犊，十分悠闲地在一片休耕地上游荡着，不时地啃几口鲜嫩的六月的青草。

1977—1981 年